创新的足迹
——杏北油田管理新实践

大庆油田第四采油厂 编

石油工业出版社

内 容 提 要

本书包括稳健开发篇、固本强基篇、降本增效篇、安全环保篇、和谐共享篇5部分共计70篇文章,全面展现了大庆油田第四采油厂在基础管理工作中的积极探索,是其近年来在管理机制、模式、方法等方面的管理成果和实践经验的总结。

本书可供油气生产单位相关管理人员和技术人员参考阅读。

图书在版编目(CIP)数据

创新的足迹——杏北油田管理新实践 / 大庆油田第四采油厂编. —北京:石油工业出版社,2019.9
ISBN 978-7-5183-3576-3

Ⅰ.①创… Ⅱ.①大… Ⅲ.①采油厂-企业管理-经验-大庆 Ⅳ.①F426.22

中国版本图书馆 CIP 数据核字(2019)第 191377 号

出版发行:石油工业出版社

(北京安定门外安华里2区1号楼 100011)
网　　址:www.petropub.com
编辑部:(010)64243881　图书营销中心:(010)64523633

经　　销:全国新华书店

印　　刷:北京中石油彩色印刷有限责任公司

2019年9月第1版　2019年9月第1次印刷
787×1092毫米　开本:1/16　印张:22.5
字数:390千字

定价:120.00元
(如出现印装质量问题,我社图书营销中心负责调换)
版权所有,翻印必究

编 委 会

主　任：杨　野　张建军
副主任：聂校辉　牛井冈　张　东　杨　东　谢成君
　　　　王　锋　任成峰　熊　伟　王明信　宁海川
　　　　徐广天　曹立民　姜贵璞　宛立军　李金玲
顾　问：周仕林　李海燕　刘为东　马国良　任静波
　　　　杜　明　罗建明　孟凡丽　冷宇恒

编 写 组

主　编：杨　东
副主编：田文军　何熠昕　朱继红　石品一
编　审：刘广义　丛　宽　赵　军　焦树景
成　员：侯继波　姚成海　王洪宝　霍东英　李云飞
　　　　陈　宏　孙　林　郭振中　屈　力　王　波
　　　　孙　立　王　璐　刘文超　王大一　孙环宇
　　　　唐　明　潘新宇　侯永军　姜春雨　吴　笛
　　　　王　欢　董立军　单　峰　魏显锋　刘晓瑞
　　　　吕文君　杨晓存　李春红　孟宪军　韩少鑫
　　　　郑　京　魏玉阳　杨　锋　靳占华　邓　钢

前　言

求木之长者，必固其根本；欲流之远者，必浚其泉源。在油田振兴发展的新实践中，大庆油田第四采油厂始终将固本强基、管理升级摆在重要战略位置，以高质量发展为目标，以管理提升为切入点和突破口，全面实施"五大战略"，扎实推进"五型"采油厂建设，优质高效完成各项生产经营指标，实现了全厂的新发展新跨越。

近年来，第四采油厂坚持抓好顶层设计，强化问题导向，聚焦重点领域和薄弱环节，持续推进管理提升工程。全厂上下解放思想、转变观念，通过健全制度体系、创新管理模式、优化机制流程、堵塞管理漏洞，实现管理持续升级，涌现出站库集中监控、变电所无人值守、采油生产保障专业化、食品专业化配送等系列管理新模式新成果，逐步构建具有杏北特色的管理格局，企业的发展质量和效率不断提升，发展动力和内在活力持续增强。第四采油厂荣获黑龙江省推进企业管理创新工作先进单位、黑龙江省五一劳动奖状、中国石油天然气股份有限公司"油田开发基础年活动先进单位"、中国科协先进集体、全国企业文化建设优秀单位等殊荣。这些骄人业绩，凝聚了全厂近万名干部员工的辛勤汗水和智慧力量。

在新中国成立70周年、大庆油田发现60周年之际，第四采油厂编撰此书，旨在进一步总结固化经验，弘扬创新精神，深化大庆精神大庆传统再学习再教育再实践，推动管理持续升级，激励全厂上下以优异成绩向祖国和油田献礼。此书编撰以"尊重历史、系统全面、突出特色"为原则，梳理、总结近年来在管理机制、模式、方法等方面的管理成果和实践经验，全面展现第四采油厂在基础管理工作中的积极探索。书中收录了部分具有代表性的省部级以上管理创新成果及在油田公司以上级别会议上发言的典型经验。这些成果和经验不仅提高了工作质量、工作效率，为企业创造了良好的效益，更得到了基层单位的广泛认可，对全厂上下加强管理创新、推动管理升级具有很强的指导和借鉴意义。

守正笃实，久久为功。做好管理提升工作是一项长期而艰巨的任务，面对严峻的产量压力，面对复杂的效益形势，面对企业发展的诸多难题，我们要转变观念，主动作为，从对标管理中查找差距，从先进经验中汲取智慧，从创新实践中探求发展，努力向管理要效率、要效益、要质量。

创新管理只有进行时，没有完成时。走进新时代，步入油田振兴发展的关键期，我们面临的任务仍然任重而道远。第四采油厂将高举改革创新的旗帜，以坚定的信心和决心，持续推动和深化管理提升工程，不断开创全厂高质量发展的新局面，为油田振兴发展做出新的更大贡献！

目 录

稳健开发篇

推进"四化"建设　增强内生动力　奋力谱写采油厂高质量发展新篇章 …… （3）
以提升水质为目标的油田开发注水质量管理 ……………………………… （6）
基于工作效率提升的油水井测试优化管理 ………………………………… （13）
三元复合驱"一体化"管理模式的构建 …………………………………… （19）
以稳油控水为目标的水驱精细开发示范区优化管理 ……………………… （25）
以"稳、精、高"为目标的后续水驱精细化管理 ………………………… （30）
以提高注入体系高质量为目标的系统和节点管理 ………………………… （33）
以提升质量与效率为目标的专业化洗井资源优化管理 …………………… （37）
以提升措施挖潜效果为目标的措施专业化管理 …………………………… （42）
以提高强碱三元复合驱开发效果为目标的清防垢管理模式的创建 …… （47）
以改善油田开发效益为目标的注水质量提升工程管理 …………………… （54）
运用产能运行一体化推进产能建设运行高效开展 ………………………… （61）

固本强基篇

生产保障专业化管理的创建与实施 ………………………………………… （69）
以"四新三化"为目标的集控类站库管控与运行 ………………………… （74）
加速转型发展为第四采油厂高质量生产做出贡献 ………………………… （78）
规范管理提升规划设计质量和效率 ………………………………………… （81）
地面三级管理体系的构建与实施 …………………………………………… （85）

1

数字技术为油田高效生产助力加油 …………………………………（89）
推广无纸化应用　提高基层站队数字化管理 ……………………（94）
鉴定一体化质量管理体系的建立与实施 …………………………（98）
知识型员工队伍"1243"员工培训工作法 …………………………（102）
技能人才一体化管理模式的构建与实施 …………………………（107）
以战略规划落地为核心的综合计划管理 …………………………（112）
以提质增效为目标的流程建设实践 ………………………………（116）
大型采油厂管理创新活动的长效管理 ……………………………（122）
创新管理不断开创人事用工管理新局面 …………………………（127）
"流程化"让管理更加科学高效 ……………………………………（131）
以集约高效为目标的生产保障专业化管理 ………………………（134）
联合站集中监控模式的应用实践 …………………………………（140）

降本增效篇

基于持续精细管控的油气生产成本管理 …………………………（147）
基于降本增效的活动设备"三站"优化管理 ………………………（153）
采油队抽油机皮带更换流程化管理 ………………………………（159）
以优化用工为目标的要素激励奖金管理 …………………………（164）
以高效举升为目标的机采井节能降耗管理 ………………………（169）
全生命周期"健康井"管理模式的应用 ……………………………（174）
以安全可靠供电为基础的变电所减员增效管理 …………………（179）
油田伴生气配比优化运行管理 ……………………………………（184）
油田变电系统集中监控升级管理 …………………………………（188）
以对标管理为基础的节能绩效评价体系 …………………………（195）
"点、线、面"三维度的全过程投资管控 …………………………（200）
基于"三三制"的精细投资控制管理 ………………………………（204）
围绕降本增效推动财务精细化管理 ………………………………（208）

把好三个关口深化物资服务保障 …………………………………（212）
循环管理模式下的全生命周期单井效益管理 ……………………（216）
老油田效益树管理的构建与实施 …………………………………（221）
资产设备管理之"加减乘除" ………………………………………（227）

安全环保篇

抽油机皮带消耗精细化控制管理 …………………………………（235）
创建采油队专业化管理新模式 ……………………………………（241）
规范化学品管理的"2441"管理模式 ………………………………（246）
以降低外漏井环境污染为目标的"三化管理" ……………………（251）
保证油田电网平稳运行安全管理体系的建立 ……………………（256）
以分级动态管理为手段打造油田精品电网 ………………………（260）
构建油田转供电用户收费管理升级模式 …………………………（266）
油田道路养护的创新管理 …………………………………………（270）
以保障全厂安全度汛为目的的排水精细管理 ……………………（274）
以绿色开发助力油田清洁和谐发展 ………………………………（278）
构建专业化 HSE 监督检查体系 …………………………………（283）
产能建设高效运行的探索实践 ……………………………………（288）
基于管理水平提升的工程质量监督管理模式构建 ………………（292）

和谐共享篇

加强党的制度体系建设　助力油田高质量发展 …………………（301）
以提升油田餐饮服务质量为导向的食品配送精益化管理 ………（307）
创建推行"首访负责制"提升离退休服务管理水平 ………………（313）
以提升离退休人员满意度为目标的精细化管理 …………………（318）
"区域区间双承包"的油田保卫管理模式 …………………………（322）
"三个优化"提升新时期宣传工作水平 ……………………………（327）

以高效合规监察助力油田高质量和谐发展 …………………………（331）
发挥工会优势　推进全员创新　为杏北油田高质量发展提供有力支持 …（335）
"双在三转"提升机关对接基层服务水平 ………………………………（339）
运用新媒体优势　抓活青年员工思想教育工作 …………………………（342）
以超前防范为主线做好维稳信访工作 ……………………………………（346）
后记 ……………………………………………………………………………（350）

稳健开发篇

当前，第四采油厂已经走过53年的开发历程，步入特高含水、特高采出程度的"双特高"开发阶段，面临产量递减难以控制、套损形势不容乐观、三采效率有待提升等诸多问题，成为制约全厂高质量发展的瓶颈。在推进振兴发展、建设百年油田的新征程中，谁能积极应对、主动作为，化矛盾为潜力、化被动为主动，在剩余油精准挖潜、化学驱后进一步提高采收率等方面取得重要突破，在推动油田开发管理由"精细"到"精准"上实现新提升，谁就等于拿到了打开"双特高"开发之门的金钥匙，牢牢抓住油田开发的主动权。

近几年，第四采油厂围绕水驱"控水提效"、化学驱"提质提效"，瞄准制约油田开发的重点领域、关键环节和突出问题，全力实施精准开发战略，深化精准地质研究、精准方案设计、精准工艺措施、精准管理手段"四个精准"，推进地质基础强化、注水质量提升、措施增油提效、三采效率提升、控水提效示范、产能建设达标、套损综合防控"七大工程"，促进油田开发整体步入良性循环。同时，第四采油厂积极探索实施科技项目课题制管理，加大重大科技成果奖励力度，健全实用技术转化机制，形成责、权、利相统一的课题运行模式，充分调动科技人员的积极性和创造性，有效激发技术创新潜能，切实发挥科技第一生产力作用。

广大开发技术人员和生产管理人员，大力弘扬"三超"精神，聚焦开发瓶颈和管理难题，在科研攻关、现场试验、开发管理等方面下功夫、出实招、求突破，总结形成一系列可复制可推广的鲜活经验，为夯实老油田稳产基础提供有力支撑。水驱开发方面，优化油水井测试管理，创新开发管理模式，有效提升水驱开发效果。聚合物驱开发方面，实施抓两端、控节点、健系统的一体化管理，确保注入体系优质运行，为提升驱油效率奠定基础。三元复合驱开发方面，推进整章建制标准化、资源整合全优化、管理队伍专业化，深化"防、耐、除"清防垢管理，成为大庆油田强碱三元复合驱开发的开拓者和领军者。特别是水质提升方面，全厂上下牢固树立"一盘棋"思想，把注水质量提升作为重中之重，实施油藏工程、采油工程、地面工程、生产管理四大系统一体化运行模式，对照标杆找差距，对照问题查原因，对照措施抓落实，水质指标稳步向好，开发形势持续改善。

推进"四化"建设　　增强内生动力
奋力谱写采油厂高质量发展新篇章 >>>

杨　东　刘晓瑞　田文军　何熠昕　刘广义

为适应中国石油建设世界一流综合性国际能源公司和大庆油田振兴发展新形势，第四采油厂针对产量形势日益严峻、成本压力逐年增大等诸多挑战，以打造质量效益型、稳健开发型、创新驱动型、本质安全型、和谐共享型"五型"采油厂为目标，紧紧抓住质量、效益、效率三条主线，瞄准行业标杆，扎实推进"专业化、标准化、信息化、精细化"建设，推动油田管理持续提档升级，不断增强全厂高质量发展的动力与活力。截至2018年底，累计产油达3.16×10^8t，成为累计产油突破3×10^8t的特大型采油厂；在黑龙江省企联召开的2019推进企业管理创新企业家座谈会上，荣获2018年度全省推进企业管理创新工作先进单位，是大庆油田唯一获此殊荣的采油厂。

一、优化整合，提升效益，打造专业化管理新格局

坚持合并同类项、共享"公因子"，优化配置，整合资源，做到专人专职专岗。一是做强采油生产保障。将安全风险高、技术要求高、劳动强度大的7项生产保障业务统一到采油矿管理，重新组建矿维修队和生产保障队，下设抽保班、泵修班、管焊班、电工班等专业班组，推行一体化、规范化、信息化管理，进一步增强生产保障能力。目前，全厂5个采油矿已全部实施，共减少用工人数107人，降低费用支出2000余万元。二是做优修旧利废。打破"零打碎敲小而全"的传统模式，组建形成厂级修旧利废园区，把控交旧、修旧、利旧全过程，完善规章制度，培养专业人才，实施集中修旧，加强监督检查，拓展规模领域，实现修旧利废效益最大化。2018年，创修旧利废产值1946万元，为厂节约创效3635万元。三是做精注水井洗井。将原采油矿所属洗井队伍整体划归至作业大队，实施统一归口管理，完善液位报警系统、洗

井水回收池、GPS定位追踪等配套设施，优化人员及设备配置，编制操作和监督手册，建立"625"验收标准，实施厂、矿、队三级现场监督，促进注水井洗井提质提效。自开展专业化洗井以来，累计实施32136井次，增加注水量$28.45\times10^4 m^3$，增加产油量2843.5t，创造经济效益597.1万元。

二、建章立制，夯实基础，打造标准化管理新格局

以职责明确、运作规范、考核量化为基本原则，推进标准化体系建设，实现高质量高效率管理。一是优化业务流程。抓住开发、生产、科研等管理中的重要环节、关键部位和难点问题，将控制节点向基层一线延伸、措施落脚点向岗位责任制延伸、关注焦点向运行过程延伸，建立风险防控系统，优化简化流程节点，健全流程管控机制，强化技术标准执行，建立42项关键业务流程，确保源头、过程和结果全面受控。2018年，第四采油厂流程管理在中国石油基础管理工作会上做经验介绍，得到一致好评。二是实施"两册"（《基层队（站）管理手册》《基层队（站）岗位标准化操作手册》）管理。兼顾简单实用与科学规范，紧密结合生产管理实际，以实施基层队（站）"两册"管理为着力点，全面梳理各级规章制度、质量标准，进行分类归纳、修改完善、细化分解。同时，建立健全厂、矿、队三级绩效考核体系，推广应用"两册"管理平台，初步形成以"两册"文本为基础、以全员全要素量化考核分配机制为保障、以信息平台为载体的管理方式，促使职责更清晰、分工更精细、制度更科学、考核更到位。目前，已在采油队、联合站等主体队种全面推广应用。三是规范施工操作。坚持固本强基，扎实推进生产管理标准化建设，实施油水井管理、作业施工、基建施工、日常管理"四个标准化"，完善管理手册和模板，开发操作教学视频课件，强化操作演示培训，不断丰富和完善标准化管理系列，实现基础工作全面提档升级。

三、创新模式，激发活力，打造信息化管理新格局

按照"数字油田、智能油田、智慧油田"三步走战略，在油气生产集输、运行方式创新、组织架构变革等方面出实招，不断适应油田长远发展需要。一是推进站库集中监控。将生产管理、过程控制、视频监控和事故预案等有机结合，成立中控班、运行班、维护班、保障班4个班组，修订岗位操作规范，建立健全规章制度，开展操作技能培训，建成一个多层次的集运行状况实时监视、生产数据自动采集、关键部位自动调控、重要参数动态调整、事

故报警智能处理等功能于一体的数字化站库。目前，共减少用工增量101人，节省率62%。二是推进变电所无人值守。构建"集控站—操作队—无人变电所"的建设模式，完善电力运行调度指挥中心平台建设，组建电力运维小队，编制变电运维工区管理办法和操作流程，修订电网日常运维管理规定，着力构建集控化、自动化的油田智能电网。目前，21座变电所已全部实施，在大庆油田率先实现变电所无人值守全覆盖。三是推进资料录取优化简化。应用现代信息技术手段，实施井组资料录取、站库资料录取、作业资料录取、安全监督检查4个信息化，促进油田开发、生产管理与信息技术的高度融合，进一步提高工作效率，降低劳动强度。特别是井组资料录取方面，在全厂所有采油队应用移动智能终端直接录取数据，通过4G/WiFi实时上传，自动生成班组报表，减少录取时间达45%。

四、由点及面，深挖潜能，打造精细化管理新格局

紧紧把握精细内涵，以"三个专项管理"为重点，总结成功经验，逐步推广完善，实现精细化管理的整体推进。一是实施水质提升专项管理。统筹油藏工程、采油工程、地面工程、生产管理4大系统，抓住来水、处理、注入3个关键环节，建立水质监测、测试管理、问题销项和信息管理4个管理平台，完善指标考核、月度例会和问题反馈3项机制，全方位提升注水精度，全要素提升管柱质量，全过程提升注入水质，全天候提升管理水平，注水指标稳步向好，开发效果有效改善，水质达标率连续6年处于大庆油田前列，外输污水含油、含悬浮物下降幅度均达到50%左右，水驱自然递减率连续11年控制在7%左右。二是实施天然气配比专项管理。转变"重油轻气"观念，细化天然气产出、消耗、外输全过程各节点，健全外输天然气超产奖励、返输干气成本节余奖励政策，实行高产气井"三定一保"管理，实施个性化低常温集输，优化加热炉运行模式，建立集团公司级能量系统优化示范区，充分调动全员抓好天然气管理的积极性主动性，努力追求经济效益最大化。与油田公司计划对比，四年累计多产湿气$2.18×10^8 m^3$，累计创效1.34亿元。三是实施皮带消耗专项管理。秉承"抓大不放小"的思想，弘扬大庆油田勤俭节约的优良传统，针对抽油机皮带故障逐年增多、物料消耗逐年增加、费用支出逐年增大的问题，在第二油矿开展试点运行，推行定职责分工、定故障因素、定管理制度、定培训重点的"四定"管理模式，加强动态跟踪，健全激励政策，并逐步在全厂范围内推广应用。近五年，仅第二油矿就少用皮带2.1023万组，累计节约费用630.69万元。

以提升水质为目标的油田开发注水质量管理

吕洪亮

2014年以来，第二油矿结合生产实际，开展以注水质量提升为目标的管理创新与实践活动，通过"抓源头、控过程、精注入"，提升注水质量，巩固地下形势，改善开发效果。

一、围绕主要环节，通过"六行"运作，强力推进管理创新活动，有效提升油田注水质量

（一）践行"直线"管理工程

矿长担任注水质量提升项目负责人，承担工程总体推进及向厂直接汇报工作；下设生产系统、油藏系统、采油系统三个工作组，主管副矿长分别担任专业组长，负责总体方案直接指导及向矿汇报工作进展；分系统工作组成员直接管理各项指标，定期直接汇报工作落实与工程进度，达到了"直线"管理工程的分工明确、职责明确、指标明确（图1）。

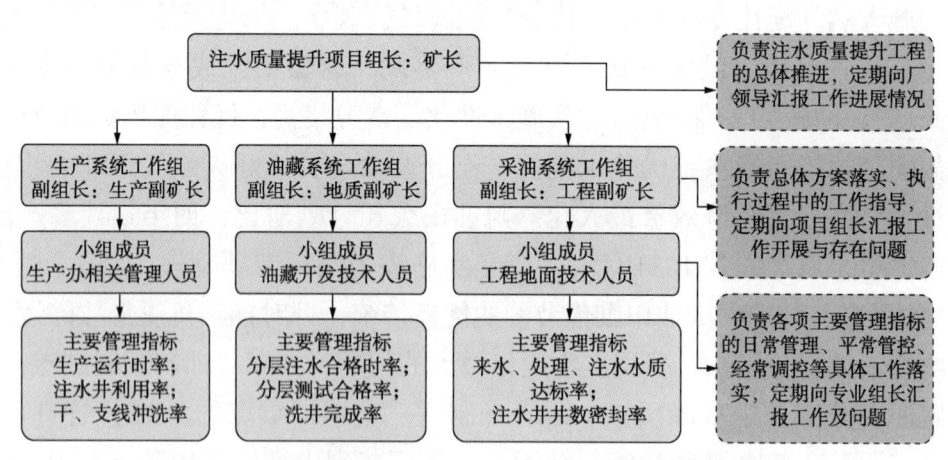

图1 注水质量提升"一把手"工程运行管理体系图

（二）实行"双推"管理模式

一是推进指标分析活动。召开旬度、月度注水质量提升例会，定人查找阶段影响注水质量指标的各类因素，对比阶段变化特点；针对问题将措施执行到各层面，做到横向多沟通、纵向多协调、交叉多配合。二是推进问题治理工作。利用生产早会、周生产会，全面分析、总结注水质量提升过程中存在的问题，针对技术难题，明确治理对策、期限、负责人员，坚持问题治理到点，实行跟踪反馈管理机制。

（三）推行"双控"管理制度

一是推行指标分解管控制度。分解矿污水管理各项指标，给系统、给分组、给人头、给岗位，运行分系统跟踪掌控、分专业跟踪调控、分职责跟踪严控、分岗位跟踪细控的"四个跟踪"目标管理体系。二是推行问题销项管理制度。将影响污水质量的诸多问题划分出多个大类，多个大类问题细分出多个小项，大类确定销项部门去抓实，小项确定销项单位去落实，保证了各类因素有部门主抓、有单位主管。

（四）运行"三新"管理流程

更新注水方案管理流程和地质方案设计审核平台，理清各级职责，提高方案执行质量；更新注水井测试管理流程和动态监测信息系统，理清环节管理，提高测试质量效率；创新作业施工管理流程和作业施工管理系统，理清施工程序，加紧作业施工步伐；并且实行注水异常网络互动诊断新手段，理清标准制度，缩短了异常处理周期，确保了注水质量诸多影响因素得到简捷、迅捷的解决。

（五）执行"四化"管理措施

一是优化工艺流程。针对污水处理老站的来水、外输等工艺进行优化改造，使系统处于优质、高效运行状态。二是细化运行参数。通过细化反冲洗操作等参数，消除各个环节因素对污水处理效果的影响。三是量化自动控制。量化反冲洗、回收污油自动控制等措施，降低污水系统的故障率。四是强化设备维护。对供电等设备精心保养、精细维修、精准测调，强化诸多设备维护修保工作。

（六）倡行"三线"管理文化

明确"水质是员工的标准线，水质不达标就不是合格的员工；水质是干部的事业线,水质不达标就不是合格的干部;水质是队伍的生命线,水质不达标就不是合格的队伍"的"三线"理念。每座污水处理站都有特色文化,都有工作取向。通过倡行水质管理特色文化软件,逐步形成了软管理机制,构筑了采油矿污水处理的软实力支撑。

二、围绕脱水环节,经过"三控一改",全力保证源头水质达标,不断提升油田注水质量

(一)"三控"优化运行系统

在联合站系统管理上,采取"控电脱、控游离、控收油"的平稳优化脱水方式。控电脱:电脱水器界面精确控制在 0.40~0.42m,避免过度放水导致油进入水系统。控游离:游离水脱除器界面控制在 2.5~2.6m,通过延长来油沉降时间以改善放水水质。控收油:2 号事故罐液位精确控制在 9.6~9.8m,保证 24h 连续收油。

(二)"一改"优化沉降装置

"一改"即改气浮,针对沉降罐出水口与收油槽在同一高度,出水对油层表面有冲击力而无法形成稳定的油层,所导致收油效果差、外输污水含油率上升的问题,对沉降罐浮动收油改造,将中心反应筒出水高度降低,拆除收油槽上部刮油机,新增一套浮动收油装置,对罐内结构进行优化处理(图2和图3),沉降罐浮动收油改造后,水质含油率上升的问题随之排除。

三、围绕处理环节,注重"三个创新",竭力保障干线优质外输,持续保证油田注水质量

(一)创新"两个预警"提示方式

一是数据录入预警。当污水处理采集录入数据超标时,自动显示应急优化处理程序;把鼠标放在数据填写处,合理范围自动显示,提醒值班员工按参数优化控制。二是反冲洗参数预警。岗位员工在执行反冲洗时,将每个阶段的压力和水量填入系统中,自动显示滤罐是否正常、是否存在憋压情况、是在哪一阶段憋压,在系统中会对每一种情况进行下一步提示(图4、表1、表2),依靠"预警"功能全面规避了违章现象。

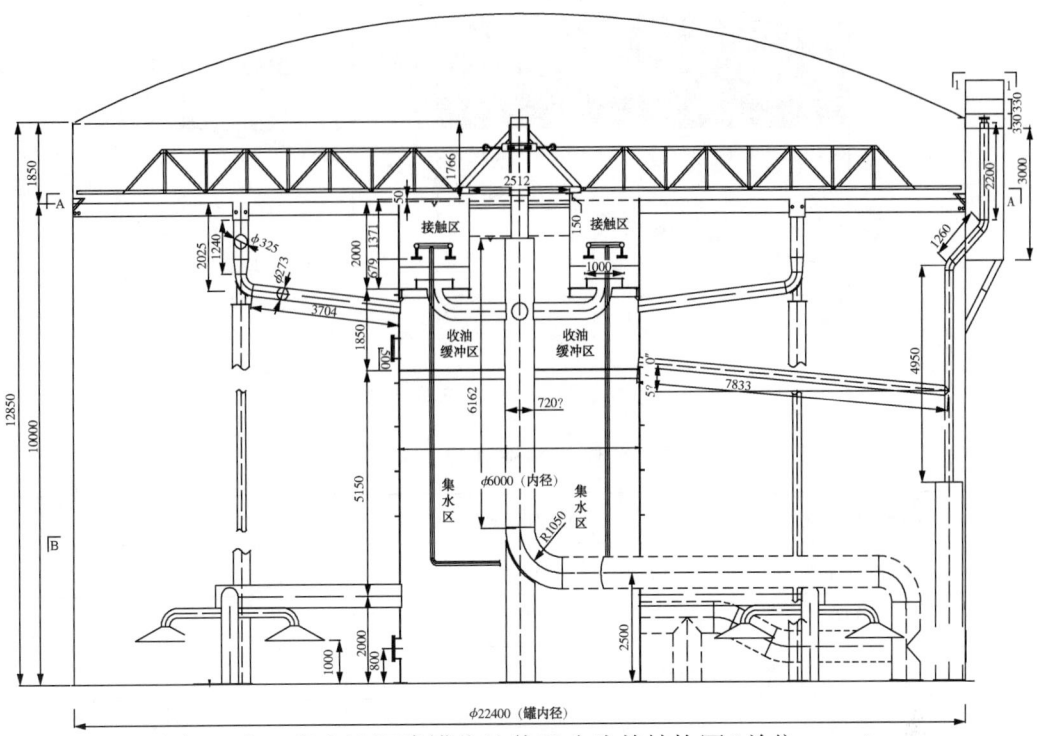

图 2 杏二联合站沉降罐收油装置改造前结构图（单位：mm）

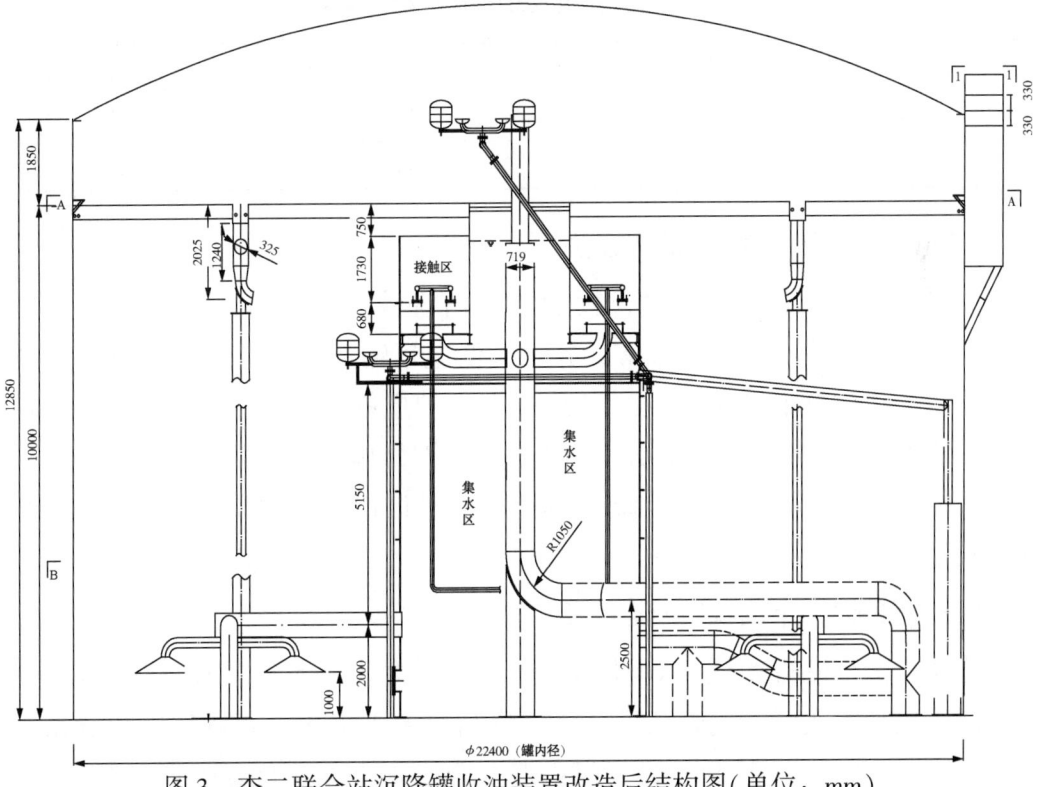

图 3 杏二联合站沉降罐收油装置改造后结构图（单位：mm）

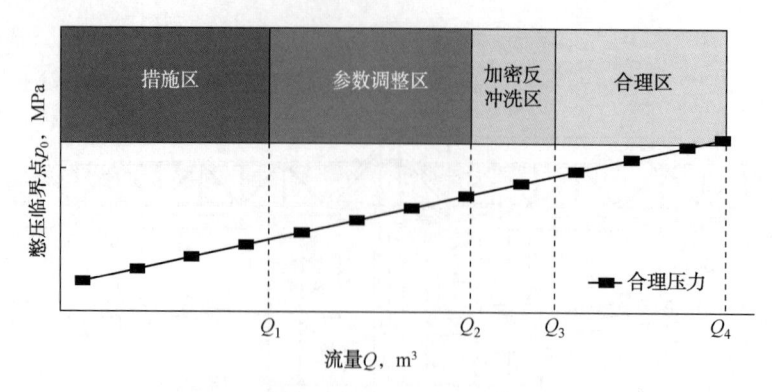

图 4　污水处理站反冲洗参数预警图

表 1　变频反冲洗强度、水量表

反冲洗阶段	反冲洗强度	清洗流量，m³/h
第一阶段	小强度	Q_1
第二阶段	中强度	Q_2
中—大强度之间		Q_3
第三阶段	大强度	Q_4

表 2　反冲洗参数控制图区域分界表

反冲洗憋压控制图	水量范围，m³/h	反冲洗憋压控制图	水量范围，m³/h
合理区	$Q_3 \sim Q_4$	反洗参数调整区	$Q_1 \sim Q_2$
加密反冲洗区	$Q_2 \sim Q_3$	措施区	$\leq Q_1$

（二）创新"四个自主"操作方法

一是自主清洗滤料。配制、投加滤料清洗液，优化处理滤罐污染滤料。二是自主优化反冲洗。明确正常、异常、低温集输反冲洗三种优化操作方式，持续反冲洗参数自主优化调控。三是自主维护搅拌桨。自主研制、应用搅拌桨加油装置，使滤料清洗更彻底。四是自主维修电动阀。针对老化严重、故障频繁的电动阀，开展自主维修攻关活动，累计修复电动阀 7 个，既排除了设备故障，又减少了维修费用。

（三）创新"一个溯源"处理方图

建立与实行滤罐水质管理溯源方图，依图去优化水质，指挥生产。一次滤罐水质化验两次后，化验结果合格，将结果录入报表，否则继续化验来水，来水持续不合格时，汇报上级部门；来水合格则是滤罐问题，调节参数、继续化验，水质合格溯源结束；如果水质还是不合格，则开罐检查滤料及滤罐结构情况；如果问题属滤料污染，则进行滤料清洗再生；出现跑料现象，则请示上级部门，进行大修处理。二次滤罐水质两次化验不合格，对一次滤罐进行溯源，排除一次滤罐问题后，对二次滤罐进行溯源跟踪，进行持续环节优化管控。

四、围绕注水环节，坚持"六最"管理，尽力保持精细注入程度，持久保证油田注水质量

（一）在注水站管理环节追求达标率最优

一是控制储罐液位，规定各注水站液位最佳控制高度，持续保障运行安全和沉降效果。二是清淤收油，定期组织多台罐车对注水站储罐集中清淤、统一收油，保证注水系统的污油及时清除，降低罐存油的老化程度，减轻老化油对联合站脱水系统的影响程度。通过"一控一收"，注水站水质指标达标率达100%。

（二）在干支线冲洗环节追求覆盖率最全

采取注水干支线冲洗"三个一"覆盖管理措施。一分：注水干线细分为20段，逐段开展冲洗工作。一盯：设专人盯守全过程施工质量。一验：定点、定期开展水质取样和化验比对工作。注重干支线冲洗"三个三"覆盖管控。三查：检查现场、抽查施工、专查排放。三认证：出勤认证、质量认证、排放认证。三跟踪：进度跟踪、效果跟踪、疑难跟踪。仅2015年注水干线冲洗完成163条次，完成率102.5%；洗井完成1111井次，完成率104.9%。

（三）在方案措施环节追求符合率最高

针对测试欠注、措施无效等疑难井，实施降虚数方案114井次、周期注水方案55井次、大修方案36井次、改造或停注方案39井次。在措施改造方面，进行普通压裂改造21个层段、多缝选择压裂39个层段、精控极限压裂12个层段、普通酸化244个层段、粉末硝酸259个层段，使不分水层段数减少531个，不合格层段数减少91个。

（四）在作业管理环节追求调整率最低

通过"两加一攻"，提高作业质量和效率。"两加"是加快施工进度保数量、加强培训监督保质量；"一攻"是攻关测试遇阻难题，针对测试遇阻待作业井较多的问题，完善遇阻井处理工作流程，明确7~10天内的处理周期，开展后

续水驱井单流阀试验，作业后井、层密封率保持100%，作业调整率降到近几年的最低水平。

（五）在测试调配环节追求合格率最佳

围绕注水井测试细化调配，重点突出"四化"管理，即：细化班组协作，提高测试效率；优化组织运行，发扬攻坚作风；强化监督机制，提高测试准度；深化创新工作，提升测试精度。以2015年为例，持续落实覆盖管理措施，测试合格率不断提高，达到了历年最佳程度。

（六）在生产保障环节追求同步率最好

注重"三加强、一加快"同步保障措施靠实。"三加强"即：加强开关井管理，注重作业井网络跟进、四类井专人管理；加强设备维修保养，做到与水井测压同步、与施工作业同步、与切断关井同步；加强停注井管理，坚持分级负责制、现场检查制、套损标识制。"一加快"即：加快故障井处理，实现设备故障及时排查、人员组织及时到位、生产运行及时恢复。通过"三加强、一加快"同步保障措施到位，有效注水时率一直保持在98%以上。

2014年以来，第二油矿通过油田注水质量提升的管理创新与实践，取得了"三提两控"效果。"三提"是优势井网的注入能力提高、单井分注层段数提高、油层的供液能力提高；"两控"是含水上升速度得到控制、产量递减速度得到控制。2015年大庆油田厂长例会与会人员，2016年大庆油田部门领导、开发系统工作例会的与会人员先后观摩了污水处理系统管理创新现场，矿长做了采油矿注水质量提升工程落实情况工作汇报；在2016年12月油田公司技术座谈会上，主管副矿长做了题为《推进注水质量提升工程，全力实现注够水、注好水》的管理经验介绍。

基于工作效率提升的油水井测试优化管理

隋宝军

多年以来，第二油矿测试队（以下简称测试队）依靠"三个创新"，注重测试过程优化管理，坚持为油田精细开发而精准测试、为油田注好水而精确测调，持续助力于油田精细高效开发，促进了油水井测试工作效率的不断提升。

一、依靠技术创新，注重"三个结合"，实现测试管理的提质提效

（一）技术创新与提升测试效率相结合

油水井测试仪器先后经历了5次更新换代。在每个阶段，通过手段创新，破解测试技术问题，累计研发测试新技法6项，先后应用测试新技术8项，逐步提升了测试工效。例如，1997年应用储存式电子测试技术，实现了数字化解释、传输功能，但不能实现点测。针对这一问题，经过多年研究，创新了非集流超声波测试技术，实现了任意两点间的压力和流量参数的可测量。2001年以来，面对注水井单井测试周期缩短、小层数量增多、测试工作量逐年增加的实际情况，测试队进行了厂工技大队研发测调联动技术的试验与应用，不仅取得了测试过程直读性、测试工作快捷性、测试资料精确性的显著效果，在车辆、人员和设备的投入上也都有所减少，降低了油田测试成本。

（二）技术创新与提升测试质量相结合

近年来，测试队围绕提高方案符合率，进行技术难题攻关8项；围绕提高测试率，进行配水设备改进与应用13项，有效提高了测试资料全准率和可调合格率。例如，为了实现全井乃至小层水量更加精准，对现有电动水嘴进行改进，将水嘴的凸轮改为收球锁定式结构，控水部分采用硬质合金制成，

使投拔水嘴变得既快又准，还延长了水嘴使用寿命。针对管网末端井因水动力减弱导致结垢严重而影响测试的问题，对配水器结构原理进行改进，将原花篮部分去除，导向笔尖由后部改为前端，以此减少结垢点造成的堵塞，在23口井投用后，解决了53个层段水嘴易堵塞问题，延长了测试资料使用期，分水率提高了0.23个百分点。两项成果（图1）获油田公司技术革新一等奖、二等奖，获得了国家专利。

(a)改进电动水嘴　　(b)防垢偏心配水器

图1　改进电动水嘴和防垢偏心配水器

（三）技术创新与排解疑难单井相结合

随着油田开发时间的逐年延长，单井设备腐蚀老化问题影响测试的程度逐步加重。为此，测试队干部在抓油田测试管理中，组织员工围绕日常测试操作中出现的疑难单井，开展技术攻关活动。例如，针对单井管柱结垢严重而投捞器易掉卡等现象所造成的无法测出合格资料、无法实现分水的测试疑难井，测试人员将其进行分类攻关，加大疑难井的治理力度，先后研制与应用了双作用投捞器、双向防垢堵塞器（图2）和三通式高压配水装置，有效减少了制约测试进度的不利因素。近3年来，测试队经过技术攻关，共排解测试疑难井58口，其中，261个小层实现了分水，测试率提高1.9个百分点，测试合格率提高1.5个百分点。

(a)双向防垢堵塞器　　(b)双作用投捞器

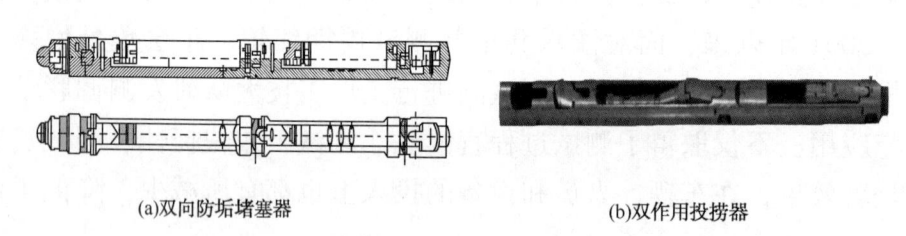

图2　双向防垢堵塞器结构图与双作用投捞器实物图

二、依靠机制创新，注重"四行"落实，体现测试管理的求精求细

（一）运行测试管理新流程

注水井动态监测是油田开发的主要工作，测试资料全准是注水方案合理

制订的主要依据。为此，测试队围绕注水井分层动态监测工作，针对月度注水井测试井号由测试队编排难以贴近生产实际、致使测试工作效率偏低等问题，将月度测调计划由测试队宏观制订转变为采油队微观拟定，每月由采油队结合油田注水实际编排、上报测试井号，并把本队急测井、缓测井重点标注，由工艺队调整审定月度测试运行计划，实现了采油队自主确定测试井位、及时测调问题井、及时缓解注采矛盾的目的。测试管理流程（图3）的改进与推行，不但规避了注水井测试过程的各类风险，还极大地提高了油田监测工作效率和注水有效性。

（二）推行测试工作新方法

在测试管理工作中，测试队通过创新与推行测试"两法"，提升了测试工作效率。"一题多解法"就是优化测试难题研究环节，针对测试过程中遇到问题待队里研究、待措施确定的测试周期长问题，在网络平台上进行多队了解、多人解答、多法排解；同时借助平台的整合，进一步调整测试时间的分布状况，将以往签字验收和问题处理的时间都缩短了10%，为常规测试提供了20%工时，有效提升了班组的测试效率。"一班两井法"就是一个班组双井同时测试，优化测试方式，即：一个测试班组在测试A井的时候，调试水嘴一般需要1~2天稳定时间，测试人员就充分利用这段时间，对B井展开测试，通过同一班组多井同步测试，提高了日常测试工作效率。

（三）执行测试监督新制度

为确保油水井测试精度，测试队在测试监督过程中，创新并执行了"二、三、四"管理制度，即：两项跟踪、三项把关、四项验证。"两项跟踪"是单层水量跟踪、水井方案跟踪，查看测试工录取数据时的用心和细心；"三项把关"是测试资料员严把资料录入关、测试技术员严把资料审核关、采油技术员严把资料使用关，体现出资料员、技术员资料审核的耐心和精心；"四项验证"是采取班组互验、队干部跟验、采油矿检验和采油厂抽验的四种方式，确保测试资料查验的尽心和放心。"二、三、四"管理制度的持续推行，确保了油水井测试项项数据准确、层层注水合理、井井资料优质。

（四）实行测试管控新措施

为了有效调动测试班组自主工作的积极性，测试队立足测试规范操作、优化管控，注重实行三项测试管理新措施，为资料优质长效加强保障。一是实行班组和班员之间特长充分表现、工作充分合作的测试配合"双向选择"管

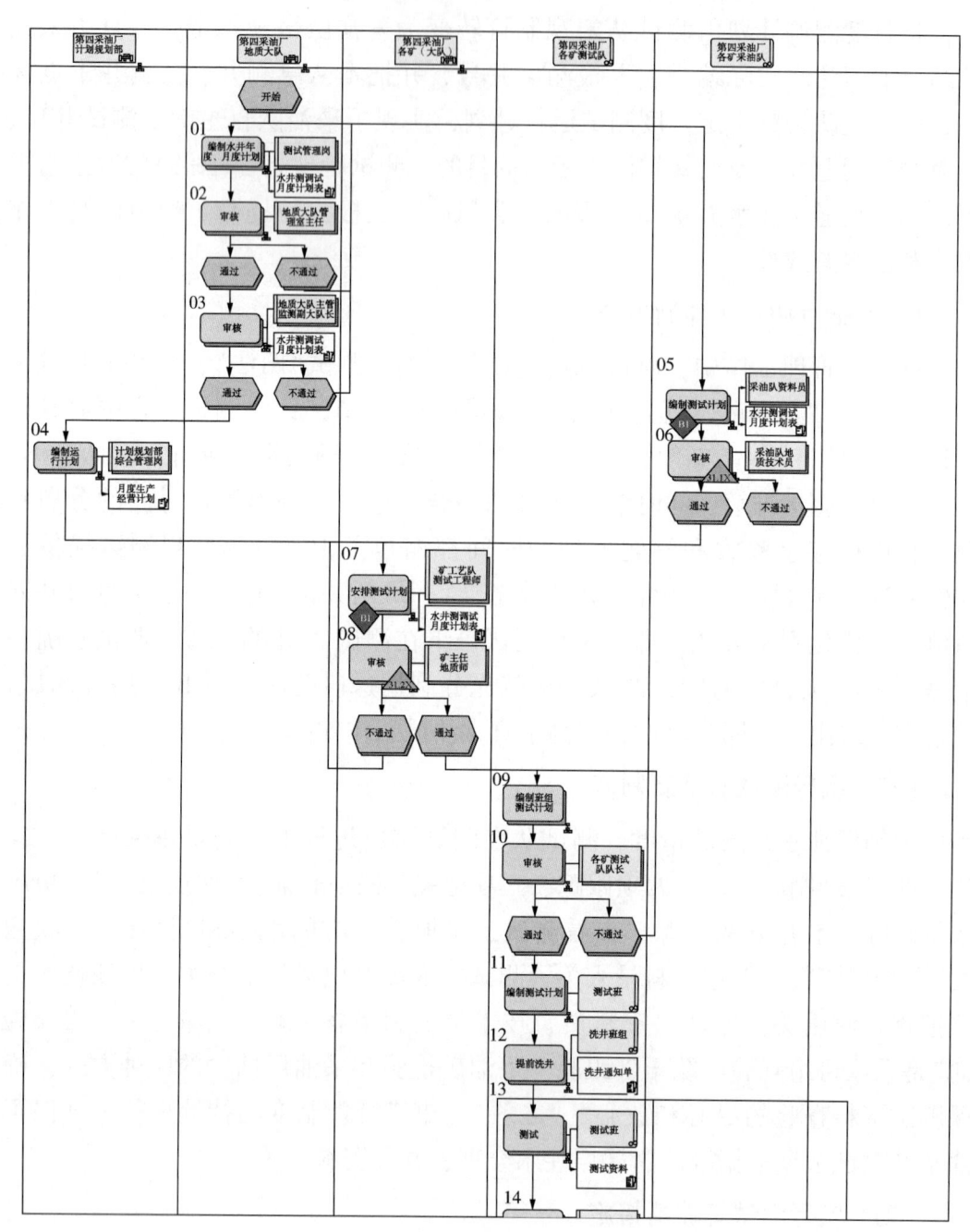

图 3 2012 年改进后的采油矿注水井分层测试控制管理流程图

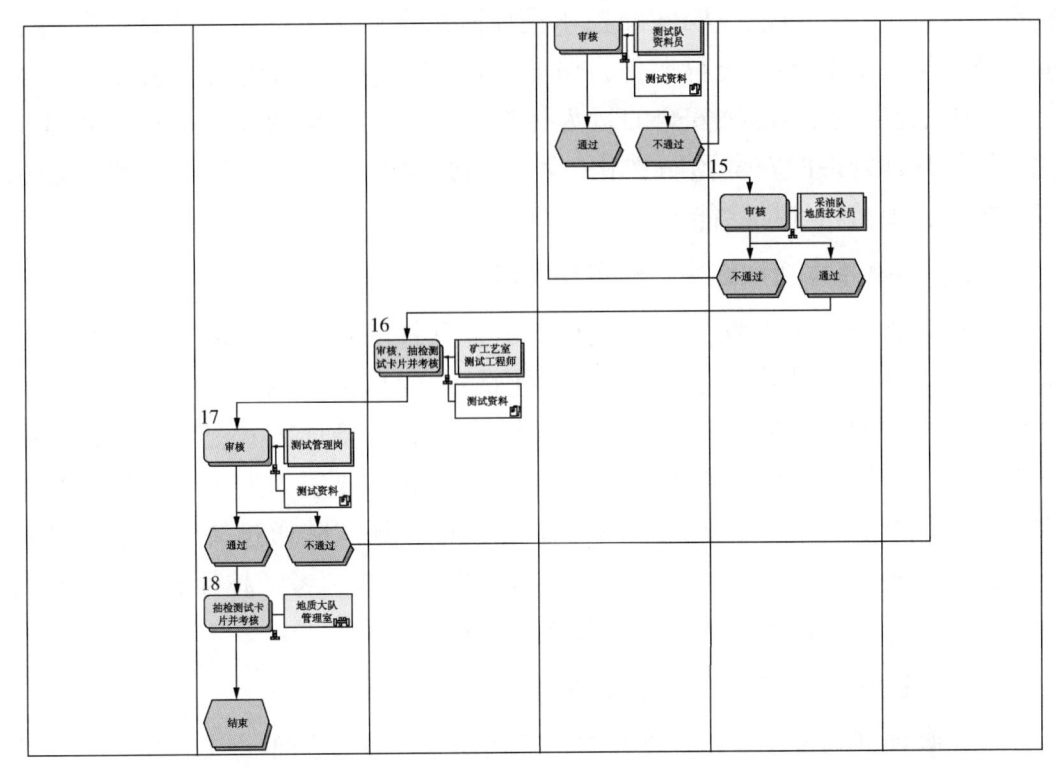

图 3　2012 年改进后的采油矿注水井分层测试控制管理流程图(续)

人方式，提升了班组的测试能力；二是实行测试班和注水井之间井位确定、资料锁定的"双向绑定"负责制度，有效提升了班组的测试质量；三是实行测试质量和测试效率的"双项考评"管理手段，消除了员工技能弱项以及处理测试疑难井经验欠缺等问题。通过管控和考评机制的双轨运行，不仅加强了油水井测试全过程优化管理，还确保了油水井测试任务的连年圆满完成。

三、依靠管理创新，注重"手段运用"，展现三基工作的做实做强

（一）在基础工作夯实中，运用精细管理手段

抓作风，推行"三动"方式。"一动"是支部引领，干部带动。在精细测试作风培养上，党支部成员分工到岗位去引领，队干部分井在现场去带动，项项工作由过得去变为过得硬，环环管理由低水平变为高标准。"二动"是典型培育，党员促动。在 22 名党员中开展"争做精细管理名星"活动，以典型带员工，以党员带群体，全员追求测试工作高质量。"三动"是以人为本，和谐互动。6 名队干部的精细管理工作，你中有我、我中有你；26 个班组的精细测试，你帮我搞攻关、我帮你解难题，全队处处展现精细工作的和谐互动。抓

资料，运行"三跟"方法。GPS跟控车辆抓测试定位，干部跟班测试抓资料录取，技术员跟踪测调抓资料上传，保证口口井测试资料全准率。抓安全，实行"三种文化"。探索测试安全的行为标准文化，推行交通安全的思想管理文化，倡导日常管理的安全预防文化，不断增强全员测试风险精细识别、隐患精细防护、险情精细排除能力。

（二）在抓基本功训练中，运用梯队培训手段

测试队将全队员工划分为领先梯队、上升梯队、增强梯队三个组别，针对各组别人员的测试技能不同情况，明确培训的目标和内容，实行生产现场学标准、技术课堂学理论、岗位练兵学操作的优化培训方式，增强技能培训的系统性。并且采取行政干部讲引领、技术干部讲要领、生产骨干讲带领的方式，增强全员基本功训练的实效性。近几年，测试队通过持续开展梯队优化培训，涌现出公司技术能手1人、厂技术能手9人、考评技师6人、助理技师3人，有1人被评聘为油田职业技能考评员。

（三）在抓基层建设中，运用优化管理活动手段

优化管理是创新管理的主攻方向，是油田基层建设的重点工作之一，是团队管理能力有效调动的具体表现。多年来，测试队以测试优化管理为落脚点，通过开好班子会、党员会、班长会、骨干会、员工大会，客观分析测试管理问题和测试技术难题，调动员工优化测试攻关的积极性；通过选树精细管理好干部、精细管理好党员、精细管理好班长、精细管理好司机、精细管理好员工，引领全员精细测试，激发了测试团队的优化管理正能量；围绕紧急性、艰难性、危险性、繁重性、临时性五项工作，开展多方面、多方位、多角度的全员优化管理方法创新活动，锤炼测试队伍硬作风，以此打造出了一支管理过硬、技能过硬，并持续过硬的精细测试团队，充分展现了油田测试基层建设水平。

多年来，第二油矿测试队通过依靠创新、优化管理，累计获得科技成果32项，先后创出安全环保兼顾的测试环境管理、油田油水井监测的精细管理、新型油井低压测试仪器精准使用的优化管理等手段16项，累计获得管理创新成果20项。2015年11月，大庆油田厂长例会的与会领导参观了测试队，一同听取了测试技术创新与管理创新的经验介绍；在2016年1月召开的大庆油田管理创新工作会议上，测试队作为管理创新观摩点之一，展示了测试管理创新的具体做法。2018年5月中国石油改革与企业管理部领导到第二油矿调研，听取了测试管理创新与技术创新工作介绍，得到多名企管专家的一致认可。

三元复合驱"一体化"管理模式的构建

孟宪军　李云飞　郑　红

2007年，杏北开发区率先在大庆油田开展三个三元复合驱工业化推广区块，其中第三油矿杏六区东部三元复合驱在注聚以来，通过几年的探索实践，构建了三元复合驱一体化运行管理模式，实施了整章建制标准化、资源整合全优化、管理队伍专业化，走出了"一体化"创新管理之路，解决了在注入、采出、集输系统方面存在的各类问题，提升了管理水平，为实现原油持续稳产提供保障。

一、整章建制，规范管理，创建"一体化"运行管理基础

（一）健全组织机构，夯实管理基础

为了确保项目实施过程中的全局性、统筹性和操作性，提高系统效率，构架了"层叠式"三级领导机构平台；同时从日、周、月为出发点，详细明确工艺队、生产办、注入站的工作职责，强化现场管理中的三个"注重"，立足于早，致力于快，促进了三元复合驱现场执行效率得到不断提升。

（二）详细分解责任，促进协调运行

为了保证项目运行更加灵敏高效，以项目工作组为核心，将系统工程分解为运行、管理、技术和保障四大板块，详细分解了各单位责任分工和管理目标，促使部门之间责任更加明确，运行更加协调，保证项目的快速、合理、有序运转。

（三）丰富沟通渠道，保障快速响应

开辟绿色通道：专人专项对各环节实施管理；优先组织，做到方案编制优先、设备组织优先、基础建设优先、作业施工优先和电力输送优先；绿色畅通，对三元复合驱的工作量必须无条件执行，不得拖延、积压工作量。定

期召开例会：每周召开三采专业例会，工艺队将三元开发指标、措施效果和生产情况汇报给地质副矿长、工程副矿长，生产办将生产问题汇报给生产副矿长，最后共同落实解决三元有关生产问题。

（四）完善规范标准，确保优质运行

建立和完善三个系统标准（图1）：注入系统建立"635"管理制度和标准；采出系统建立"513"管理制度和标准；集输系统建立"512"管理制度和标准。完善注入、采出15项原常规管理制度，绘制成流程图（图2），使之图版化，管理更加规范、精细。

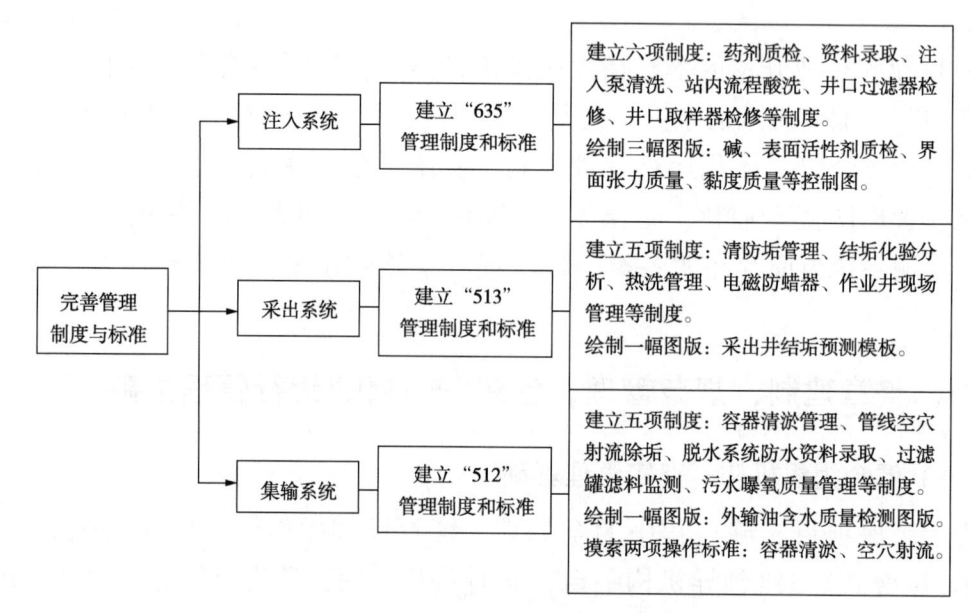

图1　三个系统标准模式框架图

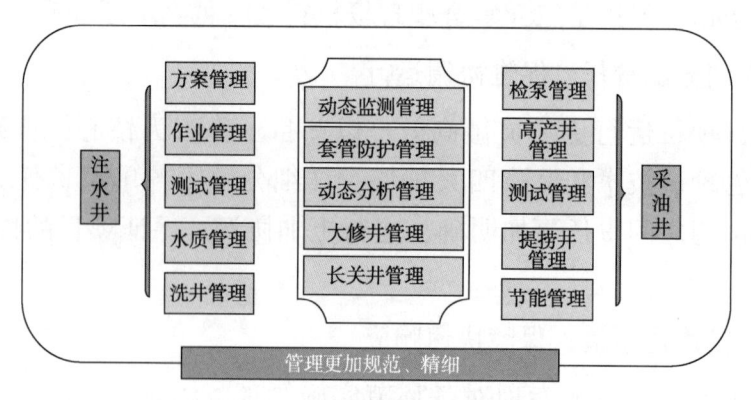

图2　常规管理制度流程图

理顺两个流程：通过理顺异常井处理流程和机采故障处理流程，及时掌

控各个系统信息，畅通管理体系信息反馈渠道，明确了各部门责任，提高处理效率，促进三元复合驱整体工作水平的不断提高。

（五）加强技术应用，保障高效运行

加大信息化新技术的应用力度，安装远程监控设备、新式微机量油装置等，实现生产全过程的高效运行。

一是安装远程监控设备，实现了功图、压力、温度等单井参数无线采集，具备停机报警、视频监控功能，可随时监测油井运行状态，保障油井高效运行。

二是智能化调配方案，制定了高压流量自动调节仪的操作规程和管理办法，保证了两元液准确调配；通过集输革新，解决了部分变频器通风不流畅的问题，有效延长了变频器的使用寿命。

三是液量计量自动化。杏六区东部Ⅱ块三元4号、7号计量间采用新式微机量油装置。利用该智能系统与单井式油气计量器结合实现多井式油气全自动计量及数据存储、远传、报警等功能。

四是构筑信息平台。建立三元化验信息跟踪数据库和专项工作网页，内容包括注采井化验数据、三元生产曲线、实验区查询、三采信息通知、三采管理规定和三采动态等内容，实现了三元信息共享。

二、整合资源，突出效益，构建"一体化"运行管理格局

（一）构建小队管理新格局

突出效益观念，通过注入、采出分队管理，实现注、采井分类管理，将化验员由后线调整至前线，提升三元复合驱现场执行效率。整合资源，化验室由4个合并为2个，精简了人员和设备；优化配置，通过化验人员由后线调至前线，便捷了信息的采集录入，确定理念"化验的是样品，检验的是人品"，通过"井分类、人分组"管理模式的实施，使分工更加明确，提高了工作效率。整合后三元采出队单井用工为0.2人，注入队平均用工46人，有效节约人工成本的投入。图3为注采井管理新模式分工图。

（二）完善三元管理制度

借鉴水驱、聚合物驱经验，按照共同点优化沿用、差异处补充完善和空白项科学建立的原则，系统梳理优化沿用86项标准，试行完善补充健全34项标准，起草制定科学新建13项标准，为三元开发日常管理提供了精准依据。

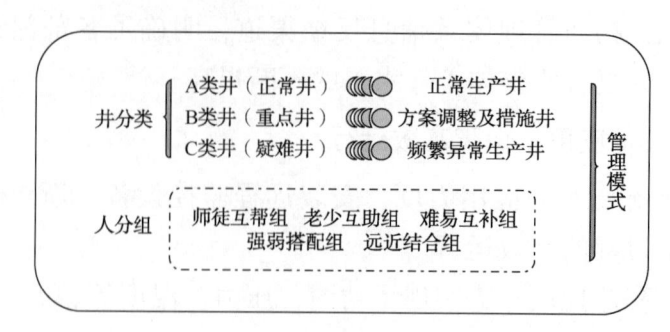

图 3　注采井管理新模式分工图

三、专业管理，强化管控，推进"一体化"运行管理运作

通过注重"两化"管理，强化作业施工及专业维护两方面的日常管理和过程控制，推进节点管理，摸索出一套适应三元采出、注入、集输整个系统的专业化管理新模式。

（一）专业化作业

一是在作业管理上，组建专业作业施工队伍，完善作业施工制度，形成了"457"作业法，实现三元油井专业化作业施工；畅通厂、矿作业绿色通道，简化工作流程，制订了恶劣天气施工预案，采取铺钢板、吊水泥基础等非常规手段保障施工进度，有效缩短平均泵况影响时间5天。

二是在防垢方式上，确定以地面液体点滴加药为主的防垢方式，明确加药参数，完善配套管理制度，形成"超前监测、提前诊断、适时加药、清防结合"的结垢预警防治体系。用 pH 值—CO_3^{2-} 模板预测杏六区东部Ⅱ块结垢趋势，预测符合率在85%以上。

三是在垢卡治理上，形成三元油井停机操作制度、油井热洗操作制度、日常巡检维修制度、作业加药制度和垢样化验制度。针对解卡采取"提、洗、泡、活"解卡方法，通过四字解卡方法，使解卡成功率提高到53.8%。

四是在卡泵处理上，对垢卡井制定了严格的停机操作制度，合理整合停机期间各项维修操作，降低停机垢卡概率；对频繁卡泵井，采取固定周期大排量洗井方式；对有卡泵征兆井（即交变载荷上升20%以上、最大上电流上升5A以上、出现毛辫子松动现象；螺杆泵电流增大20%以上、扭矩呈周期性波动，幅度在20%~40%，时间6~10s），适时采取大排量洗井、酸洗等方式，有效降低作业频次。

图4为"457"作业法构成图。

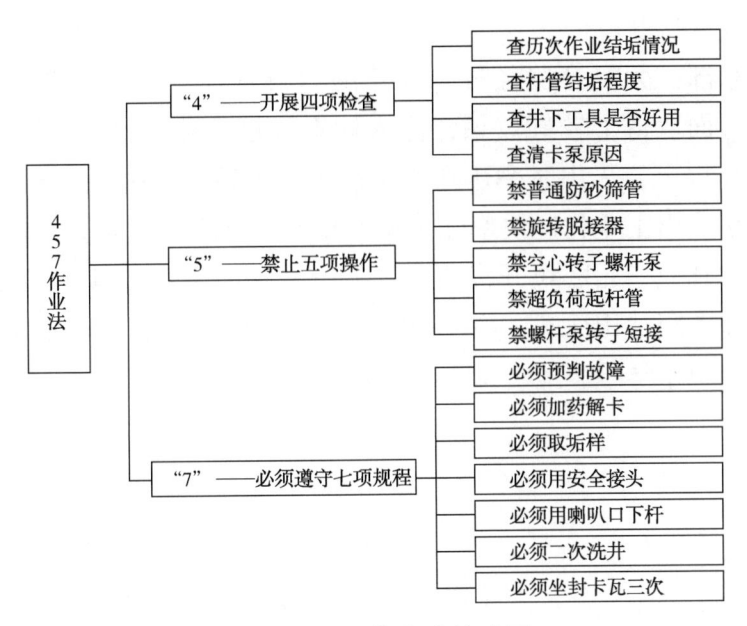

```
                            ┌─ 查历次作业结垢情况
              ┌─ "4"──开展四项检查─┤─ 查杆管结垢程度
              │              ├─ 查井下工具是否好用
              │              └─ 查清卡泵原因
              │
              │              ┌─ 禁普通防砂筛管
4             │              ├─ 禁旋转脱接器
5 ────────────┼─ "5"──禁止五项操作─┤─ 禁空心转子螺杆泵
7             │              ├─ 禁超负荷起杆管
作             │              └─ 禁螺杆泵转子短接
业             │
法             │              ┌─ 必须预判故障
              │              ├─ 必须加药解卡
              │              ├─ 必须取垢样
              └─ "7"──必须遵守七项规程─┤─ 必须用安全接头
                             ├─ 必须用喇叭口下杆
                             ├─ 必须二次洗井
                             └─ 必须坐封卡瓦三次
```

图4 "457"作业法构成图

(二) 专业化维护

一是在注入站机泵维修和保养上，针对母液泵泵效低、合理排量低、故障率高的"两低一高现象"，对机泵实施差异管理、自主维修，保证运行时率95%以上。二是在药剂质检上，对药品质量每批监测，严格监测标准，建立"三到位、四签字"制度，保证药剂合格率。三是在取样器不严判断方法上，通过"看、听、比、拆"，寻找治理办法，对取样阀革新，使改进阀与阀座一体式，维修时整体取出，保证取样黏度合格。四是在管线维护上，组建"专业堵漏班组"，推行"严、准、细、快"管理，即：制度标准执行严、判断故障点准、专项维修分工细和反应速度快。五是在加药管理上，针对天气、道路等不利影响，形成了"优、调、特、改"的加药管理模式，保证了加药效果，加药时率控制在85%以上。六是在酸洗除垢上，首先依据垢样分析确定酸液配方以30%的盐酸为主，辅以少量缓蚀剂，pH值在5以下；其次增设在线酸洗流程，改进静混器连接方式，明确在线、离线相结合酸洗方式和季度酸洗周期，提高体系混配效果。七是管线清淤上，通过"544"管理法，确立了空穴射流实施原则、实施周期、验收标准，基本满足现场生产需求，保证系统管线畅通。八是在加热炉维修上，实施"两优化两完善"。优化加热炉进液管和烟管支撑位置；完善炉管高温检测装置和防除垢装置，完善了容器清淤制度，将三合一清淤周期由一年一次缩短为半年一次，加热炉清淤周期由一年一次缩短为一季度一次。

　　杏六区东部三元复合驱经过一体化的运行管理,在注入系统、采出系统及集输系统方面取得了较好效果,注入体系黏度合格率和界面张力合格率始终保持在90%以上,采出时率达到90%以上,外输含水率低于0.3%。阶段提高采收率已在油田工业化区块率先突破20个百分点,坚定了大幅度提高采收率的信心,为其他三元区块开发管理提供了借鉴。同时,基层单位多次获得第四采油厂和大庆油田荣誉,并多次代表大庆油田接受中国石油领导检查和国内外油田的观摩学习。

以稳油控水为目标的水驱精细开发示范区优化管理

孙慧黠　王　亮　王　畅

为落实好大庆油田"立足优化、突出效益，立足长垣、精细水驱，立足当前、着眼长远"的开发原则，第四采油厂围绕"建设水驱精细开发示范厂"的目标，开辟了杏六区东部水驱精细挖潜示范区，总结和摸索出一套以稳油控水为目标的水驱精细开发优化管理模式，取得了显著的开发效果和经济效益。

一、优化注水管理，夯实高效注水基础

（一）实施开发"四精细"管理

1. 精细日常资料录取

日常动态管理突出一个"实"字，动态分析过程突显一个"细"字，资料录取方式掌握一个"精"字，现场资料录取严抓一个"准"字。

2. 精细日常注水管理

按照"4定4率"原则精细管理。"4定"即定压、定量、定性、确定注采平衡；"4率"即分注率、测试率、测试合格率、分层注水合格率。

3. 精细注水现场管理

做到4个严禁，4级汇报制度。严禁超破裂压力注水、严禁注水异常井注水、严禁井况不清注水、严禁套损井不报废先钻更新井注水。注水井异常时，值班工人要立即汇报地质技术员，地质技术员在24h内做出诊断并汇报矿工艺队，小队严格执行工艺队的要求并及时与之联系和汇报，工艺队在3个工作日内核实未给出明确的措施和意见时，应汇报地质大队，地质大队应在7日内给予答复。

4. 精细注水井洗井管理

做到"三个四"：一是坚持洗井"4步"法。首先拆卸水表，避免洗井排量

大而损坏低注水表；检查注水干线与支线之间的根部阀门是否处于开大状态；冲洗前必须保持无污染；冲洗根部阀与井口之间管线，直至水样达标后方可正常洗井。二是与洗井计划"4结合"。与测试计划相结合、与措施调整相结合、与钻降开井相结合、与压力变化相结合。三是现场监督"4不"签字。即：环境污染不签字、水量不够不签字、洗后水质不合格不签字、注水工不在现场监督不签字。

（二）实施故障处理明示管理

注水井故障处理及时对注好水、注够水起到至关重要的作用。为更有效、更及时解决注水井的问题，制定注水井常见问题的判断及处理流程明示表，使处理注水井常见问题达到"四化"——明细化、可视化、及时化、制度化。

（三）实施"井分类，人分组"绑定管理

采用ABC分类管理，将正常分层注水井定为A类井（正常井），将方案变动及压力异常井定为B类井（重点井），将新投注井定为C类井（疑难井）。分类管理后做到了重点突出，难点明确。这样管理起来就会有条不紊、得心应手。

图1显示了"井分类，人分组"管理方式。

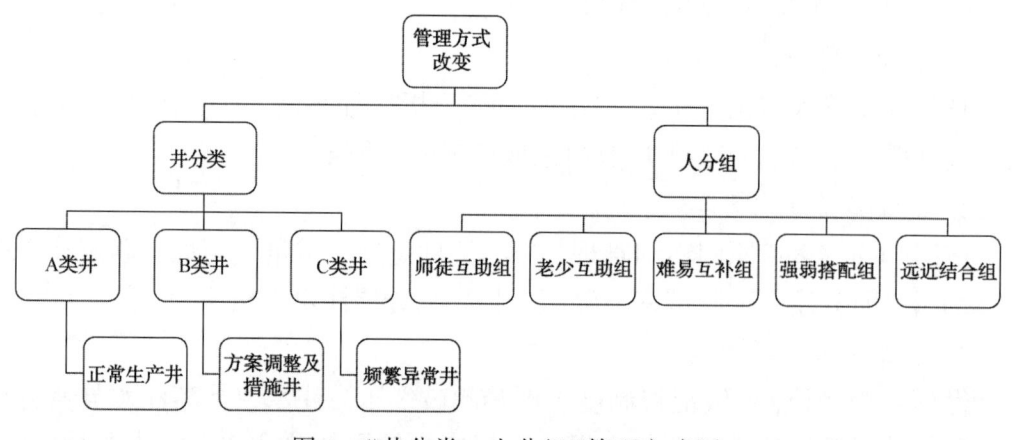

图1 "井分类，人分组"管理方式图

（四）实施"三级二段"目标管理

将"一井一工程""一层一对策"切实运用在水驱示范区的工作中。在水驱示范区内根据全区水井的注入能力划分为特护井、重点井、常规井三个级别。重点井及特护井为第一层段，常规井为第二层段。通过实施"三级二段"式管理，岗位员工能够做到三个自觉、五个清楚和一个转化，即：自觉检查、自

觉落实、自觉沟通；计划配注清、实际单井注入量清、注入情况清、措施井效果清、设备运行情况清。

二、优化运行管理，保证采出效率

（一）开辟绿色通道，加强作业管理

为保证示范区油井开采效率，矿里专门开辟作业井绿色通道，对于产油量大于0.5t的油井，优先安排作业，同时加强作业现场监督工作。另外，为努力延长检泵周期，制定了以下管理办法：一是对抽油机井冲程、冲次、泵径和泵深进行优化，对抽油杆、管、泵等井下工具进行优选，严把下井管杆质量关、管柱试压关和完井资源录取关；二是在措施管理中，把好措施制定、实施质量、效益考核三个关口；三是建立油井产量预警系统，把油井产量波动分为观察期和危险期。

（二）优化现场管理，建立单元化管理模式

以发现问题、分析潜力和明确对策为重点，把每一个井站、每一口井作为最基本的管理单元，从地面、井筒、油层"三位一体"综合考虑，层层优化。做到常规技术常用常新，成熟技术完善配套。

在地面管理方面：一是在地面设施管理中，进一步加强抽油机"五率"管理，确保"五率"达标率在95%以上；二是在油水管网管理中，做到井口、阀组、流程三个规格化，开展干部管面、班长管片和工人管点活动，以实现油气输送无损耗，无污染，减少经济损失的目的。

在井筒管理方面：召开了由采油高级技师参加的现场管理经验交流会。在判断油井泵况上，形成了"看、听、摸、测"的经验做法。在回压高的井的处理上，形成了"调、冲、洗"的操作流程。在热洗方式和周期的确定上，形成了综合考虑泵排量、泵效的洗井方式和热洗周期。在洗井操作上，明确了"保温、提压"的原则。

（三）开展地面管网普查工作，保证采出时效

在集输管网方面，对示范区回压频繁升高的井，进行综合分析找出主要原因。出现异常的主要原因是管线的老化腐蚀、沥青管、过沟渠或裸露、出油温度低、集输半径长、自然条件恶劣等一系列不利因素致使回压升高。针对异常井，通过调整热洗周期，优化掺水量，确定合理冲洗干线周期，确保生产平稳运行，最大限度降低回压高井对产量的影响。

（四）优化地面工艺，有效保证水质

合格的注入水质是实现精细高效注水的前提。因此，在水质改善上要实行全过程节点控制（图2）。

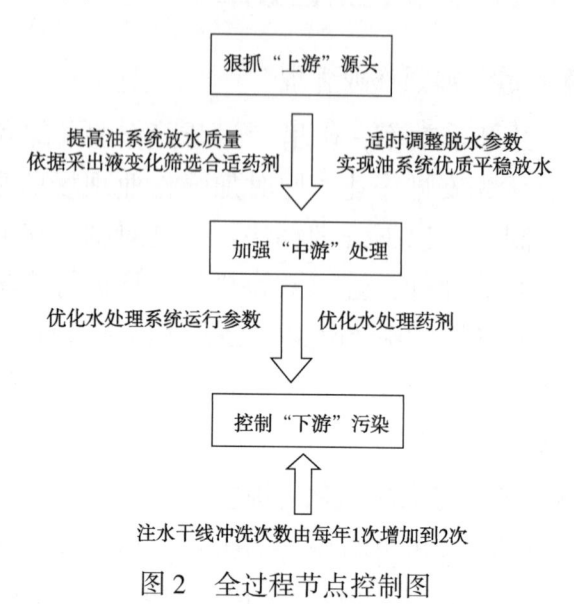

```
            狠抓"上游"源头
    提高油系统放水质量      适时调整脱水参数
    依据采出液变化筛选合适药剂   实现油系统优质平稳放水
                ↓
            加强"中游"处理
    优化水处理系统运行参数    优化水处理药剂
                ↓
            控制"下游"污染
                ↑
        注水干线冲洗次数由每年1次增加到2次
```

图2 全过程节点控制图

（五）精细分析，实施各种油井措施

对薄差油层动用程度低形成的剩余油，实施油井压裂挖潜。为了保证油井压裂效果，按照"超前培养、精心选井、精细选层、优化设计、强化监督、效果评价、及时保护"的压裂管理模式，进一步配套完善特高含水期压裂增产技术。同时对地层压力高、流动压力高、泵效高，层间差异小的井采取换泵措施；对注采关系不完善形成的剩余油的井，实施补孔挖潜。另外，对层间干扰严重的高产液、高含水井，采取压裂与堵水相结合；对注采对应性较差的低产井，采取压裂与补孔相结合。

三、优化现场管理，提高工作效率

（一）实施日常工作细化管理

一是细化区域管理促发展：按水驱示范区内的地理位置与区域环境的不同成立两个区小队，进行全责区域管理。

二是细化检查职责上水平：成立五个检查小组。检查小组在每个月检查时，严格执行厂生产管理检查标准，实施量化考核，年底评比先进班组和先进个人时作为参考。

三是细化送样流程保质量：为杜绝缺样、重样、冻样的情况发生，资料员把第二天取样井号、井数等做出交接清单一式两份，第二天送样负责人到资料室领取一份，另一份由资料员发到井、站岗位员工手中。当出现不合格的样品时，及时汇报技术员及区队长落实情况或重新录取，样品合格后方能送交化验室，由化验员在样品交接清单上签字后返回到资料室。

（二）实施动态监测细化管理

按照"系统、准确、实用、高效"的原则，以寻找剩余油相对富集区为目的，加大动态监测力度，在搞好地层压力和油层动用状况监测的同时，加强含油饱和度变化的监测，为示范区动态分析调整提供及时有效的监测资料。

一是实行测试前"五检查制"（图3），巩固注水合格率。注重仪器下井前的检查和起出仪器后的维修保养工作。

一查电缆头根部
二查仪器各部位连接是否紧固
三查仪器机械臂弹开收回是否灵活
四查是否有死油污垢
五查流量计密封段过盈尺寸

图3　五检查制

二是搞好地层压力监测，加大薄差储层监测比例。在保持监测井点连续性的基础上，针对二次、三次加密井网调整对象油层发育较差、压力波动较大的特点，为了掌握薄差储层的压力分布状况和开发特征，加大了对二次、三次加密井网压力的监测力度。

三是加大注、产剖面的监测力度。示范区全部注水井和具备环空测试的采油井每年至少实施1次剖面监测，措施及方案调整等重点井，要根据开发调整需要适当增加监测次数。

通过有针对性的管理方法精细调整，示范区呈现较好的开发态势。产量连续5年超计划完成，油层动用比例升高3.3个百分点，地层压力上升0.14MPa。同时总结了一系列生产、注水、措施精细管理方法，对促进油田可持续发展具有重要推广意义。同时，生产管理水平逐年提高。2011年，第四采油厂生产管理检查排名第四并获得了大庆油田"铜牌"采油队；2012年，第四采油厂生产管理检查排名第二，并且参加大庆油田绿色环保基层队和大庆油田金牌队的验收。

以"稳、精、高"为目标的后续水驱精细化管理

井生文　仝金龙　李　佳

杏四西区块位于杏北开发区四—六行列区西部,始建于2004年10月,北起杏3区3排、南至杏4区3排,管理面积5.98km²,共有油井93口(其中抽油机83口、螺杆泵10口),水井77口。聚驱阶段累计产油161×10⁴t,提高采收率13.03个百分点,高于设计1.02个百分点(表1)。2013年5月转入后续水驱阶段。区块现有油、水井170口,转注后区块综合含水率达到95%以上,成为多数人眼中的"鸡肋"区块。第四油矿不抛弃、不放弃,盯准区块年100×10⁴t的产液基础,通过夯实管理基础、改善注采关系、加强精细管理等一整套管理提升措施,将"鸡肋"管成了三年超产1.1×10⁴t、峰值达到6000t的"金娃娃"。

表1　杏四西区块基本情况

管理面积 km²	投产时间	油井数 口	水井数 口	聚驱阶段累计产油 10⁴t	聚驱阶段提高采收率 %
5.98	2004年10月	93	77	161	13.03

一、改善基础条件,产量运行管出"稳"

基础不稳地动山摇。经过8年的聚驱开发,让原本基础薄弱的杏四西区块更显得不堪一击。腐蚀管线穿孔增多,管线腐蚀比较严重,水井中有72%长期处于穿孔状态,三个注入站更是腐蚀严重,每一次处理都需要关掉整座站的注水井,影响较大。油井掺水管线腐蚀穿孔频繁,结垢严重,回压一度由正常时的0.35MPa上升到0.83MPa,处理管线穿孔和回压高堵井影响到开井时率。地面设备故障增多,停止注聚后,注入站设备由于长期聚合物腐蚀原因,穿孔频发,水流量控制单元仪表误差较大,没有备用表,校对困难,

水井井口过滤器有时由于聚合物和杂质原因发生堵井现象,严重影响基本的注采生产。为此,第四油矿首先加大基础设施维护投入,累计更换管线3800m,将开井率、时率提高31.2%和26.8%,有效缓解了该区块因管线漏、堵等原因造成的运行波动。同时促进管理水平提升(表2)。一是自行实施注水流程改造25口,安装干式水表75块,更换井口闸门75个,处理分离器问题3个,拆除水井井口过滤器16个,资料录取精度得到提高。二是抽调专业维修保养力量会战,组织25人历时15天,区块油水井全面保养、维护,一类井比例达到80%以上,为该区块平稳有序运行夯实了设备基础。三是建立配套奖惩制度,机关生产办、工艺队、采油队责任清晰,任务明确。每月对照目标严考核、硬兑现,做到了干部有指标、员工有任务,基础管理水平得到了较大提高。四是强化岗位员工责任意识,第四油矿对机关、工艺队提出了管理倾斜要求,对区块内开发、基础管理等各项管理内容加大考核力度,督促岗位员工增强岗位责任意识,为"冷"区块发挥"热"作用提供了坚实保障。

表2　后续水驱初期与目前开井率与时率对比表

分　类	目　前		2013年6月	
	开井率,%	时率,%	开井率,%	时率,%
注入井	79.6	74.7	48.4	47.5
采出井	81.8	76.4	51.2	49.8
全区	81.2	75.7	50.0	48.9

二、实施精细管理,注采关系管出"精"

随着区块开发,进入后续水驱,平均单井日产油由聚驱受效时的8.9t下降到0.8t,单井产量下降幅度大,提高单井产量是技术上要重点研究的课题。单井含水级别高,进入后续水驱阶段,区块综合含水率达到98%以上,其中含水率达到97%以上井的有62口,低于95%的只有3口,进入了高含水开发后期,开发效益逐渐变差。通过油水井开井率的全面提升,保持合理注采关系,实施油井压裂方案8口井,水井酸化12口井,改善了油层连通状况,平均单井日增油3.2t,单井日增注水量24m^3。因低产待检井组织检泵14口井,改善了13个单砂体注采关系。因单井含水级别高,有针对性制订综合调整方案33口井,实施后,区块综合含水率下降1.5个百分点。开展杏四区西部纳米微球深部调驱方案试验区,自2016年杏四区西部葡Ⅰ1—3油层后续水驱纳米微球深部调驱方案，对低效、无效循环状况严重的井区实施深度调驱，改善油层动用状况，挖掘剩余油，探索化学驱后提高采收率的有效途径，2017年见效(表3)后，16口采出井日产油增加23.4t，试验取得显著的效果。

表3 杏四西注采井调整治理工作量统计表

类别	注入端，井次				采出端，井次			合计井次
	方案调整	酸化	纳米微球	小计	压裂	低产检开	小计	
工作量	33	12	9	54	8	14	22	76

三、建立联动机制，"两率"管理管出"高"

在现有的技术条件下，聚驱后续水驱还没有成熟技术，因此后续水驱开发状况一般都比较差，且随着产量比重下降，普遍重视程度不够，但是通过不断加强精细管理，提高油水井"两率"，管出高水平，夯实液量、产量基础。几年来，第四油矿实施"三二一"联动管理办法，油井开井率一度达到90%，水井开井率一度达到84.4%。基层队建立三级承包制，队干部分片、班长包组、岗位员工包井，自上而下分解、传递压力，自下而上收集、解决问题，确保全队步调一致，进退有度；工艺队开通两条高速路，作业管理人员时刻关注区块检泵、卡泵情况，开设作业施工高速路；工程组负责区块清蜡工作，开设热洗施工高速路；机关开通服务绿色通道，涉及杏四西区块各项生产管理项目，机关办事员执行首问负责制，负责协调各项施工、特种车辆调配等工作，确保生产计划执行落实到位、施工现场协调解决到位、基础管理服务指导到位、管理指标考核监督到位，通过以上措施，保证了该区块"两率"始终处在全厂较高水平。通过3年的精细管理，区块年年超产，累计超产达到1×10^4t以上，冷区块管出大效益，为第四油矿超额完成产量任务画出浓墨重彩的一笔。

后续水驱在没有成熟技术的前提下，精细管理是区块焕发生机的核心动力。冷区块管出新后劲，是今后开发思路的典型范例。聚驱后期可以借鉴，水驱高含水后期仍然值得借鉴，甚至其他类型的开发方式，也可以参考。借鉴应用的不只是方法，更重要的是管理思路。

以提高注入体系高质量为目标的系统和节点管理

井生文　刘璐莹　仝金龙

杏六区中部区块2013年10月注聚合物以来，通过抓两端、控节点、健系统等一系列管理办法，将体系黏损率始终保持在35.2%以内，曾连续35个月保持在20%以内，使得该区块延长聚驱注入1年。

一、实施"两改造"，管住注入过程黏损消耗

为解决比例调节泵噪声大、振动大、故障率高、黏损率高的问题，现将比例调节泵进行工艺流程与泵体结构改造，优化站内设备，降低能耗、节约开发成本。

（一）站内工艺改造，提高注入井开井率

将"一泵三井"流程改造为"一泵多井"，即"高、低压分压"流程。泵后增设两条高、低压汇管，参数较大泵增设变频调速装置，注入井阀组增设聚合物流量控制器。将比例调节泵三个出口焊接汇总成一个，分别与高、低压汇管通过球阀控制连接，高、低压汇管通过球阀分别与单井阀组连接。泵不再直接向单井阀组提供聚合物，聚合物经过泵升压后，进入高（或低）压汇管，进入单井阀组，流量控制器取代比例调节泵的调节机构，与流量计联控调节单井聚合物注入量。

工艺流程改造后，运行泵减少，备用泵增加，能耗降低。运行泵出现故障时，只需停止故障泵、启动备用泵，保持汇管压力稳定并高于单井注入压力，即可保证单井注入量稳定、注入系统平稳运行，不影响单井注入。从根本上解决了比例调节泵高故障率影响注入井开井率问题。

（二）泵体结构改造，降低泵黏损

取消泵液力端调节机构，原空心柱塞换为死柱塞，泵头加装盲板，泵柱

塞侧高、低压泄压回流孔焊接封堵，改造泵密封圈盒，完全消除泵内回流（图1）。此方法改造，将增大泵参数，通过改小泵柱塞直径、泵电动机皮带轮修正泵参数，使其保持不变。泵头加装压板固定泵头，减缓泵头振动。改造后，吸入阀机械剪切将是泵产生黏损的主要原因。监测泵容积效率始终保持在90%以上，即可控制泵黏损变化。

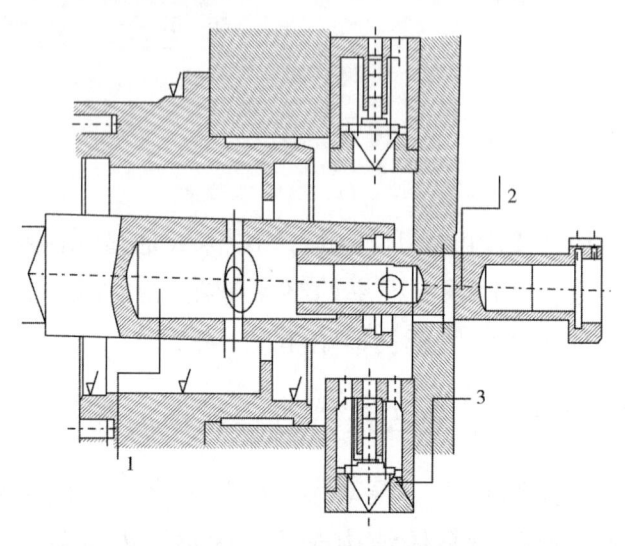

图1 改造前泵体结构剖面图
1—空心柱塞；2—泵排量调节机构；3—泵吸入阀

泵体改造后，振动由改造前的1.06mm/s下降至0.29mm/s，降幅高达72.6%；泵房内噪声由95.1dB下降至84.8dB，降幅10.8%；泵体结构改造后，泵黏损率由原来的29.9%下降至4.2%。

二、实施"五步法"，管住黏损日常治理

在黏损治理工作中，通过学习、摸索、实践、总结，提炼实施了"治黏五步法"，使黏损治理逐步向规范化、系统化、科学化迈进。

第一步：抓培训，确保规范。通过培训员工现场取样的标准操作、技术要点、注意事项等，促进员工标准化取样操作水平的提升，确保取样操作规范精准。

第二步：抓资料，夯实基础。通过早会教育、技术培训和岗位练兵，让员工充分认识到注入体系对区块开发的重要性，促进员工对注入体系合格率重视程度的提升，确保取全、取准第一手化验资料。

第三步：抓管理，提升效果。通过定期落实、节点排查、专项治理相结合的办法，促进黏损治理效果的提升，确保黏损率低于24%的井占总井数的

80%以上。

第四步：抓检查，强化责任。通过不定期抽查单井取样情况，促进员工取样责任心的提升，确保取样真实准确，操作流程规范无误。

第五步：抓执行，形成长效。通过对上级规划、方案以及实验要求的执行，做好落实、配合、反馈以及总结工作，确保黏损治理在出经验、出标准、出效果、出成果的基础上，能够形成一套实用、规范、系统、科学的长效机制。

三、执行"四冲洗"，管住黏损后续治理

注入系统由于结垢腐蚀等原因，常常造成黏损增加，如果采取定期冲洗的办法，可以有效解决黏损增加的问题。

（一）高速母液流冲洗

将配制站熟化罐出口黏度与注入站来液取样黏度进行比较，计算黏损率，摸索合理的冲洗周期。

高速母液流冲洗后，管道黏损率下降，1周后，管道黏损率回升（表1，图2），因此每周执行母液流冲洗工作，控制母液管道黏损率变化小于4.0%。

表1 配制站—注入站管道黏损率变化

项目	管道黏损率,%									
	冲洗前	1天后	2天后	3天后	4天后	5天后	6天后	7天后	8天后	9天后	10天后
四配—聚杏4-1	6.8	3.2	3.2	3.3	3.5	3.5	3.8	4.2	4.9	5.1	5.1
四配—聚杏4-2	6.5	3.0	3.0	3.0	3.3	3.4	3.5	3.8	3.8	4.5	4.8

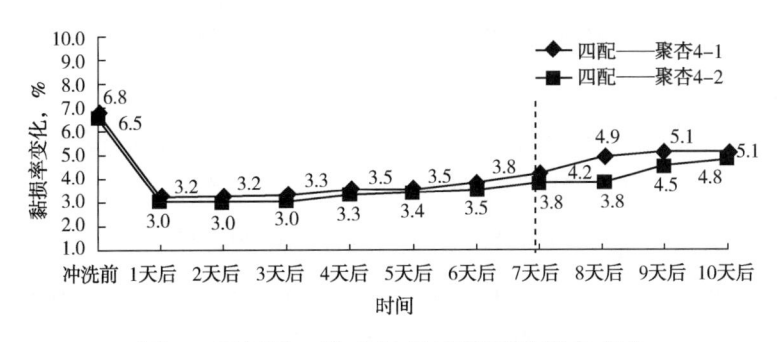

图2 配制站—注入站母液管道黏损率变化

（二）泵前过滤器冲洗

严格按照《第四采油厂聚驱配注系统黏损治理管理规定》要求，泵前过滤

器每月清洗一次。针对全局黏损率超过30%的单井,加强邻近泵的冲洗次数,截至7月底,共计清洗泵前过滤器350余次,冲洗后,注入站站内平均黏损率下降了4.2%。

(三)流量调节器、静态混合器维修及冲洗

全局注聚合物井黏损率超过24%,进行黏损节点分析,流量调节器及静态混合器黏损率超7%,对流量调节器、静态混合器进行治理。

以杏6-31-P930为例:单井黏损率为39.6%,流量调节器及静态混合器黏损率达到24.1%;拆卸流量调节器后,发现阀杆有划痕,打磨阀杆;拆卸静态混合器后,发现插片内附着大量乳黄色块状及胶状物,先采用自来水管冲洗,冲洗10min,冲洗后,附着物仍黏附在插片内,冲洗效果不好。后采用罐车高压水冲洗,冲洗5min,冲洗后,插片内几乎没有附着物。治理后,该井黏损率下降到12.3%,黏损治理效果较好。

(四)注聚井管线冲洗

通过对高黏损井的节点分析发现,注聚合物管线是影响黏损的主要因素之一。

在制订管线冲洗对策时,提出3种方案:高压水冲洗、高压水投球、高温水投球。经过反复实验对比,得到:

(1)高压水冲洗方式治理效果不佳,治理后管线黏损率平均下降5%。

(2)高压水投球方式治理效果好,管线黏损率平均下降15%,但治理效果持续时间仅50天。

(3)高温水投球方式治理效果好,管线黏损率平均下降20%,并持续120天在10%以内。但该方法治理成本高,需要矿内协调车辆、人员配合站内进行冲洗。

冲洗管线31井次,管线平均黏损率降至9%,全局黏损率平均下降15%。

通过抓系统、控节点黏损治理工作,杏六区中部区块注入体系黏损率始终保持在20%左右,优于24%的黏损率指标。耗能评价:工艺改造37台比例调节泵,最多同时运行15台,备用泵12台,每日可节约电能8640kW·h,日节约费用4320元,年累计节约费用157.68万元。干粉消耗:平均单井配注浓度可以下调235mg/L,111口井平均日注入量40m^3,每天可节省聚合物干粉1.04t,每吨干粉按1.4万元计算,日节约费用1.46万元,年累计节约费用532.9万元。两项合计年累计节约费用690.58万元。

以提升质量与效率为目标的专业化洗井资源优化管理

张伟航　梁玉杰　王玉祥

杏北开发区持续高效稳产的关键在于开发效果的进一步改善，开发效果改善的关键在于注水质量的进一步提高，而注水井洗井是提高注水质量、改善近井地带油藏注水环境的最有效方法之一。2014年专业化洗井之前第四采油厂全厂范围内洗井罐车由各采油矿自行管理，全年完成洗井工作量6000口左右，洗井班组日洗井2口，工作效率较低，现有洗井能力尚不能满足洗井需要，因此需要积极探索专业化管理方法，不断提升注水井洗井管理水平，确保注水质量稳步提升。

在专业化之前采油各矿洗井队伍及设备分散管理，非洗井使用较多、洗井标准不统一、洗井效果较差，根据《大庆油田公司洗井管理规定》要求，洗井过程中必须满足连续洗井，因此开展了洗井队伍整合，采取集中管理，打造出专业化管理队伍。加强质量监管，落实三级监督制度，保证洗井质量，同时严格执行大庆油田安全环保要求。

一、优化整合班组，打造专业洗井队伍

为保证连续洗井需求，切实提高洗井质量和效率。2014年10月，把矿属洗井班组、人员及设备整体划归作业大队，组建专业化洗井队伍。对洗井班组罐车数量进行重组，由之前的2台罐车增加至3台罐车，满足连续洗井需求，厂属洗井班组由之前的21个重组为14个，实现洗井队伍的整合。

洗井班组整合后，虽然洗井能力得到提高，但仍与实际需求存在差距，基于第四采油厂洗井能力不足的情况，通过厂里积极协调，与龙丰公司签署外委洗井班组6个，为今后外委洗井工作积累经验。

二、建立规章制度，提高劳动组织效率

加强和规范注入井洗井管理工作，确保油田注水质量，实现专业化洗井。注入井洗井实行厂、矿、队三级监督管理制度，设置专人专职管理。洗井管理人员对洗井现场、洗井质量进行全程监督管理。

一是精心组织运行，明确岗位分工和职责。为了保证洗井工作有序开展，充分利用网络信息化洗井管理平台，地质大队负责全厂洗井计划的编排，由采油矿结合本矿实际需求分月上报洗井井号，地质审核通过后提交给作业大队和龙丰公司，作业大队和龙丰公司组织运行，全程实现无缝对接，提高劳动组织效率。

二是强化过程监督，保证洗井质量和效果。按照注水质量提升工程的要求，地质大队全面负责洗井的监督管理工作，包括洗井效果的分析、评价及验收工作，不定期抽查当月洗井工作量的5%；采油矿负责编排本矿洗井需求，协调解决本矿洗井工作中出现的问题，跟踪管理，洗井工作量的监督工作比例不低于20%；作业大队和龙丰公司负责依据提交洗井需求，组织实施洗井工作以及洗井施工过程中的安全环保。要求洗井车辆安装GPS车辆定位系统，覆盖比例达到100%。同时，地质大队组织开展了洗井工作现场写实，明确了洗井液进口和出口水质基本一致为合格，增加冲洗支线$5m^3$以上的要求，确定了专业化洗井验收执行"625"标准(以6罐为1井次计算，每个班组每月需至少完成25井次洗井任务，对于超额完成：超出罐数÷6×194元＝额外奖金)，为现场管理人员提供了监督参考依据。

三是推广成熟技术，提高疑难井洗井成功率。多年现场实践经验表明：第一级封隔器以上油管内壁死油、泥沙，特别是油管内壁结垢是造成测试投捞遇阻、掉卡、测试后水量异常、稳定周期变短的主要原因。每年作业更换油管情况资料统计表明，油管结垢严重(厚度大于5mm)的注水井约70口，只占每年作业井数(1200口)的5.8%，大部分油管结垢程度都较轻，因此，能够定期彻底清洗第一级封隔器以上油管内壁，解决测试过程中因垢质等脱落造成的各类问题。针对影响洗井的管柱因素，优化井下工具结构，研制可收放式高效清洗除垢器，利用锁紧机构可实现井口自由投放(无须钢丝)，依靠解锁机构实现井下第一级封隔器处叶片顺利打开，然后在反洗井水的压力推动下，除垢器向上行走。在行走过程中，靠空穴效应对垢质的剧烈冲击振动和高压水射流作用来实现彻底清洗井下油管内壁的垢质、死油及泥沙等。当

除垢器到达井口时，利用井口接收装置将其收回，可循环使用。另外，利用打捞头还可实现工具在管柱中遇阻时的顺利打捞，避免动管柱作业。在解决洗井不彻底问题的同时，保证洗井质量。同时提出测试疑难井洗井方法，按照"先投死嘴、后刷洗管柱、再冲洗井筒"的方法，取得了较好的效果。通过跟踪洗井前后水质情况（表1）来看，悬浮物含量由357mg/L降低到47mg/L，洗井罐数由7.9罐降低到4.7罐；对比洗井前后单井测试工作日来看，洗井后，原测试疑难井平均单井测试工作日由8.7d缩短到3.4d，有效提高了测试效率，达到了预期目的。

表1 测试疑难井洗井方法效果情况

类别	悬浮物含量，mg/L	洗井罐数，罐	平均单井测试工作日，d
专业化前	357	7.9	8.7
专业化后	47	4.7	3.4
差值	310	3.2	5.3

四是合理优化频次，突出洗井工作的实效性。按照注水质量提升工程关于洗井工作的要求，从洗井需求和能力对比来看，尚不能满足洗井需求，"十三五"期间每年全厂能力差值约为1459井次作业。为了更高效地发挥专业化洗井的优势，综合考虑注水量情况、分注情况、井网、油层污染情况、干线末端、水质处理、管柱年限以及干线水质监测等诸多因素，建立了"321"注水井洗井优化模板（表2），确定该井的年洗井频次。表3中列出了2015年"321"注水井洗井优化效果。近几年通过运行"321"注水井洗井优化模板，优化后每年平均减少工作量1256井次左右（表4），提高了洗井的针对性，能更好地落实深化井筒治理工作，把第四采油厂洗井工作做实，切实提升注水质量。

表2 "321"注水井洗井优化模板

注水量分级 m³	分注情况		井网						油层污染	干线末端	水质处理		管柱情况 a			干线水质监测	
	笼统	分层	基础	一次	二次	三次	注聚合物	后续			深度	普通	<5	5~10	>10	合格	不合格
<30	1	3	3	3	3	3	2	1	3	3	3	3	1	2	3	1	3
30~50	1	2	2	2	2	2	1	3	3	3	2	2	1	2	3	1	3
>50	1	1	1	1	1	1	1	3	3	3	1	1	1	3	3	1	3

表3　2015年"321"注水井洗井优化结果

洗井频次 次/a	分注情况	井网	油层污染	干线末端	水质处理	管柱情况 a	干线水质监测	评判界限	优化工作量井次
3	●	●	●	●	●	●	●	14~21	288
2	●	●	●	●	●	●	●	7~14	6140
1	●	●	●	●	●	●	●	1~7	1389

表4　2015—2018年运用"321"优化结果

年 份	优化前工作量,井次	优化后工作量,井次	减少工作量,井次
2015	9105	7817	1288
2016	9234	7923	1211
2017	9316	8108	1238
2018	9498	8219	1289
平均	9202	8021	1256

五是及时归纳总结，建立效果判定的模板。为了分析洗井效果，制定洗井效果判定模板，共分为有效判定、无效判定和无法判定3种类别，在此基础上再细分为9种情况，准确反映洗后效果变化。参照洗井效果判定模板，运用生产日报数据进行对比，确定洗井效果。通过选取洗井前7天生产数据取平均值，扣除关井及与平均值相差超过±30%的数据，扣除后重新取平均值作为洗前生产数据。选取洗后7天生产数据取平均值，同时扣除关井及与平均值相差超过±30%数据内容，扣除后重新取平均值作为洗后生产数据，前后数据做差确定洗井效果。从2018年洗井效果来看，有效判定占69.23%、无效判定占14.22%、无法判定占16.55%，及时有效地判定出洗井效果的真实情况。

三、提高排污能力，保障洗井有序运行

洗井液排放是洗井过程中的重要环节，既要合理分配车辆运行，又要满足安全环保需求，因此确保排污工作有效运行是洗井工作顺利开展的前提条件。

一是优化排污配套设施，保障洗井需求。为解决洗井过程中排液难的问题，专业化洗井后第四采油厂逐年新建和扩建洗井排污点，由14个增加至28个，为洗井工作顺利进行提供保障。同时，对排污点设备进行优化，加大排

污池的承载能力，对排液口和道路进行改造，避免相互干扰提高效率，并且安装摄像头全程跟踪，设立专人专干进行记录监管，确保洗井工作有序开展。

二是完善洗井车辆配备，满足连续洗井。按照《大庆油田公司洗井管理规定》要求，对洗井班组配备可连续洗井三通闸门，切换自如实现连续洗井需求；要求罐车安装液位计，避免出现冒罐以及查看时攀爬事故；三元洗井时配备护具，避免灼伤员工。同时，在洗井过程中必须严格遵守HSE管理规定，做到全程无污染，无渗漏。

通过专业化洗井，洗井效率和洗井质量得到很大程度的提升，洗井罐数由每天每班2井次提高到4井次，单井平均罐数由每日2.7罐提升到6.3罐，月度洗井能力由510井次提高到735井次，平均单井压力降幅由0.2MPa提高到0.3MPa，平均单井水量增幅由2.0m³增加到4.1m³，取得了较好的效果。同时，为第四采油厂注水井洗井探索了新模式、积累了好经验、取得了好效果，洗井效率和质量得到明显提高，为油田注水营造了良好环境。

以提升措施挖潜效果为目标的措施专业化管理

韩少鑫　赵洪鹏　孟继昕

油田进入特高含水期开发阶段,各项措施挖潜难度逐渐增大,措施效果逐年变差,经济效益水平逐年降低。2016年以来,按照抓住增油效果、措施效益"两个关键",建立潜力储备、技术标准、现场监督、跟踪保护"四个体系",提升地质方案、工艺方案、现场施工、维护保养"四个质量"的"244"总体思路,抓好方案设计、队伍组织、作业施工、现场监督、跟踪评价全过程管理,积极探索措施专业化管理模式,提高措施效果,为全厂原油生产提供技术支持。

一、建立潜力储备体系

依据潜力大小、井层条件和预计实施效果,明确措施潜力分级标准(表1),对全厂油井开展潜力评价与普查。

表1　水驱油井措施潜力分级标准表

措施类别	措施潜力井分级情况	
	Ⅰ类	Ⅱ类
压裂	供液方向≥4个; 总压差≥0MPa; 潜力层≥15个; 预计初期日增油4.0t以上	2~3个供液方向; 总压差-0.1~0MPa; 潜力层8~15个; 预计初期日增油3.0t以上
补孔	供液方向≥3个; 补孔有效厚度≥10m; 预计初期日增油3.0t以上	1~2个供液方向; 补孔有效厚度6~10m; 预计初期日增油2.0t以上

续表

措施类别	措施潜力井分级情况	
	Ⅰ类	Ⅱ类
换泵	流压大于最低流压4MPa； 变异系数≥0.8； 地层压力≥10MPa； 预计初期日增油3.0t以上	流压大于最低流压3~4MPa； 变异系数0.6~0.8； 地层压力8~10MPa； 预计初期日增油2.0t以上
堵水	日产液≥60t； 接替层厚度≥16m； 预计初期含水率下降5个百分点以上	日产液40~60t； 接替层厚度10~16m； 预计初期含水率下降3个百分点以上

依据潜力分级标准，建立"措施潜力池"，分类培养、分类评价、分类实施。确定Ⅰ类、Ⅱ类水驱潜力井。针对措施潜力池井加强了前培养，确保培养成熟再实施挖潜。

二、建立技术标准体系

通过研究措施效果影响因素，量化了主要油井措施选井选层标准，取得了一些技术上的成果。

压裂"两高两低"标准："两高"主要指在选井方面，即控制程度高，大于2个受效方向；地层压力高，地饱压差大于1.0MPa。而"两低"主要指在选层方面，即依据沉积类型优选低含水砂体；依据监测资料优选低动用部位。

换泵"268"标准：流压大于最低允许流压2MPa；渗透率变异系数大于0.6；地层压力大于8MPa。

补孔"1226"标准：100m内无同层系采出井点；单井日产油低于2t；补射层有2个以上注水井点；可调有效厚度大于6m。

堵水"44121"标准：单井含水率大于井区平均值4个百分点；单井日产液大于40t；封堵目的层折算有效厚度大于1m；封堵目的层渗透率突进系数大于2；接替层砂岩厚度大于10m。

其中，常规油井压裂方面实现3个突破：

一是突破单井含水界限。全井高含水不等于层层高含水，转变思路，大胆实践，努力挖掘高含水井中低含水储层剩余油潜力。坚持控制程度高，有2个以上注水受效方向；坚持地层压力高，地饱压差大于1MPa；突破压裂前含水率低于90%界限。

二是突破储层厚度界限。依据砂体分布特征，明确各类储层选择标准(表2)。

表2 各类储层选择标准表

砂体类型	示意图	优选储层
水下分流河道砂		重点针对基础井网进行挖潜； 窄条带状凸出部位或孤立砂体； 数模含油饱和度大于45%； 同位素吸水比例一般低于10%
主体薄层砂		重点针对一次井网进行挖潜； 条带状或者大面积坨状分布； 数模含油饱和度大于45%； 同位素吸水比例一般低于10%
非主体薄层砂		重点针对二次井网进行挖潜； 条带状或坨状分布与表内厚层接触； 数模含油饱和度大于40%； 同位素吸水比例一般低于15%
表外储层		重点针对三次井网进行挖潜； 大面积分布或与表内厚层镶边搭桥； 数模含油饱和度大于40%； 同位素吸水比例一般低于15%

通过明确各类储层选择标准，加大表外储层措施比例，突破措施有效厚度小于2m界限，井数比例达到30%以上。

三是突破常规工艺参数。突破加砂量固定化的模式，依据不同砂岩厚度量化不同工艺参数(表3)，单位砂岩厚度加砂量大幅提高。

表3 不同有效厚度储层工艺参数优化

有效厚度，m	>1	0.5~1	0.2~0.5	0
加砂量，m³	6~8	7~10	8~12	10~30
排量，m³/min	2.4~2.8	2.6~3.0	2.8~3.2	3.0~5.0
穿透比，%	6~10	8~12	10~15	15~30

三、建立现场监督体系

(一) 理顺流程

理顺措施全过程工序流程，明确各部门的职责与分工，强化关键节点质量控制，全面提升方案水平和施工质量。

对于措施井，由采油矿负责生产组织、现场监督；地质大队负责地质设计、跟踪调查；工程技术大队负责工艺设计、监督管理；厂生产运行部负责生产组织及井场的管理。通过厂油田管理部将地质设计、工艺等与作业大队、井下公司、试采公司协调方案的实施。其中，油井压裂方案实施流程如下：一是层层审核。方案由动态管理人员队伍设计，发挥每个动态管理人员的智慧，地质大队实行四级审核制度，保证方案质量。二是工艺方案提前介入。每批地质方案编制结束后，与工程技术大队共同结合，讨论确定层段组合、层段加砂量等工艺参数，实现地上地下完美结合。

（二）节点管理

强化措施全过程管理，实施关键节点质量控制，明确达标要求，全面提升方案水平和施工质量。

（三）强化监督

构建由厂、矿、队组成的监督体系，规范各部门监督职责和内容。重大方案各口井监督，关键工序全过程监督。

油田管理部职责分工：全厂井下作业的监督、协调、检查、验收、考核及作业监督人员的业务培训。工技大队职责分工：关键工序监督及附加工序认定；井下工具、材料的更换鉴定；对矿作业监督和采油队技术员现场监督情况的监督、检查、考核。地质大队职责分工：关键工序监督及附加工序认定；作业验收，分析油、水井作业质量及数据上报；对矿作业监督和采油队技术员现场监督情况的监督、检查、考核。采油矿职责分工：协调队伍、现场交接；施工质量监督及附加工序的现场鉴定、审核；井下工具质量分析、材料更换审核；对采油队技术员现场监督情况的监督、检查、考核。采油队职责分工：施工前后现场交接；质量环节现场监督；单井作业施工材料的鉴定与更换；大修井的井位确认，井况调查、外漏井找漏等现场漏点的确认。

通过完善措施管理流程，细化压裂过程监督，实现监督效率和效果全面提升。

四、建立跟踪保护体系

（一）密切跟踪

按照"日跟踪、旬对比、月分析"的动态分析模式，深入分析和总结措施效果，针对存在的问题，制定下步措施。日跟踪：跟踪措施井区注水压力、注水量、产液量、产油量、含水率、沉没度等数据的变化情况，绘制日生产曲线，及时分析和掌控数据变化原因。旬对比：搞清旬度数据变化情况及变化原因，绘制旬度曲线，及时向矿工艺队技术员了解现场情况。月分析：搞清月度数据变化情况及变化原因，绘制月度曲线，分析目前存在的问题和潜力并实施针对性调整措施。

同时，及时开展措施井区动态监测，跟踪分析井区注采剖面、压力水平和剩余油等变化情况，为评价措施效果及下步分析调整提供第一手资料。

（二）加强保护

针对措施后井区注采关系变化情况，结合方案调整、措施增注、大修恢复、周期注水等调整方式，对各口井实施跟踪保护方案，保证措施效果。针对压裂井，压裂目的层加强供液，非压裂目的层适当控液。针对补孔井，补孔层加强供液，不连通的对应补孔。针对换泵井，高含水层位控液，低含水层位加强供液。针对堵水井，堵水目的层控液，非堵水目的层加强供液。

针对部分措施效果较差的井，要认真组织分析原因，加强资料录取和动态监测，制定针对性二次治理措施，保证完成增油目标。针对沉没度低、增液幅度小的井，主要是由于供液不足，通过水井方案提水、措施增注加强供液。针对沉没度高、增液幅度小的井，主要是由于参数偏小，通过调大参数、换大泵来放大生产参数。针对增液幅度高、含水较多的井，主要是由于有高含水层，通过水井方案控水，油井堵水控制高含水。

通过实施措施专业化管理，2016—2018年，累计实施增产措施1434口井，累计增油达到$29.05×10^4$t，为全厂完成原油生产任务做出了重要贡献。

以提高强碱三元复合驱开发效果为目标的清防垢管理模式的创建

李 平　祝英俊　赵星烁

三元复合驱是油田高含水后期进一步提高采收率的重要手段，可比水驱提高原油采收率20%以上，2008年已在大庆油田进行工业化推广，是油田持续稳产的主力支撑技术。第四采油厂是大庆油田三元复合驱开发最早、规模最大的采油厂，目前已累计开发三元区块5个。但在应用过程中，暴露出了采出井结垢的问题，造成油井频繁卡泵，导致检泵周期大幅度缩短，大大增加了油井维护成本。针对技术转化成生产力过程中出现的问题，通过不断的技术创新，健全完善管理制度，建立技术标准，形成了可复制、可推广的强碱三元复合驱管理方法，延长了三元复合驱采出井检泵周期，使三元复合驱采油工艺开发水平进一步提升，保证了三元复合驱的开发效果。

一、建立防垢管理模式，精细管理保效果

解决三元复合驱结垢卡泵问题，防垢是首要措施。化学的问题化学解，因为油井结垢本身就是一个离子成垢的化学过程。经过多年攻关，研究形成了有效的化学防垢措施，满足了现场防垢需求，通过创建化学防垢管理体系，延长了机采井检泵周期，提高了防垢效果。

（一）定型加药方式

采用井口加药工艺和计量间集中加药工艺两种定型加药方式。

井口加药工艺是利用加药车将混配好的防垢剂加至储药罐中，通过加药泵和加药管线，将防垢剂注入油套环空，在第四采油厂杏三—四区东部Ⅰ、Ⅱ块应用井口加药工艺331口井，该工艺具有药剂分布均匀、加药连续可调、防垢剂用量小等优点，但受环境及气候影响大，雨季加药时率较低。

计量间集中加药工艺是通过安装在计量间外的加药装置将防垢剂注入掺水管线，利用掺水将防垢剂携带至井口，在井口检测掺水的导电电流，根据导电电流的变化量，控制电动阀的开、关，将防垢剂注入油套环空。在杏三—四区东部Ⅱ块应用计量间集中加药工艺67口井，该工艺具有加药时率较高、加药工作量小及受环境影响小等优势，在地势低洼及村屯附近油井应用可确保加药时率。

（二）完善结垢预测模板

依据采出液离子数据，建立了pH值—CO_3^{2-}结垢预测模板，结垢判断条件为CO_3^{2-}含量不小于600mg/L且pH值大于9.1，指导杏三—四区加药398口井，预测符合率达到84.7%，保证了加药及时准确。

图1显示了杏三—四区机采井结垢预测模板。

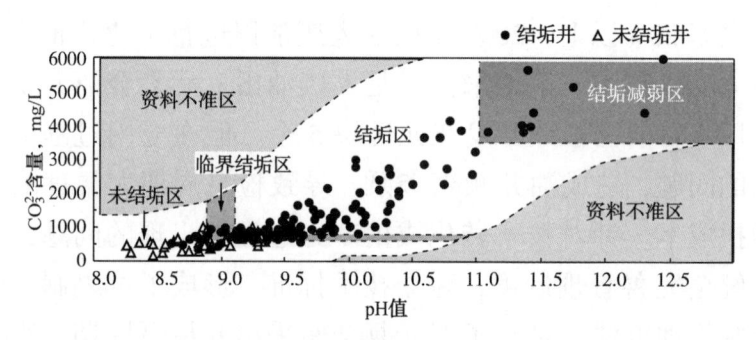

图1 杏三—四区机采井结垢预测模板

（三）优选药剂配方

不同结垢阶段垢质成分不同，通过跟踪化验杏三—四区东部Ⅰ块机采井垢质成分发现：该区块结垢初期以碳酸盐垢为主，中、后期以硅酸盐垢为主。因此，根据机采井采出液离子数据变化，及时调整药剂配方，保证了防垢药剂对症。表1为杏三—四区东部Ⅰ块机采井不同结垢阶段防垢剂配方优选依据表。

表1 杏三—四区东部Ⅰ块机采井不同结垢阶段防垢剂配方优选依据表

结垢阶段	结垢初期	结垢中期	结垢后期
pH值	9.1≤pH值<9.7	9.7≤pH值<11	pH值≥11
主要垢质成分	碳酸盐垢	混合垢（碳酸盐垢+硅酸盐垢）	硅酸盐垢
防垢剂类型	XSJ-01防垢剂	ZGZ-1防垢剂	ZGZ-1防垢剂

（四）优化加药方案

通过分析采出井产出液离子数据变化规律，制定了加药浓度调整模板（表2）。根据结垢程度的不同及时调整加药量，即结垢初期少加药、结垢中期多加药、结垢后期再减量的加药模式。通过加药模式的完善，进一步精细了加药的过程管理，既保证了加药效果，又节省了药剂。

表2 杏三—四区东部Ⅰ块机采井加药浓度调整模板

结垢阶段	结垢初期	结垢中期	结垢后期
pH值	9.1≤pH值<9.7	9.7≤pH值<11	pH值≥11
CO_3^{2-}浓度，mg/L	600≤CO_3^{2-}<1000	1000≤CO_3^{2-}<4000	≥4000
结垢程度	轻微	严重	减弱
防垢剂浓度，mg/L	100	150~200	100

（五）建立停药判别标准

依据采出液离子浓度变化规律，摸索出单井停药标准为进入后置聚合物段塞后，pH值不小于10.5、HCO_3^-浓度为零持续9个月或pH值小于9.5、CO_3^{2-}浓度小于1000mg/L，杏六区东部Ⅱ块依据此标准停药后未出现再次垢卡井，节约了药剂成本。

（六）规范加药管理

通过建立《三元复合驱机采井化学防垢加药管理办法》《三元复合驱机采井投加防垢剂操作规程》两项管理制度和《计量间集中加药装置操作、维护及生产管理规范》一项标准，同时捋顺了管理流程，实现了规范化管理；通过实行外委加药，加药时率由65.5%提高至95.5%，提高了30个百分点，保证了防垢效果，实现了专业化管理。

图2为加药管理流程图。

二、创建防垢分析管理平台，提高工作效率

三元复合驱开发具有时效性，因此，防垢的及时分析调整工作尤为重要，而分析调整工作也都主要集中在数据的搜集整理和分析上。为了提高三元复合驱防垢工作管理水平，提高工作效率，实现统计分析智能化，开发了三元复合驱防垢分析管理平台，实现了数据分析从人工到自动化的转变，同时确保了人为因素造成的数据分析不准确、数据遗漏丢失等问题的发生。

图 3 为三元复合驱防垢分析管理平台截图。

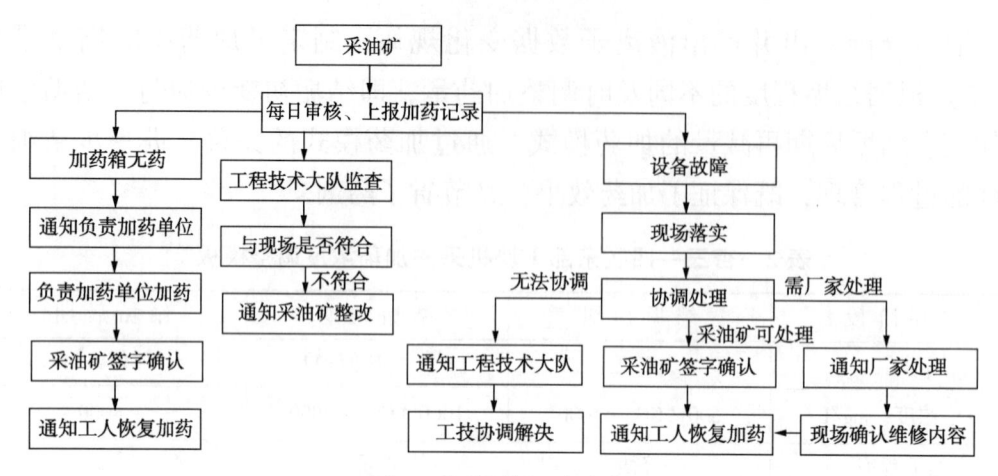

图 2　加药管理流程图

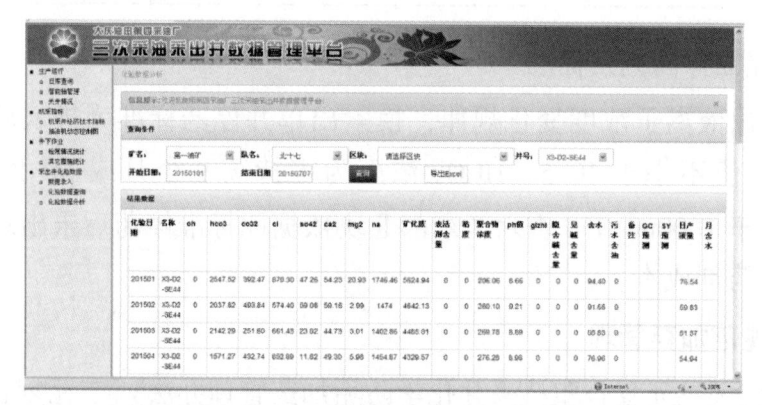

图 3　三元复合驱防垢分析管理平台截图

（一）精细设计模块，实现数据全覆盖

针对需要的数据范围情况，分别建立了三次采油关井情况、机采井经济技术指标、检泵情况统计等模块，管理平台涵盖动态管理，内容充分、完善，实现了三次采油动态数据的查询、统计；建立的化验数据模块，利用原有的化验数据库，结合新建立的标准的系统功能结构框架，实现了化验数据加权平均计算，离子曲线的自动绘制与更新，既能查询单井、区块全部化验数据，又能查询单井、区块加权分析后的数据，既能进行单井月度单点数据曲线分析，又能进行小队、区块月度数据曲线分析，为三元复合驱采出井防除垢实施及结垢规律的摸索提供了依据；建立 HTML 与 Ajax 相结合的表示层架构，实现数据的异步输入输出，操作简单，界面清晰，响应速度在 5s 内。

（二）统一访问规范，实现数据全共享

建立统一的数据访问规范，实现业务逻辑层访问采油工程月报、A2等数据平台的高度共享、无缝切换，全面提升平台访问数据的稳定性，实现了数据源统一。同时通过不断完善系统内容，将经济技术指标、关井情况统计、检泵统计、其他措施等动态数据实时上传到平台上，按不同条件生成的表格曲线效果直观、具体，数据准确率在95%以上，为动态管理人员分析数据、制定措施提供基础。

该平台已在第四采油厂应用4年时间，应用覆盖率达到了100%，取得了较好的效果。目前人工录入数据、旬度及月度统计数据和制作曲线的工作量大大减少，每月减少工作量160个工时以上，大大提升了管理效率。

三、建立耐垢管理模式，创新管理降成本

三元复合驱采出液流经的部位均存在一定程度的结垢现象，抽油杆、油管、抽油泵、筛管及套管均不同程度结垢，从射孔井段到井口，结垢程度逐渐减轻。而结垢造成的作业的核心问题就是抽油泵柱塞及泵筒表面结垢导致的卡泵。"十二五"期间研究了长柱塞短泵筒防垢泵，降低了停机卡泵概率，应用后平均检泵周期达到221天，但部分结垢严重井的检泵周期仍不足100天，影响油井生产时率。为此创新研究防垢卡抽油泵，延长检泵周期。在结垢严重井上试验应用了4种防垢卡抽油泵，取得较好的防垢效果。

一是应用衬套式防垢泵，衬套上设计多级防卡槽，内表面喷涂纳米防垢涂层，增强了泵筒纳垢排垢的能力；二是应用双泵筒防垢泵，采用双泵筒设计，上冲程活塞进入上泵筒，下冲程活塞进入下泵筒，使垢渣循环沉积，泵筒不存垢，同时泵筒可与防垢剂充分接触，避免卡泵；三是应用软柱塞防垢泵，将抽子与普通泵筒配套组成防垢泵，由刮垢转变为擦垢，使用聚氨酯作为柱塞胶筒，外部使用碳纤维材料保护，提高耐磨强度；四是应用敞口式防垢泵，优势是上死点柱塞与泵筒分离，酸洗及解卡循环通道顺畅，解卡成功率高。

图4为防垢卡抽油泵示意图。

由于防垢卡抽油泵成本相对较高，因此，确定在结垢严重井上应用，节约成本。通过建立防垢卡抽油泵应用管理流程，由工程技术大队管理人员结合采出液离子数据及历史垢卡情况准确判别油井是否为结垢严重井，对于非结垢严重井，应用长柱塞短泵筒防垢泵；对于结垢严重井，再根据结垢严重程度及防垢卡抽油泵结构特点确定应用哪类防垢卡抽油泵，最大限度地发挥

防垢卡抽油泵的防垢作用。杏三—四区Ⅰ块累计应用防垢卡抽油泵 257 井次，检泵周期由 125 天延长到 281 天，取得一定的防垢效果。

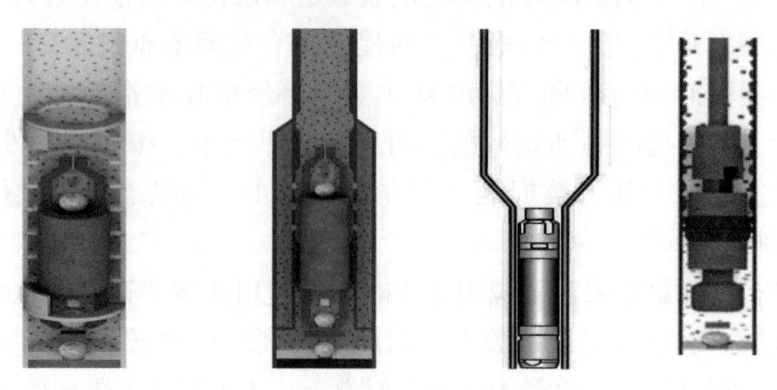

图 4　防垢卡抽油泵示意图

四、建立除垢管理模式，强化管理提效益

防垢及耐垢措施不能完全解决结垢问题，虽然减缓了结垢速度，但仍有部分垢沉积，因此，除垢措施是有效的补充措施，通过创建除垢管理体系，才能综合建立一个系统性的三元复合驱清防垢管理体系。

（一）强化除垢解卡管理，延长检泵周期

通过多年的技术攻关，形成了三种除垢解卡工艺，简易解卡工艺是在卡泵作业前处理，降低检泵概率；化学除垢解卡工艺是对卡泵井除垢解卡，避免检泵作业；对于卡死井，由于没有循环通道，除垢解卡成功率低，试验定期化学清垢，对于载荷上升有卡泵征兆的井，在卡泵前定期清垢，延长检泵周期。

针对化学除垢解卡工艺，制定了《三元复合驱机采井化学除垢解卡管理规定》，明确了油田管理部、工程技术大队、采油矿及药剂供应厂家的职责，确定了施工监督内容，制定了考核指标，保证化学除垢解卡效果。2017 年在杏三—四区东部Ⅰ块开展简易解卡施工 105 井次，成功率 47.6%；化学除垢解卡施工 5 井次，成功率 60%；定期化学除垢施工 15 井次，目前有效期 183 天，有效降低了三元复合驱油井检泵率。

（二）强化套管除垢管理，保证措施效果

三元复合驱油井套管结垢不仅影响油井产量，不会导致堵水、压裂等增产措施无法实施，影响三元复合驱开发效果。经过多年攻关，研究形成了螺杆钻具与牙轮钻头组合的机械除垢工艺和高压水射流套管除垢工艺，可有效

清除套管内壁结垢，将套管内径恢复至120mm以上，保证增产措施顺利实施。

针对套管除垢解卡工艺，制定了《三元复合驱采出井套管除垢管理规定》及《三元复合驱采出井套管除垢施工规程》，明确了油田管理部、工程技术大队、采油矿及作业大队的职责，制定了操作规程，保证了套管除垢效果。

2018年在杏三—四区东部Ⅰ块开展机械套管除垢14口井、高压水射流套管除垢22口井，除垢后套管内径均恢复至120mm以上，平均单井日产液量增加16.1t，日增油1t，效果明显。

综上所述，通过创建三元复合驱清防垢管理模式，研究了高效的清防垢工艺，建立了系统化的清防垢管理体系，制定了相应的技术规范、标准以及管理制度，调整组织结构，优化资源配置，缩短管理链条，实现了标准化、专业化、规范化管理，保证了三元复合驱的开发效果。以杏三—四区东部Ⅰ块为例，该区块累计检泵周期达到374天。与杏六区东部Ⅰ、Ⅱ块对比，杏三—四区东部Ⅰ块结垢中期检泵率下降49%，检泵周期分别延长84天和149天，效果明显。

目前三元复合驱开发技术为老油田的稳产接替和提高采收率展现了广阔的前景，已成为大庆油田持续稳产的主体支撑技术。通过创建强碱三元复合驱清防垢管理体系，形成了可复制、可推广的三元复合驱管理方法，基本解决了三元复合驱在采出端暴露出的结垢问题，为三元复合驱开发提供了有力的支撑。

以改善油田开发效益为目标的注水质量提升工程管理

李 江　王中专　裴 煜

为强化油田开发根基，按照系统管理的思路，研究确定"分质处理、平衡水量、均衡负荷、节点管理"的水质治理16字方针，以"控制来水环节、改进处理环节、保证注入环节"为着力点，组织开展注水质量提升工作。通过"目标分解逐项化、措施落实重点化、问题解决阶段化"的三化管理方式，全面提升注水工作质量，促进油田开发效果的全面持续改善。

一、始终坚持全过程提升注入水质

围绕影响水质的关键因素，按照"分质处理、平衡水量、均衡负荷、节点管理"的原则，从管理手段入手，细化各节点运行模式，努力改善油田注入水质。

一是完善工艺流程，保证分质处理。由于地面系统不同含油污水处理工艺及执行参数的不同，为实现不同站库采用不同管理模式，要进一步完善管网及站库工艺，实现水驱、普通聚合物驱、高浓聚合物驱和三元聚合物驱采出污水分开处理，实现站库管理的分质化，提高水质处理达标率。

二是优化管网连通，均衡站库负荷。当下游需求水量超过污水站处理能力时，必然造成站库超负荷运行，影响水质处理。对区域站库布局及能力负荷进行分析，完善高负荷站库与低负荷站库间的管网连通性，满足注水需求，实现污水站库均衡负荷运行。通过建立新杏十八深度污水站至杏十八注水站、杏十一深度污水站至杏二十一注水站、杏十二污水站至杏二十五注水站3处连通，使杏十八、杏二十一和杏十九深度污水站平均负荷率降低40.5%，水质实现平稳达标。

图1为均衡负荷示意图。

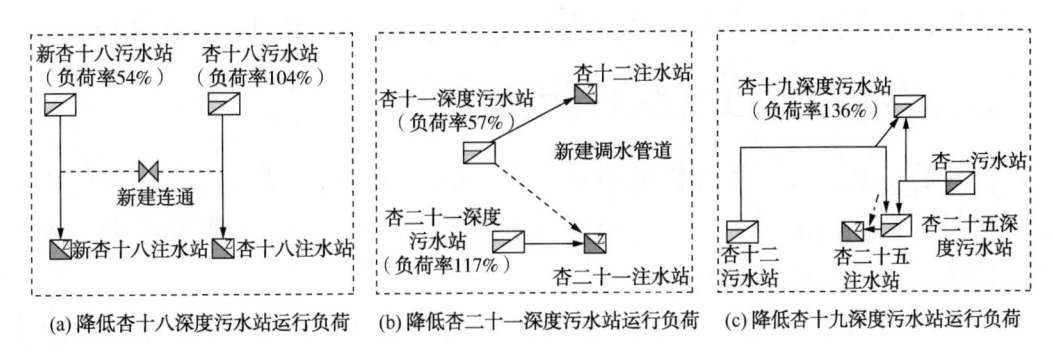

图 1　均衡负荷示意图

三是合理调配污水，平衡系统水量。在"三采污水过剩、深度水源不足"矛盾日益突出的形势下，加强不同水质的相互调配，在满足开发需求基础上实施"开源节流"，实现水量平衡回注。

图 2 为污水调配示意图。

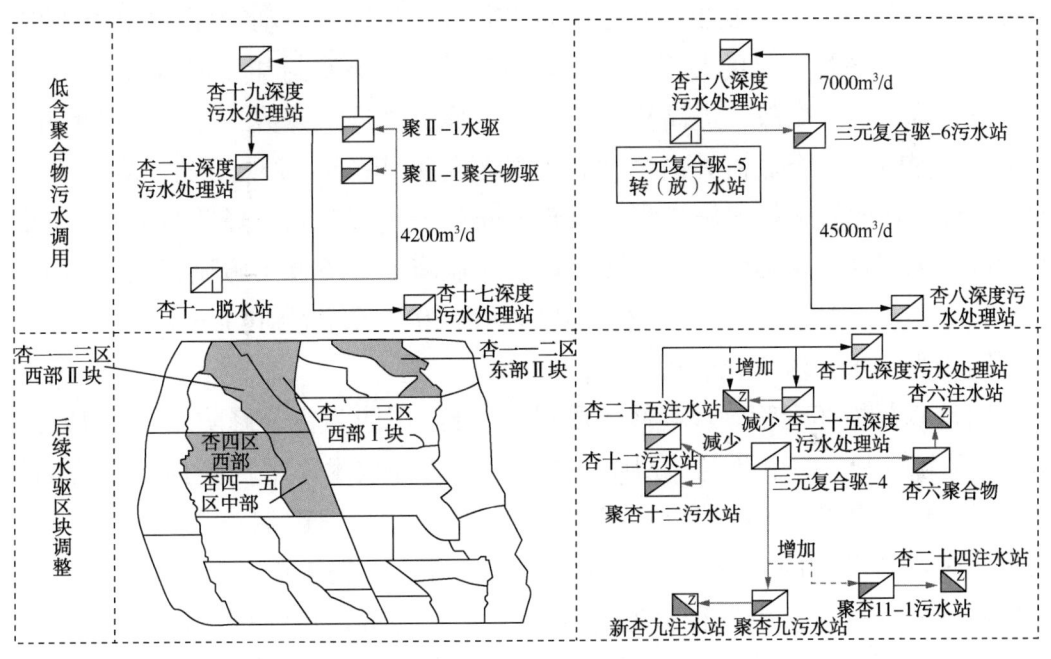

图 2　污水调配示意图

四是多项措施并举，细化节点管理。处理环节做到四个优化：优化工艺运行参数；优化过滤罐反冲洗程序；优化絮凝剂、杀菌剂加药量和加药周期；优化容器清淤管理。注入环节加强洗井管理。整合班组，加大投入，打造专业化洗井队伍；理顺流程，提高劳动组织效率；强化监督，保证洗井质量和效果；合理优化频次，突出洗井的实效性。

55

五是探索了测试疑难井洗井方法；探索外委洗井的管理办法和经验。

二、始终坚持全要素提升管柱质量

管柱质量是支撑。系统梳理薄弱环节，推广完善配套技术，按照"优化工艺、密封管柱、保证时率、修复套损"的原则，不断提高井下管柱质量，为精细、连续、优质注水提供坚强保障。

一是优化管柱工艺，满足方案需求。按照油藏"666"细分标准，攻关"2294"精细注水工艺，现场应用3385井次，实现了卡得细、分得开、起得出、定位准的目标。满足了地质方案需求，确保注水效果和质量。

二是提高密封程度，保障精细注水。对管柱使用年限5~7年的井进行验封。根据现场需求，配发采油矿验封密封段69套，振荡器65套，加重杆60套。三年累计老井验封1181井次，处理不密封井112井次。对管柱使用年限超过8年的分层井，作业更换管柱。重点加大5年以上未动管柱井的验封和处理，有序更换超过8年的井下管柱，及时消除管柱不密封和套损隐患。

三是降低井下事故，提高注水时率。降低测试遇阻井数，并加大遇阻井处理力度，保时率。降低占井时间。针对问题注水井，从发现问题、落实原因、方案设计、作业施工等实施流程化管理，减少各环节时间，降低对分水率的影响。从发现问题、落实原因、方案设计、作业施工等环节实施流程化管理，设计时间由3.8天缩短到1.2天，待作业时间由20.2天缩短到11.6天。

图3为注水井流程化管理示意图。

四是修复损坏套管，提高修复质量。坚持"以防为主、修防结合"的方针，贯彻"两个集中、四个及时"原则，推广六项修井技术，来提高损坏套管的修复质量。两个集中：治理套损隐患严重的区块；治理影响注采关系的区块。四个及时：新出现的套损井；产量高的套损井；上措施的套损井；占耕地的套损井。六项技术：小通径打通道技术；膨胀管密封加固技术；段铣扩径技术；微膨水泥报废技术；侧斜技术；取换套技术。经过近几年的不懈努力，管柱质量不断改善，现井数密封率和层段密封率均较6年前有所提升。

三、始终坚持全方位提升注水精度

开发方案是根本。以控含水、控递减、提效益为核心，按照"完善系统、优化结构、精细分层、改善能力"的原则，优化地质方案设计，着力解决注水矛盾，改善开发效果。

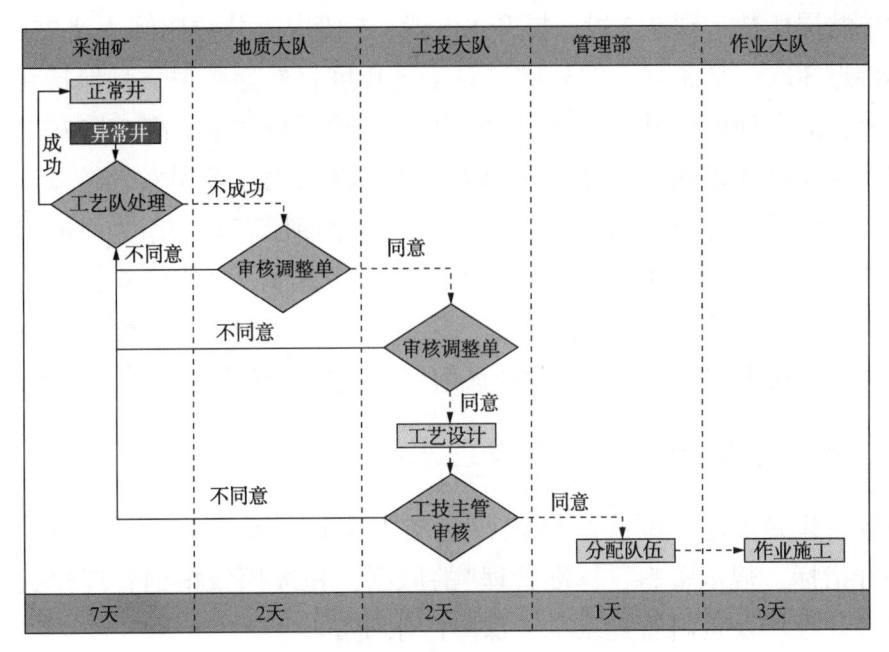

图 3　注水井流程化管理示意图

一是完善注采系统，提高控制程度。完善的注采系统是精细注水的基础。针对层系井网协调交错、单砂体注采关系复杂的实际状况，制定量化评价标准，客观评价现有井网条件下水驱控制程度，研究主要影响因素，明确技术调整对策，做到"注采关系清、调整潜力清、挖潜对策清"，稳步向储量控制程度90%目标迈进。做到四个完善：完善薄差储层注采系统；完善套损井区注采系统；完善关停井区注采系统；完善单砂体注采关系。

二是优化内部结构，提高注水效率。在注水结构调整上，重点深化两类调整：平面上进行区块单元结构调整，从7大区块细化到80个小单元，重点分析单元内部注采比现状及影响因素，优化注水结构，实施改善吸水能力；纵向上进行各类储层合理强度匹配，综合利用多学科研究成果，精细识别储层潜力，优化测调方案，控制高渗透、高动用储层注水强度，加强低渗透、低动用储层注水强度，提高注水精度。

三是实施精细分层，提高动用程度。细分注水是提高动用程度的关键技术。定标准：在原有细分标准的基础上，拟合分层控制指标与同位素吸水比例关系，制定"666"细分注水标准。定目标：实现单井分注层段数达到5段以上，分注7段及以上井数比例达到20%以上，层段平均单卡达到"666"细分标准。规模大：目标制定以来，年细分注水井数保持在300口以上，达到往年的3倍以上，细分工作量占大庆长垣比例始终保持在20%以上，分注水平不断提升。卡得细：

细分后单井层段数达到 5.7 段，提升 1.5 段，5 段以上井数比例达到 75%，7 段井比例接近 30%。效果好：细分增油对全区年度自然递减率贡献保持在 1 个百分点以上，油层动用状况提高 10.9 个百分点，全厂分注率提高 91.77%。

四是优化增注措施，提高注入能力。薄差储层由于油层发育较差，吸水能力较差，难以得到有效动用。为此，以强化薄差储层有效动用为目的，通过优化实施增注措施，提高薄差储层的吸水能力。一方面，加强常规措施的实施力度，开展针对性治理。针对近井地带污染的矛盾，实施个性化增注措施。另一方面，加强新技术的应用，实施超声波解堵、微生物解堵等新型增注措施。

四、始终坚持全天候提升管理水平

精细管理是保障。围绕严格执行地质方案这一重要环节，按照"精准调配、提升指标、规范资料、标准管理"的原则，积极探索精细管理模式，不断提升注水井现场及资料管理水平，保障注水质量。

一是加强制度管理，建立提升机制。按照大庆油田注水井指标管理要求，结合第四采油厂的工作部署及厂领导要求，坚持定期召开注水管理指标例会，每月定期由生产副厂长主持召开注水管理指标例会，与会分析当月影响要因，并制定有针对性的销项治理措施，为注水管理指标逐月提升奠定了良好的基础。同时修订出台了《注入井关井代码填写规范》，将原 19 类关井代码进行重新归类，删除 13 项冗余代码，整理规范 10 多项没有具体分类的关井原因，使得 A2 系统资料外报更加规范。

二是加强指标管理，完善考核机制。第四采油厂将注水管理指标分解到采油矿、采油队，推行注水管理指标层次化，实现人人有指标、人人为指标的局面，并要求采油矿把注水管理指标与产量并重，建立月度注水管理指标考核机制。

三是加强过程管理，提高环节贡献。加强方案优化，努力提高注水方案符合率。以提高注水质量为目标，油藏系统通过实施精细化注水方案优化调整、加大措施增注力度，进一步提高方案符合率，确保方案质量得到整体提升；加强测试管理，提高测试对分水率的贡献值。在测试质量方面，继续推行"测试的是资料，检验的是人品"的工作理念，坚持测试质量"干部承包"制度，充分发挥厂测试质量验证班的监督作用，严格执行资料"四把关"负责制，努力降低测试对分水率的影响；加强作业、钻开管理，保证分层注水开井率。通过注水质量提升例会统一协调，针对作业、钻关等原因不能正常分水的情况，通过加大待作业井的处理力度，分层井作业优先于笼统井，加大分层井措施增注、套变、套漏修井力度，同时合理安排钻关恢复周期；加强日常管理，提高分层注水井的注水时效。通过加强生产监督管理，岗位工人加大巡检力度，注水管网压力波动后及时对单井注入压力和水量进行调整，严格执行量压优选保证正常分水；厂相关部门协调并积极组织拉土方垫井场、修进井路提高测试率；采油矿加大设备维护保养、管线维修更换力度，提高分水时效；加强临时性停注管理，降低对分水率的影响。针对各类地面原因停注及其他原因不能正常分水的情况，通过加强注水站管理保证注水压力平稳、缩短临时性关切断时间等工作，提高了注水时效。

表1为各类影响因素处理时限模板。

表1 各类影响因素处理时限模板

原因一	原因二	原因三	时限，d
测试影响	待测试	实际与测试不符	4
		方案井	7
		作业后	7
		洗井后	3
		钻开恢复期后	3
		长期故障开	5
	正测试		3
作业影响	待作业	测试遇阻	10
		仪器掉卡	8
		管柱脏	10
		措施后待下分层	7
		措施前后拔堵	9
		管柱不密封	10
	正作业		3
地面因素		本井管线故障	2
		配合堵漏	1
		设备故障	1
		站库维修	1
生产因素		低注井	15
		泵压影响	2
		套控	15
	套漏	浅部/深部	2/7
		洗井	1
		测剖面/测压	1/4
		井场问题	10
	钻开恢复	零星/区块	7/21
		冲干线	1

| 创新的足迹 —— 杏北油田管理新实践

四是加强资料管理，保证资料准确。地质基础资料的准确性对油田开发调整至关重要，只有取全、取准各项资料才能给油田动态分析提供一双明亮的眼睛，为此，第四采油厂优化检查方法，突出现场监管的随机性、针对性，采取"不定时、不定队、不定井"的方式开展资料监督检查工作，提高现场监管实效性，增强岗位工人责任心，切实提升油水井管理水平。自注水质量提升工程开展以来，通过油藏系统上抓下管，现场资料全准率稳步提升(图4)。

图4 更新现场设备，提高录取精度

几年来，通过实施注水质量提升工程，各项开发指标得到有效改善，开发效果逐渐向好。一是注入水质不断提升。站库达标数量增加7座，污水含油率、悬浮物含量、硫酸盐还原菌三项指标达标率分别提高32.18%、15.91%、11.2%，单井井口注入水质达标率由65%提高到72%。二是管柱质量不断改善。2016年，井数密封率达到了97.38%，层数密封率达到了98.03%，均达到了既定目标。三是注水精度不断提高。分层井水量比例不断上升，2016年，分层井水量比例达到96.24%；注水结构得到合理调整，基础、一次井网水量比例分别下降3.3个百分点和4.6个百分点，二次、三次井网水量比例分别提高0.7个百分点和7.1个百分点；吸水比例不断提高，累计吸水比例达到79.50%。四是管理指标持续向好。与2013年相比，分水率由77.2%提升到85.7%，提高了8.5个百分点；分层注水合格时率由62.7%提升到80.1%，提高了17.4个百分点；注水合格率由85.5%提升至86.7%，提高了1.2个百分点，为第四采油厂油田开发夯实了基础。

运用产能运行一体化推进产能建设运行高效开展

赵 明 刘庆国 闫荣宇

产能运行作为原油生产过程中的重点工作，为完成原油贡献任务发挥着重要的作用。为完善产能运行机制，明确工作职责，规范运行程序，通过加强生产组织与运行管理，统筹协调工作量、队伍组织等各个环节，提高产能运行工作效率和管理效益，确保油田产能运行计划全面完成，提出了产能运行一体化管理工作思路。

一、解放思想、创新思路，强调效率意识

产能建设运行工作涉及的单位多、专业性强、政策复杂，尤其是在承包商管理、施工图设计、物资采购方面需多个单位统筹协调，流程烦琐。为此，通过解放思想、抓住重点、全力协调，确保产能建设工作按计划推进。

一是建立灵活的会议联动机制。由于产能运行工作从油藏方案编制到产能工程全面建成，周期较长、涉及厂内外单位较多，需要沟通联动单位较多，个别问题处理周期长，甚至能成为制约整个投产的瓶颈问题。为了提升工作效率，以最短的时间处理制约投产的问题，建立了两级会议联动机制即基建例会与产能运行会会议联动，通过基建例会解决需要厂内部门解决的问题，第二天召开产能运行会落实需其他单位给予解决的问题，对于无法落实渠道的问题及时提交"大运行"，督促问题快速解决。2018年前4个月组织召开基建例会、产能运行会等各类会议23次，解决问题226项，保障投产初期各类准备工作快速落实。进入5月份，为了解放产能系统各单位主管人员，生产运行部通过信息平台、微信群及信息简报的方式收集问题，不定期召开运行会，降低会议频次，增加系统主管人员深入现场解决问题的时间，提高了产能系统工作运行效率。

二是采用信息平台与即时通群交互的信息沟通手段。随着产能建设工作

| 创新的足迹 —— 杏北油田管理新实践

的深入开展，需要处理的问题越来越多，数据交流越来越重要，单靠会议汇报，报表提交时效性受限，且覆盖面也不够。2012年第四采油厂开发了产能运行平台(图1)，实现了从计划前期到后评价14个功能模块、32项具体数据的追踪，保证了每一个项目、每一口单井都在运行范围内，提升了工作效率。同时，建立了第四采油厂产能系统工作微信群，一些当前发生的事情及时通过微信群汇报，第一时间获取问题处理渠道，加快产能运行工作效率。

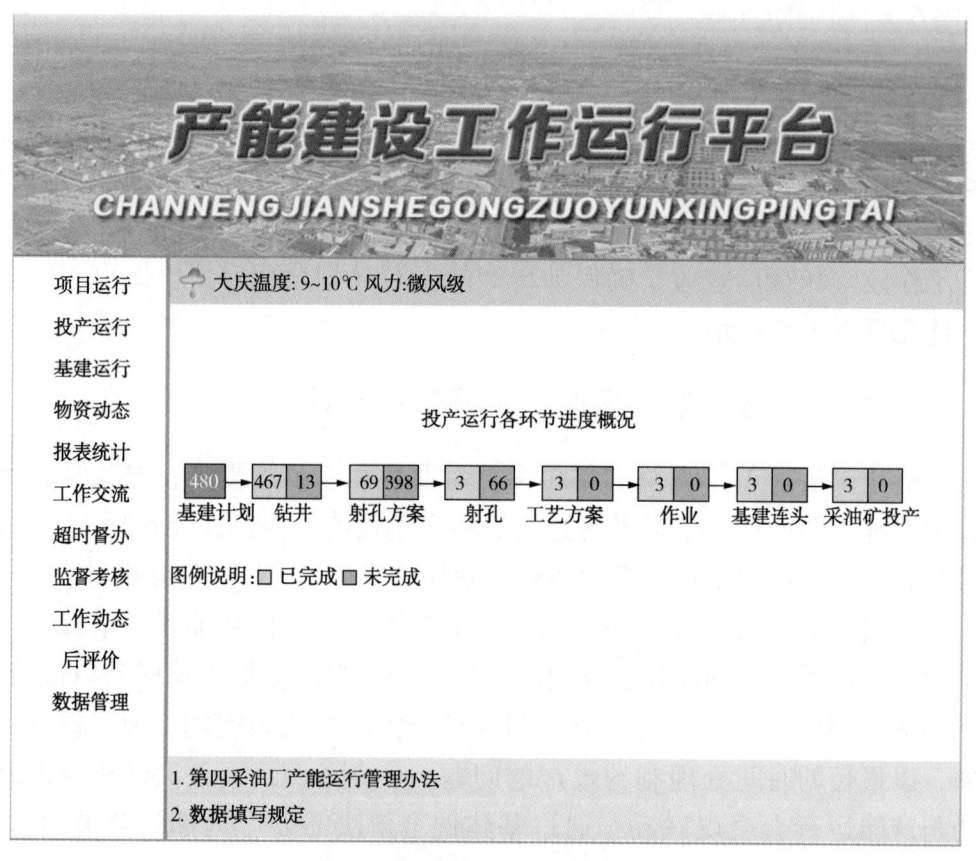

图1 产能建设工作运行平台

三是提前确定投产方案，为投产赢得主动。近年来，坚持多部门、多系统联合，先后几次召开产能建设计划工作会议，研究落实推进产能建设的工作部署。重点突出"三个研究"，即研究开发方案，缜密论证，找准产能建设的特点和重点，掌握产能规模、举升方式等关键环节；研究地面工程方案，摸清井站关系、管网连通关系、站间关系，掌握工程的难点和节点；研究初设方案，结合地形地貌特点，确定单井投产的井数和先后顺序。

在初步设计完成后，精心制订工作计划，本着"统筹安排、分步实施"的原则，按照投产计划倒排工期，细化、量化每口井投产方案，并有针对性地开展前期工作；按照"新系统、新井站抢投"和"先工艺后土建、先投产后完善"的工作思路，确定单井投产批次；合理选派施工单位和项目经理，均衡施工力量，最大限度地优化施工力量。通过以上工作，第四采油厂产能建设做到了起步早、部署细、推进快、措施实。

二、建立制度、完善流程，规范管理工作

针对产能运行工作特点，提出新的思路、方法，并通过制度、流程固化运行模式。坚持"大运行"管理模式，从管理制度、考核办法入手，通过强化时限管理、督促环节衔接，最大限度地提高工作效率，努力实现当年新井贡献率及产量目标，为全厂产量任务完成多做贡献。

一是确定钻井完井后工作程序。总结过去投产工作经验和不足，深入分析投产各环节影响因素，修订完善了钻井完井后产能运行流程图(图2)，对整体流程进行了合理的优化简化，通过组织相关部门和单位讨论、现场写实等方式，科学地界定了各工序的衔接时限，为提高投产效率提供制度保障，流程图的指导意义进一步加强。2018年上半年按照钻井完井后产能运行流程图持续跟踪各环节进度，推进射孔方案所需资料及时到全。杏七区中部1月开始钻井，根据完井情况推进声变等工作进度，5月30日即收集完100口井的方案编制资料。同时，组织投产单位反复结合，有的放矢地编制射孔方案，7月上旬即投出射孔方案78口，为新井投产创造了有利条件。

二是建立产能建设运行考核制度。制度建设是一项工作的基本保障，在产能工作运行上，坚持抓主要矛盾，找重要症结，制定了《第四采油产能建设运行考核管理办法》，针对各环节分管的工作内容，将厂内基建、地质、规划、计划、作业、物资等单位和部门所负责的关键指标和关键工序衔接时限纳入考核，形成科学完善的考核管理制度，依托产能建设运行管理平台，以系统自动生成考核方式为主，人工监督考核为辅，每月汇总、排名，用考核来促进投产工序紧密衔接。2018年钻井完井到投产天数统计油井17天，水井15天，与去年相比，油井缩短7天，水井缩短2天，投产效率不断提高。

三是确立投产环节工作完成时限。结合投产工作特点，从程序衔接入手，理顺上、下游工序流程，将节点工作落实到具体单位的具体人，使得人人肩

创新的足迹 —— 杏北油田管理新实践

上有担子、个个身上有压力。通过统筹安排，目标管理，规范运作，过程控制，分别制定了单井投产完成时限及计量间"施工平行推进法"。

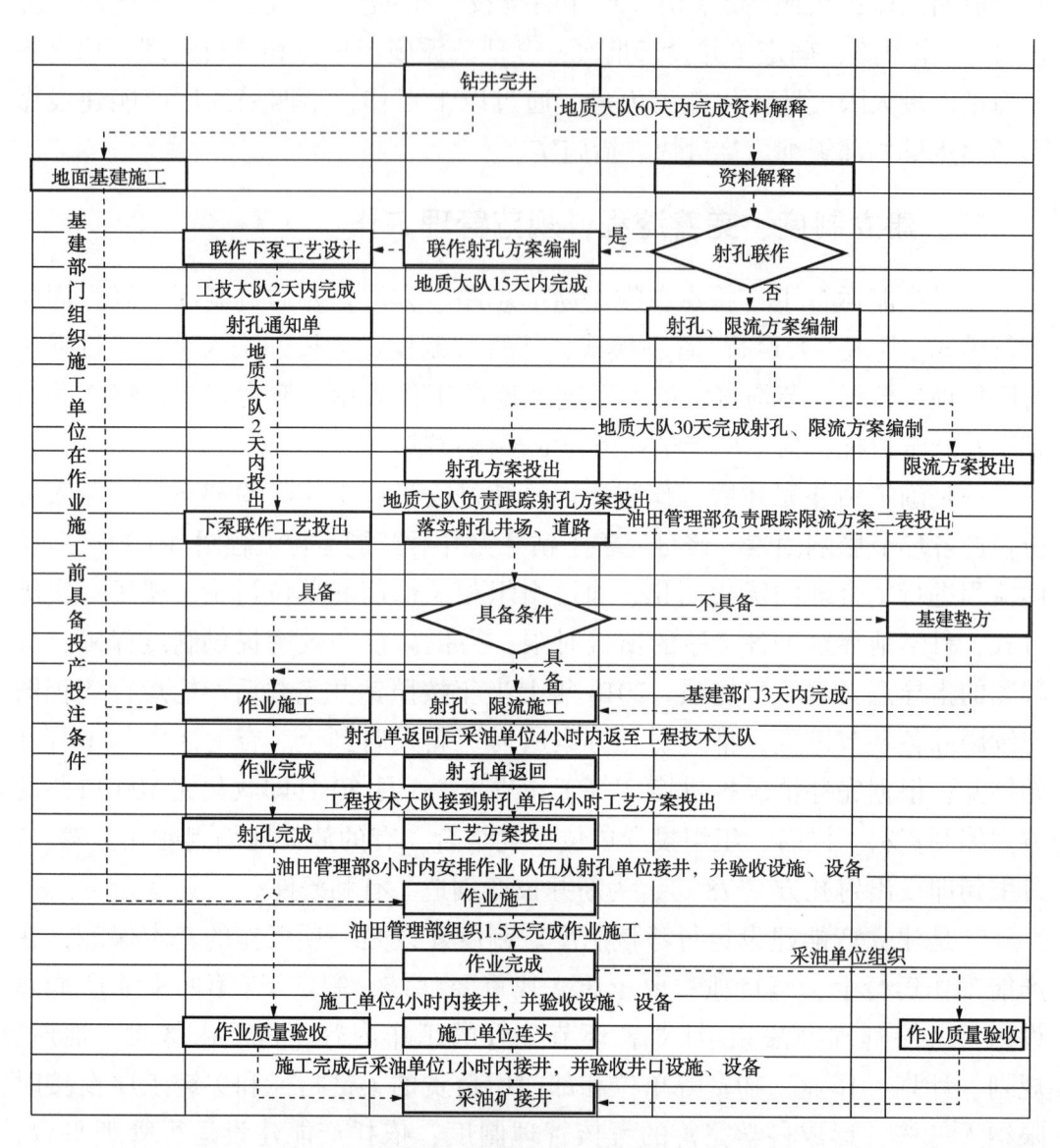

图 2　第四采油厂钻井完井后产能运行流程图

针对单井投产不同环节制定措施并规定"21521"工作时限（即射孔单返回 2 天、工艺设计 1 天、作业施工 5 天、基建连头 2 天、采油矿投产 1 天），投产时间从以前的平均 16 天缩短到现在的 11 天以内。

计量间施工采取工艺、土建同时施工的"平行推进法"，施工单位通过模块化生产，提前预制计量间阀组，待土建主体完成后，阀组可直接吊装进入，实现了工序的"无缝衔接",单个计量间工艺施工周期由原来的10天缩短到现在的3天。

三、强化意识、勇于担责,加快推进工作

产能建设工作是油田开发建设的关键一环,是产量完成的重要基础。多年来,第四采油厂高度重视产能建设工作,通过全厂各单位、部门的积极配合,努力完成了产能建设任务。

一是建立问题解决机制,提升工作效率。投产问题的处理一直是制约产能工程进度的重要矛盾,且随着油田发展规范程度提升,问题数量及处理难度呈现逐年增加的趋势,通过建立问题闭环处理办法,加快问题处理速度。产能建设过程中方案审批流程繁杂,设计进度难于推进,物资选厂、采购、招标进度慢,环评、征地工作新规定多、施工队伍分配等每一个环节都可能成为制约产能工作进度的问题,影响周期较长且叠加效应明显,问题的快速处理显得尤为重要。紧紧抓住这个重点,通过"提出—反馈—解决—确认"的闭环管理机制,专项落实此项工作,要求相关单位、部门投产过程中的问题在平台下3天未解决的必须提交到平台上,问题提交平台3天内必须解决或有反馈结果,2017年提交平台问题238项,平均问题解决周期4.5天,强化了各单位的服务意识,提升了工作运行效率。

二是提前编制运行计划,有效推进工作进度。从2017年末即开展谋划2018年的产能工作,在主管厂领导的主导下,会同系统内相关单位、钻井公司、施工单位,合理编制了第四采油厂2018年产能区块运行安排表(表1),通过对计划表的跟踪推进,实现了产能工作节点分责、时限管理,在前期三大方案滞后39天的影响下,各单位积极主动工作、上下游有效衔接,实现8月1日产能区开始投产的工作目标。

几年来,在创新工作方法、提升工作效率上积累了一些经验,取得了一定成效。工作中,深刻认识到要坚持产能建设一体化建设,首先要统一思想,明确认识,只有干部员工切实做到思想上有位置、工作上有安排、措施上有保证,才能使产能工作不断迈向更高的目标,取得实实在在的成果。高效完成产能建设工作要统筹兼顾,整体推进,只有各级组织和部门树立"一盘棋"思想,产能系统各单位、部门通力协作、密切配合,才能确保产能建设工作不断迈上新台阶、实现新发展,才能切实完成产能建设工作的目标任务。

表1 第四采油厂2018年产能区块运行安排表

序号	区块	钻井,口 油	水	小	规划产能	完成时间	钻井运行节点安排 油藏工程方案	提交油藏资料	钻井计划	钻井工程设计	钻井环评	钻井征地	开钻时间	完钻时间
1	杏七区中部Ⅲ块三元	106	90	196	7.25	计划	2017/6/1	2017/6/20	2017/9/21	2017/8/30	2017/12/28	2017/12/25	2018/1/1	2018/8/31
						实际	2017/8/16	2017/8/31	2017/9/21	2017/9/21	2018/3/6	2017/12/25	2018/1/13	2018/9/2
2	杏七区中部Ⅲ块三次加密	92	63	155	4.84	计划	2017/9/30	2017/10/15	2017/12/20	2017/12/7	2018/2/5	2017/12/25	2018/1/1	2018/8/31
						实际	2017/11/17	2017/11/24	2017/12/20	2017/12/14	2018/6/22	2017/12/25	2018/1/13	2018/8/22
3	杏七区中部Ⅱ块三元	82	69	151	6.22	计划	2017/6/1	2017/6/20	2017/9/21	2017/8/30	2017/12/28	2017/12/20	2018/5/1	2018/8/31
						实际	2017/8/16	2017/8/31	2017/9/21	2017/9/21	2018/3/6	2017/12/25	2018/3/10	2018/8/27
4	杏七区中部Ⅱ块三次加密	80	64	144	4.88	计划	2017/9/30	2017/10/15	2017/12/20	2017/12/7	2018/2/24	2018/3/30	2018/5/1	2018/8/31
						实际	2017/11/17	2017/11/24	2017/12/20	2017/12/14	2018/6/22	2017/12/25	2018/3/10	2018/8/19
5	高效井	12	0	12	1.8	计划	2017/9/30	2017/10/15	2017/11/27	2017/12/7	2018/2/10	2018/2/25	2018/4/1	2018/7/31
						实际	2017/11/17	2017/12/17	2017/11/27	2017/1/25	2018/7/12	2018/7/25	2018-2-24/8-13	2018/10/1
合计		372	286	658	24.99									

序号	区块	钻井,口 油	水	小	规划产能	完成时间	设计运行节点安排 提交采油工程资料	完成采油工程资料	提交地面工程资料	地面规划方案报审	地面规划方案审查	初步设计报审	初步设计审查时间	施工图设计完成
1	杏七区中部Ⅲ块三元	106	90	196	7.25	计划	2017/6/20		2017/6/20	2018/1/25	2018/2/4	2018/4/20	2018/4/30	2018/6/14
						实际	2017/10/1	2017/12/19	2017/9/19	2018/3/2	2018/3/16	2018/4/28	2018/5/29	2018/8/5
2	杏七区中部Ⅲ块三次加密	92	63	155	4.84	计划	2017/10/15		2017/10/15	2018/1/31	2018/2/10	2018/4/26	2018/5/6	2018/6/20
						实际	2017/12/8	2018/1/5	2017/11/20	2018/4/12	2018/4/19	2018/6/8	2018/7/4	2018/8/5
3	杏七区中部Ⅱ块三元	82	69	151	6.22	计划	2017/6/20		2017/6/20	2018/1/25	2018/2/4	2018/4/20	2018/4/30	2018/6/14
						实际	2017/10/1	2017/12/19	2017/9/4	2018/3/2	2018/3/16	2018/4/28	2018/5/29	2018/8/5
4	杏七区中部Ⅱ块三次加密	80	64	144	4.88	计划	2017/10/15		2017/10/15	2018/1/31	2018/2/10	2018/4/26	2018/5/6	2018/6/20
						实际	2017/12/8	2018/1/5	2017/11/25	2018/4/12	2018/4/19	2018/6/8	2018/7/4	2018/8/5
5	高效井	12	0	12	1.8	计划	2017/12/17		2017/12/17	2018/1/31	2018/2/7	2018/3/27	2018/5/4	2018/6/15
						实际	2017/12/17	2018/3/10	2017/12/17	2018/3/20	2018/4/20	2018/5/4	2018/6/15	2018/6/20
合计		372	286	658	24.99									

序号	区块	钻井,口 油	水	小	规划产能	完成时间	基建投产运行节点安排 基建计划	基建环评	征地完成时间	物资报料	基建开工	射孔压裂开工时间	开始投产时间	完成投产时间
1	杏七区中部Ⅲ块三元	106	90	196	7.25	计划	2018/2/19	2018/4/20	2018/5/10	2018/5/10	2018/5/15	2018/8/5	2018/8/10	2018/11/30
						实际	2018/3/30	2018/4/26	2018/10/8	2018/6/1	2018/6/10	2018/7/23（局）	2018/8/1（挂线）	2018/12/3
2	杏七区中部Ⅲ块三次加密	92	63	155	4.84	计划	2018/4/18	2018/4/26	2018/5/10	2018/5/16	2018/5/15	2018/8/5	2018/8/5	2018/11/30
						实际	2018/4/27	2018/8/9	2018/10/8	2018/6/20	2018/6/30	2018/8/18	2018/8/28	2018/12/29
3	杏七区中部Ⅱ块三元	82	69	151	6.22	计划	2018/2/19	2018/4/20	2018/5/10	2018/6/1	2018/6/10	2018/8/5	2018/8/10	2018/11/30
						实际	2018/3/30	2018/6/20	2018/10/8	2018/6/1	2018/6/10	2018/9/14	2018/9/21	2018/12/19
4	杏七区中部Ⅱ块三次加密	80	64	144	4.88	计划	2018/2/25	2018/4/20	2018/5/10	2018/5/16	2018/5/15	2018/8/20	2018/8/25	2018/11/30
						实际	2018/4/27	2018/8/9	2018/10/8	2018/6/20	2018/6/30	2018/9/28	2018/10/8	2018/12/24
5	高效井	12	0	12	1.8	计划	2018/2/22	2018/4/23	2018/5/15	2018/5/8	2018/5/18	2018/8/5	2018/8/10	2018/9/10
						实际	2018/4/27	2018/11/20	2018/11/10	2018/6/20	2018/11/15	2018/10/2.	2018/11/1	2018/11/19
合计		372	286	658	24.99									

固本强基篇

近几年，随着油田生产规模的逐年扩大，劳动用工紧缺、管理效率低下、运行质量不高等问题日益凸显，给企业提升管理水平带来一定挑战。这些问题就如同壁垒，阻碍着全厂持续健康发展，更倒逼着我们必须把夯实管理基础摆在更加重要的位置来抓。当前，面对油田振兴发展的新形势，我们应该比以往任何时候都要更加重视基础管理，夯实管理基础，做强管理基础，这样才能促进企业发展不断前进。

走进油田发展新的历史时期，第四采油厂把固本强基作为长远之策，以补短板、强弱项、解难题为目标，突破观念束缚，抓好顶层设计，以创新夯基础、添活力、求发展，在优化机制、优化模式、优化流程等方面下大力气，逐步建成具有杏北特色的基础管理体系。围绕人力资源优化，坚持眼睛向内，立足内部挖潜，推行"分、调、用"相结合的劳动用工管理模式，探索生产保障专业化管理模式，提高了管理质量和效率。围绕数字油田建设，实施站库集中监控、变电所无人值守运行，研发基础数据共享和生产管理平台，加大移动智能终端应用力度，实现基础管理与信息技术的有机融合。围绕制度机制完善，建立地面系统三级技术管理架构，健全规划设计制度化、系统化与规范化配套制度，促进管理更加科学高效。围绕企业管理合规，聚焦基建施工、生产管理、物资管理、经营考核等重点领域和关键环节，完善制度，理顺流程，细化分工，确保各项工作依法合规运行。

广大干部员工顺应发展大势，从细处着眼，从小处着手，从实处着力，在推进实施专业化、标准化、信息化管理的新实践中，谋思路，想办法，出主意，以实际行动助力基础管理提升，为全厂高质量发展注入源源动力。

生产保障专业化管理的创建与实施

宁海川　李冀龙　郑　京

2013年，第一油矿开始进行杏3—4区东部三次加密和三元驱产能建设。至2015年底，新增用工岗位376个，在全矿总体缺员的形势下，存在着用工效率没有充分发挥、特种操作技能人员短缺、安全管理形势严峻等矛盾和问题。2016年起，第一油矿结合全矿生产经营实际需要，认真审视分析生产管理现状，按照生产保障工作"专业专工"的原则，把握"专是规范、业是细分、工是标准"的精髓，以"优化、细化、量化"作为基本方法，采取"拆、合、改"等方式对全矿生产保障资源按照专业化管理的要求重新优化配置，稳步推行生产保障专业化管理工作，全面提高全矿生产经营工作管理水平。"十二五"以来生产管理专业化改革之路如图1所示。

图1　"十二五"以来生产管理专业化改革之路

一、推进专业重组整合，实现生产保障业务资源共享

为确保专业化管理积极稳妥有序运行，第一油矿结合实际，采取了以下配套措施：

（1）优化班组设置。通过跟踪写实的方式，对生产保障业务的工作量、劳动效率、岗位负荷等情况进行核实，在不改变现有队伍编制的前提下，将生产保障业务由基层队管理层面提升至矿管理层面。班组设置上，以"方便管理、组织高效"为原则，根据油气生产需要，分别在维修队、生产保障队成立了矿统一管理的抽保班、电工班、管焊班、泵修班、热洗班、变频维修班、皮带班、盘根班，实现"专人干专活"，保证岗位员工的工作内容"专而精"（表1）。

表1 生产保障专业化班组构成

序号	班组名称	隶属管理	班组数量	人数	车辆	工 作 职 责
1	抽保班	维修队	6	30	6	负责抽油机井的维修保养和故障检修
2	管焊班	维修队	6	22	4	负责管道容器的应急抢险和故障抢修
3	电工班	维修队	6	17	5	负责电气设备的维修保养和故障抢修
4	变频修理班	生产保障队	2	6	2	负责仪表变频器维修维护和故障处理
5	常规热洗班	生产保障队	1	4	4	负责油井的常规热洗管理
6	皮带班	北十一队	1	4	2	负责抽油机井皮带更换
7	盘根班	维修队	4	12	3	负责抽油机井盘根更换
	合计		26	95	26	

（2）优化人员配置。将采油队中45岁以下维修工、电工、热洗工、电气焊工等相应操作人员择优重组，凝聚力量形成技术上、人才上的专业优势，并结合预期生产规模，合理确定各项业务的班组数量和人员数量，既保证各班组工作量适当饱和，不过轻过重，又便于安排员工培训和休假。

（3）优化运行环境。第一油矿统筹规划，将采油队（站）相关的设备、工具集中，统一配给各专业化班组，实行标准化管理。针对专业化班组机动性强的要求，前期从第一油矿机关抽调6台轿货车辆充实到专业班组，后期积极向上争取到20余台车辆配发到相应专业化班组。为方便专业化班组集中管理，第一油矿将闲置注入站泵房改造成库房、腾挪基层队报废车辆安置专业化班组运行车辆，优化了生产保障班组的工作环境，为提高工作效率创造了有利条件。

（4）优化业务分工。第一油矿组织采油队、维修队召开座谈会、专业办公会，按照全矿生产保障一体化管理运行的目标，以精干高效、组织稳定、指挥同一为基本原则，对生产保障专业班组的工作职责采取了减法规则，明确采油队只负责12项生产管理任务，除此以外，其余各项生产保障任务全由各专业班组承担。

二、打造高效运行体系，确保生产保障业务运转顺畅

专业化班组成立后，第一油矿以"时效、高效"为目标推进生产保障业务信息的传递实时化，协调采油队和专业化班组之间的高效合作，建立衔接紧密、协调顺畅的生产保障业务运行体系。

(1) 加大对协作不畅的治理。专业化班组成立初期，基层队岗位工人经常误报、错报故障，基层队干部不经核实即外报，造成专业化班组空跑，针对此现象，第一油矿严格考核了两个基层队干部，督促基层队把好故障外报关。同时，专业化班组的员工存在"早干晚干都是我干"和"增加故障维修工作量相当于增加奖金"的心理，第一油矿对比基层队上报的工作量，筛选出间隔时间短的同一井的同一故障分别找小队和专业化班组核实，对窝工、怠工的班组和人员进行了处理考核。同时对业务有交叉的维修班和变频修理班进行了任务分割，明确了相关维修范围，避免了专业化班组间的相互推诿。

(2) 加强基层队和专业化班组的素质提升。针对抽油机故障的判断和处理，第一油矿组织经验丰富的采油高级技师编制了《抽油机故障诊断与处理》课件，对抽油机常见的97个故障从现场现象、形成原因、处理措施进行了详尽描述，并组织编制人员深入每个基层队到现场进行讲解，共培训岗位工人300余人次，提升了岗位工人故障判断的准确率。针对维修电工对变频器故障判断不清的问题，编制了《变频器故障代码合集》，将第一油矿各类变频器的故障代码整合到一起，发放到采油队和电工班，方便查阅；还将电工组织到现场，找专业人员讲解变频器、中转站控制屏等故障的维修，提升了维修电工处理疑难故障的能力。

(3) 应用网络技术、云技术提升信息传递效率。专业化班组成立后，第一油矿试运行了基于PC机的网页版"第一油矿生产与维修管理平台"（图2）。为了使反应速度更快，第一油矿又开发了基于云技术的手机版"专业化生产保障指挥系统"（图3），将需专业化班组施工的故障信息通过岗位工人的手机、平板上报，故障实时发送到生产办相关管理人员和专业化班组维修人员的手机上，维修任务在线分配，执行环节可记录、可跟踪，而且整个过程可视化，使专业化班组的运行更透明、更高效。

图2 网页版生产与维修管理平台

图3 手机版生产保障指挥系统

三、配套完善管理机制，保证生产，保障业务服务质量

为了促进各专业化班组认真履行职责，高标准、高质量完成工作任务，第一油矿按照"干事有标准，工作有检查"的思路，健全完善相应的激励约束机制。

（1）进行制度标准整合。依靠"两册"平台，按照"两册"编制原则，将分散在操作规程、规章制度中的各项要求进行梳理整合，共计收纳标准53项、在用管理制度34个，便于专业班组遵照执行和采油队（站）质量验收。建立了《第一油矿抽保班组管理规定》《第一油矿维修电工班管理规定》《第一油矿专业化热洗管理规定》及《第一油矿抽油机井盘根专业化管理规定》，规范了专业化班组的运行，加强了对专业班组工作质量的监管。编制完成了11项抽保施工操作规程、4项管焊施工操作规程，对参与施工的每名员工都规定了详细的操作动作，每项施工都有了统一、规范的操作标准。

（2）建立监督评价机制。下派任务后，第一油矿根据基层队汇报和现场抽查督促专业班组在规定时限内完成任务；采油队（站）作为甲方，负责提出服务需求，检查验收乙方服务质量，对专业班组的施工质量进行星级评价；专业化班组作为乙方，负责提供生产保障服务，接受甲方的监督；矿生产办为第三方，对甲乙方履职情况进行监督、评价、考核以及争议仲裁，督促双方尽职尽责，保证工作质量（图4）。专业化班组的服

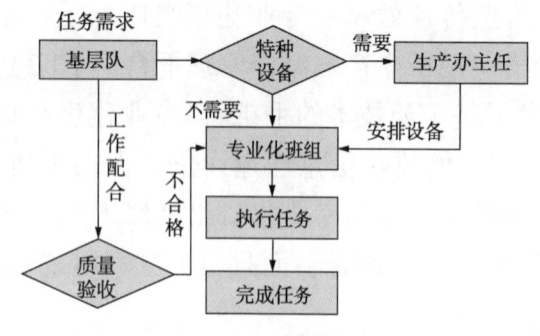

图4 生产保障班组运行流程

务质量影响着基层队的管理水平，基层队的质量验收结果决定了专业化班组的奖金考核，相互间的影响促进双方尽职尽责，切实提升维修质量和效率。

（3）完善薪酬奖励政策。针对员工最为关心的薪酬待遇问题，召开座谈会，征求岗位员工意见，并依据工作写实，综合考虑劳动强度、技术含量等因素，确定专业化班组员工基础奖金收入不低于采油工平均奖的1.5倍。在合理确定专业化班组基础奖金的基础上，实行"按劳取酬、多劳多得"的政策，通过"五率"评定建立相应的打分标准，调动岗位员工的积极性，提高工作质量和效率。

自实施专业化管理以来，第一油矿的采油队员工不再承担繁重的设备维修任务，全矿用于机采井设备维修的员工数量由80人减少到28人，减员达到52人。常规热洗工由厂规定的每个采油队1名减少到全矿4人，全年未发生蜡卡井；皮带班4名员工年更换皮带次数都在3000井次以上，圆满完成了全矿抽油机井皮带管理任务；盘根班成立一年以来，8名员工承包了414口三元采出井和217口水驱井的加盘根任务，累计加盘根6270余井次。目前，全矿皮带更换次数年均减少1550井次，单井平均年更换皮带数量控制在2条以内；电路故障年减少434井次；同时期对比盘根加装减少了772井次；抽油机故障率下降了3个百分点，在2018年厂半年度生产管理检查中第一油矿抽油机管理排名全厂第一名。

目前，各专业化班组还存在着人员素质需要持续提升、隶属管理不尽顺畅、盘根管理未能全面铺开等问题。今后，将继续按照厂管理提升工作部署，认真学习借鉴兄弟单位成功经验和先进做法，进一步解放思想、开拓进取，不断完善"生产保障专业化"的管理机制，依靠过硬的队伍、精细的管理、高效的运行，更好地为全矿的原油生产平稳运行保驾护航。

以"四新三化"为目标的集控类站库管控与运行

宁海川　郑　京　蔡恩泽

第一油矿杏一联合站自2013年起进行安全隐患治理工程改造施工，按照集中监控要求进行了改造，将原游离水岗、电脱水岗、输油岗、污水岗、化验岗和锅炉岗合并运行，2015年正式建成投产。改造后的杏一联合站整体布局虽然更加紧凑，自动化程度得到提升，但也产生了监控自控设计与运行需求匹配不完善、设备运行调控复杂、员工工作量增加等一系列问题。2016年以来，杏一联合站按照厂"智慧型"站库建设要求，以"新理念、新方向、新模式、新面貌"的"四新"为建设目标，顺应集控管理特点，把握运行重点，攻关管理难点，依据"三化"标准构建了站库集中管控管理模式，进一步提升了管理效率和管理水平，促进了全站各项工作的稳健发展。

一、精练岗位设置，推进班组整合，实现劳动用工规范化

杏一联合站完成改造后，虽然流程设备实现了合岗并岗，但班组岗位继续沿用原班组管理模式，班组按岗分工、多岗分责管理，存在岗位分工模糊、职责重叠、巡检路线混乱等问题。针对管理工作中暴露的问题，通过优化调整班组劳动组织结构，实现了岗位核减化一、班组按需分工、专岗专责管理。

（1）创新岗位管理模式。改造后，生产岗位缩减到了3个，原有的岗位设置、人员配备已无法适应新工艺流程的需要。杏一联合站按照"自动化管理、班组化运行、专业化维修"的工作思路，改变了站库普遍运用的以岗定班组的管理模式，按照职责设立了监控班、运行班、维修班和保障班的四个班组构架，每班设运行班长1名，副班长1名，监控班员2人，运行班员2人。维修班设班长1名，维修保障员5名，岗位人数由原51人精简至27人，实现了劳动组织架构的高效整合。

（2）固定岗位工作职责。改造后，当班员工的工作任务由单一岗位、单

一工种变为复合岗位、复合工种，杏一联合站重新明确了每名员工在岗职责：当班期间设备容器区要交叉巡视，确保当班期间安全运行；对生产运行区的设备运行参数要定期核对；对安防设备覆盖区要定时巡检，及时消除隐患，做到设备台台有人管、站区处处有人清、员工人人有专责。同时，针对在岗涉及工种多、操作设备类型多的特点，收集了集控岗位418项操作项目，采取师带徒、班组小课堂、互助式培训、轮岗实训等多种方式培训，提高了员工履职尽责的能力和本领。

（3）优化岗位管理制度。根据合岗后生产运行管理的需要，杏一联合站以运行高效、调控精细、制度规范为标准开展"职责规范"修订工作。现场落实标准规范73处，完成集中监控岗位职责2项，更新各类管理制度4项，优化各类操作规范8项，先后建立了《集控运行班组管理制度》《集控运行班组奖金分配制度》《集控运行人员岗位职责》《集控运行人员交接班制度》《集控运行人员巡回检查制度》等，使集控运行班组在整个生产运行过程更加规范、流畅。

通过努力，全站人数由改造前的97人降至65人，每年节约用工成本448万元，逐步实现了"结构简、人员精、能力强、效率高"的目标。

二、坚持管理对标，深化集控应用，实现操作调控精准化

企业进行自动化改造的目的是实现效率和效益的双提升。改造完成后，杏一联合站充分利用自控设备精密、精细的特点，继续深入挖掘集控潜力、拓展应用思路，使生产指挥和设备调控更加精准、精确，为实现管理提升发挥出积极的作用。

（1）数据采集精准化。站库值守岗位每两小时巡检是多年来雷打不动的铁律。改造前，员工在每两个小时的巡检过程中不但要检查设备运行状态、调控参数，还要录取141项数据，其中117项数据需要到现场读取。改造中在容器、机泵方面增加了大量的数据远传点，虽然录取数据数量增加到151个，但只有27个需要现场读取，124项数据实现自动录取，实时显示在中控操作台前，自动生成报表，使值班人员对生产态势的感知更加迅捷，对设备参数的调整更加及时，年节约数据采集工时300余小时。

（2）监控定向精准化。根据集控管理需求，将站内安全监控、罐区运行监控、电脱放水监控、机泵运行监控定为监控重点，在利旧原站库监控点14个的基础上，自主新增监控点11个。截至2017年12月，通过覆盖全站的监

控设备，取消站库门卫岗并核减员工4人；对巡检点项及路线进行了重新优化调整，缩短巡检线路1400m，缩短巡检时间40min，优化出巡检人员5人，提高了岗位员工的巡检效率。

（3）运行调控精准化。依托集控系统，杏一联合站针对各站来液瞬时液量波动的情况，对输油泵上加装的变频调速装置运行参数进行优选，确定机泵与处理液量相匹配的运行电流区间，根据缓冲罐液位设定3个运行挡位，避免了频繁启停机泵及忽停忽转的情况，每年可降低耗电量$280×10^4kW·h$。针对部分过滤罐运行工况差的问题，重点开展了个性化反冲洗参数优化调整，核定中强度自动反冲洗时间延长至20~25min，高强度反冲洗时间平衡至2min/罐，通过提高机泵运转效率缩短机泵运转时间，年节约用电$3×10^4kW·h$。

通过不断地调试与调整，杏一联合站自控设施在生产运行中越来越平稳，数字及视频监控设施的作用越来越突出，实现了站库节点全面布控、管理节点精细监测、远程指挥优化调整、现场隐患及时消除，为杏一联合站获得油公司"银牌站"和"管理先进站"荣誉称号奠定了基础。

三、持续流程技改，追求效率最优，实现生产运行高效化

集控改造后6个岗位合并成1个岗位，员工当班期间需要执行的操作和运维工作量显著增加。杏一联合站坚持以降低员工劳动强度、提升在岗工作效率为出发点，不断进行设备和工艺流程改造，使新工艺、新流程、新设备越来越符合生产实际的需要。

（1）改进药剂投加流程，设备扩容提效率。新建成的加药间储药桶容量小，每天对三种药剂进行添加，每次用时大约4小时，并且频繁、长时间地处在刺鼻的环境中，也影响到员工的身体健康。针对这一情况，通过与药剂厂家协调，在室外搭建了一个集成储药箱，利用浮球式标尺对药剂消耗进行计量，并将长筒泵改为齿轮泵进行添加。投入使用后，每次的加药量由1200kg增加到13000kg，药剂添加周期延长到10天，员工的劳动强度降低、工作效率得到提高，影响员工健康的风险得到削减。

（2）创新看窗观测与清洗方法，小改小革提效率。杏一联合站中控室距离容器操作间距离达到50m，岗位员工无法对6台电脱水器的放水情况进行时时观测。为此，杏一联合站利旧防爆灯外壳和摄像头组合成具有防爆功能的监控器，安装在6台电脱水器的放水看窗附近，将监控图像集中显示在监控

室的屏幕上，岗位员工能够实时观看到电脱放水情况，解决了放水不及时、不平稳的问题。在此基础上，针对看窗易黏附油污的弊病，杏一联合站又研制了看窗清洗装置，将清理单个看窗污油的时间由 40min 缩减到 2min，极大地提高了工作效率。

（3）改造污油回收装置，实施技改提效率。杏一联合站洗井排液池承担全厂洗井废液的环保回收任务，污油回收时需要人工不间断地操作按钮控制污油回收装置。由于每天洗井排液车辆较多，岗位员工经常错过最佳收油时段，导致收油效果差，工作效率低。针对这种情况，杏一联合站对污油回收装置增加一套自动运行系统，加强了刮板的强度，刮板可实现上下调节。改进后，刮油装置可自动运行，收油效果明显提高，每天增收原油 1.5t，岗位人员可同时完成其他工作，工作效率大幅提高。

站库集中监控是现代智慧型油田站库运行的发展趋势。第一油矿杏一联合站将继续通过管理创新、内部挖潜，不断完善集控运行模式，实现站库集控高效运行，使站库集控运行管理更加安全、规范、高效、经济。

加速转型发展为第四采油厂高质量生产做出贡献

陈国强　李　鑫

深化国企改革，是贯彻落实党的十九大精神的重要要求。在厂党委和厂的正确领导下，作业大队认真贯彻落实油田公司深化改革的总体要求，依托厂管理提升系统工程平台，紧密结合大队实际情况，以服务厂精准开发和确保厂原油生产为中心，通过推动作业施工设备机械化升级、拓展带压作业施工技术应用等方式，以加强安全环保、深化降本增效为重点，扎实有序开展各项工作，并取得一定成效。

一、推进设备更新，重安全，减负担

以常规井下作业施工"安全环保、提效减负"为目标，作业大队加大配套技术攻关和现场试验力度，相关技术取得了新进展，推动作业施工设备升级。在充分保障安全环保的同时，进一步降低成本消耗，提高施工效益，取得一定成绩。

（一）深化创新驱动效益，提高设备自动化程度

依托工艺队和周恒仓劳模工作室，组织技术人员攻关，研制分体式油管液压举升装置、组合式油管自动上卸扣装置等专业自动化设备，具有自动举升推送油管、上卸油管等功能，全面提高施工效率，缩短施工时间，降低可控成本，同时也降低了员工劳动操作强度，降低了安全风险。

（二）推动环保作业施工，研制井口多功能平台

结合施工现场实际，针对井口环境差、污油污水难收集等问题，作业大队加快技术攻关，研制出车载折叠环保操作台。该设备安装于修井机尾部，可随车转运，方便携带和转移；与井口间采用浮动密封设计，有效回收污油污水，保证施工清洁环保；员工使用时操作空间充足，施工安全系数更高；

平台高度可以自由调节，以适应各种高度井口。该装置解决了井口溢流液体收集困难，环境易污染的问题，降低了安全风险，提高了环保施工水平。

（三）探索新型动力来源，改造油电双驱修井机

作业大队完成首台油电双驱修井机改造，并于2017年6月投产，在作业二队开展试点试验。油电双驱修井机在保留原作业机工作性能的基础上，通过创新应用开关磁阻电动机及控制系统，合理优化油电双驱转换和传动机构，实现了网电条件下电驱修井作业。电驱工作时，其提升能力与柴油驱动基本相当，提升速度满足施工需要，能耗整体降低，尾气排放减少。截至2018年12月末，该油电双驱修井机累计完成油井检泵、水井细分、机械堵水等各类施工井97口，其中油井施工节约能耗费用91.6%，水井施工节约能耗费用89.68%，设备维护费用明显下降，故障率明显降低，设备维护费用预期节约50%以上，且电驱作业时噪声污染更小，比起改造前同种类车型，噪声污染下降22.5%。在提高老旧设备利用率的同时，达到了降本增效、安全环保的目标。

二、拓展带压作业，降成本，增效益

近年来，随着油藏开发难度的加大和井下作业安全环保要求等级的提升，每年第四采油厂都会有一部分作业施工的井需要带压施工。由于第四采油厂之前没有带压施工队伍，这类井型全部是外委施工，存在施工不及时、结算价格高、占用厂成本等现象，为解决该问题，作业大队组织带压作业施工队伍，配套带压施工设备，拓展带压作业施工技术方案，开始承担带压作业井的施工，一方面为厂节省外委作业施工成本，另一方面也为作业大队拓宽成本空间、提升劳务收入创造条件。

（一）配套带压施工设备

针对关井压力小于7MPa的作业井，作业大队研制辅助式低压带压作业装置和多功能抽油杆自封装置，以适应带压井作业施工要求。辅助式低压带压作业装置，全封闸板在工作防喷组内，承重翼板与环形工作防喷器一体，可与车载折叠环保操作台配套使用，具有结构简单、安装方便、安全可靠的特点。多功能抽油杆自封装置，可实现杆体刮蜡、射流清蜡、环保导流、杆间停作业快速控井等功能。作业大队已配套相关设备至作业十一队和作业十七队，截至2018年12月末，两支队伍均可以承担起带压作业井的施工项目。

（二）靠实费用结算工作

为保证带压作业施工结算工作有序进行，作业大队组织人员对作业十一队施工的具有代表性的3口井进行写实，并配合人事部、油田管理部和工程技术大队，确定相关结算标准。根据检泵井、电泵井和水井分类，结合现场实际情况，测算施工准备、起下管柱、收尾各工序及附加工序的工时情况，确定带压作业井施工工作量及费用消耗情况，针对带压作业井工资含量展开深入讨论，进一步完善各工序工时的标准，推动带压作业井施工费用结算工作形成标准化流程。截至2018年12月末，带压作业井已验收36口，为第四采油厂节省外委施工成本费用720余万元。

（三）精细施工现场管理

通过集中检查、交叉检查、专项检查等方式，对现场施工实施全时段、全覆盖的监控。严格要求，规范现场管理，采取强化施工过程管控、深化安全教育培训、严格目标责任管理等多种措施，筑牢带压作业施工安全生产、文明生产防线。同时，针对带压作业优先安排后线车辆服务保障，确保带压作业施工按全年计划推进。

推进管理提升各项工作稳步向前，是企业改革进步、创新创效的必经之路。加快转型发展是第四采油厂乃至全油田的最终目标，积极围绕坚持"定标准、立规范、提水平"的要求，紧密结合大队实际，以安全环保、降本增效、转型发展为目标，推动设备升级、管理优化，服务厂精准开发，更好地为油田做出贡献。

规范管理提升规划设计质量和效率

李金玲　张兴波　陈彦生

随着油田开发年限的增长，开发难度逐年增大，为满足油田生产的需要，产能工程、老区改造、生产维护等建设项目工作量的逐年增加，原有的规划设计模式在工程建设前期准备时间、质量等方面均难以满足生产管理的需要。2015年，油田公司对咨询设计业务资质进行整合，各采油厂所辖规划设计研究所承担的规划设计项目任务难度、投资额度逐渐增加。

面对新的油田地面建设形势，规划设计研究所在近3年管理提升工作的基础上，以"开源节流、降本增效"为目标，按照"统筹规划、突出效益、优化设计，提高质量"的建设宗旨，从健全完善规章制度、强化技术能力培训和量化奖惩考核机制3个方面推进管理提升工作，有效提高了规划设计效率，缩短了工程前期准备周期，提升了建设质量。

一、起草完善规章管理制度，逐步形成成熟的质量控制体系和技术管理体系，确保合格产品输出

作为承接油田建设项目的咨询设计业务单位，完善的管理制度、科学的管理模式、规范的管理程序，是开展各项工作的必要条件。"没有规矩，不成方圆"，建立健全规章制度，有助于提高劳动生产率和经济效益，确保生产经营活动的顺利进行，促进油田的长远发展。

（一）起草完善规章制度

以油田公司设计资质整合为契机，在《第四采油厂地面工程规划设计工作管理办法》（2013版）的基础上，对其部分内容进行了调整完善，规范和细化了规划设计工作管理程序。结合油田公司资质整合要求及第四采油厂工作实际，形成"1384"管理模式，即增补13项技术管理文本、编制8项过程控制文本、形成4级校审管理制度，做到管理体系合规、过程资料合规、校审程序

合规，提前两年完成新、老设计模式过渡。通过管理办法运行实践，承担业务范围已涵盖了油气集输、污水处理、电气仪表等11个咨询设计专业，与油田设计院统一执行ISO 9000质量管理体系，年均可完成2.5亿元自主设计工程项目，方案、初设项目审查一次通过率100%。

（二）制定运行管理办法

科学组织、统筹安排工程项目，合理编排运行计划，将规划设计工作按运行阶段划分为规划、设计、概算3个区间，在此基础上，按投资渠道划分为产能工程、改造项目、维修工程等8项运行表格。明确各阶段负责人及实施进展等信息，量化具体时间节点。采取"周更新，月总结"的运行模式，发现问题及时协调解决，充分发挥计划指导性，各专业室通过计划运行管理实现了信息互通、资源共享的目标，各阶段工程计划完成率95%以上。以2018年杏七区中部Ⅱ块、Ⅲ块产能建设工程为例，该区块3月份完成方案审查、5月份完成初设审查，7月份陆续完成施工图存档，单项工程设计周期平均缩短20天。

（三）制定内控管理细则

通过制定完善内控管理措施，避免了工程规划设计错、漏、碰、缺，过程进展清晰、内容完整，实现了由难到易管理夯基。制定档案管理细则，过程控制文本、设计过程资料统一存档；制定图纸发放办法，规范图纸存档、发放和借阅手续，做好原始资料来源保障；规范和细化工作流程，实现设计节点细分化、过程文本合规化、同类设计标准化、设计资料范本化、图纸模板规范化；增加联合会签环节，提升设计质量，签署底图文件随设计成果统一归档；实时进行质量控制，开展月度经验分享、季度质量分析、年度质量回访活动。通过升级内控管理等一系列措施，工程建设项目投产后现场问题逐年减少，规划设计质量持续提升。

二、强化技术能力培训，优化专业队伍建设，整合专业资源配置，满足咨询设计业务长远发展需要

通过组织"师带徒"、定期组织月度培训、专业间交流学习活动，建立了完整的技术人才梯队，达到一岗多能、专业互补的水平；重视新人培养，发挥传帮带作用，实现技术力量有序接替；开展设计质量分享活动，不断总结技术经验。

（一）制订技术培训计划

聘请设计院专业资深专家所内授课，开展了资质整合、质量标准等系列培训，组织"大小课堂"等活动，由各专业技术专家授业解惑，达到"学有所用、学以致用"的目标。通过加大培训力度，所内具备大中型站场规划设计能力技术人员由2013年的5人增加到16人，油田公司统一内聘规划设计工作审核以上人员占全所技术人员总体比例30%以上。

（二）开展技术能力测试

以实用性、专业性为基础，将能力测试列入年工作计划，督促规划设计人员自我学习。每年5月份开展35周岁以下技术人员专业能力测试，以笔试答题、现场竞赛两种形式进行，测试结果合格率均达到100%。新入职技术人员通过能力培训及测试，指定专人指导，4个月内可掌握岗位工作要领，具备独立开展规划设计工作能力，较常规模式缩短50%培养周期。

（三）完善专业人员配置

坚持开展专业岗位互换锻炼，培养规划设计人员的综合能力；注重一岗多能技术培养，及时、准确完成各类工程概算编制工作；创新实施跨专业校审，满足质量管理体系要求。通过以上措施，在专业技术人员数量不增的前提下，规划设计技术水平及大型站库设计数量均明显提升，实现了站库改造项目零外委的工作目标。

（四）优化整合专业资源

实施规划设计运维一体化管理，随着数字化油田建设工作推进，为适应仪表专业化需求，将自控专业的规划、设计、运维技术人员进行整合，建立三级测控运维队伍，实现建、运、维闭环管理，解决了以往重复立项、无效设计、高成本维护等问题。实施经济投资控制精细化管理，通过对估算、概算、预算指标的综合对比，划分合理计取区间，编制完成了估算单行本16册，概算计取范本1套，核查超投资分析报告22份，投资控制效果逐年增大，概算符合率连续3年持续提升。

三、推行规划设计定型化、标准化模式，量化奖励措施，实现良性循环的闭环管理

结合第四采油厂地面建设现状，以"用、减、合、优"的总体思路，建立统一规划设计模板，提升规划设计工作效率。同时，为鼓励规划设计人员培

养自我提升意识、提高工作积极性，采取按劳分配、择优分配原则，激发技术人员潜力，保障了地面工程系统的积极稳定发展。

（一）推广应用标准复用模板

针对相似工程项目内容的重复性，建立了工艺计算、图纸规格、文本资料、概算计取四套标准复用模板。以转油站原址新建设计为例，在传统转油站布局的基础上，整合站内设施，优化站库布局，提高土地利用率，形成了两套适应老区转油站改造的"杏北油田标准化布站"设计模板。与老式转油站单体构成对比，减少工艺管道12%，节省占地面积12%，减少建筑面积7%，减少日常巡检点8处，在有效降低改造投资的同时缩短了设计周期。

（二）建立工程量化考核机制

制定了设计工时划分细则，规定基础工时计算方法，根据不同项目难易系数，综合考虑计划执行情况，计算出每名技术人员全年设计工时，对总工时排名前2/3的人员进行考核奖励。制定了"优秀班组"评比细则，围绕专业室的主要工作，对个人工作实行量化打分，组员分值相加作为班组总评分，实行月度公布排榜制。通过工时考核和量化评比，强化了团队意识，激发团队正能量，持续提升了队伍士气。

（三）开展规划设计质量评比

每年9月份开展对本年度设计质量及基础工作检查，重点对设计基础资料及初设、施工图文件设计质量进行抽检。通过开展规划设计质量评比活动，提高了技术人员对基础资料完整性、成果质量提升的重视程度，在2018年的质量检查中，总投资1187.89万元的"新杏九注水站安全隐患治理工程"以过程资料、存档资料、加分项全部满分的优势，获得2018年度规划设计质量检查第一名，抽检的10个项目最终得分过100分共7项，与2017年相比提高了40%。

近年来，通过细化管理机制，确定了制度化、系统化与规范化相结合的管理模式，规划设计质量效率提升成效非常显著。规划设计所已具备自主完成转油站、注水站、变电所等中小型站库的规划设计工作。2013—2018年节约各类地面建设项目外委勘察设计费用5000余万元，通过合理平面布置、简化工艺流程、优化设计方案等措施，节省地面建设费用2100余万元。在2018年6月大庆油田评审的建设工程优秀方案、优秀设计表彰通报中，荣获优秀方案一等奖2项、二等奖4项、三等奖5项，优秀设计一等奖3项、二等奖3项、三等奖3项。

地面三级管理体系的构建与实施 >>>>

于 曼　许文会　霍妍佳

为提升地面工程管理水平，杏北油田针对地面工程系统基层技术人员缺失，基础资料建设、生产运行优化、施工项目管理等工作有待提升的形势，构架了系统和节点并重的三级技术管理体系，形成了基础和实践并重的三年成才培养模式以及创新专业和精细并重的"3+X"工作方法，提升了管理水平，取得了显著效果。

一、构架系统和节点并重的三级技术管理体系

地面工程系统庞大复杂，为了理顺管理程序，提升技术管理水平，第四采油厂构架了"厂对矿"调系统、"厂对队"重节点的扁平式三级管理体系，健全管理队伍和管理制度，强化顶层决策和高效沟通方式。

（一）健全了三级管理队伍

按照目前各基层队地面技术人员配备情况，采油队除北十四队、北十五队、六区三队和西二队以外，均未配备地面技术员。因此，实施了基层队地面工程技术员编制配备方案：采油队新增专职地面技术员1名，共需新增地面技术员编制50名；各采油矿、试验大队在工艺队配备地面副队长1名，共需新增工艺队副队长编制6名。全厂共需新增地面技术人员编制57人。规划设计研究所规划室配备技术管理副主任1名，成立技术管理组，2018年4月成立技术管理室。各级技术管理人员配备后，转变了原来由基层管理人员或工程技术人员代管地面工程技术工作的现状，厂级决策和业务管理能够直接由地面技术人员执行，提高了措施的时效性，理顺了管理流程。

（二）形成了"两级例会"制度

杏北油田建立了厂级季度例会和矿级月度例会制度。厂级季度例会由厂

规划所、厂相关管理部门及矿大队参加，重点对生产运行参数，新工艺、新技术跟踪，施工、检测监督，自动化仪表、管道腐蚀修复等工作，会后形成纪要督促落实并反馈。矿级月度例会由所技术人员不定期参加，各基层队对月度重点工作和存在问题进行汇报，会后整理反馈需所内落实问题，所技术人员及时落实并反馈，从而做到地面生产动态的及时掌握，并第一时间提出优化运行方案。

（三）建立了地面信息管理平台

随着油田的持续开发，地面建设规模及设备、设施逐年增加，地面数据越来越庞杂。同时地面技术员调整后，难以迅速地掌握本单位的地面信息及历史运行情况，给地面工作带来一定困难。为提升地面管理水平，在建立地面信息平台、推进信息化建设方面，杏北油田大力促进模块管理工作。做到档案存储电子化、规划设计流程化、节点痕迹可溯化，从而提高了工作效率，实现了资源共享，提高了工作效率，并强化了项目的溯源性，提升了全过程管理水平。

（四）制定了地面系统考核制度

杏北油田以经营考核高效运作为目标，全面制定地面系统考核制度，将数据管理、日常管理重新细分，将水质管理、节能管理等新内容纳入考核，将水质、能耗等指标从年度细分至季度，使地面系统指标管理逐步成熟。

二、形成基础和实践并重的三年成才培养模式

地面工程系统涉及专业多、知识面广，为适应地面工程技术人员岗位新、人员新的形势，尽快让新上岗技术人员适应岗位和工作需要，第四采油厂创新技术人员培养模式，形成一年掌握基础知识，两年技术跟踪，三年深入研究的"三年成才"滚动式培养模式，建设一支素质过硬的技术队伍。

（一）建立专业课程体系

结合杏北油田发展规划和各级地面工程管理人员的发展规划，立足思想、技术、作风的全面培育，构建全方位、长周期的新员工培训体系。强力推进"分类型、分专业、分层次"的培训课程开发，为实施具有针对性的技术管理打下坚实基础。先后打造油气集输、污水处理、自控仪表和工艺识图4项精品课程，编制6个专业基础知识题库，完成新上岗技术员基础知识培训，并通过举办地面工程技术员大赛，全员参加、以赛促学，提升其专业技能水平

和岗位能力。

（二）分层级制定培训内容

地面工程三级管理体系中，地面副队长和技术骨干采取到所轮训的方式，通过规划设计实践，快速提高技术素质。新上岗技术人员参加基础知识培训班进行集中培训。另外，还分专业编制了基础知识题库，督促日常自主学习，厂里定期组织测试，全厂排名，促进了地面技术队伍整体素质提升。针对所内技术人员，采取外送设计院、外请技术专家的方式，进一步提升技术素质。

（三）开展现场技术跟踪和施工监督

提升地面管理水平，三级体系内的各级地面技术管理人员结合工作内容，围绕"工艺优化、水质治理、三元技术、黏损治理、节能降耗、施工监督"等重点工作，开展技术跟踪工作，深入研究新型工艺，提高技术人员技术素质，形成"选题、编制方案、指导实施、推广"的管理模式。在施工监督能力提升方面，杏北油田建立现场监督资料5项：完善现场施工"监督卡"，建立厂、矿两级检查资料，建立过程存档资料。明确现场监督标准4类，即明确施工工序和要点，明确重点工序施工标准，明确施工过程记录要点。建立施工监督卡4类，形成相关资料6份，年度施工监督率100%。

三、创新专业和精细并重的"3+X"工作方法

地面工程系统基础设施体量大，工艺流程复杂，更新改造工程量日益增大，安全环保形势严峻。通过梳理技术管理工作，创新标准化、信息化、模板化+专业项目组的"3+X"管理模式，细化组织运行，形成专业化、精细化管理工作方法。

（一）日常工作标准化

针对杏北油田地面工程新形势工作需求，强化岗位职责，明确各级技术人员日常工作内容和具体工作标准，第四采油厂制订了《第四采油厂采油队技术员岗位职责分工方案》，明确采油队地质、采油、地面技术员的岗位职责分工，确定了地面工程技术员主要负责从油水井井口到站库外输地面工艺和设备相关工作的6项岗位职责，理顺了工作流程。

（二）数据管理信息化

国际最佳实践表明，信息化是企业提高效益和竞争能力的有效途径。截至2016年底，杏北油田已建站库181座，计量间459座，配水间82座，埋地

管道10450km，6kV电力线路1910km，各类等级油田道路1678km，支干渠550km。以上地面系统主要设施基础属性信息、空间信息和动态信息录入A5数据库，为地面工程生产运行管理与决策提供信息化的数据支持。

（三）业务管理的模板化

地面工程技术管理工作点多面广，为提高工作效率，适应技术人员流动快的形势，逐步固化常规业务管理，形成了汇报、技术跟踪、生产维修申请三大类6项模板，使技术人员快速适应岗位需求。通过业务管理模板化，使地面工程常规业务管理由无序向有序转变，由随机动作向规定动作转变，规范了工作内容，提高了工作效率。

（四）重大专项工作实施项目组管理

针对地面工程系统重难点问题和重大专项工作，第四采油厂集中技术力量，组成专项项目组，攻关技术瓶颈和管理难点，近年来先后形成了厂、矿、队共同参加的三元攻关、水质治理、数据管理项目组3个，有效解决了重点难点问题，效果显著。

随着油田开发的不断深入，地面工程技术管理工作逐渐凸显了承接设计、反馈规划的闭环协调作用。在今后的工作中，地面工程技术管理要继续围绕"夯实基础工作，健全管理体系，提高效率效益"这一工作目标，坚持抓专业学习，促能力提升；坚持抓创新实践、促质量提升的技术管理队伍建设模式，塑造一支坚强有力、团结协作、能攻善战的技术管理队伍，进一步提升地面工程技术管理工作水平，为第四采油厂高质量发展做出新的贡献。

数字技术为油田高效生产助力加油

庄建斌　孙恩斯　李玉婧

为了进一步加强措施方案的及时性，提升生产管理人员现场施工、落实、检查的效率，规范四类井的管理，建立了注采井设备及地貌可视化信息库。方案设计人员通过信息库的设备、井场、道路等照片掌握现场情况，简化现场落实环节；生产管理人员井定位、导航功能直达井场，提升找井效率，减少采油队车辆引领情况；四类井数据通过信息化管理，提升监管力度。

一、创新生产管理模式，现场环境可视化

以往生产措施方案的实施过程主要依靠驱车前往探查地形地貌，口耳相传油水井地理位置等方式，进行现场探查工作，这些落后的检查方式极大地降低了管理人员现场施工、落实、检查的效率。如何利用信息通信技术以及互联网平台，让互联网与生产过程进行深度融合，打造出创新的生产管理模式，一直是信息中心思考的重中之重。通过推进"互联网+"行动，助推采油厂生产管理模式创新，提升管理效果，以此为契机，通过现场环境可视化的方式，提高了生产管理效率。

（一）现场道路环境可视化

通过采集井场现场的道路信息，拍摄高清照片和航拍照片，为指导现场出车以及油水井措施制定过程提供更准确、更精细的现场指导信息。设计井场道路图像信息库，内容涉及井场大小、进井路道路宽度、井场是否泥泞、周围是否有树木、周围耕地协调、井场是否承重等信息。为实现信息库管理标准化，制定了《井场道路拍摄标准》，为井场道路信息采集提供采集指南。自信息库建立以来，信息采集人员严格按照拍摄标准，累计采集4000多张井场道路信息有效照片，以此为数据基础建立了规格统一、图像清晰的图像数据库，并建立图片更新管理机制，提供WEB和App多途径查询工具，形成了

数据完备、更新及时、质量清晰的井场道路在线查询体系(图1)，为现场施工提供了充分、有力、详细、准确的图像资料。

图1　现场进井路线查询

(二) 井场设备信息可视化

采油厂生产设备数量多，型号复杂，矿队反复落实设备信息，这都对制订措施方案带来一定困难。通过油水井地貌可视化信息库的建立，对抽油机、螺杆泵、智能抽、电泵、水井的设备信息进行图像采集，从正、侧、背、井口、全景、电泵房、全景、测试阀门、配水间等多方位、多角度进行图像采集，内容涉及设备的型号、是否有异常点、关键性设备等设备情况信息，并对可能存在隐患的位置进行近景特写拍摄，内容涵盖范围广泛，内容详细。为统一管理，制定了《生产井拍摄标准》，为生产井信息录入提供管理规范，并对拍摄的图像资料进行审核和复查，以实现现场生产井状态数据的准确性和可用性。自信息库建立以来，形成设备有效照片10000多张。管理人员通过信息平台中的照片查看选项，就可以清楚、直观、全面地看到机型设备、生产流程、配套设施、井场道路等现场情况，提前明确注采设备现场状况，确保了后续接替措施潜力。

(三) 四类井井况信息可视化

随着第四采油厂生产规模的扩大，长关井、报废井、资产核销井及未进集油系统不能生产井数量呈现逐年增加的趋势。实现四类井的管理信息可视化，不仅可以在地图上找到指定井的具体位置，也可在线查看四类井的井况图像信息、关井时间、关井原因等详细信息(图2)。通过四类井信息可视化管理，实现针对长关井的重点潜力信息和现场恢复难易程度级别筛选，保证长关井恢复时率。自信息库建立以来，共采集长关井 1308 条，资产核销井 36 条，报废井 364 条，未进集油系统不能生产井 28 条，为长关井的现场恢复规划设计提供了有效助力。

图 2　四类井查询

二、增强移动作业能力，办公方式移动化

移动化办公是新时代的工作方式转变的方向。移动化办公可以显著提高工作效率，为作业现场施工提供极大的便利。为辅助移动化办公，帮助管理人员准确定位油水井位置，快速到达工作现场，现场查询油水井生产数据和静态数据，研发 App 在地图上以锚点的方式，显示油水井的相对位置，提供一键导航功能，指引管理人员快速到达现场，并提供动态数据、静态数据查询功能。

（一）准确定位油水井，地图搜索显示

为方便管理人员快速定位油水井位置，依据 A2 系统中录入的油水井位置，在高德开放地图上以锚点的形式，在地图上定位显示油水井位置。通过井号搜索功能或矿队级联搜索功能，方便快捷地定位指定油水井。为提高管理便捷性，设计提供附近功能，当管理人员到达一个位置之后，可以搜索附近 1km、2km、5km 和 10km 范围内的油水井。到目前为止，信息库共收录第四采油厂 5 万多口油水井的详细位置，定位误差不超过 50m。移动地图的使用，极大地方便了员工寻找油水井，为一线员工和后线管理人员解决了找井难的问题。

（二）智能规划行车路线，一键导航前往

在前往现场的过程中，为解决不熟悉路况，油水井数量多、位置难记的

问题，在地图显示油水井位置的基础上，提供了路径规划的功能。用户可以轻松通过井井准App，实现智能路径规划，科学规划行车路线。在使用过程中，为满足一线员工的高级工作需求，提供多途径点的路径规划功能，并结合高德地图、腾讯地图和百度地图，提供语音导航功能，为驱车前往提供便利的出行引导工具(图3)。

图3 导航查询

三、完善数据覆盖范围，信息录入规范化

数据是最能体现生产能力的指标。只有拥有准确、及时、完备的各项数据，才能做好生产分析工作，才能为提高产量采取最好的措施，才能做出最好的决策，因此在实现信息化管理的道路上，如何让数据查询更易操作，让查询的数据更准确，让数据的覆盖范围更全面是第四采油厂一直以来的不懈追求。

(一) 数据查询集成化

传统上查询动态、静态数据时，需要查看多个信息库，包括A2、A5、开发数据，查询日生产报表等，并且各个信息库都有不同的阅览权限。为此，针对措施过程中常用的数据项进行梳理，将它们集成在注采井设备及地貌可视化信息库当中，并实现穿透查询功能，能够在平台内直接提取注采井的生产动态、油层静态数据，同时整合了四类井台账资料和现场情况，做到"资源整合，优化管理"。

（二）利用效率高效化

长关井是生产过程中最显著的短板。通过四类井管理模块，可以针对长关井的重点潜力信息和现场恢复难易程度的级别进行筛选，保证长关井恢复时率。应用注采井信息平台，如 X6-21-650，节约了 7 天待措施时间。截至 2018 年 12 月末，作业使用 63 井次，平均单井减少了 1.2 天待作业时间，提高了 10% 的措施实施效率。结合信息平台内容，可使各相关部门紧密配合，提高工作效率，保证措施产量，为长关井恢复提供有力保障。

（三）信息采集标准化

针对以往未进系统的四类井信息，设计了四类井专用的数据库相关信息，制定《四类井拍摄规范》，通过规定拍摄方式、制定拍摄标准、规划拍摄内容、计划更新时间等方面，实现平台数据由标准化转向精细化管理。

在注采井设备及地貌可视化信息库的设计和完善过程中，通过制定和完善各类信息收集标准，结合实际使用需求，满足用户使用习惯，完善和规范信息库。生产单位通过信息库，归纳四类井的恢复难易程度，筛选有潜力的长关井，结合现场实际设备的缺失情况图像信息，依据油水井的关井信息和地理位置，与各相关部门紧密配合，极大地提高了工作效率，节约了大量反复落实的时间，保障了长关井的快速、顺利恢复，为生产管理人员和监督管理人员的管理提供便捷、准确、完备的管理工具，总结了高效智能的管理经验。

推广无纸化应用　提高基层站队数字化管理

祖智慧　王垠楠　马骏皙

为推进油田无纸化办公，贯彻油田公司"管理制度化、制度流程化、流程表单化、表单信息化"的要求，2015年在基层生产岗位资料录取方面，加快资料录取，促进传统方式转变，将信息化、数字油田与油田开发深度融合，与主营业务和管理提升工作紧密结合，让信息化成为管理提升的有力抓手和有效手段，在企业流程再造、组织优化、提高效率等方面发挥显著作用。

一、从本质着手，精简报表，推进站库系统无纸化

由油田管理部、人事部、财务资产部、质量安全环保部、科技发展部，对第四采油厂联合站、注（污）水站、中转站岗位现有资料进行归类整合，通过前期调研，先后组织召开两次研讨会，对目前现有资料进行认真梳理、分类、整合，并于2015年1月23日组织全厂站库系统、采油队，队（站）长146人对各岗位资料模板以多媒体形式进行宣贯，要求各岗位2015年2月1日全部按照新模板管理岗位资料，整合后联合站输油岗、游离水岗、脱水岗、化验岗和锅炉岗5个岗位管理资料由144项整合到50项，污水站岗位管理资料由33项整合到11项，注水岗岗位管理资料由29项整合到10项，中转站岗位管理资料由15项整合到9项，聚合物驱注入站管理资料由24项整合到17项，三元注入站管理资料由31项整合到24项，配制站管理资料由28项整合到20项，本次整合联合站、注（污）水站队里管理资料由93项整合到47项。全力推进第四采油厂站库系统无纸化办公。

二、从技术着手，现场传输，推进油水井资料无纸化

将移动互联网技术引入采油队井组报表业务流程，由人工纸质抄写改为智能终端填报，实现了数据源头采集，结束了近半个世纪的手工抄写报表工作。

（一）前线录取方式创新

采油队在现场录取生产数据，参照《A11油气生产物联网系统建设规范》，岗位员工在现场将仪表数据手工录入智能终端，通过3G信号将数据回传到数据中心。二是站库数据共享方式创新。针对注入站自动采集的实际情况，通过EXCEL报表导入的方式，上传到数据中心，实现信息共享。三是数据集成方式创新。数据实现了与A2、A5统建系统的共享，集成率达到100%，减少了重复录入。

（二）应用智能终端软件，实现数据现场采集

针对采油队在前线录取生产数据的特点，参照《A11油气生产物联网系统建设规范》，岗位员工在现场将仪表数据手工录入智能终端，通过3G信号将数据回传到数据中心，自动生成采油队班报表，省去计量员抄写班报表、人工传递报表、资料员计算机录入三个过程（图1），由每天人工抄写报表40min改为终端填报10min，全年可节省纸质报表约30万份。

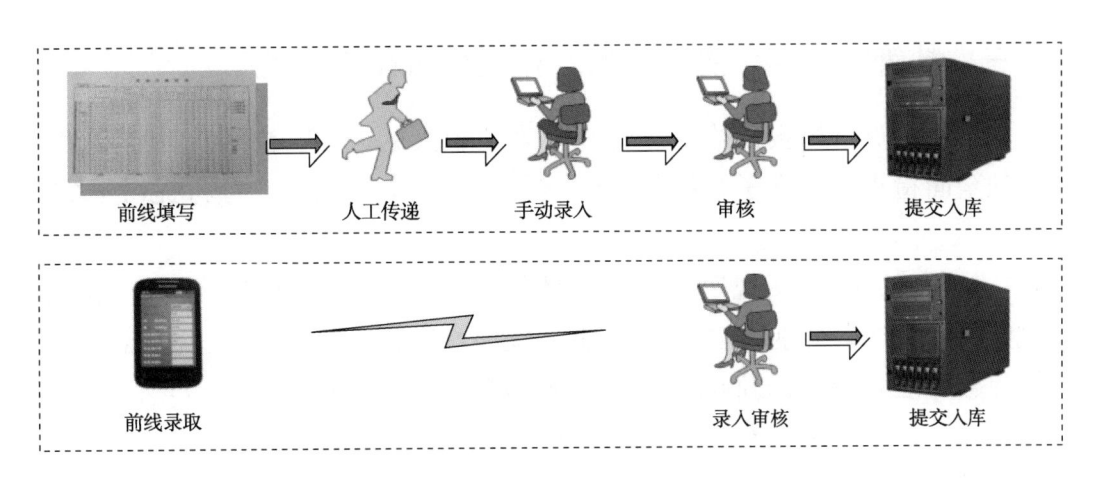

图1　与原有数据传递模式进行对比

（三）完善校验方法，提升数据质量

通过对油水井班报表100余项数据近10年历史资料的分析，总结每项数据的合理范围，设置数据超范围自动提示，防止录取错误。通过不同字体、颜色区别每口井生产状态，上传数据时自动提示汇总生产时间不满24小时的井数，防止漏报事件。系统自动计算量油、生产时间等字段，减少人工计算工作量，提高录取效率。数据校验对比界面如图2所示。

图2　数据校验对比界面

（四）加强数据共享，减少重复录取

通过对A2(2.0)系统13个数据表200余项数据研究，编写存储过程300余行，设计数据锁等功能，实现数据自动导入A2系统，导入数据项达90%，真正实现前线录入、后线审核，避免重复录入，也免去了手工录入产生的人为错误，进一步提升了员工幸福感。

三、从管理着手，完善体系，适应无纸化新形势

数字化的资料填报，给生产管理带来了极大的方便，由随机抽查改为系统自动全面检查，保证了数据的"齐、全、准"，为油田生产分析提供了数据支撑。

一是完善数据管理规定。为保证数据的及时性、准确性，油田管理部、地质大队、采油矿分别制定了《油水井智能终端数据录传管理办法》《智能终端使用保养方法》等相应的制度，进一步规范数据上传时间、上传地点、终端交接与保养、流量应用等内容，做到管理有抓手，考核有依据。

二是加强数据监管。通过数据上传情况监测，可实时跟踪数据上传情况，监管直达岗位员工，改变了数据上传不及时、层层落实的现象（图3）。上传数据时自动记录上传时间、上传地点，与生产区域结合，通过技术加强数据监管；通过数据审核情况监测，掌握各采油队数据审核进度，加强数据上传与审核环节的衔接；通过用户在线反馈意见，拉近研发人员与应用人员的距离，第一时间解决系统问题；通过软件版本和终端型号监测，实现设备专人专用专管，设备流转有依有据。

三是完善数据检查方法。针对岗位员工，通过智能终端录取水井49项数据、油井53项数据，并进行了数据值域标准校验，对超出标准范围的数据进

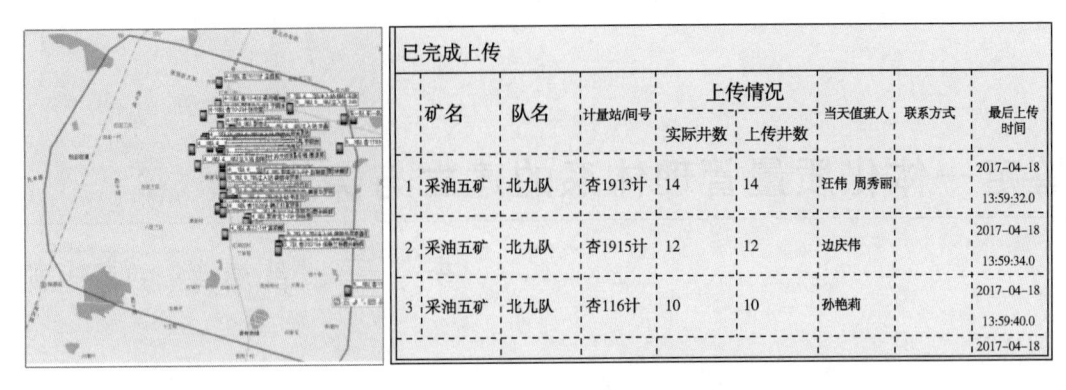

已完成上传							
	矿名	队名	计量站/间号	上传情况		当天值班人	联系方式	最后上传时间
				实际井数	上传井数			
1	采油五矿	北九队	杏1913计	14	14	汪伟 周秀丽		2017-04-18 13:59:32.0
2	采油五矿	北九队	杏1915计	12	12	边庆伟		2017-04-18 13:59:34.0
3	采油五矿	北九队	杏116计	10	10	孙艳莉		2017-04-18 13:59:40.0
								2017-04-18

图 3　上传范围监测与时间监测界面

行提示。针对资料员的检查，采用了当天数据与昨日数据对比展示的方式，当今日数据与昨日数据误差较大时，显示文字会变为红色。通过"数据锁定"防止资料员审核后的数据岗位员工再次修改，保证原始资料与 A2 资料一致。针对数据管理人员，系统自动记录提前上传报表、超范围上传报表等情况，解决了现场抽查的局限性。

近年来，通过无纸化办公的推进，实现了"取消纸质报表、提高工作效率、降低劳动强度、加快信息共享、提升管理水平、改善工作环境"的五大目标。未来，要进一步加强信息化与工业化的深度整合，通过信息化引领工业化，为建设百年油田贡献技术力量。

鉴定一体化质量管理体系的建立与实施

李　军　吕春荣　魏连凯

2018年，技能鉴定站以油田职业技能鉴定中心工作要点为指导，以新版质量管理体系文件为引领，进一步完善《运行与管理手册》，实现中心体系文件与技能鉴定站《运行与管理手册》无缝对接与协调统一，全面推行鉴定中心与站一体化质量管理体系建设，优化鉴定方案设计，巩固和提升整体实力，全力服务油田操作技能队伍建设，立足打造一支专业化、规范化的职业技能鉴定队伍，从而全面提高鉴定工作质量。

一、优化组织模式，抓好鉴定组织工作

为进一步提升鉴定组织的标准化与规范化水平，在总结油田近几年操作技能考核组织实施经验的基础上，突出优化组织模式方案设计，用标准约束行为，成效显著。

（一）探索推行"2+X"鉴定组织模式

"2"为大规模鉴定组织批次数，即上半年组织常规（初、中、高）鉴定和下半年配合油田鉴定中心组织高等级（技师、高级技师）鉴定各一次；"X"为小批量鉴定组织批次数，依据企业特殊鉴定需求来确定。

2018年，技能鉴定站要完成常规鉴定2185人次；完成钻探工程公司赴境外施工人员特殊需求鉴定11人次，松原探区鉴定201人次；赴蒙古国塔木察格地区鉴定蒙古籍员工331人次；技能鉴定站作为高等级鉴定封闭命题考核现场之一，服务保障并配合油田鉴定中心B组完成27个工种、15批次的高等级鉴定封闭命题考核工作，配合A组完成了采油工、集输工、注水泵工、综合计量工等的现场管理和考务管理工作。

为此，技能鉴定站通过一体化质量管理体系将鉴定作为一个整体，标准统一，按程序规范化操作，将鉴定质量监管重点从事后的监督转到事前准备

和组织上，在鉴定质量上起到预防和控制的作用，技能鉴定站也通过一体化质量管理体系的开展，巩固和扩大了鉴定业务，在油田鉴定工作中发挥了越来越重要的作用。

（二）做好技能鉴定站《管理与运行手册》第二次修订改版工作

按照国家鉴定机构质量管理体系建设要求，结合油田鉴定中心质量体系文件，根据油田鉴定实际，重新梳理技能鉴定站职责分工与工作流程，建立新的工作接口与管理程序，进一步完善技能鉴定站《管理与运行手册》，修订了岗位职责、程序文件、工作流程和管理制度4个方面37个小项的内容，其中岗位职责9个，程序文件12个，工作流程7个，管理制度9个。同时，针对2017年体系内部审核发现问题，继续实施整改措施的跟踪验证。

通过修改技能鉴定站《运行与管理手册》，进一步深化了鉴定全过程质量管理与控制，将鉴定质量管理重点由全程控制转向事前预防与规范运行，注重质量管理与组织运行相结合，与程序控制相联系。坚持以每名鉴定参与人员的工作质量保证鉴定质量，实现鉴定质量控制的根本性转变。

（三）建立以内督为核心的考评监督质量管理小组，全方位、全过程加强考评现场监管控制能力

技能鉴定站成立以内督为核心的考核监督质量管理小组，以试题岗管理人员和考务岗管理人员为主，制定考评监督工作流程、标准，全方位负责考评组在站期间的全部考评管理工作。考评员培训、场地布置、模拟考评、操作考核、场地恢复、考评员评价等都责任到人，全过程无缝隙管理，随时指导和纠正。通过考评监督质量管理小组模式的推广，技能鉴定站对考评组的监督管控力度加强，管理人员责任心提高，考评质量也有大幅度提升。

二、做好试题的管理与修订，抓好油田鉴定题库建设

随着油田生产组织模式与工艺、技术的不断变化，在每年底油田工种调查的基础上，2018年初技能鉴定站启动新一轮鉴定标准、题库开发与修订，对已开发的工种题库进行全面修订与维护。

（一）加强操作技能试题修订

结合中国石油新版题库的全面应用，为保证鉴定操作技能考核试题的技能性、通用性与可操作性，将对新启用题库操作技能试题进行全面修订，使之更符合油田生产技术发展实际，更有利于鉴定站考核测量组织。同时加快

考核设施建设，向无纸化方向发展；依据油田生产技术发展实际，针对部分工种操作技能考核试题在考试过程中存在的问题，重点对操作技能试题考核内容、设备与油田生产实际不匹配的问题等方面进行全面修订。通过模拟考评的方式，边模拟边修订，共完成了 25 个工种、75 个级别、692 道操作技能试题的修订工作。进一步完善对上述操作技能考核试题使用效果跟踪制度，通过向考评员与考生直接咨询试题反馈意见的方式，减少意见反馈环节，使试题使用反馈意见更真实、具体，做好操作技能试题存在问题的分析，制订有针对性的修订方案，进一步提升操作技能考核试题与油田生产现场的一致性和同步性。

（二）试题管理推行工种负责制，锻炼综合管理能力

技能鉴定站共承担油田 25 个工种的鉴定任务，对于试题开发与维护实行工种负责制。将工种根据管理人员的能力和特点进行合理分配，试题修订、考前模拟、考务组织及试题反馈由工种负责人全程负责，其他各岗位人员做好配合、协助工作。针对外出鉴定工种，工种负责制更能发挥优势，每个工种鉴定前，工种负责人提前一周左右与二级单位联系沟通，协商考评员的使用、场地布置、设备摆放等，鉴定前半天再由工种负责人带领考评员进行考前模拟，负责考核组织全过程方案设计，促进每名责任人都要认真思考，反复推敲考核计划，确保鉴定流程顺利进行。通过实行工种负责制，激发了每名管理人员的潜能，锻炼了综合管理能力，增强了团队凝聚力。

三、加强鉴定队伍全能力建设，切实提升队伍整体素质

技能鉴定站围绕鉴定中心年度总体工作要求，持续加强鉴定管理人员队伍建设。从提升鉴定队伍理论素养、专业技能、考评能力和端正工作态度入手，加大鉴定组织能力、管控能力与责任意识培养，适时开展各类人员专项业务培训，以每个人的高品质工作保证鉴定质量。对于新加入鉴定队伍的管理人员，通过以老带新、岗位轮换等形式，使其尽快熟悉鉴定业务，独立顶岗，严格审核，快速掌握标准，达到共同进步的目的；对于原管理人员，以岗位汇报会、建立考评监督体系、完善组织流程、特殊情况下的应急处理、试运行考核组织方案设计等形式，树立鉴定程序化、标准化考核意识，规范言行，带动鉴定质量的稳定提升。

技能鉴定站作为专业鉴定站，拥有 748 名考评员，是鉴定质量的主体保

障，对于考评员队伍建设，有以下做法：

（1）加强考评组长培训。吸收能力强、责任心强的考评员充实考评组长队伍，不断补充新鲜血液，使其充满活力。

（2）加强考评监督体系对考评组的管理。考评监督全方位负责，责任到人，不但有过程，还要有结果，一个轮换周期结束后马上对考评员进行客观公正的评价，填写评价记录上交，考务人员报送鉴定中心。

（3）发现和培养新考评员。考评监督在管理考评组的同时，不断地发现和培养新考评员，有针对性地创造机会锻炼其能力，使其快速成长，并逐步弱化部分考评员作用，防止形成小团体，阳奉阴违，脱离技能鉴定站管理，形成不良风气。技能鉴定站通过近几年的持续培训锻炼，为鉴定系统培养了一支优秀的考评员队伍，作风严谨、技术过硬、严格考核、乐于奉献，成为技能鉴定站的中坚力量，发挥着积极向上的作用。

质量是鉴定的生命线，通过持续推进鉴定质量一体化建设，优化鉴定组织与质量管理模式，不断加强鉴定制度、组织、技术管理和队伍能力建设，以完善体系、精细管理、满足需求、提升质量为工作目标，创新工作措施，加强过程管理，规范服务程序，提高服务水平，树鉴定形象，创评价品牌，进一步提升了技能鉴定站在油田鉴定的影响力和整体实力，并有信心和决心在未来的工作中再创辉煌。

知识型员工队伍"1243"员工培训工作法

朱继红　张云辉　郑　瑜

近年来,第四采油厂坚持实施人才强企战略,牢固树立"建设学习型采油厂,培育知识型员工"的理念,立足实际,积极探索员工培养新模式,创造性地总结出"1243"员工培训工作法,即"围绕一个中心,构建两个体系,搭建四个平台,提升三种能力",提升企业员工培训工作质量。

一、以"提升全员基本素质"为中心,强化全员培训

人力资源是企业的第一资源,员工队伍的整体素质对企业发展至关重要。为此,第四采油厂将"提升全员基本素质"作为开展培训工作的中心,积极创新培训方式方法,努力打造一支与企业发展相适应的高素质人才员工队伍,为油田健康持续有效发展提供有力保障。

二、整合厂内培训资源,建立健全两个体系

(一)加强基础设施建设,构建优质的培训环境体系

基础设施是员工培训的基本保障,为了解决培训基础设施欠账多、功能落后的问题,厂里确立了"三年打基础,五年求突破"的工作目标,从2008年开始,积极发挥全厂上下各个层面的力量,大力开展培训基础设施建设,逐步建成了设施先进、功能实用的培训硬件体系。

1. 统筹规划,建设网络化培训基地

以"实际、实用、实效"为原则,优化培训基地专业布局,逐步建立起功能齐全、辐射面广、方便实用的厂矿队三级培训基地网。首先,完备厂培训中心功能,打造"教、学、练、赛"为一体的综合性员工教育基地。其次,根据各矿(大队)的特点和优势,建立9个特色实训基地。最后,合理利用基层站队闲置房屋和场地,指导并支持基层队建设练兵室和小型实用练兵场。

2. 注重实用，健全特色化培训设施

首先，为了强化培训效果，增强员工实际动手能力和对设备结构、工作原理、使用方法的直观理解，利用废旧设备在厂培训中心筹建了机泵设备、三抽设备、常用工具及管阀配件3间实物培训室。其次，建成东北地区首家地面工程仿真模拟培训系统，不仅能够模拟演示油气水从采油井采出后，经过计量、气液分离、原油净化、污水处理、注入等一系列处理工艺和生产过程，还可真实展示出所有集输设备的内部结构及工作原理。最后，精心打造实训场地安全文化长廊，在内容上宣传展示培训工作理念与安全操作要点，在功能上集实用、教育、规范、美化于一体，已成为安全培训一道亮丽的风景线。

（二）完善制度标准建设，构建科学的培训管理体系

1. 自主创新，加强教材与题库开发

首先，编制岗位实用教材。为解决岗位工人培训缺少实用学习资料的问题，组织近百名技能专家、技师，历时近两年的时间，针对油田开发的主要生产岗位编制了采油、集输等17个工种的《岗位练兵指导手册》和"练兵卡"。其次，研发精品教学课件。2013年录制13个油田主体工种的255个技能操作项目教学视频课件，为员工自学创造便利条件。最后，发挥网络平台优势。开通了第四采油厂员工学习网，组织技能专家开发网络试题库，开设技能人才工作站专栏，提高网络培训实效。

2. 严格选聘，加强培训师资队伍建设

做好教学工作，拥有一支优秀的师资队伍是关键。首先，严把入口关。严格培训师、考评员选聘环节，以厂核心骨干人才为主导，以各矿（大队）师资人才为辅助，选拔优秀人才确保师资质量。其次，实施专业化培养。对选聘出的培训师集中调配、统一管理，开展培训师必备专业培训，提升培训师职业素养，打破以工种界定培训师类别的界限，实现培训项目专业化导师模式。最后，强化激励约束。建立行之有效的准入和退出机制，以能力和业绩为导向，强化培训师考核制度，加大对优秀培训师的表彰力度，努力打造一支德艺双馨的"名师"队伍。

3. 完善机制，建立科学的培训管理制度

首先，加强内控体系建设。从抓好需求调查、计划制订、分步实施、效果评价几个关键节点入手，细化工作流程，严格过程控制，规范审批程序，形成闭环式培训管理体系。其次，整合管理制度。认真梳理日常培训管理、岗位练兵、师带徒、技能鉴定等各项制度，将其一并纳入《第四采油厂员工培训管理办法》。明确管理责任，按照分级分类的管理模式，对厂职能部室、矿大队、基层小队各级管理责任进行明确界定，并层层落实，消除管理死角，确保培训工作执行有力。最后，落实激励措施。完善以质量效果为核心的培训考核评价机制，以科学的评估方法，对员工培训、技能人才使用、培训师管理等工作进行全方位考核评价，并与单位经营业绩考核、员工奖惩相挂钩。

三、展人才成长空间，搭建四个有利平台

（一）搭建技术专家的指导平台

为了更好地发挥优秀技能人才的指导和带动作用，在培训中心成立了厂技能人才工作站，在矿大队相继建立何登龙工作室、海波培训室等技能人才工作分站，在各基层小队成立技能人才工作小组，形成三级技能人才网络管理新模式。技能人才工作站汇集各个领域专家的智慧和力量，在带徒传技、技能攻关、新技术推广等领域，定期开展培训、研修、攻关、交流等活动，为技能人才搭建相互学习、相互交流、共同提高的平台，特别是工作站开展的送教下基层活动，深受一线员工的好评。

（二）搭建革新创效的实践平台

技术革新是助推企业发展的不竭动力，也是人才培养成果的重要体现。2011年，在厂培训中心建立了杏北技术革新工作者之家，在基层又陆续成立了段福海劳模创效工作室、汤凯革新工作室等矿大队层面的革新创效平台，开展"每周专家坐诊、每月集中讨论、每季革新课堂、每年专题展览"交流活动，激发创新活力，提升创新能力，达到经验共学、相互交流、共同提高的目的。

（三）搭建骨干人才的传帮带平台

为了充分发挥骨干人才的引领和示范作用，实现知识经验、优良传统、绝活绝技的代际传承。一方面，以厂文件的形式制定并下发《师带徒活动指导意见》和《师带徒活动管理办法》，进一步规范师带徒活动的内容和程序，成立厂、矿两级师带徒活动领导小组，组织师徒双方签订《师徒带培协议》，结成"一带一"师徒对子，并倡导技术专家、高技能人才多带徒弟。同时，积极组织开展拜师会、师徒擂台赛、优秀师徒评选等相关活动，深入推进师带徒培训活动全面开展。通过骨干人才在生产实践、岗位练兵、技能培训、技术交

流等方面的传帮带作用，重点培养了一批德才兼备、技能一流的领军人才，加快培养了一批勤于学习、善于钻研的青年技术骨干。

（四）搭建员工素质的展示平台

为了检验培训效果，通过"以赛代学，以赛促训"的形式为员工展示素质、切磋技艺提供舞台。厂每三年举办一次、矿大队每两年举办一次全员参与的岗位技能竞赛，通过理论知识、技能操作、案例分析、安全风险识别、计算机应用等多个环节培养选拔技术骨干。同时，为了使技能竞赛活动与全员创新创效工作紧密融合，比赛规定可使用自制革新工具，进一步推动了创新创效活动深入开展。通过技能竞赛，一方面锻炼了员工队伍，另一方面也发现了一大批有潜力的技术尖子，有目标地实施重点培养，为技能人才队伍建设做好了储备。

四、以提升三种能力为目标，加强三支人才队伍建设

（一）实施"1+1>2"培养模式，提升管理人员的科学管理能力

采取与专业机构联合办学，即"1+1>2"培养模式，对管理人员开展分层次针对性的培训。首先，在中层干部培训上，以综合素质提升、"四好班子"建设为核心，结合企业生产经营管理实际，采取自学体悟、经验交流、实战演练、学以致用为一体的培训模式，先后开展"五个一"能力素质提升培训、心智模式训练、管理实战专项研修等系列培训，取得较好效果。其次，在基层干部培训上，结合三基工作要求，按照"阶梯步进"的思路，从管理流程、规章制度、公文写作、计算机操作等基础学起，逐步扩展到领导艺术、沟通技巧、思维创新、管理实战等高级课程的培训，一年一个主题，一步一个台阶。通过培训，基层干部的责任意识、执行能力、管理水平进一步提升。最后，依托"杏北讲坛"优质资源和影响力，通过邀请厂内部专家与国内知名学者，定期在全厂范围内开展各类专题讲座和培训，弘扬杏北文化，传播先进思想，促进学术交流。

（二）定单式与选单式相结合，提升技术人员的技术攻关能力

以"精细开发、持续发展"为前提，加强专业技术人员培训，推行技术人员"定单式"培训和"选单式"培训，提高技术人员履行岗位职责、解决技术难题的能力。一方面，针对上岗时间较短的生产一线技术人员，采取"定单式"培训。依托石油专业院校，采取请进来、走出去相结合的教学方式，以基础

业务知识和岗位职责为重点开展以工艺原理、节能技术、作业管理、动态分析等为内容的常规培训，提升其理论联系实际、解决现场技术问题的能力。另一方面，对于上岗时间较长的技术人员，突出实用性和应用性，开展"选单式"培训。结合岗位现状和开发形势，开发整理出油田开发、采油工程及地面工程等45项选修课程，技术人员结合自身技术水平、工作需要和兴趣爱好，有选择性地参加培训，提高了培训的灵活性和有效性。

（三）实施特色化培训方式，提升生产操作人员的安全操作能力

在操作人员培训上，坚持"三结合、四培养"的原则："三结合"，即基础知识、基本技能、基层练兵相结合；"四培养"，一般人员普遍培养、骨干人才定期培养、紧缺人才尽快培养、优秀人才重点培养。第一，深入开展以需求为导向的培训调查。第二，扎实开展日常岗位练兵活动。第三，精细开展冬季培训。第四，加大骨干人才培养力度。第五，创新开展技能鉴定考前培训。同时，实施"以考促学，以学助考"的方法，进行现场一对一教授、现场考试、现场纠错，取得了较好的培训效果。

员工培训工作，是一项需要长期坚持、不断拓展、渐进提高的系统工程，经过几年的努力，虽然取得了一定成效，但与企业发展、员工成长需求相比，还需要不断改进和提高。今后，我们将进一步强化管理机制，创新培训方式，推进企业员工培训工作再上新水平！

技能人才一体化管理模式的构建与实施

张云辉　王殿辉　盛　迪

随着油田开发的不断深入、产能规模的逐步扩大，企业内部用工供需矛盾的问题日益凸显，同时，企业不断加大了新技术、新工艺的更新与推广，人才队伍整体技术水平亟待提高。为了有效解决这些难题，并充分发挥技能人才队伍的领军优势，第四采油厂依据集团公司"十三五"人才发展规划，逐步构建技能人才一体化管理模式，立足于企业生产经营管理的实际情况，从"选拔+培养+使用+评价"四个环节入手，充分发挥技能人才在工作态度、敬业精神、团结协作、履行职责、传授技艺、技术交流、创新创效及解决生产技术难题等方面的带头作用，激发人才队伍整体活力，为企业持续有效发展提供人才保证。

一、在"选"上下功夫，严格选拔推荐，把好人才入口关

为了提升技能人才队伍质量，确保选拔出操作员工队伍中"好苗子"作为下一步重点培养对象。几年来，第四采油厂始终坚持"先期调研、优化方案、严格选拔、集中备训"的原则，充分调动广大操作员工立足岗位、钻研技术、勤学成才的积极性，营造"尊重知识，尊重人才"的良好氛围。

（一）做实前期准备

在制订《厂技能人才选评方案》之前，厂培训中心每年都深入生产一线开展调查摸底工作，结合《油田公司选评工作通知》的有关精神，针对厂技能人才考评工作所涉及工种的助理技师、技师、高级技师人数和所占工种人数比例进行科学系统的分析，并将分析结果与油田公司下达名额比例进行参照对比，从而确定厂下达到矿（大队）的选拔指标的合理性，制订出科学的选评方案，确保选拔出优秀的技能人才参加公司考核，实现企业技能人才队伍均衡性、持续性、科学性的发展目标。

(二)做严过程把控

在技能人才选拔考评过程中，秉持"公正、公平、公开"的原则，采取个人日常工作考核、基层单位业绩评审、厂综合素质测试三结合的方式进行技能人才选拔考评。

(三)做精考前培训

为了加大鉴定前覆盖面和培训力度，厂按照"内训为主、外送为辅、内外结合"的原则，集中组织培训，即采油工、集输工等主体工种充分依托厂内培训基地及师资开展培训，电(气)焊工等特殊工种外送到焊培中心等专业机构培训，实现"1+1>2"、资源共享、优势互补。采取"以考促学，以学助考"的形式，同时，为了增强培训的针对性和有效性，在培训过程中，实施以现场教授、现场模拟考试、现场公布成绩、现场纠错指导的"四现"培训法，让学员在现场就知道自己的问题出在哪，培训师针对问题及时讲解与纠正。另外，结合学员专业特长量身定制个性化培训方案，指定名师一对一辅导，强化了培训质量，保证鉴定考前培训工作收到较好效果。

二、在"培"上做精细，加强全面培养，加快成长步伐

人才是企业的第一资源，几年来，第四采油厂加大技能人才培养力度，积极为其指路子、搭台子、压担子，加快人才成长步伐，有效提升人才队伍整体素质。

(一)定向师资培养

培养一支优秀的师资队伍，是培训取得实效的前提。几年来，第四采油厂为畅通技能人才成长通道，实现"从学生到老师，从学知识到传授知识"的转变，同时，增强厂、矿两级培训师资力量，坚持以技能专家、高级技师等高技能人才为主导，积极开展企业内训师、考评员的选拔培养工作。厂培训中心采取订单培养、集中调配、统一管理的方式，支持协助各矿(大队)组建自己的师资队伍，并定期组织培训，不断进行课件打磨，提高培训师的教学授课水平。另外，打破以工种划分培训师类别的界限，实现培训项目专业化导师模式，推行首席培训师制度，着力打造一支德才兼备的"名师"队伍。

(二)开发题库教材

为了提升技能人才的编撰能力，并解决岗位员工培训缺少实用教材的问题，第四采油厂组织近百名技能专家、技师，历时近两年的时间，针对油田

开发的主要生产岗位编制了17个工种的《岗位练兵指导手册》和"练兵卡"。《岗位练兵指导手册》坚持面向基层，以日常岗位学习为核心，以提高岗位员工技能素质为导向，突出实用性、时效性和可操作性。同时，设计开通员工学习网，组织技能人才编辑录制标准化操作视频课件293个，编制主体技术工种《职业技能鉴定教材》网络试题库，实现了网上学习问答、自学测试、考试出题等多种实用功能，开辟了网络培训第二课堂。另外，研发基层标准化培训平台和海波题库通手机学习软件，为基层员工自助学习、自主考试、自我提升提供有利条件。

（三）以赛带学，以赛促训

技能人才是企业的宝贵财富，举办职业技能竞赛既为高技能人才展示素质、切磋技艺提供舞台，也是培养、发现技能人才的有效手段。第四采油厂坚持"围绕中心，服务生产，注重实效"的原则，积极开展厂、矿两级职业技能竞赛，并鼓励和支持各矿之间开展联合竞赛，比赛基本覆盖全厂各个工种，通过理论知识、技能操作、案例分析、安全风险识别、计算机应用等环节培养选拔技术骨干。

三、在"用"上讲实效，注重作用发挥，激发人才活力

（一）搭建工作平台

为了发挥技能人才的引领和示范作用，创新培养模式，第四采油厂成立油田首家技能人才工作站。厂培训中心以厂技能人才工作站为龙头，以海波培训室、段福海劳模创新工作室等矿（大队）技能人才工作分站为重点，以各基层站（队）技能人才工作小组为基石，实施三级技能人才网络管理新模式。工作站汇集厂各个领域专家的智慧和力量，在带徒传技、技能攻关、新技术推广等领域，定期开展培训、研修、攻关、交流等活动，为技能人才搭建相互学习、相互交流、共同提高的平台。

（二）增强革新本领

技术革新是助推企业发展的不竭动力，也是人才培养成果的重要体现。2011年，在厂培训中心建立了杏北技术革新工作者之家，在基层又陆续成立了段福海劳模创效工作室、汤凯革新工作室等矿大队层面的革新创效平台，开展"每周专家坐诊、每月集中讨论、每季革新课堂、每年专题展览"交流活动，激发创新活力，提升创新能力，达到经验共学、相互交流、共同提高的

目的。同时，以"企业为员工革新搭建大舞台，员工革新为企业创造大效益"为理念，先后与吉林油田、辽河油田、长城钻探工程公司等企业合作，深入开展群众创新协作共建经验交流活动，推进群众性经济技术工作的交流和学习，实现思想共融、经验共学、成果共享、效益共赢的目的。通过导向引领，使厂技能人才积极参与到全员创新创效中来，真正成为技术创新活动的主体和创新成果应用的主体。

（三）开展带徒传技

为了充分发挥好技能人才的传帮带作用。第四采油厂先后以厂文件的形式下发了《师带徒活动指导意见》和《师带徒活动管理办法》，在厂、矿大队成立两级"师带徒"活动领导小组，组织师徒双方签订《师徒带培协议》，结成帮教对子。坚持以岗位练兵为重点，本着"立足岗位、全员参与、注重实效"的原则，建立厂、矿、队、岗位四级练兵平台。以《岗位练兵手册》和"练兵卡"为依托，坚持理论与实际并重，培训与考核并重，组织与监督并重，严格执行岗位练兵制度。同时，以工作团队、师徒对子等组织形式，开展拜师会、师徒擂台赛、优秀师徒评选等活动，实现知识经验、优良传统、绝活绝技的代际传承。通过技能专家在生产实践、岗位练兵、技能培训、技术交流等方面的传帮带作用，重点培养一批德才兼备、技能一流的领军人才，加快培养一批爱岗敬业、勤于学习、善于钻研的青年技术骨干。

四、在"评"上求创新，健全评价机制，完善考核体系

（一）完善动态管理机制

为了完善技能人才培养、选拔、激励和退出的长效机制，第四采油厂制定下发《第四采油厂关于进一步加强技能人才及后备人才管理工作的实施意见（试行）》（以下简称《实施意见》），对技能人才在日常工作岗位的工作态度、敬业精神、团结协作、履行职责和工作业绩方面的传授技艺、创新创效、技术交流等情况，实施全面动态考核管理。《实施意见》从人员范围、基本职责、申报条件及考评程序、聘任及待遇、聘期内考核五个方面做了详细明确的规定，厂每年对在聘技能人才进行一次综合考核，厂培训中心根据考核结果进行相应的奖惩。

（二）建立信息管理平台

结合《实施意见》，第四采油厂组织开发了技能人才信息管理平台，平台

设置了技能人才基本信息、工作写实表、日常工作考核表、工作业绩量化考核表、能力提升量化考核表、年度考核结果汇总表、考核年度排名等项内容，对技能人才日常管理、评审、聘任、考核等各个环节全部实现网络化管理，实现技能人才动态化管理，确保技能人才管理的及时性、准确性和有效性。

（三）健全激励约束措施

厂培训中心依据《实施意见》，实行年度评议及年度岗位能力测评与技能人才聘期内下一年度是否聘任及享受技能津贴挂钩，结合技能人才基本任务及各项指标完成情况进行量化考核，依据年度考核结果评议出优秀、良好、合格、不合格四个档次，有效地激发了技能人才队伍的活力，为企业的发展提供了有力的人才保障。

第四采油厂通过技能人才一体化管理，建成了一支思想过硬、技艺精湛、作风优良的技能人才队伍，为企业创造了较好的经济效益。

（1）技能人才队伍整体素质显著提升。

先后培养出集团公司技能专家2人，油田公司技能专家12人，高级技师76人，技师389人；培养出国家级鉴定考评员180人，公司级培训师21人，厂级培训师100人；先后有8名选手被授予集团公司（省部）级、56名选手被授予公司级、381名选手被授予厂级"技术能手"荣誉称号。

（2）企业管理水平明显提升。

第四采油厂连续五年职业技能常规鉴定通过率一直高出油田公司平均通过率15个百分点以上，高等级鉴定通过率位居油田公司首位；第四采油厂培训中心先后被评为"十一五"推行国家职业资格证书制度先进单位、全国职工教育培训示范点、黑龙江省高技能人才基地、黑龙江省科普教育基地；先后建立起以海波培训室为代表的7个国家级、省部级和公司级劳模创新工作室，1个省级技能大师工作室。

（3）为企业创造经济效益。

技能人才一体化管理模式的构建与实施以来，累计为第四采油厂解决各类难题300余项，完成技术革新成果145项，有70多项成果在全厂推广使用，累计创造经济效益1280多万元。

以战略规划落地为核心的综合计划管理

吕文君

计划管理是量化企业管理、提升全厂管控能力的重要手段和工具。面对"十三五"的新征程、新形势、新挑战，第四采油厂认真贯彻《大庆油田振兴发展纲要》，在原有计划管理基础上，不断创新完善，建立健全独具第四采油厂特色的、以战略规划落地为核心的综合计划管理模式。真正形成了从"战略规划分解—年度计划编制—月度计划制订—日常执行盘点—月度考核兑现—定期通报改进"的全流程、全过程、全周期 PDCA 闭环管理，有效提升了全厂计划管理的效率和效益。

一、构建"两个层级"的组织体系

根据"统一领导、归口管理、分工负责"的原则，结合全厂组织机构特点，分"厂机关"与"采油矿"两个层级构建综合计划管理组织机构，为综合计划管理工作的开展提供了领导和组织保障。

（一）在厂层级上，设立厂综合计划管理委员会

由厂党政一把手任主任，厂领导班子其他成员、厂长助理、副总师担任副主任，相关单位和部门负责人担任成员，负责研究制定全厂综合计划管理制度，审定全厂中长期规划，年度、月度综合计划，监控综合计划执行过程，审批综合计划考核及通报分析结果，组织编制并下达全厂年度、月度综合计划，指导、检查、监督综合计划执行情况，并进行考核兑现，对执行结果进分析总结，并对日常相关专业、单位综合计划进行统筹平衡，确保综合计划管理的工作质量。

（二）在矿大队层级上，健全内部综合计划管理工作机制

明确综合计划的归口管理部门，落实管理职责，理顺管理程序，制定管

理要求，完善矿大队整体、专项和岗位三个层面的综合计划，全面夯实了基层各单位综合计划管理工作。

二、健全"三个维度"的内容体系

按照"一切工作纳入综合计划"的要求，本着"突出重点，覆盖全面，设定科学"的原则，健全完善全厂综合计划内容体系，形成一套统一完整的综合计划内容体系。

（一）从时间维度上，分为战略规划、年度综合计划和月度综合计划

战略规划包括全厂发展战略和中长期发展规划，是依据《大庆油田振兴发展纲要》和第四采油厂自身条件制定的长远的、对第四采油厂较长一段时期发展有重大指引作用的规划，关系全厂未来的发展方向和策略；年度综合计划主要根据厂发展战略、中长期规划以及年度工作安排制订的，是体现全厂年度整体性、全局性的重要安排；月度综合计划是对年度综合计划的细化分解，并包括根据当月生产实际需要自主安排开展的和临时性、突发性的重要项目。

（二）从指标性质维度上，分为定量指标综合计划和定性指标综合计划

定量指标综合计划依据各单位、各部门职能定位和具体业务，主要由本年度全厂下达给各单位、各部门的业绩合同中各生产经营量化指标组成；定性指标综合计划主要指各单位、各部门根据全厂战略规划，上级安排、年度工作部署，本单位、本部门当期实际工作需要制订的定性管理性工作计划。

（三）从管理主体维度上，分为"厂、专业和矿大队"三个层面综合计划

厂层面综合计划主要由与全厂主要生产经营业务紧密相关的油气生产、措施安排、节能降耗、定点监测、安全环保、产能建设、工业配套等，以及战略规划确定的重点管理性工作任务组成。专业层面综合计划主要按照各部室工作性质分为定量与定性指标，反映本部室业务绩效指标。矿大队层面综合计划主要结合各单位年度生产部署和当期重要工作安排制订，是厂和专业层面综合计划的进一步细化、深化和量化。

三、完善"四个统一"的运行机制

按照"流程顺畅、运行有序、管控到位"的原则，遵循 PDCA 闭环管理要求，实施了综合计划与绩效考核的融合。

(一)统一编制下达

2016年,第四采油厂提出了建设"五型采油厂"的战略思想,并据此制定了厂"十三五"发展规划,确定了"36373"发展思路(年产原油保持在 $300×10^4$ t 以上,水驱产量占60%左右,储采平衡系数达到0.3以上,水驱自然递减率控制在7%左右,水驱年均含水上升率控制在0.3%以内),搭建了全厂总的战略规划体系,制定形成了"十三五"规划分年度目标任务分解表,确保战略规划各项目标任务落实到具体年度;根据油田公司、厂年度开发工作会安排,紧密结合自身工作实际需要,将各项安排部署细化分解,明确责任主体和完成时限,逐层纳入厂和各专业、各单位年度综合计划,统一印发实施;按照"自下而上申报、自上而下统筹"的方式,结合战略规划、上级安排、年度工作安排、月度计划会安排以及生产开发实际,计划规划部进行整体平衡,编制全厂月度综合计划,并上传至信息系统,实现自动滚动管理。

(二)统一执行盘点

按照"自我盘点、专业统筹,领导审核"相结合的方式,认真开展月度综合计划执行情况盘点。其中,管理性工作执行情况由各单位、各部门进行自我盘点、申报;量化指标综合计划执行情况均由厂机关各专业部室统一收集汇总。

(三)统一考核评价

按照"考核就是考计划"的思路,将月度综合计划作为当月绩效考核的唯一对象,从指标设置、完成申报、分析通报等环节实现综合计划与绩效考核的完全统一,分量化指标与管理性工作,每月对综合计划执行情况逐项进行考核评价,对完成及时及质量较高的计划予以加分奖励,对完成效果不佳或未完成的计划予以扣分处罚,并在次月继续跟进,督促其尽快完成,有力地促进了综合计划的执行落实。

(四)统一通报分析

采取"四会四报"制度(周生产会汇报措施进度,旬生产会汇报产量完成,月计划会汇报指标完成,季开发会汇报开发形势),每月组织对月度综合计划执行情况进行统计、汇总、分析,完成一期《计划规划工作简报》,在全厂范围内进行通报,对完成效果较好的指标或工作进行总结,提炼管理亮点和好的经验做法,进行交流推广;对于完成情况不佳的指标或工作予以分析,找准差距,提出改进要求,督促整改。

综合计划管理工作施行几年来，改进了传统的计划管理方式和工作方法，充分发挥了其对生产经营管理工作的决策参谋、综合平衡、协调服务和督促检查作用，确保了全厂发展战略和中长期规划得以真正落地、有序有效实施；强化了协同作战，促使了各单位及各部室紧紧围绕全厂的总体战略目标进行"公转"，有序"自转"，促进全厂整体运作和全面协调发展；有效提升了全厂各项管理工作的计划性、整体性和协调性；进一步强化了管理执行力，提高了工作效率，为全厂生产经营管理工作提供了有力的支撑和保障。

以提质增效为目标的流程建设实践

田文军　何熠昕　刘广义

第四采油厂一直高度重视流程建设工作。近年来，在保证油田公司内控体系有效运行的基础上，全厂积极应对长远发展需要，针对管理领域职责不清晰、运行不顺畅、风险不可控等矛盾和问题，积极探索新思路、新方法、新举措，梳理编制油气生产关键业务流程，建成一套简洁高效的业务流程体系，促进运行质量和效率有效提升，全面夯实了油田管理基础。

一、科学建立流程，实现"四个延伸"

遵循重要性、复杂性和典型性原则，全面梳理基层单位主要业务，抓住开发、生产、科研等管理中的重要环节、关键部位和难点问题，在原有业务流程和管理制度基础上，建立42项关键业务流程，评估出54个管控风险，制定115项控制措施，规范121个业务表单，实现管理流程的"四个延伸"。

（一）业务领域向开发生产延伸

突破内控运行停留在经营管理领域的局限，把覆盖面延伸到开发生产管理业务领域，扩大流程建设范围，促进制度进一步健全完善，以点带面推动各项管理实现新提升、新跨越。目前，流程已基本覆盖经营管理、油田开发、生产运行各部位、各环节，使生产管理实现风险受控和流程化，为高质量高水平管理提供了有力支持。

（二）控制节点向基层一线延伸

坚持抓基层、打基础，改变业务范围大多在管理层面且集中在机关职能部门的传统模式，在层层审核把关的基础上，把流程控制节点从厂矿层面延伸到基层站队和生产一线，更加注重调动操作人员参与管理的积极性和主动性，极大地提高了管理的灵活性、针对性和实效性。截至2018年9月末，共有70个节点延伸至基层一线，形成了流水线、一体化、全环节管控。

（三）措施落脚点向岗位责任制延伸

在流程梳理和编制过程中，发挥其链接与促进作用，将岗位职责中的具体条款逐一分解对应到各节点，匹配到各岗位，明确到责任人。通过流程的流转、执行和监督，进一步压实岗位责任，使业务流程成为岗位责任制的真实写照和形象体现，达到"事事有人管，人人有专责，办事有标准，工作有检查"目标。

（四）关注焦点向运行过程延伸

把流程理念与方法贯穿各项工作的全过程，突出可行性和可操作性，针对运行过程中的潜在隐患风险和易发突发问题，深入剖析原因，制定针对措施，并融入流程节点之中，真正做到不只重结果，也要抓过程，确保运行不走样、无偏差，切实提高整体运行效率。目前，流程已基本覆盖开发生产、技术创新等各领域、各环节，为管理高效运行提供了有力支持。

二、持续完善流程，实现"四个增值"

在优化简化流程节点的同时，抓住重点和关键，将标准规范、风险防控和职责划分引入内控体系运行过程，持续推进流程建设，最大限度地挖掘增值潜力，实现"四个增值"。

（一）优化节点实现效率增值

立足提高运行效率，主动适应现代企业管理需要，密切关注劳动组织模式优化、生产工艺改进、管理职责调整、信息平台建设，配套优化简化相关业务流程，及时删减冗余，及时剔除低效，及时完善缺失，确保化繁为简、化难为易，促进流程运行更加高效。截至2018年9月末，共合并节点14个，撤销节点12个，优化率达到17%。

（1）及时删减冗余。实施站库集中监控管理模式是第四采油厂2018年管理提升工作的一项重点工程，就是把生产管理、过程控制、安全监控、视频监控和事故预案等有机结合起来，建成一个多层次的集生产与安全监控、生产数据自动采集、事故报警与智能分析和处理为一体的数字化联合站。杏二联合站原有游离水岗、脱水岗、输油岗、化验岗和锅炉岗5个生产岗位，为主动适应联合站"中控室监控、大班组运行、无人值守、专业化维修"管理新模式，通过现场工作量写实跟踪，进一步优化班组人员设置，优化业务流转环节，规范管理职能，成立监控运行班、维护班、保障班3个生产岗位，取消化验岗，在杏三联合站实施末端计量进行外输油化验，员工巡检由71个点调整为22个点，将原7张各岗生产报表75项数据整合为1张脱水站综合日报37项数据，优化后岗位员工由74人下降为53人，提高了运行效率。

（2）及时完善缺失。为提高注水方案调整质量和效率，将月度测调计划编制由矿测试队总体编制调整为采油队细化编制，采油队资料员与配水工结合，重点关注急测井和缓测井，有利于采油队自主安排测试计划。压缩资料验收时间和异常问题处理时间，限定班组有效测试工作时间，实施后班组月度测试井数由6口上升到7.5口，单井测试完成时间平均由11天降低到6天，提高了测试效率。

（二）执行标准实现质量增值

按照科学化设计、标准化操作、规范化管理的原则，引入管理标准、技术标准及操作规范，注重有效防控风险，注重把握效益界限，注重逐级审核把关，推动业务流程建设进一步升级，把执行工作标准作为流程化管理的重要关注点，以标准操作促进质量提升。

（1）严格执行标准。开发方案流程运行后，第四采油厂严格执行相关标准规范，保证了方案编制、现场实施、动态分析、跟踪调整等各环节相关标准的落实，坚持对标、赶标、超标，开发质量得到提升，开发效果得到改善，水驱自然递减率连续10年控制在7%左右，三元复合驱提高采收率达到20个百分点以上。

（2）严格审核把关。2015年实施洗井专业化以来，将分散在矿级测试队的洗井队伍统一集中至作业大队，采油矿科学制订洗井方案，对特殊井做到优先洗井、优先测试；作业大队按照全厂洗井需求，区分轻重缓急，统筹安排洗井队伍；地质大队审核方案并评价效果，形成闭环管理。洗井实施甲乙方管理，减少了矿测试队监督职能，洗井工作量从2015年7068井次提高到2017年8857井次，单井平均洗井罐数从2.7提高到6.2，运行后单井压力和注水量得到提升，满足了油田开发要求。

（三）防控风险实现合规增值

充分吸收借鉴内控风险管理先进经验，以业务流程流转走向的每个节点为顺序，开展风险识别评估，依据风险发生的可能性和危害的严重性进行量化打分，细分为弱、中、强三类，形成风险事件库，针对性制定风险防控措施，努力削减风险、堵塞漏洞，保证业务运行依法遵章合规。

（1）组织风险识别。第一油矿杏一联合站为安全平稳完成外输油任务，发动全站员工收集汇总与本岗位相关的内外部风险信息，共查找出风险因素96条，制作成"风险管控提示牌"，在各生产岗位进行醒目的提示。建站以来，从未发生过风险事件，截至2018年9月末，已连续安全生产18900余天。

（2）制定防控措施。以前高压热洗业务，热洗水温未达到70℃，操作者在没有进行点炉提温的情况下就进行洗井操作，热洗质量得不到保证。针对这一情况，在优化流程时增加了"抽保队通知采油队技术员热洗现场监督"环节，抽保队热洗班与采油队技术员签订《油井高压热洗现场监督认证单》，并提出采油队技术员现场监督热洗热水温度，不达70℃以上不允许油井热洗的管理要求；同时，工艺队热洗管理人员根据单井情况，对热洗流程与制度执行进行监督检查，有效保证了高压热洗质量。

（四）厘清责任实现效益增值

从提升效益出发，聚焦电费、井下作业费、维护修理费等重要业务指标，认真梳理使用、监管、审批等重要环节，根据对应的节点，进一步明确职能定位，明确权力界限，明确创效责任。通过流程节点的理顺，重新划定使用、监管、审批各环节的责权关系，促进挖潜增效责任落实。

（1）明确职能定位。井下作业施工验收流程对检查签认单和审核结算单有详细节点工作要求，《第四采油厂井下作业管理办法》第五章对井下作业验收管理中进行了相应调整完善。对于现场机动性大的附加工序审批，增加工序要经过采油矿监督落实上报、工程技术大队核实、厂油田管理部审核，通过召开验收会，核减无效工序，有效控制井下作业成本。2018年上半年，全厂完成井下作业工作量3321井次，同比增加10井次，核减工序349个，节省井下作业费用87万元。

（2）明确权力界限。井下作业管理涉及费用预算、材料采购、队伍分配等十几个环节，为加强作业成本控制，编制优化16个井下作业管理流程，配套制定《第四采油厂井下作业管理办法》和《财务经营政策》，形成了从流程、制度到执行、考核的全过程闭环管理，健全了一套责任清晰、权利对等、奖罚分明的全业务流程管控机制，有效拓展了效益空间。作业材料费以前由作业大队负责管理，结合生产管理实际，优化井下作业工艺设计流程、井下作业材料领用流程。按照内控管理不相容岗位职务分离制度，作业施工和材料费管理不能由一个单位负责，有舞弊的风险。作业材料费调整为工程技术大队负责，流程05、06节点工作步骤要求在进行工艺设计时，技术人员将参考库存已有材料的型号及类别，合理选用新购材料、修旧材料及加工材料，提高库存材料利用率，减少新购材料成本。这一流程实施后，2017年，作业材料费同比下降7%，节省2900万元。

三、精准管理流程，实现"四个受控"

将流程的理念和方法贯穿各项工作始终，突出可行性、操作性和参与性，实施全员、全过程、全方位管理，促使流程运行始终处于科学有效状态。

（一）落实责任使源头受控

按照"牵头抓总、分工负责、严抓执行"的思路，内控部门抓好顶层设计和监督考核，业务部门抓好定期梳理和跟踪调整，基层单位抓好严格执行和深入落实。特别是加强各单位、各部门、各系统协调联动，通过召开基础管理流程建设工作交流会、征询意见建议等形式，总结经验，查缺补漏，整改提升，保证了各项流程适时调整，持续改进，科学实用。

（二）加强培训使方法受控

将内控与风险管理知识培训作为员工技能学习的一项内容，管理人员到基层站队多次举办内控基础知识和风险管理理论培训，下发《内控基础知识读本》，组织岗位员工学习，强化全员对内控知识的理解和认知度。

（三）开展测试使过程受控

基于ARIS系统平台，在手工绘制业务流程草图，充分讨论、反复结合、审核通过的基础上，应用ARIS系统进行建模，统一规范编码，统一技术标准，统一修订更新，使之正式成为《内控管理手册》的组成部分，实现了流程的有形化。同时，按照规定的程序和频率开展流程测试，促进内控体系运行和流程运行质量双提升，确保运行常态化、长效化。

（四）检查考核使结果受控

强化岗位责任制和业务流程的高度融合，注重调动全员的参与性、积极性和主动性，以流程的执行带动管理的提升；针对运行过程中的隐患风险问题，深入剖析原因，制定针对措施，并融入流程节点之中，既抓过程更重结果，做到执行不走样、无偏差；坚持实施采油队日常考核、矿大队月度考核、业务部门与内控部门季度考核，强化政策正向激励和反向监督导向，确保流程执行到位，取得实效。

业务管理流程的建立与有效执行，使生产经营管理更加规范顺畅，促进了工作质量与工作效率的提升，节约了生产维护成本，节约了劳动用工，守规则、控风险逐步成为全厂各级管理人员的广泛共识和工作习惯。2018年10月24日，中国石油天然气集团公司2018年基础管理工作会议在大庆油田召开，第四采油厂流程优化工作在会议现场参观阶段介绍管理经验，得到集团公司副总经理刘宏斌和油田公司领导、集团公司改革与企业管理部领导及其他地区公司领导高度评价。

走进新时代，建功新征程。今后，第四采油厂将深入贯彻集团公司基础管理工作会议精神，认真落实油田公司整体安排部署，进一步解放思想、探索创新，不断加强流程建设工作，推进企业管理持续提档升级，为推动油田高质量发展做出新的更大的贡献！

大型采油厂管理创新活动的长效管理

田文军　何熠昕　刘广义

管理创新是企业发展的内在动力，是适应发展环境要求的必然选择。作为采油厂的企业管理部门，做好管理创新工作是责任，更是使命。近年来，全力把握形势发展对管理创新工作的要求，积极探索"443"工作法（即"立项上四个注重，培养上四个深入，激励上三个调动"），坚持问题导向，坚持顶层设计，紧紧围绕生产经营管理的薄弱环节和制约发展的瓶颈问题开展创新管理活动，在夯基础、增效益、提效率、控成本、降风险等方面进行了许多积极有益的探索和实践，全员创新意识不断增强，管理创新成果大量涌现。不仅解决了许多现实矛盾，更在推进企业发展方面迈出了坚实步伐。近些年，第四采油厂累计创出公司级以上获奖管理成果400余项，2018年再创历史最好水平，荣获省部级成果数量均创历史新高，荣获国家级管理创新成果二等奖一项，为提高全厂管理水平奠定了坚实基础。

一、把好立项关口，坚持"四个注重"，增强创新实效

课题立项是课题提出、措施制定、目标确定的过程，是管理创新工作的龙头，是管理创新项目成败的关键。始终坚持"四个注重"，使每个创新课题既有创新，又解决油田生产一线实际问题。

（一）注重单位引领

生产一线是油田生产的核心部位，是提高管理水平的主要发力点，始终把生产一线作为创新管理的主战场。一方面，厂主管领导及机关部室主任平时参加油田公司和厂专业会议多，对当前油田公司和厂重点工作及需要解决的难点问题把握比较准确。每年年初厂主管领导主导组织分管部室和单位结合这些重点内容进行立项，重大项目以项目组方式组织，注重各部室横向协调，注重对基层的指导。另一方面，矿主要领导、主管领导和经营办主任参

加矿里会议多，站位高，结合矿年度重点工作和难点问题进行广泛讨论，立足单位生产实际，确定立项重点。这些厂、矿项目涉及基础管理、安全管理、奖金激励、劳动组织优化等多方面，不论厂级、矿级及小队层面，每个课题都紧密结合油田生产经营管理实际，着重突出管理上的创新性和实效性。

（二）注重指标管控

每年年初，结合上一年度获得油田公司级以上级别管理创新成果数量，对各单位下达立项指标。全厂成果立项数量控制在60项以内，重点项目40项，创新项目20项。指标分解后每个采油矿重点项目2~3项，要求各单位注重对重点项目的管理，必须保证重点项目按计划有序推进，保证重点项目立项质量。

（三）注重把关审核

立项报告书上报后，企管法规部对全厂立项情况进行总体把关审核。对于各单位相互之间重复立项的项目，要求以项目组的方式立项，指定项目组长和组成成员，发挥每一个人的作用，把项目从小队级提升到矿或厂级层面，扩大覆盖面，确保立项质量；对于年度管理提升重点项目，要求管理创新同步立项，注重过程跟进，保证实施效果；对于以前年度立过的项目，立项没有创新，及时和主创人员沟通，取消这样的项目；与立项超过两项的项目负责人进行沟通，删除超额项目。

（四）注重发展需要

随着油田开采时间的不断延长和生产规模的持续扩大，劳动用工逐渐紧张，生产维护成本持续上升。集团公司提出全面推进现代信息技术与企业管理的深度融合，持续提高管理创新工作能力和成果质量，助推企业提质增效、高质量发展。结合上级要求和发展需要，坚持典型引路、示范带动，围绕数字油田建设开展立项，加快厂级生产运行平台研发，推进实施站库集中监控、变电所无人值守等项目，推进测试数据监控、生产服务保障、HSE安全监督、物资管理信息平台建设，为"数字油田、智能油田、智慧油田"三步走战略推进奠定坚实基础。

二、抓牢培养环节，坚持"四个深入"，提升创新水平

管理现代化活动开展是企业管理创新的载体，是课题落实、措施实施的主要过程，是管理创新能力和水平的体现。多年来，抓管理创新活动，围绕

项目执行的关键环节，注重"四个深入"，不断提高管理创新工作水平。

（一）深入指导，在交流中提高创新层次

课题立项之后，为保证重点项目按计划有序推进，定期深入基层指导座谈，将管理创新活动基准点落在解决生产问题和管理难点上。深入矿机关和生产一线，围绕生产难题，与项目主创人一起进行讨论分析，引导基层单位探索实施管理新方法、新举措，构建运行管理新体系、新模式。为了进一步提高管理创新层次，在鼓励管理者根据需要不断自学的基础上，在基层队开设创新管理知识讲堂，讲管理成果创新要点，讲特色理论如何实践，将书本上的优化管理、精细管理、管理提升等理论根植于基层单位，渗透于日常生产全过程之中。

（二）深入检查，在推进中发现创新亮点

持续管理创新，重要的是持久抓好课题的落实、措施的实施，将探索实践体现在管理人员的行为上，将管理创新落实到基层的工作中。定期听取汇报，检查课题落实，检查课题实施，检查成果质量，做到"三查"。一是二季度检查立项完成后，课题是否按照计划开始实施。二是在项目进行中期听取各单位重点项目进展情况汇报，通过听取汇报掌握基层在解决管理难题之中的创新点和新做法，并对存在问题进行分析，对下步工作进行指导。三是始终坚持在年末查矿、大队重点成果撰写质量，检查全年管理创新活动的开展情况和整体效果，对各单位管理创新工作做一个全面评价。

（三）深入培训，在学习中推动创新进程

每年1月份，在厂内成果评审结束后，进行全厂排序，优选前40项成果主创人员进行培训。企管法规部结合近年来参加石油企协培训会教材和集团公司管理创新经验交流会获奖交流材料，结合油田公司、厂评审发现的问题，就如何提高成果质量进行培训，并优选生产单位、科研单位、机关部门优秀主创人员结合工作实践，向大家分享创新过程经验，引导、激励大家利用一个月时间，认真总结创新成果，提高成果总结水平，为全厂参加油田公司成果评审取得好成绩奠定了坚实的基础。

（四）深入把关，在评价中提升创新质量

在抓管理创新工作过程中，实行季度汇报制度。矿、大队主管人员针对本单位的年度创新课题，了解工作进度，监督创新进程，每季度末向厂企管部门汇报。在推荐参评油田公司成果总结材料完善上报后，企管法规部逐一审核把关，审核成果格式、各级标题规范性、语言流畅性和取得效果真实性，有效提升了全厂参评油田公司成果的质量。

2018年，第四采油厂有4项成果参加油田公司一等奖答辩，接到通知后，我们要求汇报人认真准备汇报多媒体，企管法规部组织厂内预答辩，发现答辩环节存在的问题，大家在一起座谈，进行指导，不断完善，保证了主创人员在油田公司组织的管理创新成果答辩中获得了4项一等奖的好成绩，一等奖比例占油田公司1/6。

三、采用激励手段，调动"三个积极性"，激发创新动力

激励机制是调动管理者积极开展管理创新活动的有效方法。第四采油厂高度重视管理创新活动的开展，落实激励制度，调动"三个积极性"，不断激发管理人员的创新动力和热情。

（一）调动管理人员创新积极性

首先，业务部室管理干部和矿经营办主任肩负起全厂、基层单位和生产岗位管理创新活动的指导、协调和支持重任，时常指导主创人员发现管理需要解决的薄弱环节和难点问题，培养创新点，使基层管理创新实践活动有效渗透在生产过程之中。对获得油田公司以上层级创新成果单位的创新管理人员，获得4项以上成果或省级一等奖的奖励3000元，获得2~3项成果奖励2000元，获得1项成果奖励1000元，有效调动了创新管理人员的工作积极性。

（二）调动参与人员创新积极性

为加强对全厂管理创新工作的领导，使管理创新适应油田高质量发展的需要，厂成立管理创新成果评审委员会，生产经营部室主任和厂技术副总都是评委。厂每年组织一次管理现代化成果的评审活动，评出一、二、三等奖及鼓励奖，对成果获奖参与人员全部纳入奖励范围，实行专项加奖，并将一、二等奖的成果选报油田公司参评。对于获厂、公司、省及石油石化行业级别成果分别制定了不同的奖励标准。创新管理活动开展多年来，我们注重奖励政策落实，最大限度地调动参与人员创新积极性；集上下之力，倾全员之智，创出一大批管理成果，切实提高了工作效率和经济效益。

（三）调动主创人员创新积极性

在给予获奖优秀成果加分、加奖的基础上，多年来只要上级创造条件，

第四采油厂都积极争取让表现突出的获奖项目的主创人参加石油企协管理创新成果发布会，这也是一种有效的激励方式。通过参加会议，学习其他企业的创新管理经验，拓宽了管理者的创新管理知识面，激发了管理人员的创新热情。同时，对获得油田公司级以上层级的创新成果主创人员，我们向厂主管领导和总会计师汇报，为他们争取一些资料费，购买石油企协管理创新成果汇编和经营管理理论书籍，促使他们不断学习，提高经营管理理论水平，调动他们的工作积极性。

四、实施效果

第四采油厂通过运行"443"工作法，全方位开展管理创新活动，成效显著。累计获油田公司奖励成果400余项，获省奖励成果100余项，获国家奖励成果2项。连续多年被评为油田公司管理创新活动先进单位；2016年，油田公司管理创新工作会议在第四采油厂召开，第四采油厂及第二油矿介绍管理创新典型经验；2018年度获全省推进企业管理创新工作先进单位殊荣，是油田公司获此殊荣的唯一一个采油厂（全省仅表彰15家单位）；多人次荣获黑龙江省"管理创新活动先进个人"称号，极大地扩大了第四采油厂管理创新工作的影响力，提升了第四采油厂声誉。

创新管理不断开创人事用工管理新局面

姜春雨　李　贺　罗深明

长期以来,随着第四采油厂不断扩大生产规模,企业用工需求量逐年增加,针对日常生产用工管理,厂人事部始终以持续优化劳动用工为工作核心,积极探索管理提升系统工程,深入剖析发展瓶颈,以"保产能、调结构、强管理、促提升"为工作主线,做好分人、调人、用人三大方向工作,激发人员活力,优化用工动力,从而实现了人事用工管理水平的不断提升。近几年来,全厂综合单井用人水平连年攀升,在油田公司几大主力采油厂中排位靠前(表1)。

表1　各采油厂综合单井用人对比情况

序号	单位	总井数,口	员工总数,人	单井综合用人,人/口
1	第一采油厂	19129	15865	0.829
2	第二采油厂	15008	12212	0.814
3	第三采油厂	9715	8191	0.843
4	第四采油厂	14392	10140	0.705
5	第五采油厂	10266	6817	0.664
6	第六采油厂	10084	8410	0.834

一、做好三篇管理文章,激发人事用工活力

几年来,面对连年上产的局面,厂人事部以"保证产能用工、改进管理模式"为工作方向,坚持规模控制、结构优化、队伍稳定、效率提升,做好"分、调、用"三篇文章,全力提升厂劳动用工管理水平。

(一)做好"分人"文章,科学分配新增用工

通过近5年的努力,向公司争取委培生、复转军人、大学毕业生、劳务

输入员工等各类人员总计1465人。尤其2017年，在增量收窄的情况下，从钻井二公司争取劳务输入员工238人，极大程度地缓解了用工压力。按照全力保障产能用工、适度调节年龄结构、适当补充保障员工三个角度，几年来，为缺员的一矿、三矿补充较大数量的委培生和劳务输入员工；为整体年龄结构偏大的二矿、保卫大队补充一部分年轻员工。按照"保产能、定人数、强队伍"的原则，适当为作业大队、电力维修大队补充作业工和配电线路工，改善野外施工队伍结构；为生产准备大队和物资供应站补充技术型员工，支持修旧利废中心建设。

（二）做细"调人"文章，大力开展用工调剂

坚持调均衡、调结构、调规模的思路，紧密结合地面工艺优化、三采区块转入后续水驱、个别队伍关井数量增加、修旧一体化建设等开发和管理变化，在全厂范围内开展规模性的用工调剂。针对采油单位，近几年从二矿向三矿调整两个队伍编制、128人，向一矿调整采油工、测试工等工种159人（分矿前后都有调整）；从五矿向三矿、四矿分别调整注聚工9人和29人，支援产能用工。针对保障单位，通过集中选调，为作业大队、电力维修大队调整特种车辆司机17人；从物资供应站向生产准备大队调整维修技师8人，解决保障单位对特殊工种的用工需求。通过精细化的内部调整，有效增强了第四采油厂的用工活力。

（三）做精"用人"文章，探索管理模式变革

为进一步优化人力资源管理，在要人、调人的基础上，继续深入探索精细管理。2015年，按照油田公司专业化、集约化管理的要求，在借鉴兄弟单位成型管理经验的基础上，开展专业化保障队伍建设、联合站大班组运行等工作。针对专业化管理，剥离采油队较重的维修保障工作内容，统一划归维修（抽保）队、生产保障队管理，出台《采油矿生产保障专业化队伍职能划分和机构设置指导意见》，指导基层开展保障队伍建设。针对集约化管理，在杏一联合站开展大班组运行试点工作，根据地面工艺调整情况，将输油岗、游离水岗、电脱水岗、污水岗、锅炉岗和化验岗6个岗位进行多岗联合运行。通过与管理和技术单位的紧密结合，重新修订《杏一联合站中控值守岗位定员标准》，为大班组运行管理推广提供用工借鉴。

通过几年的努力，第四采油厂用工刚需得到缓解，不均衡得到控制，有效用工数量实现了从缺到余的转变，用工效率进一步提高，综合单井用人连

年下降,劳动用工水平得到有效提升(表2)。

表2 2015—2018年全厂用工总量变化情况

项　　目	2015年	2016年	2017年	2018年
员工总数,人	9999	10076	10140	9874
净增人数,人	119	77	64	-266
油水井数量,口	13638	13918	14392	15021
净增井数,口	544	280	474	629
综合单井用人,人	0.73	0.72	0.70	0.65

二、完善三项保障措施,增强优化用工动力

为保证第四采油厂的用工组织科学合理、充分到位,我们通过深入调研、认真分析,完善、拓展符合形势需要的劳动组织模式,建立标准化用工体系,提升用工优化保障能力。

(一)完善标准体系建设,为分配调整提供依据

各单位的冗缺员和新增产能用工情况都是依据第四采油厂定员定额标准精确测算而来,因此,一套科学合理的定员定额体系是促进整体用工水平提升的关键。2017年,结合当前形势和管理模式变化,在2011年标准体系的基础上,修订了采油工岗位工时定额,增加了作业工、电力维修系统相关工种的定员标准,基本实现了第四采油厂操作岗位定员定额标准的全覆盖。

(二)及时跟踪形势变化,为科学用工提供保证

为准确掌握产能、用工各项数据,及时了解基层单位用工情况和存在矛盾,每年在全厂范围开展生产规模和劳动用工调查。对各类井型、站间的用工规模进行细致统计,对长期不在岗、不能完全独立顶岗人员进行详细摸底,形成《第四采油厂劳动用工分析报告》,同步建立长期不在岗人员动态管理台账。全面总结一年来的工作,分析各单位存在的用工不合理因素,挖掘内在潜力,为下一年的工作提供指导和借鉴。

(三)创新管人用人载体,为提高效率提供支持

为提升管理效率,缩短过程消耗时间,按照"简约可视、规范高效"的原则,2017年建立了"劳资管理平台"。平台兼具员工考勤、离岗审批、加班控制、用工统计分析等功能,实现人事劳资管理的线上操作,减少资源消耗,

强化实时监管,确保各方面操作更加方便、过程更加明晰、管理更加规范。

经过几年的努力,第四采油厂劳动用工管理得到了进一步优化,主体生产单位用工水平已经趋于均衡,在今后的工作中,要以习近平新时代中国特色社会主义思想为指导,以《大庆油田振兴发展纲要》为统领,解放思想、创新实践、主动作为。紧密结合油田新增产能、业务进退、结构调整等情况,持续开展员工队伍状况调查与分析,精细内部劳动力挖潜与调剂,制定相关配套保障措施,确保人力资源配置持续优化。

"流程化"让管理更加科学高效

姜春雨　李　贺　罗深明

"流程化"管理，顾名思义是通过科学合理的工作梳理让管理的各个环节更加明晰、流程更加规范，从而提高工作质量和效率。近两年，随着油田信息化、标准化建设的不断深入，以往指导式的管理模式已经不适应当前的发展需要。加之，员工新老交替、企业人才培养等都带来了工作标准不一、效率低下等问题。实施流程化管理就有效地规避了这些矛盾的产生。

一、实施背景

在日常管理过程中，人们总是希望通过培养人才、引进新模式等改变来提高工作标准。但在新人、新模式的磨合过渡期，往往带来的是效率和质量的双低，矛盾随即产生。

（1）人才培养和工作推进之间的矛盾。为加强人才培养，提高岗位工作人员的整体素质，各级组织往往通过岗位轮训、交叉挂职等方式让岗位人员参与更多的管理。但在实际工作中，由于一些岗位工作职能专业性强，内容较为繁杂，导致在岗位流动的初期，部分工作质量难以保证，工作常常出现丢项、落项的现象。

（2）工作标准和工作效率之间的矛盾。无论是管理技术岗位，还是生产操作岗位，严谨细致是高标准完成工作的必要前提。但是在推进的过程中，每项工作都反复梳理、多次校验，想要高标准地完成也势必会带来工作效率的低下，长时间如此可能会给岗位人员带来厌倦和疲惫，严重影响积极性。

（3）传统管理和新兴模式之间的矛盾。传统的管理模式以管理者为任务核心，各岗位的工作安排、推进节奏、效果评估都是由上级管理者完成，管理者工作强度大、分散度高，工作质量和效率难以保证。随着企业发展的不断深入，信息技术成为提高管理效率和水平的重要支撑，平台操作、线上管理等是未来发展趋势。但传统的管理模式很难通过固定格式的信息化手段实施，二者存在兼容困难的实际。

二、实施过程

以上矛盾是在日常管理过程中，预想和实际、发展和现实的不适应性产生的。为解决上述矛盾，将各岗位工作细化分解，各环节详细描述，梳理形成流程化的管理，推进各项工作高标准、高效率完成。

（1）建立岗位职能说明书。岗位说明书不是对岗位工作内容的简单描述，而是需要说明岗位需要什么样的工作和岗位需要什么样的员工。一方面要清楚地阐明一个岗位的工作目标、工作规定、工作方法、工作标准以及如何履行岗位责任等内容，并通过有方法的汇总形成指导式文件。另一方面，需要对岗位人员的任职标准进行规定，包括学历、技能、特点、性格等内容。

（2）建立工作标准流程图。工作标准流程图是岗位流程化管理的核心，是指导工作，让新入职岗位人员尽快适应角色的关键。建立标准流程图需要将工作动向、推进节点、完成效果、保障机制等几方面内容通过图表形式直观地表达出来。工作动向是对每项工作内容接替、次序安排的整体谋划；推进节点是对时间安排、完成节奏等内容的合理规划；完成效果是对每个工作环节、工作节点达到效果的有效总结；保障机制是完成每个工作节点需要的内外驱动力。整个流程图对每项工作内容形成一套闭环式操作，有推进、有保障。

（3）建立业务实施工具库。这里所说的流程化，不是人们意识中的按部就班、无脑的机械操作，而是形式上流程化，内容上多样化。为使流程化更科学、更符合管理实际，我们在"规定动作"的基础上，建立个性化的三类工具。一是建立文件工具，将各岗位在用文件按照等级、业务分类，形成文件库，方便查阅；二是建立经验库，在工作中，每项工作都不是严格按照既定格式推进，都需要有执行者的经验驱使。这里将历任岗位人员的成功经验以及教训经验都汇总成经验库，可使新岗位人员找到捷径、少走弯路；三是建立模板工具，从制订的方案到下发的通知再到效果的总结，都需要大量的文字工作，这里将每项工作的方案、通知、总结都形成模板，再加上必要的创新点，大大缩短了过程消耗时间，提高了工作效率。

（4）建立应用管理平台。为使效率最大化，方便流程化管理的推进实施。借助人事劳资工作管理平台，将各岗位流程图上传至平台。通过信息化手段，用标准流程图展示各岗位工作要点。将岗位说明书、工作重点提示、三大工具库全部细化，并贯穿整个流程图的全过程。流程化实现完全的线上管理，让操作更加方便快捷，工作环节更加清晰。

三、实施效果

通过流程化管理，保证了工作标准和工作质量，同时更提高了工作效率。2018年初以来，以统计信息岗和年金管理岗为试点，初步探索流程化的管理，收到了一定的实效。

（1）增强各项工作的及时性和可靠性。通过以上措施，使各项工作的每个环节都有标准可查、有文件可依、有经验可寻；时间安排随时提醒，工作效果随时评估，保证了工作及时开展、及时实施、及时总结。

（2）提高岗位人员的主动性和积极性。管理流程既可作为一项管理工具，又可作为一部实用参考书。岗位人员在闲暇时，可以主动学习本岗位乃至其他岗位的工作内容，让工作和学习都有牢靠的抓手。

（3）加强岗位之间的协调性和统一性。无论是否在一个组织中，各岗位之间避免不了会有一定的工作交叉。岗位之间的流程界限明确，有利于工作统筹安排、责任清晰划分，避免整个企业在工作推进过程中出现空白任务的现象。

（4）方便管理人员的绩效评价和考核。管理者变以往的管任务为现在的管流程。每个管理节点的预期效果和目标明确，并可量化，有利于管理者合理评价岗位员工的工作质量和水平，更方便奖与罚。

以集约高效为目标的生产保障专业化管理

姚成海　李冀龙　邓　钢

按照中国石油深化改革的总体部署,进一步加大力度推进管理提升工作,实现管理架构更加健全完善,管理体系更加规范高效,第四采油厂按照"生产组织专业化、配套保障专业化、后勤服务专业化"的要求,将安全风险高、技术要求高、劳动强度大的生产保障业务统一管理,围绕生产要素和组织结构优化,推广实施生产服务保障系统重组,整体规划,统筹调度,合理匹配人力和设备资源,实现油水井站的生产保障专业化管理。

一、注重前期调查论证,做好"专业化"管理顶层设计

(一)开展岗位分析

按照职能单一、提升效率的原则,对矿属采油队、维修队各生产岗位的工作内容进行跟踪写实,对现有工作内容进行分析归纳和总结。

(二)划分工作内容

从采油队采油工、维修班和维修队管焊班、抽保班的工作内容分析,工作性质部分相同,内容互有交叉。按照"生产组织专业化、配套保障专业化、后勤服务专业化"的要求,将安全风险高、技术要求高、劳动强度大的7项生产保障业务统一到采油矿管理,抽调采油队部分维修人员,在采油矿成立电工班、管焊班、机采井修保班、泵修班、皮带更换班、热洗班、压力表校检班7个生产保障班组,施行专业化管理。

(三)明确工作职责

(1)专业化低压电工班组。负责全矿低压电维修维护。内设油井电工班和综合电工班,油井电工班负责机采井配电系统的维护保养和故障应急维修,电动机的保养和更换等工作;综合电工班负责站库系统、配电计量

间等生产站点低压电设施维护保养和故障应急维修，负责矿和基层队的办公、生活区域低压电设施维护保养检修，形成采油矿低压电维护全方位专业化保障。

（2）专业化管焊维修班组。将分散在采油队的管线堵漏工作集中在采油矿组织完成，同时负责全矿油水井站工艺改造、生产维修、生活区管网维修维护等工作，以及矿临时安排的相关工作。

（3）专业化机采井修保班组。负责全矿抽油机光杆、毛辫子、井口盘根盒密封器、刹车、中轴、尾轴、曲柄、减速箱等主要部件维修维护，负责调整冲程、调整对中，机采井浅部断杆打捞等工作，负责抽油机底座以上设备的紧固、润滑保养，负责螺杆泵井扭矩释放操作，负责厂矿安排的与机采井管理相关的其他临时工作。

（4）专业化机泵维修班组。负责全矿转油站、联合站、污水注水站、排涝站等站库的掺水泵、输油泵、外输泵、采暖泵、附属泵等机泵的故障抢修与日常维护修理等工作。

（5）专业化皮带更换班组。负责全矿抽油机井皮带更换任务。

（6）专业化高压热洗班组。负责全矿三次采油区块和水驱油井的高压热洗工作，负责高回压油井的解堵等工作，负责矿调度室下达的临时性工作。

（7）专业化压力表校检班组。负责油水井、配水间、计量间、转油站、注入站等在用压力表离线检定工作。

二、推进专业深度整合，实现生产保障业务资源共享

（一）组建专业化班组

在不改变现有基层队编制的前提下，将生产保障业务由队管理层面提升至矿管理层面。机构设置上，以"方便管理、组织高效"为原则，根据油气生产单位自身情况，共计成立7个专业化班组，实现了"专人干专活"，保证岗位员工的工作内容"专而精"（表1）。岗位设置上，通过调查问卷、跟踪写实的方式，对生产保障业务的工作量、劳动效率、岗位负荷等情况进行核实，并结合预期生产规模，合理确定各项业务的班组数量和岗位数量，既保证各班组工作量适当饱和、不过轻过重，又便于安排员工培训和休假。

表1 生产保障专业化定员标准

班组名称	定员标准
低压电工班组	每300口采出井设立1个电工班,每班定员3人
管焊维修班组	每500口油水井设立1个管焊班,每班定员4人,电焊车驾驶员1人,电焊工2人,气焊工1人
机采井修保班组	每180口采出井设立1个抽保班,每班定员3人
机泵维修班组	每矿设立1个泵修班,每班定员5人
皮带更换班组	按照每500口抽油机井(开井数)设立1个皮带班,每班定员4人
高压热洗班组	按照设备台数确定,每套车组为1个班组,设备2台,锅炉车1台,水罐车1台,每班定员2人
压力表校检班组	每矿设立1个校表班,每班定员4人

(二) 满足软件需求

本着"优化配置、简约实用、合理投入"的原则,强化软硬件配备,做到"四个到位"(图1)。

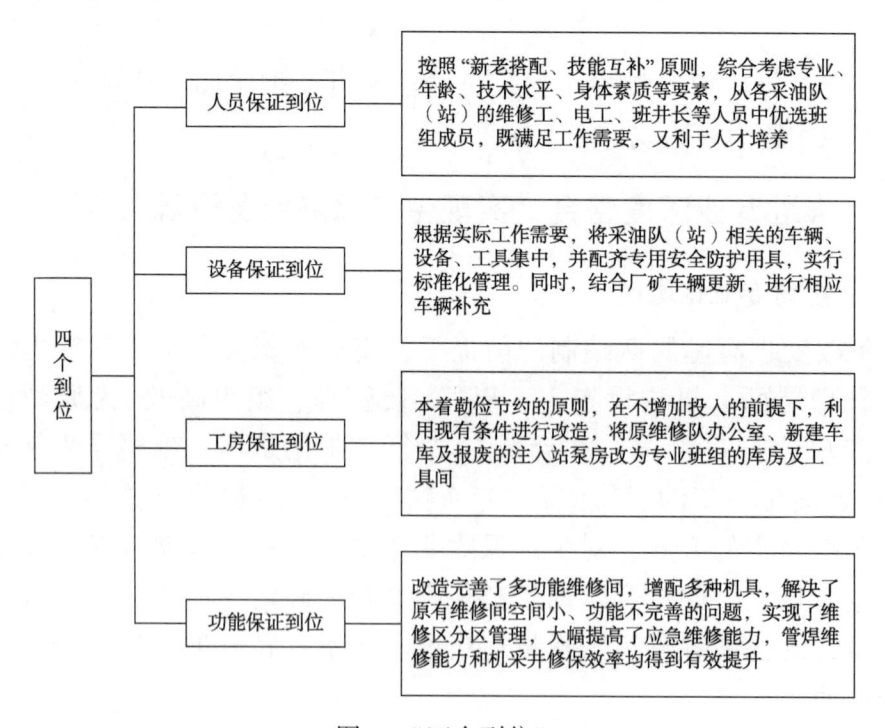

四个到位：

- **人员保证到位**：按照"新老搭配、技能互补"原则,综合考虑专业、年龄、技术水平、身体素质等要素,从各采油队(站)的维修工、电工、班井长等人员中优选班组成员,既满足工作需要,又利于人才培养

- **设备保证到位**：根据实际工作需要,将采油队(站)相关的车辆、设备、工具集中,并配齐专用安全防护用具,实行标准化管理。同时,结合厂矿车辆更新,进行相应车辆补充

- **工房保证到位**：本着勤俭节约的原则,在不增加投入的前提下,利用现有条件进行改造,将原维修队办公室、新建车库及报废的注入站泵房改为专业班组的库房及工具间

- **功能保证到位**：改造完善了多功能维修间,增配多种机具,解决了原有维修间空间小、功能不完善的问题,实现了维修区分区管理,大幅提高了应急维修能力,管焊维修能力和机采井修保效率均得到有效提升

图1 "四个到位"

（三）界定职责分工

根据各单位自身实际，明晰各专业化班组与采油队（站）之间的工作界面，避免职责交叉和空缺。以抽油机平衡调整业务为例，为了不影响及时性，挪移平衡块仍由采油队负责，拆加平衡块、配重铁等需要特种车辆配合、需攀爬的维修工作由机采井修保班组执行。

三、打造高效运行体系，确保生产保障业务运转顺畅

（一）重建工作流程

实施专业化后，任务的汇报、安排和实施由只在采油队（站）内部流转，转变为采油队（站）、矿调度、专业化班组之间流转。为了增强应急反应能力，根据工作经验，按照时效性要求，将专业化班组的工作任务分成普通维修、应急抢修、例行检修三大类，分别建立工作流程，统一制作相应的运行表单，确保运转高效快捷。

（1）计划性工作指挥流程：矿专项管理人员或采油队发现属于专业化班组职责内的工作—向调度汇报—调度室制订维修计划—"保障队"副队长领取维修计划—组织专业化班组维修—采油队验收维修工作质量—"保障队"副队长向调度室反馈维修计划完成情况。

（2）临时性工作指挥流程：矿专项管理人员或采油队发现需专业化班组处理的紧急任务—通知"保障队"副队长和调度室—通知专业化班组织现场维修处理—采油队验收维修工作质量—专业化班组向"保障队"副队长汇报工作完成情况，到调度室填写紧急任务工作单。

（3）自主性工作流程：在调度室下达任务前，专业化班组要按矿专项管理人员制订的月度工作计划自行对所负责的抽油机（螺杆泵）井进行检查和维修保养，每周向矿专项管理人员汇报计划完成进度。各专业化班组每月检修工作量不少于所担负工作量的30%，实现了日常维修保养常态化。

（二）强化指挥职能

实施专业管理后，作为运转中枢的调度系统，工作大量增加，职能也由原来简单的上传下达，向综合判断、协调指挥转变，其作用更加突出、业务要求更高。为此，对矿调度员进行了调整，选拔具有大学学历、熟悉计算机应用、具有生产管理经验和责任心强的两名优秀副队长担任矿调度员，并制定工作规范，开展业务培训，提高业务水平，增加协调指挥能力。同时，在

对各专业班组的绩效考核指标中,增加了生产任务完成及时率这一项指标,由采油队和调度室共同考核,确保生产指挥效力。

(三)开发信息平台

由信息中心自主开发生产保障业务网络应用平台,从检维修工作计划申请、过程材料消耗到任务完成、工作质量评价、工作量统计分析等各环节均实现了网上运行。各项检维修工作网上审批,进展情况一目了然,为管理人员科学合理分配任务、准确核算工作量提供客观依据。以吊装业务为例,通过网络平台,矿调度可以迅速调配特种作业车辆,及时处理生产紧急故障,扩大了专业化班组的工作范围,实现了跨单位、跨区域抢修。

四、配套完善管理机制,保证生产保障业务服务质量

(一)整合工作标准

按照"两册"编制原则,将分散在操作规程、规章制度中的各项要求进行梳理整合,针对每项业务形成统一、规范的工作标准,共计归纳形成标准58项、在用管理制度32个,编制了11项抽油机保养施工操作规程、4项管焊施工操作规程,对参与施工的每名员工都规定了详细的操作动作,确保每项施工都有规范的操作标准。

(二)建立监督机制

在矿与专业化班组之间实行任务完成情况跟踪监督机制,在采油队(站)与专业化班组之间实行甲乙方监督机制。下派任务后,矿根据基层队汇报监督和现场抽查监督督促专业班组在规定时限内完成任务;采油队(站)作为甲方,负责提出服务需求,检查验收乙方服务质量;专业化班组作为乙方,负责提供生产保障服务,接受甲方的监督;矿生产办为第三方,对甲乙方履职情况进行监督、评价、考核以及争议仲裁,督促双方尽职尽责,保证工作质量。乙方的服务质量影响着甲方的管理水平,甲方的验收结果决定了乙方的奖金考核,相互间的影响促进双方尽职尽责,切实提升维修质量和效率。

(三)完善激励政策

针对员工最为关心的薪酬待遇问题,召开座谈会,征求岗位员工意见,并依据工作写实,综合考虑劳动强度、技术含量等因素,确定专业化班组员

工基础资金收入不低于原岗位。在合理确定专业化班组基础资金的基础上，实行"按劳取酬、多劳多得"的政策，调动岗位员工的积极性，提高工作质量和效率。

（四）强化考核评价

结合业务调整情况，重新修订了生产保障业务的考评细则和专业化班组量化排名办法，改变过去特殊工种无法进行绩效对比的状况，营造了争先创优的氛围。矿每月对工作量、完成质量、及时性进行考核评价和绩效排名，每季度召开讲评会，分析解决存在的问题。

开展生产保障专业化管理以来，维修保障工作从采油队剥离出来，采油队可以集中精力抓好资料录取，搞好区块分析，提高生产管理水平；维修保障等工作能够充分发挥专业化优势，有效实现资源共享，特殊工种集中，形成团队优势，产生规模效应，提高工作效率，有效地降低安全风险，提升安全管控能力。同时解决了各采油队之间工作量不均衡，同一工种员工忙闲不一的问题；解决了员工休假培训时岗位空缺的问题；解决了特殊工种安全监护问题；有效降低井组安全风险和劳动强度，为油田提质增效贡献力量。

联合站集中监控模式的应用实践

张 宇　王祎楠

第四采油厂共有联合站8座，污水处理站12座，单一注水站3座，其中联合站平均每站用工76人，污水处理站平均每站用工48人，注水站平均每站用工37人。按照油田公司加快推进油田信息化建设进程的要求，第四采油厂近年来重点对多岗位的联合站、转油站、变电所等，结合产能建设、老区改造和安全隐患治理等渠道实施了集中监控改造，共实施站库集中监控改造10座，合并生产岗位42个（表1），功能上实现了数据采集、关键部位自动调控，管理上基本实现动态可监视、参数实时可调的运行模式，有利于全面提高第四采油厂站库管理水平，优化劳动组织定员，提升管理效益。

表1　集中监控站库岗位合并情况统计表

矿别	站库	合并岗位数，个	矿别	站库	合并岗位数，个
一矿	杏一联	6	三矿	杏十联	6
二矿	杏二联	5		二十二联	4
	杏十七联	3		二十六联	3
四矿	杏九联	5		三元-7	2
试验	杏二中	4		二十七联	4

一、加强组织领导，统一劳动组织框架，转变陈旧观念

联合站是油气集输过程中的一个重要环节，将生产管理、过程控制、安全监控、视频监控和事故预案等有机结合起来，建成一个多层次的集生产与安全监控、生产数据自动采集、事故报警与智能分析和处理为一体的数字化联合站迫在眉睫。

（一）成立领导小组，明确组织分工

加强组织领导，各级管理人员转变观念，创新思维，适应新的管理模式，

明确组织分工，定期召开集中监控推进会，对运行和改造过程中存在的问题进行梳理，协调相关负责单位，制定措施，确定整改时间，严格按照时间节点有序推进。成立以厂主要领导为组长、主管部门领导为副组长、相关单位领导为组员的集中监控领导小组，明确组织分工，各负其责。油田管理部负责组织协调规划研究设计所、基建中心、信息中心和各矿（大队），组织召开工作研讨会，并协调各单位解决各类问题；修订岗位操作规范，建立健全各项管理制度。人事部负责组织劳动定员和岗位培训工作。与上级部门积极协调，整合岗位编制，以第一油矿杏一联为基础，分批次组织岗位员工集中培训学习，制定适应集中监控管理模式下岗位员工操作技能培训课件，实现多岗合一，一岗多能。基建中心负责施工改造协调工作。按照时间进度安排，对施工过程严格监督，保质保量如期完成集中监控改造工作。规划设计研究所负责集中监控设计方案制订和审定跟踪。对集中监控改造过程中发现的问题和需立项解决的问题，要及时调整和制订方案。同时，要进行仪表维护和检定工作。信息中心负责信息网络平台建设。

（二）建立劳动组织框架，优化人员配置

探索站库集中监控管理模式劳动组织定员，进一步优化班组人员设置，建立站库集中监控管理劳动组织框架（图1），成立四个管理模块，即中控班、运行班、维护班和保障班，规范管理职能。中控班：负责中控室生产数据监控，组织协调运行班工作，分析各类生产数据，监控生产平稳运行，对生产过程、安全监控、事故报警综合分析，数据汇总生成终端报表。运行班：负责与中控室人员密切沟通生产信息，现场设备巡回检查，设备日常保养，泵房卫生清洁工作。维护班：负责全站设备、管线维护维修工作。保障班：负责员工配餐、仪表校验、门禁管理及巡线管理。

（三）统一管理模式，解放陈旧思想

面对第四采油厂联合站多采用岗位分散式的管理，对各类站库统一管理模式，分类实施集中监控。在确保安全生产、生产管理水平不降的前提下，不断优化员工岗位设置，实现优化劳动组织定员127人。"新站新模式"以杏一联为代表，一步到位，以新带老。新建和整体改造站库采取"合岗设计、集中监控"。整合独立单元，单岗无人值守，采集数据统一传输至中控室，或将临近的老站库数据统一传输至新建站库中控室，实现区域间集中监控，进一步促进减员增效。"老站老模式"以杏二联为代表，分岗设计、集中监控，因

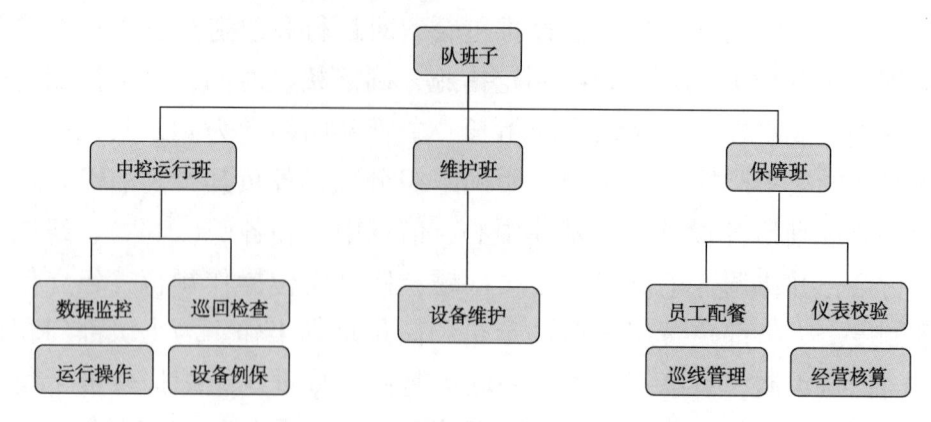

图1 站库集中监控管理模式劳动组织框架

地制宜、打破队界。利旧已建分岗值班室，改造为就地机柜间，将各岗位信号传输至新建中控室，进行集中管控。"多站模式"以杏十七联为代表，利用杏十七联和杏十七转相邻的有利条件，打破队界集中建设中控室实施集中监控、合岗管理。

推行集中值守管理模式后，过去员工熟悉的"多岗"合为"一岗"，多个生产操作岗位合并成一个巡检监控班，变"小纵班"为"大横班"。针对岗位责任、管理方式及组织结构的变化，围绕生产运行管控、数据采集分析、岗位人员优化，分岗位员工、班组长、队干部三个层面召开座谈会12次、现场参观2次，解放思想，实事求是，由上至下逐步转变观念，推进实施管理新模式。

二、强化制度保障，实施问题闭环管理，进度持续推进

通过健全集中监控站制度，工作效率得到有效提高，工人的劳动强度明显减轻，单次巡检长度减少1.4km，单次巡检点项减少104个，单次巡检周期减少25min，全面提高了第四采油厂站库管理水平，提升了管理效益。

（一）修订操作规范，提供制度保障

积极与上级部门沟通，加快修订岗位操作规范，建立健全各项管理制度，编制岗位应急预案，理顺工作流程，确保集中监控管理模式平稳有序实施。通过调查目前现有的各项管理制度及预案，结合集中监控管理特点，组织讨论并下发了集中监控站在用管理制度24项，执行标准、制度目录84项，应急预案7项，应急处置卡59项，并要求各站按目录统一建立。以杏二联为例，经讨论后岗位新增风险描述，新增参数调整不及时造成泄漏，报警不及时调控造成泄漏或严重事故的风险控制管理文档；修改系统控制文档，修改15

项，新增 3 项；控制文件的文号及名称更新日期 3 项，新增 6 项；修改流程管理图，流程管理图新增"集中监控"流程，化验岗位流程取消，集中监控后数据全部整合为"脱水站综合日报"。

（二）问题分类跟踪，实施闭环管理

为了推进站库集中监控实施步伐，提升管理水平，达到管理效益最大化，对全厂推进集中监控的站库存在问题梳理分类，由油田管理部牵头，组织规划设计研究所、基建中心、信息中心、采油矿召开梯次推进会 5 次，制定形象进度跟踪措施，对存在问题及整改情况及时反馈，理顺流程、明确责任、抓实进度，实现问题闭环管理。

（三）人员集中配置，强化质量监督

由于输油流程的改变，杏一联、杏二联不再设置化验人员，执行末端化验监控，考虑在前端联合站安装在线含水分析仪，解决原油输送过程质量监督工作，减少劳动用工 10 人。为强化外输原油质量监督，取消杏三联化验岗，人员充实到杏九联化验岗，实现岗位人员减少，监控力度不降。

三、注重能力提升，加大仪表自主运维，健全保障措施

为加快推进集中监控建设进程，采取集中培训和现场培训的方式，分批次组织岗位员工，针对岗位操作技能集中培训，实现多岗合一，一岗多能。采用理论和现场相结合的方式，组织管理、操作人员进行仪表、自控、故障处理培训，巩固提升操作和应急处置。实现"三个提升"：管理能力提升，岗位技能提升，综合能力提升。为人员优化提供有力保障，确保集中监控管理模式平稳有序实施。

（一）加大员工培训力度

组织集中监控单位到第三采油厂和第五采油厂等具有先进集中监控管理经验的单位学习，在集中监控完全投运前，分批次组织各岗位员工的培训学习，员工全面掌握集中监控的各项操作技能，实现多岗合一，一岗多能。集中值守管理模式驱动员工从一岗精通向全站通转变，有力挖掘出员工队伍潜能，班组的凝聚力、队伍的向心力、员工的奋进力都显著提升。

（二）综合提高厂内测控自主运维能力

推进"分散+集中"两级运维管理模式，明确各级岗位职责，使厂、矿两级维修队伍能力得到充分利用，最终实现人力资源合理利用、测控问题快速

处置、运维保障实现自主，为集中监控站库平稳运行奠定基础。

（三）加大改造过程仪表选型统一性

集中改造过程中面临现场使用一次仪表厂家及软件种类繁多，产品数据接口不同，设备可靠性差，可维修性差，数据开放性不够，互相不兼容，导致改造难度加大，后期维护困难的问题，为此加大规范仪表选型统一性的力度，减轻后期仪表维护的难度。

开展站库集中监控管理以来，站库集中监控管理模式的实施，生产管理方式和组织结构发生变化，岗位职责和工作内容都发生了重大调整。站库布局精简优化、监控岗位无人值守、节点数据自动采集，运行效率得到进一步提升。集中监控运行的推广挖潜，不断深入挖掘优化潜力，完善管控模式，精简班组人员，为劳动组织优化提供坚实的保障，这将大大提高第四采油厂站库系统工作效率，有效降低安全风险，提升安全管控能力，为油田开发提质增效贡献力量！

降本增效篇

近年来，国际油价大幅震荡波动，给油田开发生产带来极大的挑战。2014年油价断崖式下跌，2016年大庆油田出现史上首次"整体性亏损"，2017年以来虽然油价企稳回暖、公司扭亏为盈，但长周期的低位运行仍给油田生存发展带来较大考验。油价"过山车"似的波动变化，以及走势的诸多不确定性，加上全厂生产规模逐年增大、生产运行成本刚性增长等矛盾日益凸显，给油田开发生产带来了较大压力。面对这些不利形势和挑战，如何兼顾产量与效益，做好开源节流、降本增效这篇大文章，是摆在油田面前的一道现实命题。

在推进全厂高质量发展的新实践中，第四采油厂坚持把效益作为发展的重中之重，牢固树立"过紧日子"思想，抓住制约企业效益的关键因素，持续推进开源节流降本增效工程，常抓不懈，久久为功，切实将追求低成本、高效益贯穿生产经营的全过程。在成本管控上，大力实施降低油气完全成本三年行动计划，持续完善成本管控机制，实行"打包下放"预算管控模式，层层传递指标压力，建立年度成本预算与月度奖金计划挂钩机制，深挖成本管控能力。在投资管控上，以"优化方案、精细管控、突出效益、注重回报"为工作思路，推行"点、线、面"三维度的全过程投资管控模式，着力构建投资项目全覆盖、实施节点全管控、生产人员全参与的全方位投资控制格局。在能耗管控上，深挖油藏、采油、地面三大系统能耗潜力，抓住主要矛盾，聚焦重点领域，完善能耗管控模式，加强节能技术研发和应用，努力打造精细、精准、高效的节能降耗管理模式，不断提升全厂经营效益水平。

广大干部员工心中时刻装着效益，坚持一切围着效益转、一切盯着效益干，积极投身全员挖潜增效活动，倾智倾力搞革新，精打细算节约一根皮带、一滴水、一方气、一度电、一块抹布，扎实开展修旧利废，用万人之手举全厂之力，构建了全员全系统开源节流、降本增效的大格局，为全厂高质量发展做出了积极贡献。

基于持续精细管控的油气生产成本管理

杨晓存

第二油矿自 2015 年以来，针对油气操作成本缺口较大的实际情况，创新成本管控体系，以"四精"为主线，采取"二分、三算、四定、五优"的油气操作成本管控新方式，在保证井站正常生产资金投入的基础上，实现了连续年度成本预算不超支。

一、以精细掌控为切入点，采取"二分"控制手段，全面把控油气操作成本

由单位主要领导全面精细掌控油气生产成本变动趋势，运行自上而下的油气生产成本精细管控体系，采取年度成本"二分"精细控制手段，实现油气生产成本多点管控到位、多项细控到位、多处严控到位。

（一）成本精细分解到岗位

矿长组织相关人员在油气操作成本系统调查研究、指标同期对比、节约挖潜测算的基础上，将厂下达的年度油气操作成本分解到各路相应主管岗位，明确成本管控项目、成本管控领导、成本管控人员，构成了矿长一人总成本掌控、副矿长几人分项管控、管理干部多人多项细控、基层干部多名分点严控的油气操作成本塔式控制管理体系(图1)。同时，将成本总量指标纳入领导年度绩效合同之中，将成本分量指标纳入主管人员年度绩效合同之内，实行矿领导、机关分路、基层队(站)三级精细承包，形成逐级精细管理网络，促进油气操作成本持续有效控制的良性循环。

（二）成本精细分析到点位

根据油气操作成本分解指标，结合分路分期成本预算，落实成本双项精细分析手段。首先，在成本相关指标点项上进行精细分析。围绕月度分项成

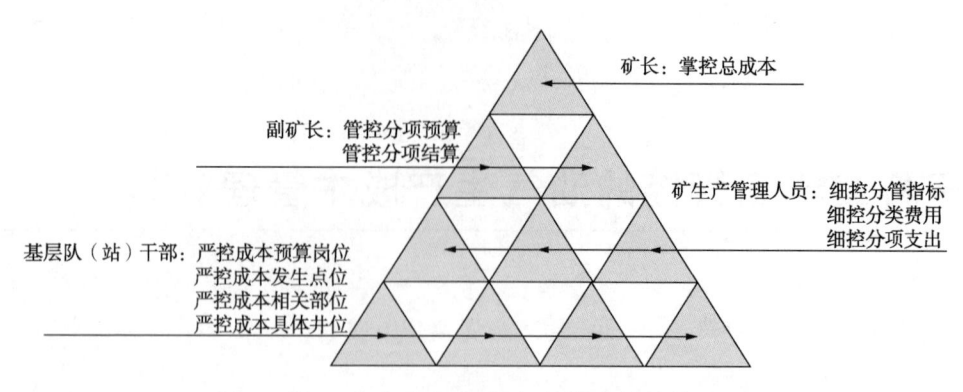

图 1　第二油矿油气生产成本塔式管控体系图

本支出指标，分析与分月计划、分期指标、上一年同期指标的对比情况，针对月度费用超支的管理指标和控制指标，查找原因到"点"，精细分析到"线"，明确措施到"面"。其次，在成本相关管理点项上进行精细分析。通过对成本管理点位的油田开发有效性分析、井站精细管理效益性分析、油田操作成本紧缩性分析，解决影响油气操作成本的各类问题。

二、以精细管控为出发点，执行"三算"管理方式，全力管控油气操作成本

面对分类成本存在波动的实际，以副矿长全力管控分项预算、分项结算为出发点，执行成本支出项目"三算"有效管理方式，算好生产成本"三笔账"，持续管控油气生产成本变动。

（一）事前预算成本账

凡是需要出资的工作项目、生产项目、管理项目，注重事前成本预算，在事项考虑周全、隐性成本考虑翔实、整体投资考虑节俭的条件下，拟定几个成本不超支预算方案，先由主管领导组织相关人员进行综合评价，从中筛选出两至三个成本支出相对少、项目运作能干好的预算方案，然后报送矿领导班子会上综合分析，最终优选确定最优出资预算方案。这种方式，既能体现事前预算成本账的民主性与综合性，又能展现成本事前控制的集中性与计划性。

（二）事中细算经济账

在预算方案的实施过程中，矿主管领导组织相关人员，把住费用各个环节，细算每个环节经济支出。对于外委支出项目，多方了解操作费用，多网查询物料价位，准确掌握多个项目单项价位、多种物料单种价钱，细算事中

每笔经济账，压低事中点项成本。对于本矿自行完成的支出项目，落实边运作边查账、边工作边记账、边操作边算账的"六边"工作方法，力争人人巧干少花钱、项项盘算少费钱、处处节约少用钱。

(三)事后核算费用账

每个支出项目结束后，以事前预算成本、事中细算成本为依据，搞好事后成本核算，精细盘点费用账。围绕外委支出项目，采取事后核查成本项、核对工作量、核准费用账的"三核"管理方法，严格按取费标准结算，既确保项项事后核算不超预算，又为下次运作同类支出项目积累成本控制经验。围绕本矿完成的支出项目，盘查多项支出，盘点多项费用，盘算多项账目，对每笔费用账与预算指标做对比、搞分析，总结节约物料、压低费用、降低成本的做法，为今后费用预算提供依据。

三、以精细操控为着眼点，试行"四定"管控方法，全程细控油气操作成本

围绕油气生产分类成本，以管理人员全程细控分管指标、细控分类费用、细控分项支出为着眼点，试行成本管控"四定"有效跟踪方法，在紧缩生产成本上多出效果。

(一)"一表"定位，管控物资成本

针对物料成本的周期性支出，在采取月度计划紧缩控制手段的基础上，试行基层队(站)物料明细表，采取物料具体定位、量化使用、效果评价的跟踪管理方法，即：统一发放的日常物料定位到班组，按量使用，跟踪评价效果；专项购进的井站物料定位到岗位，限量使用，跟踪观察效果；价格较高的投加物料定位到点位，定量使用，跟踪反馈效果。各基层队(站)通过试行物料明细表定位跟踪管理，不仅能量化使用物料、全方位跟踪控制物资成本，还及时反馈了物料质量，为物资部门购置优质物料提供了依据。

(二)"一卡"定量，管控能源成本

在成品油使用管控上，实施"一张卡"的管理模式，设定专人专职进行集中加油，采取特种车辆按照工作额度配定油量、车辆加装GPS定位系统、公务用车逐级审批等有效措施，在生产规模不变的情况下，成品油用量呈连年下降趋势。在水、电、气使用管控上，试行"一卡"定量管控能源成本的办法，即：围绕井站及后线岗位弹性耗电、耗气、耗水的点位，以保证正常生产、

日常工作、平常管理为前提，分别明确能耗点位的不同耗电量、燃气量、用水量，印制节能点项量化卡片，发到相关岗位，让基层队（站）的弹性耗能点位变为定量耗能点项，基层干部抓能耗有指标、有目标，岗位员工管能耗有定量、有点位。

（三）"一单"定井，管控作业成本

为有效控制作业成本，采取"一单"定井，管控作业井次的方式，井下故障必须先行处理，处理未果再申请作业。例如，卡泵井严格按"三步"程序进行处理（图2），只有在掺水热洗、高压热洗处理未果的情况下，方可填报《井下作业申请单》。通过井下故障先期排解，每年可减少井下作业34井次，降低井下作业费用39万元。

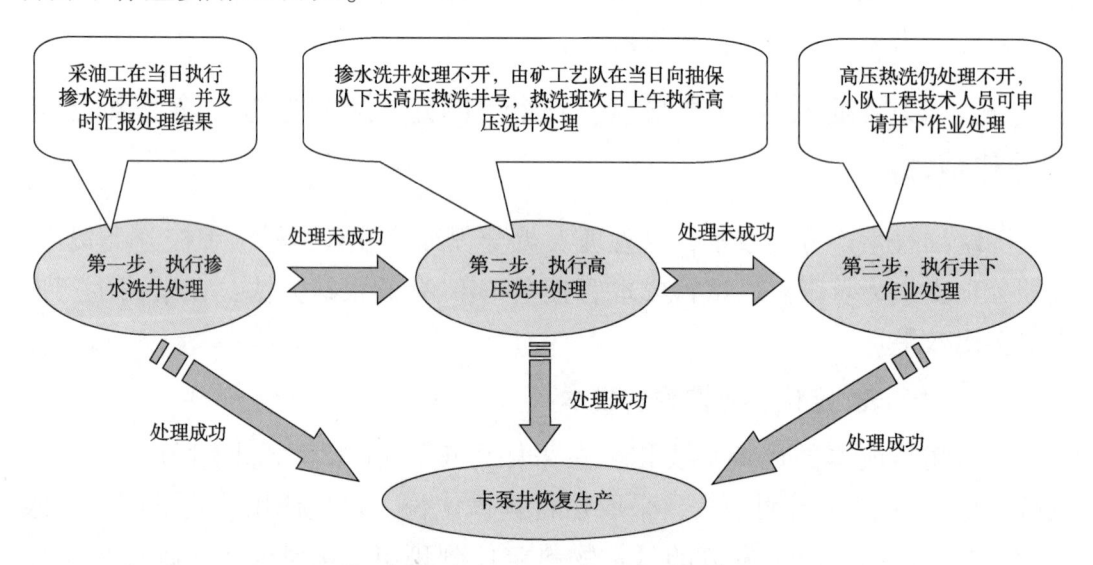

图2 第二油矿机采井卡泵落实工作管理程序图

（四）"一鉴"定项，管控修理成本

围绕全矿固定设备及活动设备的40个修理项目，采取点位鉴定、成本确定的"一鉴"定项成本管控方法。针对井站固定设备修理，开展逐个待修点位鉴定、逐项修理成本确定活动，实行设备定项维护，保证多项成本之和不超预算；针对安全环保设备、活动设备修理项目，注重逐台待修设备鉴定、逐个修理点项确定，强化设备定位保养，细化设备定项维修，确保单项成本控制在预算之内。通过"一鉴"定项管控设备修理，达到了设备点项维护到位、修理成本不超，年度单项成本低于预算目标。

四、以精细严控为落脚点，推行"五优"挖潜措施，全员深挖节约成本潜力

针对采油矿成本管控点多面广的实际，以基层干部组织员工严控成本预算岗位、严控成本发生点位、严控成本相关部位、严控成本具体井位为落脚点，推行生产成本"五优"挖潜措施，在生产成本全员挖潜上多创经济效益。

（一）优化井站节电挖潜措施

围绕全矿耗电点位，抓大不放小，制订全员参与、全程优化、全面严控的井站节电挖潜运行方案，落实优化日常节电管理、优化井站系统节电管理、优化节电技术推广的"三个优化"管控措施，将节电管理"一岗双责"明确到基层干部、落实到班组井长、承包到岗位工人，确保了年度节电效果最佳。近两年耗电与厂下达指标对比，节电 $439.89\times10^4 kW\cdot h$；与事前年度同期对比，节电 $2193.59\times10^4 kW\cdot h$。

（二）优化耗材管理挖潜方法

在抽油机皮带更换上实行专业化管理，使全矿抽油机皮带在用情况心中有数，更换周期得以优化，既保证了皮带更换的操作安全和质量，又延长了皮带使用寿命、降低了耗用数量。全矿抽油机皮带平均每年用量减少1051组，降低物料费用支出31.53万元。

（三）优化设备内修挖潜手段

利用闲置厂房、闲散设备，优选操作人员，建立车辆检查站、润滑站、保养站，实行机动设备修保专业化管理，快速进行点项车检，确定待修问题，降低了车修成本。尤其是在车辆润滑上，采取大桶装替代小包装、同等级或高等级替代设备专用油等措施，推行单车定量、定期、定点加油的管理方式，使全厂活动设备实现了统一润滑，降低了油品费用，年节约费用282万元。

（四）优化修旧利废挖潜模式

（1）开展集中修旧利废工作。围绕井站易损设备、易耗配件、易坏仪器，持续开展集中修旧优化攻关活动，并将单件成本高、修旧成功率高、投用率高的物件，不断纳入集中修旧项目中，拓展修旧利废的宽度和广大。

（2）配套修旧利废工具和技术。先后研制与使用修旧专用设施3件、专用工具4件、专用装置2套，研发与应用修旧专项操作技术8项，编制与应用精

细修旧操作方法2项，累计创修旧价值3190万元。

（五）优化成本挖潜奖惩机制

（1）完善集中修旧利废阶梯式计奖制度，推行月度修旧价值考核基数、月度修旧台阶加奖标准、逐月价值积累考核方式、修旧物件质量考核方法、修旧利废考核流程五项考核办法。

（2）改进井站节电绩效考评方式，明确站库、机采井节电指标，并将相应指标纳入基层干部及单位年度绩效合同中，采取"ZWYCDX"季度跟踪调控循环管理模式(图3)，进行指标跟踪管控。

（3）优化抽油机皮带耗用考核方法，根据采油队井数的变化，调整确定季度分队皮带消耗指标，增加季度节约百分率加分标准及超标百分率扣分标准。

（4）优化油井解卡特车超工时奖励、断杆打捞单井计奖等激励措施，持续调动基层队(站)降本增效的积极性。

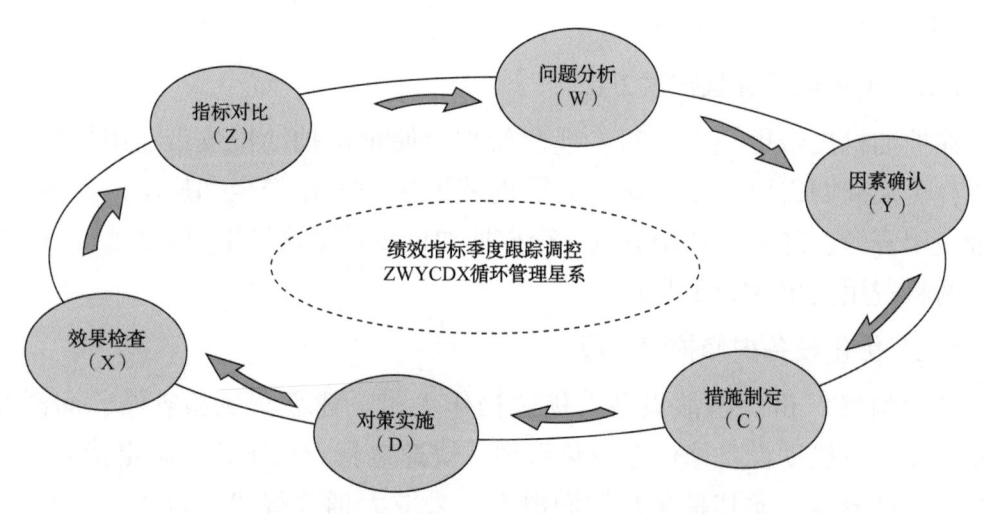

图3 绩效指标季度跟踪调控循环管理方式星系图

2015年以来，围绕油气操作成本管理，第二油矿加快创新驱动，注重精细管控，成效显著，实现了连年总成本不超支，油、气操作成本降幅分别为33.82%、25.83%。

基于降本增效的活动设备"三站"优化管理

杨晓存

自 2014 年以来,第二油矿以创新驱动创效为主线,实践以车辆回场检查站、车辆维修保养站、车辆润滑换油站为管理对象的活动设备"三站"优化管理模式,形成了系统性的岗位职责与工作流程、规范性的工作制度与管理标准、创新性的操作技法与技术手段,见到了活动设备完好率与利用率"双提高"、维护成本与润滑费用"双降低"的显著效果。

一、创新活动设备维修管理机制,增进"三站"优化管理水平

以"三站"管理创新为主线,建立了活动设备维修管理新机制,通过履行 7 项岗位新职责,运行 9 项岗位新流程,执行 5 项工作新制度,推行 4 项管理新标准,实行 3 个方面安全新事项,试行 5 项物管新制度,不断增进"三站"优化管理水平。

(一)履行具有优化管理环节与细节的岗位职责

在活动设备"三站"的岗位职责中,分别明确了各站工作点项、各项工作标准及工作方式,确定了车检站班长与员工、保养站班长与员工、润滑站班长与员工的岗位职责,"三站"操作主体严格履行具有优化管理环节与工作细节,并带有系统性、管控性、规范性的岗位职责。

(二)运行具有优化管理重点与节点的工作流程

为了搞好"三站"持续优化管理工作,明确岗位管理主体、管理环节、管理重点、管理节点,制定了车辆回场检查、修理保养、定点换油、现场换油、旧油回收处理、润滑油入出库、润滑油品统计 7 项工作流程,完善了集中供油、废旧机油回收 2 项工艺流程,提高了流程化管理的实效性。例如:围绕特车现场换油工作,制定了详细的工作流程(图 1),明确了 10 个工作点项,

规范了现场换油安全与环保、定质与定量等环节的操作流程，实现了特车现场换油工作的规范化管理。

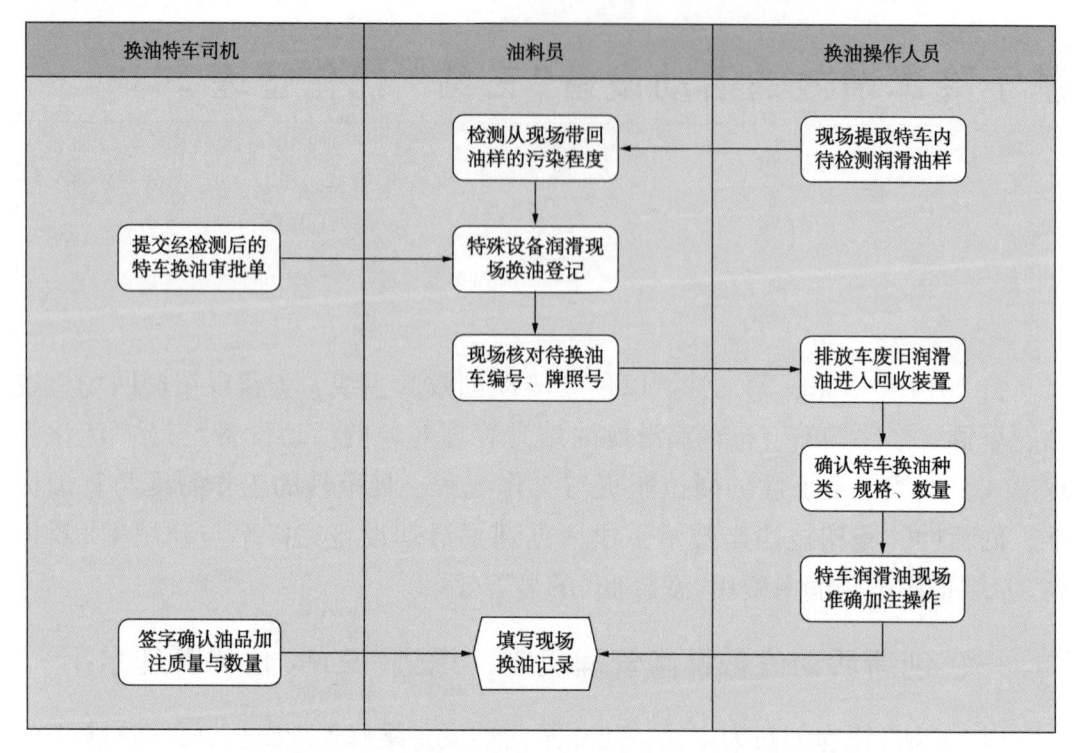

图1 "三站"精细管理特车现场换油工作流程图

（三）执行具有优化管理方法与技法的工作制度

以全面规范"三站"优化管理各项工作为核心，制定与执行车辆回场检查、修理保养、站点换油、现场换油、旧油回收5项工作制度，明确每项工作的优化方法与优化管理技法，力求机动车检查、保养、润滑等环节精准、高效操作。

（四）推行具有优化管理对标与指标的管理标准

为提升"三站"标准化管理水平，确定并执行车辆回场检查工作标准、车辆润滑换油质量标准、润滑油站岗位工作标准、润滑油站验收评分标准，全面明确机动车检查、保养、润滑等环节的优化管理对标与指标，增加了标准化管理的内在性。

（五）实行具有优化管理点项与事项的安全制度

为确保"三站"日常管理安全运作，明确重点环节优化管理的点项与事项，持续增强安全环保的管控性，制定了岗位安全管理注意事项、润滑油库安全注意事项、旧油储存安全环保事项、防火防爆管控禁令 5 项安全环保制度。

（六）试行具有优化管理准则与细则的物管制度

为有效管理以润滑油为主的"三站"各类物资材料，制定了油品入库与出库，油品储存，器具、油品检测与更换，"三站"物资与材料等 5 项物管制度，其内容全面蕴含了岗位物资优化管理的准则与细则，增进了持续物管的合规性。

二、创新活动设备维修专业技法，提升"三站"维修操作技能

面对不断更新、出新的各种油田车辆，努力做到新旧设备车检工作全面、精细，维修工作全面、精通，全面化解活动设备维修技术难题。

（一）编制车辆回场检查操作口诀

在日常车检工作中，坚持边检查边写实、边写实边总结，创出了检车定标、检测定位、检修定项的 9 项车辆回场精细检查口诀，即：车容整，装备齐，件件不缺没问题；气电足，油水够，路路检测都通透；三油质，都达标，点点润滑都有效；三液位，在限内，时时动力有储备。

（二）总结车辆常见故障检查方法

为了快速准确查出机动车故障的隐患点位，车检与保养班组人员查找相关书籍、参考专业知识，结合多年的修车经验，明确车辆常见的起动机不转动或转动缓慢、起动机转动正常而发动机不能启动、发动机怠速不良、发动机怠速过高、发动机转速不稳等 8 种故障 58 个点项检查方法，经过实际应用，提高了检车每个环节的工作效率。

（三）明确系统故障原因分析方法

为了提高车辆机修工作效率，深挖修车费用节约潜力，依据机动车辆检修的相关知识，结合车辆检修的工作实践和经验，明确了车辆制动系统、启动系统、燃烧系统、传动系统、转向系统、行走系统等 8 个系统的故障原因分析方法，进一步提高了故障问题确定准确率。

（四）明确油路和电路故障判断法

为了准确判断机动车油路和电路的各种故障，依据发动机油路和电路检修的相关技术和技能，结合车辆检修的故障判断和实践经验，明确了发动机油路和电路故障精细判断方法以及具体操作步骤，有效提高了车辆发动机油路和电路故障判断精确率。

（五）明确电路故障精细诊断方法

围绕机动车电路系统常见的短路、断路、电气设备损害等问题，明确了断路精细诊断、短路精细诊断、试灯精细诊断、仪表精细诊断、高压试火精细诊断、低压搭铁试火精细诊断等8种精细诊断方法，实现了各种故障的迅速和精准诊断。在各种车型电路故障的实际应用中，故障诊断准确率提高了36%，机动车电路故障准确定位时间缩短了47%。

（六）创新电动车检修精细操作"三字经"

近些年，第四采油厂为各采油队配备了巡井电动车。为了保证电动车少出大故障、消除小隐患，在电动车检查中，总结经验方法，将控制器、车没电、车有电等9种情况的精细检查操作编成了52句"三字经"（图2），并附加了相应的解释说明。操作人员对照"三字经"实施电动车的检查，保证检查内容的全面性和故障处理的准确性。

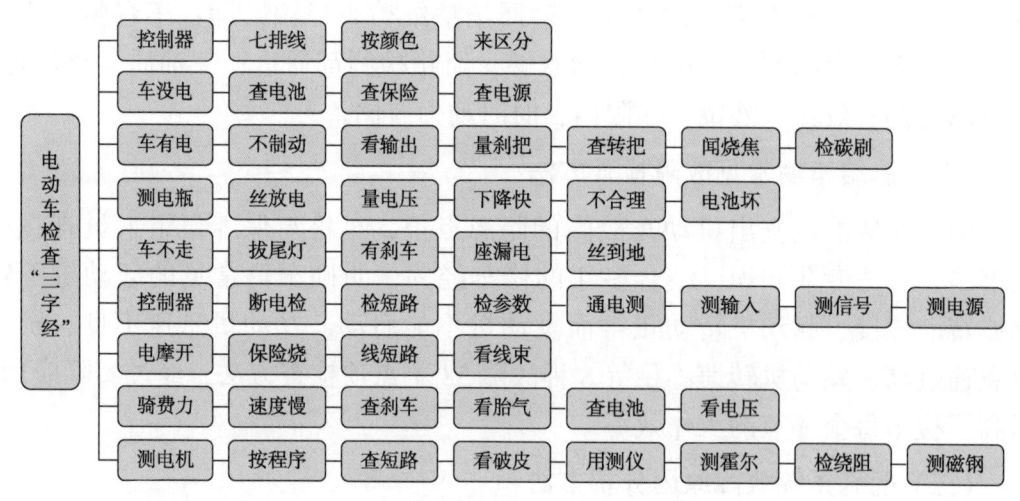

电动车检查"三字经"							
控制器	七排线	按颜色	来区分				
车没电	查电池	查保险	查电源				
车有电	不制动	看输出	量刹把	查转把	闻烧焦	检碳刷	
测电瓶	丝放电	量电压	下降快	不合理	电池坏		
车不走	拔尾灯	有刹车	座漏电	丝到地			
控制器	断电检	检短路	检参数	通电测	测输入	测信号	测电源
电摩开	保险烧	线短路	看线束				
骑费力	速度慢	查刹车	看胎气	查电池	看电压		
测电机	按程序	查短路	看破皮	用测仪	测霍尔	检绕阻	测磁钢

图2 电动车检查"三字经"构成图

（七）明确电动车故障定位排除法

检查出电动车故障，需要进行定位判断及定项排除。根据有关电动车修理的参考文献，结合本单位电动车常见故障的判断与分析、修理与研究、总结与归纳，确定与应用电动车仪表显示正常而电动机不转、电动机时停时转、电动机不转而仪表无显示等13项常见故障定位判断及定项排除方法，缩短了电动车故障判断与处理时间。

三、创新活动设备维修专用工具，提高"三站"维修工作效率

面对繁重的全厂各类机动车辆润滑换油任务，润滑油站人员以提高工作效率为原则，研制了专用工具3套、专用装置2台，5项技术革新成果的研发与应用，降低了单车润滑换油时间50%以上，见到了"三站"技术革新的实效性。

（一）机油滤子拆卸配套工具的研制与应用

机油滤子拆装是车辆润滑换油必须操作的程序，为了提高机油滤子拆卸效率，换油操作人员根据机油滤子的安装方式，按拆卸步骤不断优化改进，研制出了拆卸机油滤子专用扳手，使机油滤子拆装效率提高了1倍以上。

（二）拆卸机油箱丝堵专用扳手的研制与应用

排放车辆机油箱内废旧机油是润滑加油之前必须要做的工作，针对车内机油箱下丝堵因垢滞拆卸困难的问题，操作人员根据不同车型、不同开口的机油箱，研制出了一套不同规格的拆卸机油箱丝堵专用扳手，经过实际应用，达到了省时省力的效果。

（三）废旧机油回收滑动装置的研制与应用

机动车辆废旧机油排放通过润滑油站的地下专门回收工艺系统完成，回收系统与停车位的车辆对接，实现废旧机油排放。为提高机油回收效率，降低劳动强度，维修队修旧技术骨干研制了可以在滑道上移动的废旧机油接收装置（图3），与回收工艺配套应用。

图3 机动车辆废旧机油回收滑动接油装置示意图

（四）油桶双能长臂开盖扳手的研制与应用

润滑油站投用初期，大桶润滑油橇盖使用扁起子、螺纹盖开启使用活动扳手，既费时又费力。为提高油桶开盖效率，降低劳动强度，换油操作人员根据不同油桶盖的不同结构，研发了具有撬、拧双功能的油桶长臂螺纹开盖

扳手，将大容量油桶的开盖时间缩短了83%，大大提高了工作效率。

（五）润滑油桶搬运便捷装置的研制与应用

以往对油瓶罐补充机油，使用机动叉车搬运，因活动空间受限，叉车无法完成小空间内的搬运操作。针对该问题，操作人员研制了油桶推运装置（图4），实现了油品的安全、快捷搬运操作。

图4 润滑油桶搬运便捷装置实物与搬运图

通过活动设备"三站"优化管理活动的开展，促进了三站管理水平的不断提升。其中，润滑油站先后2次被评为大庆油田公司设备管理先进班组，累计创经济效益1560万元。

采油队抽油机皮带更换流程化管理

周洪达

抽油机皮带更换是采油队物料消耗的主要环节，需要通过流程化管理加以全过程优化管理，实现降本增效。自2014年以来，第二油矿四区八队在抽油机皮带消耗工作中，围绕操作规程之中的工作流程及运行环节进行优化管理，以皮带更换操作为主线，以"四点一线"工作为重点，明确流程管理节点措施和风险防控，落实抽油机皮带"321"管理模式，做到每条皮带物尽其用，降低生产维护物料成本。

一、确定流程化管控分工，实行抽油机皮带消耗"三抓"管理

围绕全队抽油机皮带以往消耗进行调查研究，针对物料管控、更换操作、日常管理3个主要环节，确定流程化工作分工，进行流程化工作定位，实行抽油机皮带消耗"三抓"管理方式，不断运行采油队抽油机皮带更换流程化管理体系，逐步降低抽油机皮带消耗量。

（一）主抓抽油机皮带物料管控

结合矿抽油机皮带消耗管控流程之中的物料发放管理环节，根据抽油机皮带消耗专业化分工要求，承接矿下达年度、季度抽油机皮带管控量化指标，由队长负责皮带节约管理的全面运作，主抓全队日常抽油机皮带发放管理工作，综合考虑抽油机开井数、皮带型号以及抽油机负荷等因素，设定单井抽油机皮带消耗年度用量，确定班组抽油机皮带消耗季度数量，坚持季度按矿考核分值严奖惩，注重年度按流程管理细讲评，按照节点职责权限，持续抓实抽油机皮带更换流程化管理首个环节的风险控制措施落实。

（二）细抓抽油机皮带问题治理

由采油工程技术员围绕抽油机皮带消耗管控流程之中的皮带使用管理环

节，组织抽油机运转系统的技术攻关，围绕以往抽油机皮带打滑、磨损、断裂、断脱等问题，注重3个分析与治理：

（1）针对皮带轮因素分析，对材质不过关、槽角不适合、规格不匹配等问题，采取材质检验、槽角测算、匹配更换等治理方法，消除了皮带轮因素对皮带消耗的影响问题。

（2）针对抽油机不平衡运转、泵况与控载等影响因素开展分析，落实功率调平衡、泵况细落实、热洗降载荷等措施，减轻了机采举升系统运行中的影响程度。

（3）针对抽油机皮带打滑和干磨等直观问题进行现场分析，依据皮带松紧度有关调整技术规范，采用皮带安装精细检测等手段，落实逐井检查与调整皮带松紧度工作，有效治理了抽油机皮带打滑和干磨问题。

（三）严抓抽油机皮带运转跟踪

由生产副队长立足管控流程之中的皮带日常维护调整和设备检修等管理环节，注重日常维护调整到位、设备检修工作到位、周期巡检工作到位、故障处理及时到位等"四个到位"工作落实，不仅通过维护调整精准、日常巡检严细而做到问题及时发现、及时汇报、及时分析，还能够及时制定对策、及时排除故障、及时调整参数而达到皮带消耗操作工作专业化管理水平。由安全副队长负责抽油机皮带更换现场管理，确保安全监督到位、安全警示到位、安全防护到位，防患于未然。两名副队长根据《第二油矿生产保障专业化管理手册》中的抽油机皮带消耗专业化主体构成、工作职责、工作标准、工作流程等专业化管理制度，严细落实，严格执行，严明考核。

二、锁定流程化工作风险，运行抽油机皮带更换"二优"管理

围绕抽油机皮带传动管理的每个细节，针对抽油机皮带消耗管控流程的双项配套工作流程之中的工作点项，通过创新与运行"二优"工作方式，持续有效规避各类风险，接续精细防控各种隐患，连续填补各项管理缺陷，不断提升专业化管理效率和机采系统效率。

（一）抽油机皮带更换工作优化

创出与运行皮带更换与调整等4个环节明确及相应节点确定的抽油机皮带更换工作流程(图1)，并做出4项风险提示：（1）装卸皮带时戴手套或用手抓皮带，容易导致皮带碾伤手指，造成机械伤害；（2）上、下操作平台时，

手扶皮带或操作不平稳，容易导致身体滑脱跌倒，造成机械伤害；（3）使用撬杠时用力过猛或方法不正确，撬杠滑脱，容易造成机械伤害；（4）曲柄停止一段时间后又发生移动，由于监护不到位，易造成机械伤害。通过流程化操作，达到了抽油机皮带更换全过程、全环节、全节点的优化工作效果。

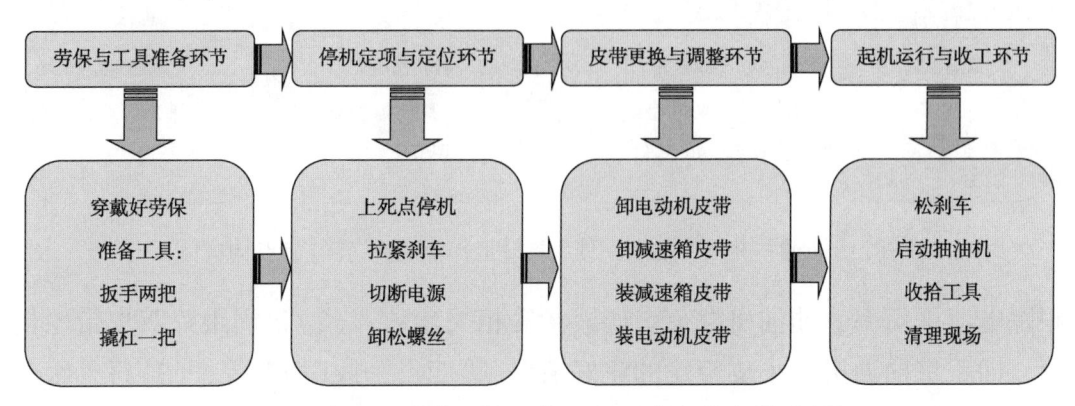

```
┌─────────────────┐    ┌─────────────────┐    ┌─────────────────┐    ┌─────────────────┐
│ 劳保与工具准备环节 │ ─▶ │  停机定项与定位环节 │ ─▶ │  皮带更换与调整环节 │ ─▶ │  起机运行与收工环节 │
└────────┬────────┘    └────────┬────────┘    └────────┬────────┘    └────────┬────────┘
         ▼                      ▼                      ▼                      ▼
┌─────────────────┐    ┌─────────────────┐    ┌─────────────────┐    ┌─────────────────┐
│   穿戴好劳保     │    │   上死点停机     │    │   卸电动机皮带   │    │    松刹车       │
│   准备工具：     │    │   拉紧刹车       │    │   卸减速箱皮带   │    │   启动抽油机    │
│   扳手两把       │    │   切断电源       │    │   装减速箱皮带   │    │   收拾工具      │
│   撬杠一把       │    │   卸松螺丝       │    │   装电动机皮带   │    │   清理现场      │
└─────────────────┘    └─────────────────┘    └─────────────────┘    └─────────────────┘
```

图 1 抽油机皮带更换工作流程环节与节点构成图

（二）"四点一线"调整工作优化

围绕抽油机皮带管理之中的"四点一线"参数优化调整工作，确定流程管控节点、标准管理重点、隐患管治要点，对各环节、各类别风险进行评估与确认，绘制参数调整与验证等4个环节明确及相应节点确定的抽油机皮带"四点一线"调整工作流程（图2），并做出两项风险提示：（1）使用撬杠或大锤时用力过猛或方法不正确，容易造成机械伤害；（2）上、下操作平台时，手扶抽油机皮带或操作不平稳，容易导致身体滑脱跌倒，造成机械伤害。通过流程化运作，起到了抽油机皮带"四点一线"调整工作全系统、全参数、全点项的机采运转装置参数优化运行效能。

三、制定流程化跟踪措施，推行抽油机皮带运转"一维"管理

为了进一步优化抽油机皮带更换流程化管理工作，第二油矿四区八队以事前跟踪维护管理为主线，推行推出"维"字的"三项跟踪、三个巡检、双标奖惩"流程化跟踪措施，在保障机采系统生产的前提下，进一步减少了皮带使用数量、降低了生产维护物料费用。

（一）抽油机皮带运行状况跟踪巡视

在抽油机皮带日常管理之中，总结与推行抽油机井参数、皮带使用情况和双皮带轮情况的"三个跟踪"巡视管理措施：（1）每天跟踪抽油机井参数，即

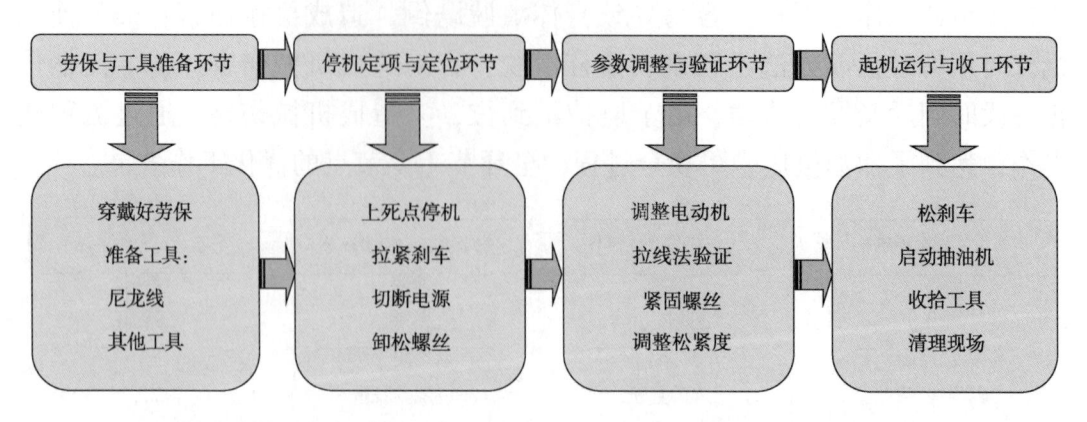

```
劳保与工具准备环节 → 停机定项与定位环节 → 参数调整与验证环节 → 起机运行与收工环节
     ↓                    ↓                    ↓                    ↓
穿戴好劳保             上死点停机            调整电动机             松刹车
准备工具：              拉紧刹车             拉线法验证            启动抽油机
 尼龙线                切断电源              紧固螺丝              收拾工具
 其他工具               卸松螺丝             调整松紧度            清理现场
```

图 2　抽油机皮带"四点一线"调整工作流程环节与节点构成图

跟踪电流平衡率、抽油机载荷、产液量等相关参数；(2)每周跟踪双皮带轮情况，即跟踪抽油机大小皮带轮的完好情况、"四点一线"情况等；(3)每月跟踪皮带使用情况，即跟踪皮带磨损情况、皮带松紧度情况等皮带使用情况。通过"三个跟踪"巡视管理，队干部全面掌握抽油机皮带运行状况，岗位员工全面了解抽油机皮带在用情况，确保了机采井日常维护流程化措施到位。

（二）抽油机皮带运转情况跟踪巡检

为了保证抽油机皮带的正常运转，实行"三个巡检"管理方法：(1)采油工白天巡检，当天问题当日落实；(2)值班干部夜间巡检，当晚故障当夜排除；(3)维修班人员定期巡检，发现隐患快速诊断、迅速排除，针对难以快速解决的问题，立即上报、及时协调、限期排解。经过不断开展"三个巡检"活动，确保抽油机皮带运转情况不间断跟踪检查、问题不间断跟踪落实、隐患不间断跟踪处理，促进了皮带流程化管理工作，提升了油井运转时率。

（三）抽油机皮带消耗近况跟踪考核

采取抽油机皮带消耗近期工作情况必须近期跟踪考核的工作不拖后、考核不延后工作方式，明确季度皮带使用量低于计划、年皮带使用量低于计划、岗位员工有关皮带节约的合理化建议、维修班皮带管理工作有突出表现等4个加奖项目，确定季度皮带使用量超计划、跟踪巡检不到位、异常情况发现不及时、皮带断导致停机井更换不及时、皮带更换未按标准流程进行、"四点一线"调整未按标准流程进行等6个扣罚项目，每月定期召开班子及生产骨干会议，针对近期皮带管理工作做出讲评，对于皮带管理相关工作表现优秀的人员进行嘉奖，对于皮带管理相关工作不到位的人员按标考核，不断跟踪考核皮带消耗工作。

2014年以来，第二油矿四区八队通过抽油机皮带更换流程化管理，持续运行抽油机皮带"321"管理模式，皮带消耗量逐年下降（图3），单井年消耗14.6组降至1.5组（表1），2018年与2014年对比皮带用量减少898组，平均每组皮带按照300元计算，全队4年少用皮带3387组，累计节约费用101.61万元，平均年节约费用25.4万元。在抽油机皮带更换工作量大幅度下降的情况下，机采维护成本得到降低，员工劳动强度得到降低，操作安全风险得到降低。2017年，第二油矿四区八队获得大庆油田公司金牌采油队、先进党组织等荣誉，连续两年获得大庆油田公司"效益型采油队"称号，2018年被评为大庆油田公司"效益型标杆队"，并获得大庆油田公司先进集体荣誉。

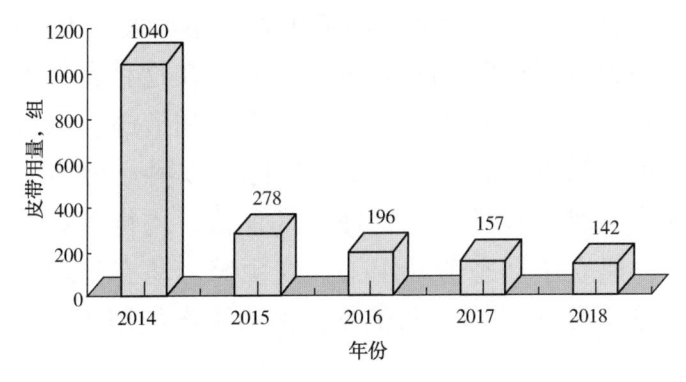

图3 第二油矿四区八队2014—2018年皮带用量统率对比柱状图

表1 第二油矿四区八队2014—2018年皮带用量统计表

年度	2014年	2015年	2016年	2017年	2018年
皮带消耗，组	1040	278	196	157	142
单井消耗，组	14.6	3.8	2.1	1.8	1.5

以优化用工为目标的要素激励奖金管理

韩志国　刘文超

2015—2019年,第三油矿累计投产新井1817余口,新建各类站、所15余座。受新建产能及自然减员影响,用工压力逐年加大,单井用人由2014年的0.616人/井,下降到2018年的0.393人/井。在这种背景下,深挖用工潜力、平衡用工差异成为缓解缺员压力的有力手段和措施,同时也是基础管理水平持续提升的重要保障。第三油矿立足实际,以科学分析、定量评价差异为出发点,建立了队种功能评价、管理难度评价、均衡管理差异、量化管理标准的4个模型,建立了动态劳动用工强度预警、动态管理难度奖金二次激励"两项机制",实现用工结构不断优化,保障了产能用工需求,有效缓解了缺员压力。

一、结合生产要素动态变化,建立队种功能评价模型

受产能投产影响,各基层队的产能、用工状况、管理面积、生产能力均发生动态变化。以往采油矿计奖方式以站队、站库、生产保障三大系统为中心,应用定性的砍块方式赋值基础分值,以月度奖金考核的形式评价管理好坏,并未定量的考虑产能规模、用工人数等要素变化对整体管理难度的影响。第三油矿结合实际,应用极差分析、模糊数学等方法反向模拟,确定因素影响关系,建立了队种功能评价模型。应用模型,结合生产要素的动态变化计算其管理难度变化,实现队种功能的动态评价、赋值,并依据结果动态调整各队种的基础分值。

(一)梳理要素种类

结合实际,确定影响生产的要素主要有总井数、单井用人、管理面积、标定生产能力(每月核定日产液)4个方面。把以上4个因素作为影响因子,以每个基层队为计算样本,通过极差分析确定因素之间的量化关系。

(二)建立评价模型

以人均奖金占全矿比例为计算标准,通过极差分析算法计算4类因素的权重关系,依据权重影响关系,采用模糊综合评判实现模型量化计算。

(三)拟合确定结果

通过模拟12个基层队的计算结果,运算得出三元采出队、三元注入队、水驱采油队和后续水驱采油队管理难度分别赋值为118、111、113和115,实现了队种基础分值动态赋值,同时与月度奖金相结合的动态计奖方式。

二、结合产能投产动态变化,建立管理难度评价模型

队种功能评价结果只能反映一个队功能上的差异,不能具体反映出岗位用工强度、管井难度。在队种功能评价的基础上,对不同开发方式、不同举升类型、不同开关井状态进行了工作量写实,并将不同标准小的写实工作量修正到同一标准(水驱开井抽油机),然后结合每队井、人的变化关系,确定用工强度的变化,评价管理难度的大小,对管理难度大的队实施额外计奖,以奖金倾斜的方式激励用工流动,实现科学调整各队用工结构、岗位配备、人员分配,保障新建产能用工需要。

(一)开展工作量写实工作

通过水驱队、三元采出队、三元注入队劳动量写实,量化各项工作的操作人数、操作时间、工作周期,计算得出单井额定工时(表1)。其计算公式如下:单井定额工时=单项工作内容之和(工作人数×工作时间×工作周期)。

表1 工作量写实结果统计表

类型	水驱	三元	后续水驱	注入井
抽油机	67.9	117.0	74.1	
螺杆泵	34.0	50.0	42.2	
电泵井	30.6			
油井关井	20.6	25.4	25.4	
水井开井	25.6			17.9
水井关井	14.5			10.0

(二)开展对标量化工作

首先,以水驱开井抽油机额定工时为对标标准,对不同开发方式、不同举升类型、不同开关井状态下的工作量进行量化。其次,以维修工+采油工+

计量工+资料员为计算单元，结合各队折算井数变化，计算折算单井用工。最后，应用公式计算各队的管理难度系数（表2），其计算公式如下：各队管理难度系数=实际用人（采油工+计量工+维修工+资料员）/折算井数。

表2 对标量化结果统计表

类型	水驱	三元	后续水驱	注入井
抽油机	1.00	1.72	1.09	
螺杆泵	0.50	0.74	0.62	
电泵井	0.45			
油井关井	0.30	0.37	0.37	
水井开井	0.38			0.26
水井关井	0.21			0.15

（三）指定对标用工模板

依据各队管理难易程度评价结果，确定各队采油工、计量工、维修工、资料员、集输工等工种定员人数，按照定员模板优化用工，在管理难度差异较大的队之间进行岗位人员调整，平衡各队之间的用工差异（表3）。

表3 采油系统岗位用工模板

队别	折算井数，口	采油工+维修工，人	计量工，人	资料员，人	中转站，人
五区一队	125	20	9	2	10
六区一队	267	41	9	3	10
六区二队	176	30	8	3	10
六区四队	72	13	6	2	10
六区五队	48	7		2	
六区六队	79	13	6	2	10
六区七队	39	7		2	
七区一队	166	23	6	3	10
七区二队	102	18	5	2	10
七区四队	106	21	5	2	10
七区五队	271	35	10	3	10
七区六队	200	19	7	3	10
东二队	70	9	5	2	10

三、结合评价模型量化结果，开展用工优化调整工作

（一）建立配套的保障机制

1. 建立预警机制

依据管理难度动态变化，建立用工预警机制，设定预警系数。当超出预

警范围时，启动预警。启动预警后，按照岗位用工模板标准，平衡各队岗位用工人数，降低用工差异。

2. 建立奖金二次分配激励机制

依据每队折算单井用人（表4）与全矿平均水平对比结果，对低于全矿平均单井用人水平的基层队，按照一定比例实施奖金二次分配激励。同时修订基层队管理细则，对工作难度工作量高于全队平均标准的人员发放二次激励奖金，保证机制执行到位。

表4 折算单井用人统计表

单位	折算井数口	实际采油工+维修工+计量工+资料员 人	单井用人 人	平均后用人（采油工+维修工） 人	富余人员（采油工+维修工） 人
五区一队	125	35	0.1834	31	4
六区一队	267	55	0.1608	53	2
六区二队	176	38	0.1474	39	−1
六区四队	72	25	0.1801	23	2
六区五队		12		12	
六区六队	79	26	0.1781	24	2
六区七队		12		12	
七区一队	166	33	0.1262	38	−5
七区二队	102	31	0.1859	28	3
七区四队	106	36	0.2260	28	8
七区五队	271	48	0.1327	54	−6
七区六队	200	31	0.0950	43	−12
东二队	70	26	0.2001	23	3
合计	1636		0.1540		−23

（二）整合队种、班组职能

以"专业化、区域化、高效化、集约化"为核心，整合不同队种及不同班组的工作职能，打造专业的管理和班组队伍。

1. 实施三元配注一体化管理

结合中控优势，将联合站与二元调配站功能整合，形成注入井、注入站、调配站、联合站、集中化验班组"五位一体"的多元管理模式，实现由传统的区块管理到区域管理的转变，共减少4个小队编制，节约用工54人。

2. 实施三元采出井区域化管理

针对三元采出井管理难度大的实际，整合五个采出队的班组职能，通过精选岗位人员，优先配备车辆，实施区域化管理模式，提高了工作效率，减少用工31人。

3. 实施保障班组专业化管理

按照厂管理提升工作部署，积极推进专业化班组建设，完善后续水驱、集中化验、中控管理等8类专业生产班组，组建低压电工、皮带更换、管焊等8类专业保障班组，充分发挥专业化管理优势，减少用工64人。

在产能规模逐年扩大，4年累计新增油水井1807口的背景下，第三油矿解放思想、创新实践，坚持把管理创新和机制创新作为解决矛盾、克服问题的重要手段，有效破解了制约发展的体制性障碍、结构性矛盾和深层次问题，累计节约用工192人，稳步推进了"专业化、标准化、信息化"的建设，为企业的持续发展做出了较大的贡献。

以高效举升为目标的机采井节能降耗管理

赵向茹　张智超　徐　赫

杏北开发区经过多年开发，已进入特高含水开发后期，低效高耗井比例较高，加之产能规模的不断扩大，机采系统能耗管控和挖潜难度越来越大。为落实油田公司"十三五"能耗战略工作要求，实现降本增效、高效举升目标，第四采油厂紧紧围绕"目标控制、过程管理、节点分析、立体节能"的工作思路，坚持技术应用与精细管理相互补充的原则，针对性地开展低效高耗井专项治理工作，并取得了显著成效。

一、创新能耗管理方法，提高机采井管理效率

针对高能耗井管理无抓手，措施无依据的现状，第四采油厂创新应用了"两图一表"创新管理方法，形成了利用"能耗分区控制图"确定高能耗井，利用"节点分析控制图"分析高能耗原因，利用"治理对策表"优化节能措施的节能管理模式，实现了机采井能耗指标量化、节能措施个性化、治理方案精细化的目标，为挖掘机采系统节能潜力、提高节能工作效率提供了手段。

（一）创新抽油机井能耗分区控制图

抽油机井能耗分区控制图将抽油机井根据系统效率的高低进行了区域划分，共分为高效区、合理区、低效区以及待落实区4个区域，其中分布在低效区和待落实区的单井是节能挖潜的主要对象。抽油机井能耗分区控制图实现了将以前的低系统效率井模糊治理转变为量化管理，能够准确掌握低效区以及待落实区抽油机井数，从而有针对性地进行治理。

（二）绘制抽油机井节点分析控制图

将抽油机系统分为地面部分和井下部分，其中地面部分由四连杆机构、拖动装置、减速箱、皮带轮、井口等组成，井下部分由抽油杆、油管、抽油

泵等组成。根据抽油机不同节点高能耗原因分析，制定相应的节能措施，绘制出了抽油机节点分析控制图。应用抽油机井节点分析控制图实现了抽油机井各节点的细化分析，大大提高了高能耗抽油机井治理的针对性。

（三）建立抽油机高能耗治理对策表

总结多年经验，制定了适应不同能耗节点的治理对策表，应用该对策表可快速找出相应能耗节点的治理方法，实现了治理对策的模板化应用，提高了治理效率和效果。

近年来，利用"两图一表"开展低系统效率井治理工作，效果显著。能耗分区控制图中合理区比例上升了21.17个百分点，低效区和待落实区比例分别下降了18.15个百分点、4.25个百分点（图1），机采井平均系统效率上升了2.4个百分点。

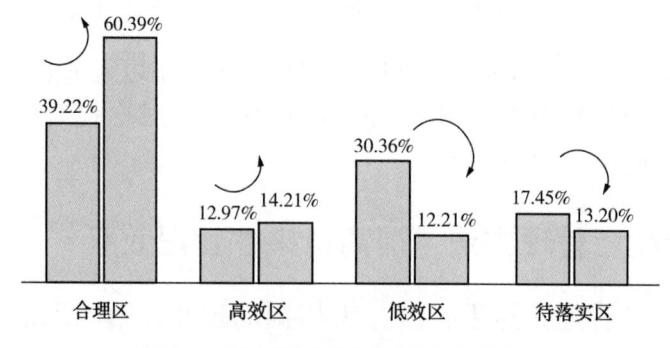

图1 能耗控制图各区变化情况

二、创新间抽管理方式，降低供液不足井比例

在考察现场实际的基础上，针对低产低效井、长关井及聚驱后高含水井应用不停机间抽装置，为今后抽油机井节能举升及配套工艺应用提供技术支持。

不停机间抽采油技术主要是曲柄以整周运行与摆动运行组合方式工作，将长时间停机的常规间抽工艺改为曲柄低耗摆动、井下泵停抽的不停机短周期间抽工艺。对于供液不足井，应用不停机间抽技术可有效提高泵的充满程度，降低能耗；对于高含水井，应用不停机间抽技术可缓解由于长时间高含水关井造成的地层压力不均衡，降低低效无效循环。此外，与传统的间抽管理方式对比，不停机间抽自动执行间歇采油制度，无须员工频繁进行启停机工作，大大降低管理难度和人力成本。

杏北开发区共安装不停机间抽装置1215套，其中，完成程序调试并运行的有1093口井。应用不停机间抽控制装置后，平均单井日产液上升了0.83t，平均沉没度上升了93m，平均单井消耗功率下降了0.15kW，节电率为11.03%。

三、创新电量管理模式，提高机采能耗管理水平

为解决机采井电量计量数据模糊的问题，研制了机采井电量计量及异常耗电预警装置，并配套了相应的数据管理平台。该装置可根据实际需要，采集单井的电流、电压、有功功率、无功功率、有功电能、无功电能、功率因数、累计耗电量等数据，具备各种电参数的在线计量和显示、数据的存储、查询和回放功能，适应在各类油井应用。

（一）研制成功机采井电量计量及异常耗电预警装置

（1）实现了单井耗电量的准确计量。研制的机采井电量计量及异常耗电预警装置（图2）可根据实际需要，采集单井的电流、电压、有功功率、无功功率、有功电能、无功电能、功率因数、累计耗电量等数据，具备各种电参数的在线计量和显示、数据的存储、查询和回放功能，实现了单井耗电的准确计量，为机采系统节能降耗管理提供了依据。

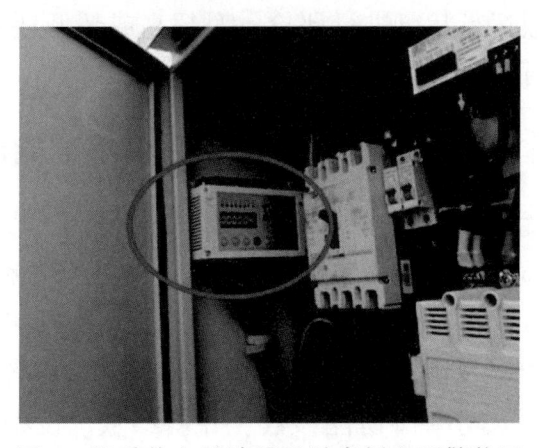

图2 机采井电量计量及异常耗电预警装置

（2）实现了异常预警功能。当发现当日耗电超出日常用电水平时，报警灯点亮，提醒现场人员检查是否存在偷电等，便于及时发现和处理异常耗电情况。

（3）实现了平衡率的在线诊断。机采井电量计量及异常耗电预警装置可自动录取，识别上、下冲程的最大电流，从而计算出平衡比，给生产管理带来了便利。

(4) 根据所测的电量、电参数可以实现对间抽井运行情况的监测、电机过载、过压保护等功能。

(二) 配套相应的数据管理平台

(1) 实现了报表自动生成功能。传统的数据管理平台只是数据的堆砌展示，不具备根据工作需要自动生成多种报表的功能。第四采油厂配套研制的管理平台内嵌EXCEL表格自动输出功能，同时平台简化了操作界面，一键操作就可完成所有工作，大大提高了工作效率。

(2) 实现了电量异常标注提醒功能。数据管理平台可设定每口油井的电量消耗预警值，在每次的自动抄表过程中，管理平台自动对实际消耗值与预警值进行比对，对超标的异常井进行标注提醒，方便管理人员识别。

(三) 单井耗电量计量系统的规模应用

该成果适用于低产低效井及盗电严重地区油井，可减少系统效率和电流平衡比的测试工作量，减轻员工的劳动强度。同时实现了机采能耗数据的共享，提高了工作效率和管理水平，具有较好的应用前景。第四采油厂推广应用机采井电量计量及异常耗电预警装置678套，并在所有新投产能新井的控制箱中增加了机采井电量计量功能。管理人员应用管理平台，根据电能变化对节能设备及生产参数运行状况进行评价，对超高或超低耗电井进行分析治理，年创经济效益399万元。

四、打造立体优化试验区，挖掘机采系统节能潜力

抽油机井立体优化节能技术是一种以产量为目标，以降能耗为准则的机采系统设计方法。通过建立一套有杆泵抽油系统输入功率理论计算体系，将有杆泵抽油系统输入功率划分为有效功率、地面损失功率、井下黏滞损失功率、井下滑动损失功率及溶解气膨胀功率5部分，分析各部分功率的影响因素，确定抽油系统输入功率与物性参数、井斜参数、设备参数及生产参数组合间的函数关系式。利用"采油采气工程优化设计与决策支持系统软件"（图3）对试验区抽油机井进行立体优化设计，以有效地降低有杆泵抽油系统能耗，提高抽油机井系统效率。

对优化实施井前后数据进行分析，平均单井产液量增加2.84t/d，泵效增加6.95个百分点，平均消耗功率下降0.28kW，系统效率提高3.33个百分点，节电率14.94%，优化效果显著。

图3 采油采气工程优化设计与决策支持系统软件

全生命周期"健康井"管理模式的应用

魏显峰　刘肇斌　张荣鹏

杏北开发区经过多年开发，形成了水驱、聚驱、三元多套井网并行的开发模式。随着水驱进入特高含水期及三采区块规模的不断扩大，机采井"两率"管理面临的各种矛盾和问题日益突出，2015年以来，本着"控成本、提效益"的工作理念，第四采油厂采油工程系统创新全生命周期"健康井"工作思路（图1），坚持降"两率"系统化闭环管理，实现"两率"指标持续下降。

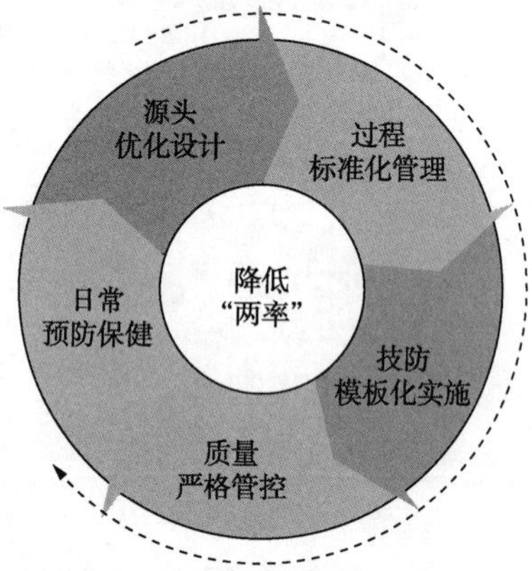

图1　全生命周期"健康井"管理模式

一、源头优化设计，减少作业井数

（一）建立异常井主动预警系统

为及时发现、落实、处理泵况井，编制问题井自动查询系统，将泵效≤30%、沉没度≥400m与泵效为30%~35%、沉没度≥500m的井定义为问题井，通过对比单井前6个月生产数据，及时发现泵况问题井，泵况井管理由被动治理转换为主动预防，降低了泵况对产量影响，维护了工作量平稳运行。

（二）建立待检井分级管理制度

通过计算单井作业劳务、材料、耗电等费用，划定油井检泵作业井的经济界限为影响油量0.67t。以此为依据，结合原油产量、作业需求、施工能力，对待检井实行分级管理，优先安排工产能井、高产井、措施井作业施工，提升经济效益。

（三）坚持"四个结合"优化设计

坚持大泵径、长冲程、低冲次的设计原则，同时做好工艺设计的"四个结合",即:生产动态和功图分析结果结合,年均避免误报误检20井次以上;区块特点和技防措施结合,年均减少频繁作业井32井次以上;单井挖潜措施和常规维护作业结合,年均减少作业15井次以上;动态设计与材料库存结合,提高库存的利用率和施工效率。

二、过程标准化管理,提高监督水平

(一)整合优化监督资源,增强监督力量

为解决原有的多头共管、分散监督的管理格局,按照"分级负责、归口管理、整体协作"的原则,将分散在各室的技术监督人员充分整合,由分散管理改为集中统一管理(图2)。

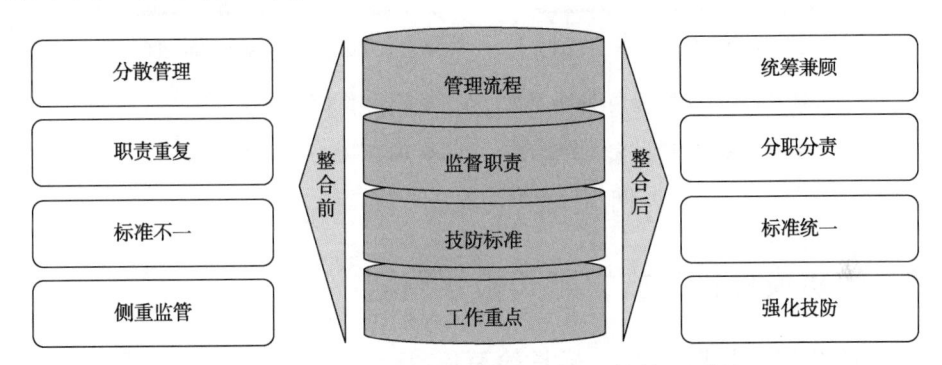

图2 技术监督室成立前后现场监督管理对比

通过优化监督模式,实现了管理流程上的统筹兼顾;通过规范各项标准,实现了技防和管理模板化执行;通过优化厂、矿、队三级管理职责,实现了监督与技术攻关并重,现场作业监督率由80%提高到98%。

(二)"一册"规范监督检查标准,完善监督依据

2015年以来,建立了油水井作业现场监督规范,形成了制度化、程序化、规范化的标准监督体系;制定了井下工具更换使用标准,使工具下井有章可守、有据可查;完善了基础资料录取标准,进一步规范了作业井基础资料。整合上述内容,编制了《井下作业监督指导手册》,建立统一监督、施工标准,使监督体系更加全面、细致、量化。通过手册的贯彻,监督人员逐步实现从"能监督"向"会监督"的转变。

(三)"一卡"规范监督检查点项,提高施工质量

为保证采油队技术员全面掌握井下作业关键工序、监督重点,以《油水井施工现场监督规范》为依据,按照作业监督施工流程和井下作业施工情况,根据作业监督关键节点内容,进行客观、全面的分析研究,分别确立了油井作

业监督节点15个、水井作业监督节点21个、措施作业监督节点24个，并编制出"作业质量监督卡"，实现技术员监督情况、采油矿抽查情况、现场问题整改情况可抽查，施工质量问题、监督缺失问题可溯源。

（四）"一表"摸清两率主要矛盾，把握治理方向

为保证持续跟踪井下工具使用情况、快速准确找到存在问题节点、及时采取针对性技术措施，建立并完善了"第四采油厂作业井质量跟踪统计表"，通过作业监督数据资料横向对比、纵向分析（图3），实现了现场问题及时发现、快速反馈，措施调整及时实施、迅速跟踪，阶段效果及时分析、全面总结。

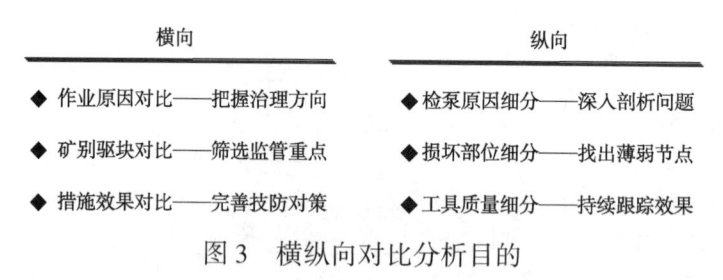

横向	纵向
◆ 作业原因对比——把握治理方向	◆ 检泵原因细分——深入剖析问题
◆ 矿别驱块对比——筛选监管重点	◆ 损坏部位细分——找出薄弱节点
◆ 措施效果对比——完善技防对策	◆ 工具质量细分——持续跟踪效果

图3 横纵向对比分析目的

三、技防模板化实施，延长检泵周期

（一）持续完善技防系列，延长检泵周期

分析历年油井检泵作业原因，杆管断脱、杆管偏磨、泵漏失、卡泵是主要矛盾，因此从"防磨、防断、防卡、防漏"4方面进行专项治理。

（1）防磨技术：一是改进注塑式扶正杆，解决限位环串位、扶正器磨杆问题；二是研制等径泵内扶正杆，解决泵内扶正杆易产生弯曲偏磨问题；三是应用油管橡胶扶正器，解决管柱断脱问题。

（2）防断技术：一是优化泵间隙及结构，解决聚驱抽油机井交变载荷大、杆断频繁问题；二是优化扶正器布置，降低聚驱抽油机井交变载荷；三是针对交变载荷大、杆管频繁断脱井，加大油管锚、旋转脱接器应用力度。

（3）防卡技术：一是应用低磨阻抽油泵+3根沉砂管防砂措施，解决聚驱采出液黏度高、携砂能力强问题；二是应用三元防垢卡技术，解决三元油井垢卡问题；三是应用油管电加热技术，解决扶杨油层稠油井蜡卡问题。

（4）防漏技术：一是应用3∶4型线单螺杆泵，解决1∶2型线结构螺杆泵偏心距大、转子—定子间滑动速度和磨损速度大、定子橡胶厚度不均匀等问题；二是改进泵凡尔结构，解决凡尔罩易磨损、罩壁易磨损问题；三是应用等壁厚螺杆泵，降低定子橡胶的溶胀均匀程度，降低定子溶胀卡泵井数。

(二）建立技防应用模板，加大技防措施推广力度

在不断完善治理技术的基础上，根据区块类型、井别、治理对策，制定了"采出井降两率成熟技术应用模板"（图4）。通过模板化实施，加大了成熟技术推广力度，4年来累计应用技防措施12754井次，平均检泵周期延长141天。

井别	针对问题	应用工具		应用区块			配套技术要求
				水驱	聚驱	三元	
抽油机	上罩磨损	抽油泵	串联凡尔罩整筒泵	√			
	柱塞流阻大		大流道整筒泵		√		
	垢卡		长柱塞防垢泵			√	
			衬套防垢泵			√	
	砂卡		低磨阻泵	√	√	√	泵下加3根沉砂尾管
	扶正器窜位	抽油杆	注塑抽油杆	√	√	√	扶正器上疏下密
	泵内偏磨		泵内扶正杆	√	√	√	泵内扶正杆与上部抽油杆加接箍扶正器连接
	载荷大	其他工具	旋转脱接器	√			非斜井、出砂、结垢加接头
	三元垢卡井		安全接头			√	杆柱中部加1个、下部加1个
	频繁管断井		油管锚	√	√		
	油管挂或N80短接断		N80油管短接或油管挂	√	√		
	三元结垢		大眼筛管			√	或不加筛管
螺杆泵	泵效低	螺杆泵	3:4螺杆泵	√	√		
	扭矩大		等壁厚螺杆泵	√	√		
	三元见效		小过盈螺杆泵			√	
	杆管偏磨	抽油杆	限位抽油杆	√	√	√	锥螺纹、插接杆
	管柱振动	其他工具	油管扶正器	√	√		
	热洗困难		热洗导流器	√	√		

图4 第四采油厂成熟技防工具应用模板

四、质量严格管控，提高作业质量

（一）创新"1153"管理办法，提升施工质量

（1）11道关键工序全程监督。对作业前、作业中、作业后验收中11道关键工序全程监督，关键工序监督率100%。

（2）3类特殊井重点监督。建立卡泵井、频繁作业井、返工井重点监督制度，对现场监督、原因分析认证、治理措施的制定、追责等环节进行明确规定，做到了一井一分析、一井一对策，通过技防措施减少3类井的出现。

（3）5类违章专项治理。对地面清蜡不彻底、杆管更换不到位、防冲距调整不当等5类违章行为，按违章程度分级制定扣罚、整改制度，通过制度实施，作业队逐一整改习惯性违章。

（二）下井工具全过程管控，提高工具质量

（1）成立组织机构，加大井下工具管理力度。成立井下作业物资管理小

组，设专人负责杆、管、泵等井下主材工具的管理工作，形成闭环管理模式，保证各种型号工具数量充足、结构合理、质量合格，为降"两率"工作提供"后勤"保障。

（2）强化质量检测，避免不合格工具下井。工具入库前，供货厂家提供产品合格证及产品质量检测报告，工具车间对新工具进行抽检，对于发现的质量问题，及时整改，3年来累计检验物资117批次，返厂整改问题工具3247件。

五、日常预防保健

（一）强化参数优化调整，保证运行合理

开展月度单井分析工作，对泵效、沉没度和日产液等生产数据变化较大的井，结合3个月内示功图资料、热洗情况、注入情况等进行单井分析，结合产量形势及生产数据变化情况，制订调参计划。充分利用现有双速电动机、变频控制箱等设备，开展参数优化工作。2015年以来累计优化参数3700井次以上，保证了运行参数最优，延长了机采井的免修期。

（二）加强热洗清防蜡管理，保证井筒清洁

（1）热洗管理有制度。成立了由厂长、矿长、队长一把手负责的热洗组织机构，定期跟踪热洗工作实施效果，对出现的卡泵作业井，召开现场分析会，增强各级热洗管理人员的责任意识。

（2）热洗管理有标准。制定了热洗节点参数标准，保证热洗参数落实到点；运用悬点载荷曲线、油井示功图等优化热洗周期制定，保证热洗周期落实到天；针对不同举升方式及单井热洗参数达标情况，个性化制定单井热洗方式，保证热洗方式落实到井；应用冬夏热洗法、单井叠加法、集中热洗法、调速热洗法等方式，保证热洗计划落实到月。

（3）建立了第四采油厂抽油机悬点载荷管理软件平台。该平台具有单井悬点载荷曲线分段查询、热洗效果实时跟踪、热洗周期的动态调控等功能，大大提高了热洗清防蜡效率和效果。

基于推进油井"两率"综合治理提升工程的持续实施，形成了规范化、标准化、模板化、精细化的"两率"治理工作模式，检泵率由2014年的45.33%下降至2018年的28.53%，下降了16.8个百分点，返工率由2014年的3.96%下降至2018年的1.39%，下降了2.57个百分点，年节约作业劳务费用及材料费用2200万元以上，降本增效效果显著。

以安全可靠供电为基础的变电所减员增效管理

李明金

集中管理、减员增效是新时期深化改革的客观要求，专业化、信息化是现代企业管理的必然趋势。变电所无人值守是油田企业管理提升的一项重点工作。第四采油厂无人值守变电所项目于2015年5月正式启动，本着"执行决定不打折扣，完成任务不讲条件"的工作态度，协调各方面力量，整合各方面资源，圆满完成了运维队的筹建工作。2018年10月19日，首批16座无人值守变电所一次投产成功；2019年5月，全厂21座变电所全部实现无人值守，第四采油厂成为大庆油田第一家无人值守变电所全覆盖的单位。

一、高起点筹划，高标准起步

组建运维队、实现变电所无人值守是油田企业管理提升的一项重点工作，其工作方针"安全、稳定、优质、高效"。为圆满完成任务、实现项目建设目标，第四采油厂坚持高起点筹划、高标准起步。

（一）在目标定位上，向样板瞄准，向标杆看齐

无人值守变电所项目是第四采油厂施行"数字化油田"的重点工作之一。为提高干部员工思想意识，引导干部员工树立高目标，确立高站位，大队组织干部员工到星火一次变电所、一矿女子采油队、北二注水站等标杆单位参观，学习先进单位的优秀管理方法，使广大干部员工明确工作目标。

（二）在人员配备上，全方面考量，择优者上岗

深入各变电所进行调研，对员工的技术水平、思想水平、奉献精神等方面进行全方面考量，择优上岗。将原变电所的岗长、高级技师和技师全部留用，其余员工按照品质优先、技术优先的原则选拔，保证队伍素质过硬。

（三）在工作标准上，思想上重视，行动上严格

实施"兵马未动，安全先行"的安全管理策略，任何生产操作启动之前，

先进行安全风险评估,先对照安全操作规程,先落实安全保障措施,先指定安全监督人员,先做好安全应急预案,先进行安全教育,从制度上、流程上切实把安全放在最优先的地位。狠抓基础工作,提升安全管理体系运行效果。落实安全环保工作要点,推进 HSE 标准化站队建设、全员安全环保履职能力评估等主要工作,树立"万无一失,一失万无"的理念和"责任重于泰山"的思想,要求所有岗位人员对所有规程烂熟于心、精准操作,每项指令、每项操作都要按标准执行,每个异常、每个管理环节都要高度重视。

(四)在日常管理上,军事化要求,标准化操作

对班前讲话、交接班、内务等方面实行军事化管理,对日常的管理工作,制定相应的标准和规范,培养严肃、规范、标准、有序的工作习惯。

二、高负荷工作,高效率推进

(一)发扬奉献精神,攻克人员不足、工作量大难题

在运维队成立初期人员严重不足的情况下,第四采油厂广大干部员工充分发扬大庆精神、铁人精神,加班加点、攻坚克难,保证了无人值守变电所按期投产。运维队所有干部人员身兼数职,以一当十,优质高效地完成了施工协调、配合调试、投产准备等各项工作任务;变检队在完成正常检修任务的情况下,还承担了 21 个变电所的调试任务,工作量增加了 50%以上。经过 271 天的超负荷奋战,共调试信息采集点 21010 个,经过大量扎实、细致、艰苦的工作,16 座变电所一次投产成功,为第四采油厂无人值守变电所全覆盖运行奠定了基础。无人值守信息监控系统如图 1 所示。

(二)发挥创造能力,扫清设备故障、数据传输障碍

作为建厂 40 多年的老区采油厂,变电所各类设备设施老化问题严重,随着无人值守变电所的建设,数据线接触不良、信号传输障碍等问题逐步暴露出来,严重影响了运维队的正常投产。第四采油厂广大干部员工充分积极性和创造性,查阅资料、咨询厂商,依靠自身力量,通过购置新直流屏通讯模块,解决了 9 座变电所直流屏数据无法传输的问题;并与厂家结合,对现有开关设备进行升级、增加接线等方式,解决了 4 座变电所信号线断路的问题、3 座变电所弹簧储能未接线的问题,扫清了数据传输障碍,为顺利投产奠定了基础。

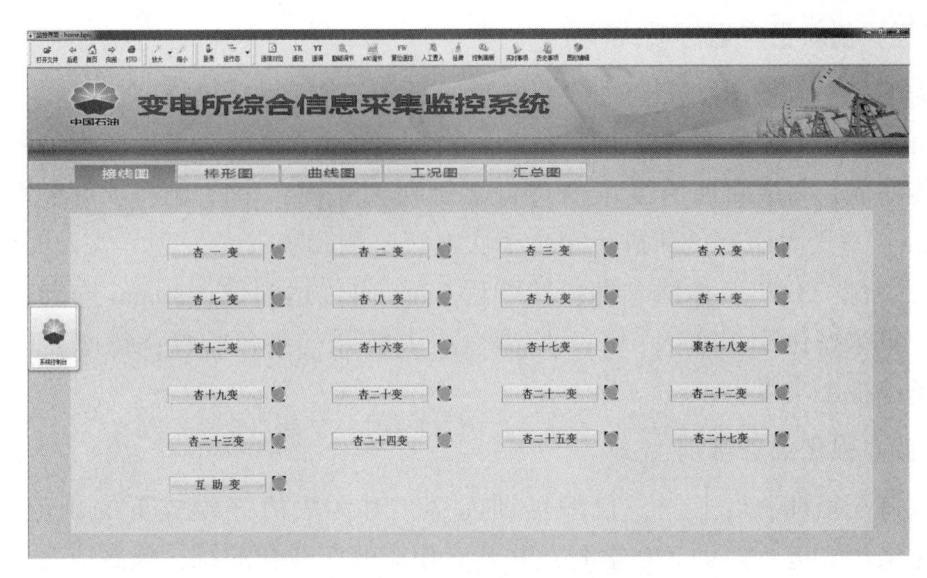

图1 无人值守信息监控系统

三、高水平管理，高质量运行

变电所是电网安全的最前线，是供电控制的最末端。无人值守变电所的运行可靠性，决定了项目的成败，直接影响全厂电网的安全，通过精心设计、严格管理，确保无人值守变电所高质量运行。

（一）建立健全规章制度

制定《运维队管理制度》等4项制度，编制《运维队试运行方案》等8个方案，规范了《6千伏母线检修开关停送电》等25项操作流程，做到管理流程化、操作标准化、规章制度体系化。

（二）合理布局分工

运维队下设1个集控班和4个操作班。集控班主要负责变电所电气设备的遥信、遥测、遥控，24h不间断数据和视频监控。操作班主要负责变电所现场巡视、就地倒闸操作、设备日常维护等工作。综合考虑各变电所的地理位置、巡回路径、变电所容量、设备数量等情况，将管理范围分成东北、西北、东南、西南4个操作区，每个操作班负责一个操作区，管理5座变电所，缩短了变电所巡视路径，提高了工作效率。同时，针对集中管理后，受路程的影响，倒闸操作总时间跨度大的问题，制定了"倒闸操作三提前"制度，即：提前一天查询任务，提前一天出操作票，提前到达操作现场，保证倒闸操作的正常运行。

（三）创新生产运行模式

为提高工作效率和安全系数，创新"2241"工作法和"2332"工作法。其中，集控班实行"2241"工作法，即：每2h进行一次通道巡视，确保数据信号、数据回传畅通；每天对所有变电所进行2次视频巡视；每座变电所每次视频巡视4min；每天对所有负荷进行至少1次电流监测和统计，发现异常及时汇报。操作班实行"2332"工作法，即：接令后2min内传达到位；30min内到达操作现场；每个操作小组3人，一人唱票、一人复诵、一名监督；每座变电所每周现场巡视2次以上。

（四）强化业务培训

坚持先培训、后上岗，自编培训内容，对无人值守模式下的规范流程、标准化操作等进行培训270学时，并开展相应的实践和演练，提高应变能力和岗位适应性。

（五）提前试运行

为了锻炼队伍，查找隐患，根据变电所设备实际情况，选出6座有代表性的变电所，先后进行了两次为期35天的试运行，验证了设备、系统、流程、操作的可靠性，为平稳过渡奠定了基础。

实行变电所无人值守后，管理模式从原来的"分散、现场"式管理转变为"集中、远程"式管理，大大提高了工作效率和安全系数。一是减少了变电所用工，18座变电所的运行维护管理人员由167名精简至71人，年减少用工费用1000万元以上。二是提高了工作效率，全部21座变电所监控值班工作由原来的42人减少至2人，工作效率提高了20倍；现场巡视工作由每周1764次减少至42次，数据统计工作由人工录入转变为自动生成，降低劳动强度41倍。三是提高了安全系数，通过小队集中培训、班组现场培训、区域轮流培训，把住人员素质关，将操作票"单班审核"变成"三级审核"，把住指令准确关，创新唱票复诵监督制度，把住安全操作关，通过把住"三关"，大大提高了安全系数。无人值守变电所视频巡视操作界面如图2所示。

运维队的建设和运行取得了阶段性成果，但与行业标杆和样板相比，还有较大差距。第四采油厂将继续瞄准油田样板水平，以打造"精益求精，追求卓越"的一流团队为总体目标，以"一年建队、两年达标、三年超越、长期领先"为工作思路，持续推进和完善无人值守变电所的建设。

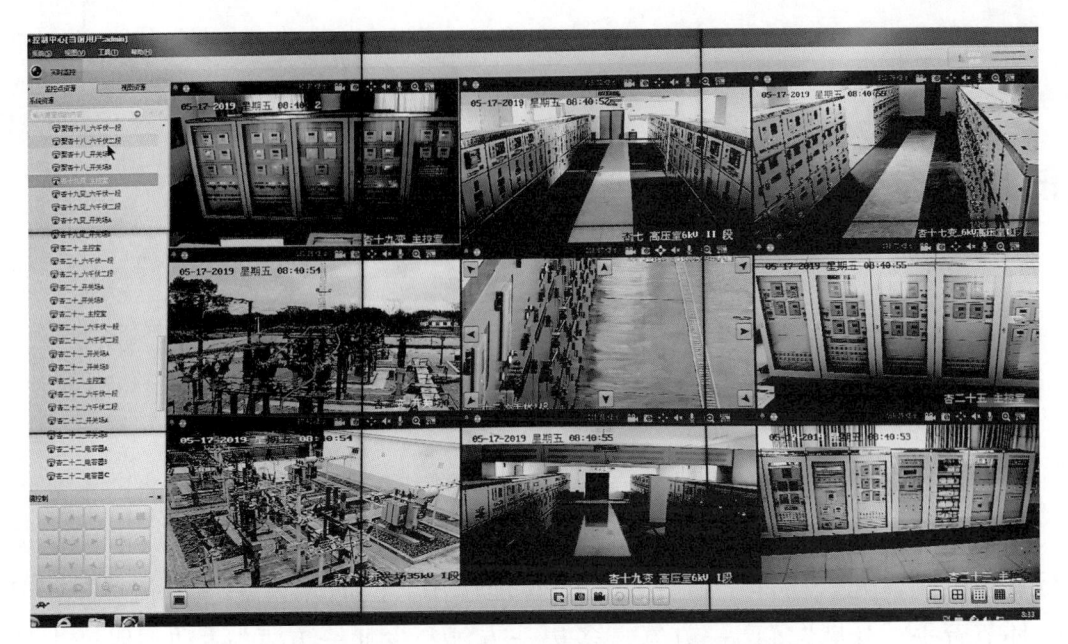

图 2 无人值守变电所视频巡视操作界面

油田伴生气配比优化运行管理

孔维军　邓　钢

为贯彻大庆油田"有质量、有效益、可持续"发展方针，杏北油田不断提高思想认识，针对油田伴生气运行管理，摸索实践了伴生气配比成本优化运行管理机制，充分发挥了财务价值的管理作用。同时从开源、节流、挖潜3个环节着手，开展"多产一方气、多集一方气、少耗一方气"活动，促进生产管理水平不断提升。

一、立足制度化，在机制保障方面配套管理办法

围绕"产量、质量、效益、持续"，以生产管理精细化，经济效益最大化为目标，构建了伴生气配比优化运行管理机制，将经济效益贯穿天然气生产始终，指挥油田生产。同时，以充分发挥财务价值管理作用为出发点，借鉴财务管理的配比原则（即收入与其相关的成本费用要相互配比，确保正确核算利润），建立了合理有效的油田伴生气配比优化机制，实现了预算调整与外输气商品量调整挂钩。

（一）外输天然气量月度结算、年度考核

每月除与油田公司财务部门、天然气公司交接结算外，还与第四采油厂各生产单位进行内部模拟结算，在此基础上，对第四采油厂生产单位进行年度考核。在完成杏北油田公司全年外输气生产任务后，按年初财务成本预算，对超产的商品气量按配比价格给各单位返生产成本，进行奖励。

（二）油田伴生气商品量与生产成本挂钩

各原油生产单位实际完成天然气商品量超过年初生产计划的部分，夏季按 0.2 元/米^3、冬季按 0.6 元/米^3 增加天然气销售收入，并允许等额列支操作成本。相反，如果实际完成天然气商品量低于年初计划，则低于计划部分按

对应价格减少操作成本指标。

（三）动态优化返输干气和外输湿气运行

以经济效益最大化为目标，以增加外输商品气量、气烃所得收益大于返输干气费用为基本原则，动态优化厂内各区域返输干气、外输湿气运行，坚持多用干气，少用或不用自产湿气，把配比成本政策用活、用好、用精，确保天然气生产保持创效运行。

二、立足多产气，在产气源头方面实施精细管理

（一）建立高产气井管理机制

对油田采出井实施"三定一保"管理，即定井、定压、定责、保时率。定井就是每年对单井产气量进行普查，将日产气 $300m^3$ 以上的井定为高产气井；定压就是分井网、分区块制定单井套压控制范围；定责就是单井承包到人，加密日常巡检频次；保时率就是建立高产气井维修保养和施工作业绿色通道，优先安排维护措施，确保运转时率保持在95%以上。

（二）持续开展井口定压放气阀维修

在用的井口定压放气阀有44种之多，每年因锈蚀、堵塞等原因损坏的占16%左右。针对这种现状，采油矿成立了专业维修班组，设立了专项维修资金，结合每年机采井设备春检，将定压放气阀进行全面保养、维修、维护，确保井口定压放气阀灵活好用。同时，为了提高维修、维护质量和效率，积极组织专业的技术培训，对每种定压放气阀的结构原理和维修要领进行集中指导。

（三）完善天然气集输管网

针对天然气处理装置检修停机期间输气不畅的问题，逐步完善集气管网，先后新建了3条调气管道，实现了油田北部、中部和南部3个区域联合站间灵活调气；针对转油站返输干气管道缺失或腐蚀严重的问题，组织新建或更换管道，实现全部转油站可返输干气。同时，加强管网日常维护管理，以主动预防代替被动处理，对冬季易发生冻堵的外输气管道安装甲醇连续加注装置，对集气管道每年开展2次以上的通球清管工作，确保气能够产得出、输得畅。

（四）严格控制套管气外放

针对低压测试员工在测试液面时直接打开套管闸门放空的问题，建立了严格的检查、考核制度，要求对套压较高的井通过油套连通泄压，避免套管气外放造成气量损失和污染环境；针对检泵等施工作业井，要求作业队在施

工前与采油队交接井时，由采油队负责对套管气泄压，避免了井口气量损失，做到斤两必收。

三、立足多集气，在集输节流方面推行多措并举

（一）完善经营考核机制

在考核机制上，强化约束作用，围绕外输气和工业耗气两条运行曲线，将产量任务和耗气指标分解至采油矿、基层队，并将天然气外输量考核指标权重由4%提高到10%；在奖励机制上，突出多劳多得，制定了天然气外输量专项奖励政策，同时专项奖励政策向一线倾斜，按照考核计划、目标计划分档次加大奖励力度，真正让有贡献的干部员工受益，调动全员创效积极性，切实激励基层单位多集气、少耗气。

（二）强化生产过程监管

年初组织编制全年天然气生产管理指导手册，按季节、分阶段对全年重点工作精心安排。在日常生产组织过程中，实施"时监测，日跟踪，月分析，季考核"的管理办法。即：采油矿每两个小时监测转油站外输气量、掺水温度变化；每日跟踪各外输口气量完成情况；每月对欠产单位进行原因分析，制定上产措施；每季度对欠产单位严格考核。通过强化天然气生产过程监管，彻底转变了以往重油轻气的观念，促使全员围绕"多产、少耗、不放"，千方百计挖潜集气增长点。

（三）优化检修调气方案

首先，为抓住天然气上产最佳时期，调整了天然气处理装置检修时间，将浅冷处理装置检修时间由第三季度调整至4月、5月和10月，保证黄金生产季节的外输能力，最大限度减少对集气影响；其次，针对天然气处理装置停机期间外输天然气压力高、输气不畅的问题，及时与天然气公司沟通，优化调气，保证天然气外输通畅。

（四）建立天然气运行故障应急反应机制

针对天然气处理装置停机故障问题，建立快速有效得应急反应机制。在确保经济效益的前提下，结合各区块集气压力，优化各联合站提温运行、干气调湿气运行，并优化各站返输干气用量，以此平衡集气压力，变背动指挥为主动调整。第四采油厂连续五年实现天然气集输零放空目标，集气系统始终保持创效运行。

(五) 打击偷盗气减少气量流失

对临近村屯易发生偷盗的集气管道,实施"停、降、调、改"等措施,从源头上减少盗气隐患,共调整优化集气管道19条;严格落实属地管理,将监管责任落实到采油矿、基层队,对看护不利造成气量流失的单位严格考核;定期组织开展偷盗气专项治理,对经常发生偷盗的管道和屡打屡盗的大型厂店,加密巡检、重点防范、死看死守、严厉打击。

四、立足少耗气,在自耗挖潜方面优化系统运行

(一) 个性化实施低温、常温集输

将以往单纯控制转油站掺水温度的方式,转变为分节点、按系统的个性化优化方案,系统统筹安排,真正实现一站一方案。在采油队环节,实施油井集中连续热洗,加热炉年平均运行天数由117天下降到108天,加热炉平均日运行由101台降到85台;实施油井个性化低温、常温集输方案,将管理重点由转油站前移至生产井,共对8座水驱转油站的1218口采出井进行了优化。其中,采取不加热单管集输298口,掺水集输572口,并对288口临关井停井期间停止掺水,与上年同期对比产液综合单耗下降0.460kg标准煤。在联合站环节,将所辖的采油队油井热洗时间相互错开,确保联合站每天来液温度保持稳定,避免了低温、常温集输对联合站设备运行的影响。

(二) 优化加热炉、采暖炉运行

加热炉是油田生产的主要耗气设备,为保证加热炉处于最优化运行状态,研制了以加热炉排烟温度和反平衡炉效为横纵坐标的能耗动态控制图,为基层队对加热炉的运行状态直观判断及优化运行提供参考依据。

(三) 挖潜耗气设备优化潜力

对中转站备用加热炉的进、出口加装电热带,取消冬季小火烘炉,单台日节气400m³;对冬季无措施的长关井,每年进行集中停掺扫线,平均日减少掺水量3400m³,日节气9200m³;对二合一加热炉及时进行清淤处理,水驱每年清淤一次,聚驱和三元驱每年清淤二次,保持加热炉热效率在85%以上;对燃烧器加大维修维护力度,合理控制排烟温度,优化运行负荷;对控制泵房、操作间温度严格控制,取消暖气569片。

通过开展油田伴生气配比优化运行管理,创造了显著的经济效益和社会效益。在原油产量递减加剧、生产规模逐年扩大的情况下,外输商品气量连续五年持续增长,天然气上产率达到148%,始终保持创效运行。

油田变电系统集中监控升级管理

唐 明

第四采油厂供配电系统共建设 35/6kV 变电所 21 座，总容量 $45.42×10^4 kV·A$。其中，6kV 线路 462 条，线路开关 1220 组，线路配电变压器 8697 台，线路总长 2136km，供电区域 $197.9km^2$，为全厂 624 座各类站库、8082 口机采井生产供电，年均供电 $140000×10^4 kW·h$，吨液耗电 $21.88kW·h$。

2018 年以来，第四采油厂结合杏北油田当前及未来一段时间电力系统的实际情况，对供配电系统进行技术升级改造，运行油田变电系统集中监控管理体系。通过电能分配、潮流计算、系统诊断、经济运行的智能化数据处理，注重在线集中性监测与针对性检修相结合，降低了维护成本，减少了岗位用工，提高了运行效率，优化了管理模式，见到了技术创新与管理创新在油田变电系统联动组合推进的创新驱动成效。

一、注重"四个同步"，助力油田变电系统集中监控技术升级

油田变电系统集中监控技术升级项目属基建改造工程，是在不影响井站供变电保障为前提开展的施工项目。为不影响井站供电和变电系统正常维护，第四采油厂采取"四个同步"方式，确保工程施工与系统维护两不误。

（一）变电设备更换和调试与原有设备检修同步

针对全厂变电系统集中监控技术升级相关的 20 个变电所无人值守改造工作，开展逐站结合、逐岗调研、逐项定量的检修工作确定，与变电系统集中监控技术升级方案结合，制订翔实的检修计划，将更换设备和调试与变电所设备检修同步进行，消除了变电集中监控技术升级施工对井站供电保障的影响。

（二）变电模块更换和调试与电力线路检修同步

油田变电系统集中监控技术升级，需要相应更换匹配的变电模块，未更

换的系统各配置需要正常履行检修程序。为此，在进行变电模块更换与调试的过程中，同时推进电力线路检修和井站设备维修工作实现了"三个同步推进"，展现了改造工程施工与电力线路检修联动、电力线路检修与井站设备维修联动的高效运作。

（三）变电装置改造和设备更新与优化施工同步

油田电力系统施工改造，要达到既能将问题彻底解决、又能不超出项目投资的目的，需要结合实际优化施工每个环节。油田变电系统集中监控技术升级改造工程，耗资较大。因此，在变电装置改造和设备更新过程中，同步优化了施工措施，选用低成本方案，降低了工程费用。例如，针对变电所设备远传需求，对通信方式、服务器方式、通信协议进行了对比研究，优选了以嵌入式物联网技术开发小电流收发讯方案，19个变电所优化收发讯施工共节约费用3.8万元。在两年变电系统集中监控技术升级改造中，共落实优化施工措施26项，累计降低工程施工费用137万元。

（四）变电管控和操控人员理论与操作培训同步

随着油田电力系统的发展，越来越多的新人走上电力管理和专业技术岗位，同时伴随油田公司加快推进变电站无人值守技术，电力调度、无人值守变电站技术管理人员以及巡视操作人员专业素质急需提升。为了提高电力生产、监督、管理能力，注重"三培"活动的开展（图1），努力为电网优化管理培养复合型管理人才和操作员工。首先积极组织电力管理人员参加变配电系统升级等现代化电力管控技术培训活动；其次配合油田电力系统施工改造，与中油电能公司电力研究设计院电力人才培训中心对接，对19座变电所的192名变电工，同步进行升级技术理论与升级系统操作的专业培训；最后采取技术理论与实际操作双考评的方式，筛选出优秀的变配电技术人员和操作人员。

二、应用"四个载体"，推进油田变电系统集中监控技术升级

根据远程管理机协议转换与多系统融合模式，应用无人值守管理中心平台软件和前端综合监控软件平台等四个系统，统一了变电所无人值守数据采集、实时通信、周界防范技术规约，打破了不同生产厂家的综合自动化保护测控装置的技术壁垒，为数据传输、互联互通奠定了基础。

（一）应用变电所无人值守系统管理中心平台

考虑油田电网运行管理的特殊性，以稳定性、实用性、先进性和易维护

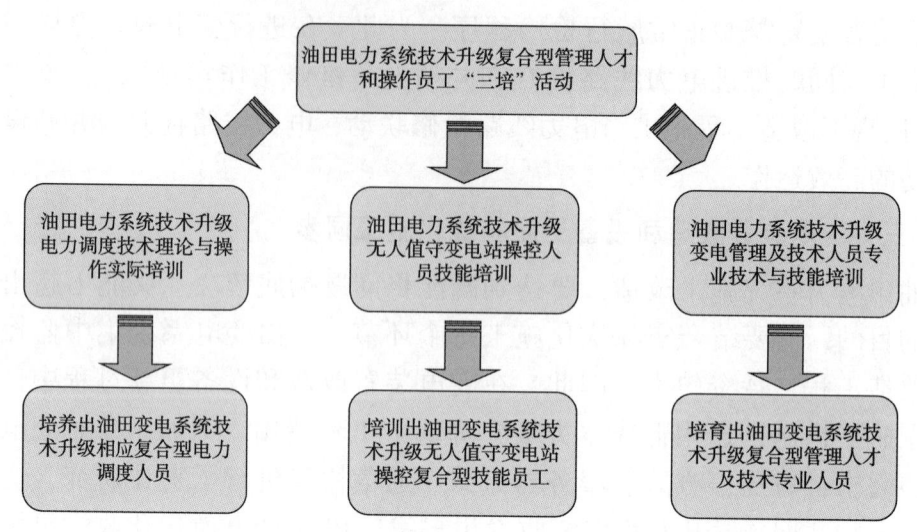

图1　油田电力系统复合型管理人才和操作员工"三培"构成图

性为主要目标，设计并应用了变电所无人值守系统管理中心平台。此系统是变电所由值班监控模式转变为集中监控模式，最终实现无人值守的主平台，负责厂区内所有变电所的监控和指挥操作。系统支持显示接线图、潮流图、地理图、曲线、棒图、工况图等用户定义的各种画面，表现形式灵活多样，具有显示实时数据和状态、实时值动态调整和提醒等四种功能（图2），有助于快速掌握系统运行状态、诊断系统故障和做出相应决策，对提高电网运行的可靠性、安全性与经济效益等方面有着不可替代的作用。

（二）应用变电所无人值守前端综合监控平台

变电系统升级前端综合监控平台，能够实现各种电力数据实时采集并上传至主站，以及调度自动化系统对变电站信息进行收集、监视和遥控、遥调等功能。通过该平台可准确获取现场的电参量、开关保护信号状态、各变电所的"四遥"信息，以及数据的实时变化、各回路的基本信息和保护开关状态等，能够实现对变电所全方位的视频监控，及时发现异常画面，并对本地存储视频画面进行实时轮播。

（三）应用变电所无人值守数据信息集成平台

油田变配电系统的准确指令、准确操控、准确供电，是以相应数据信息的集成为依据进行的集中化"三准"电力保障工作。第四采油厂变电系统升级之后的资料数据信息集成查询平台，可将变电所的所有数据进行采集监视，实时发现数据异常，及时跟踪数据变化，并对数据进行保存。系统支持历史数据分时段的查询，可按照表格、曲线等方式进行数据对比分析，具有电量

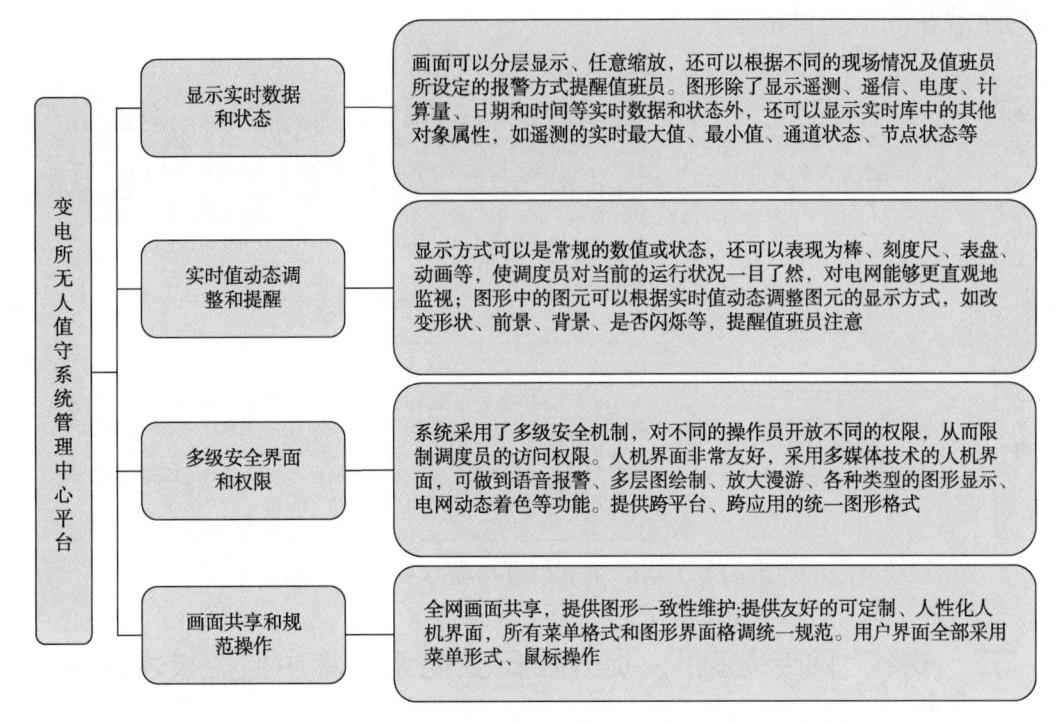

变电所无人值守系统管理中心平台	显示实时数据和状态	画面可以分层显示、任意缩放，还可以根据不同的现场情况及值班员所设定的报警方式提醒值班员。图形除了显示遥测、遥信、电度、计算量、日期和时间等实时数据和状态外，还可以显示实时库中的其他对象属性，如遥测的实时最大值、最小值、通道状态、节点状态等
	实时值动态调整和提醒	显示方式可以是常规的数值或状态，还可以表现为棒、刻度尺、表盘、动画等，使调度员对当前的运行状况一目了然，对电网能够更直观地监视；图形中的图元可以根据实时值动态调整图元的显示方式，如改变形状、前景、背景、是否闪烁等，提醒值班员注意
	多级安全界面和权限	系统采用了多级安全机制，对不同的操作员开放不同的权限，从而限制调度员的访问权限。人机界面非常友好，采用多媒体技术的人机界面，可做到语音报警、多层图绘制、放大漫游、各种类型的图形显示、电网动态着色等功能。提供跨平台、跨应用的统一图形格式
	画面共享和规范操作	全网画面共享，提供图形一致性维护；提供友好的可定制、人性化人机界面，所有菜单格式和图形界面格调统一规范。用户界面全部采用菜单形式、鼠标操作

图 2　变电所无人值守系统管理中心平台四种功能构成图

系统统计与自定义形成报表、组合编辑与制作不同类型报表、系统绘制与提供内容丰富的格式化图表等功能(图 3)。

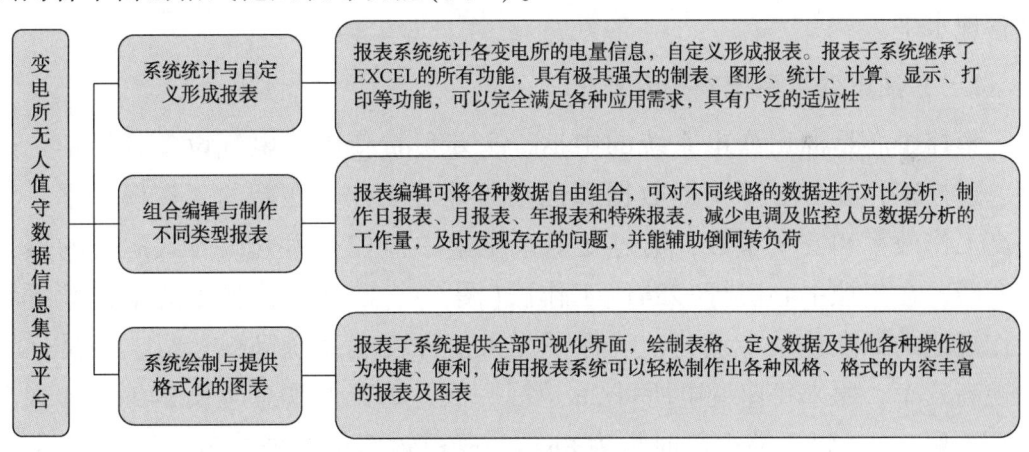

变电所无人值守数据信息集成平台	系统统计与自定义形成报表	报表系统统计各变电所的电量信息，自定义形成报表。报表子系统继承了EXCEL的所有功能，具有极其强大的制表、图形、统计、计算、显示、打印等功能，可以完全满足各种应用需求，具有广泛的适应性
	组合编辑与制作不同类型报表	报表编辑可将各种数据自由组合，可对不同线路的数据进行对比分析，制作日报表、月报表、年报表和特殊报表，减少电调及监控人员数据分析的工作量，及时发现存在的问题，并能辅助倒闸转负荷
	系统绘制与提供格式化的图表	报表子系统提供全部可视化界面、绘制表格、定义数据及其他各种操作极为快捷、便利，使用报表系统可以轻松制作出各种风格、格式的内容丰富的报表及图表

图 3　变电所无人值守数据信息集成平台三种功能构成图

(四) 应用变电所无人值守预警信息传递平台

变电系统升级预警信息传递平台，可实时显示变电所的现场报文详情，如预警报文、操作报文、故障报文、跳闸动作报文、数据异常报警等，并能实时跟踪操作步骤，具有双项预警信息传递功能(图 4)，为监控人员及时处理及消除潜在故障提供依据。

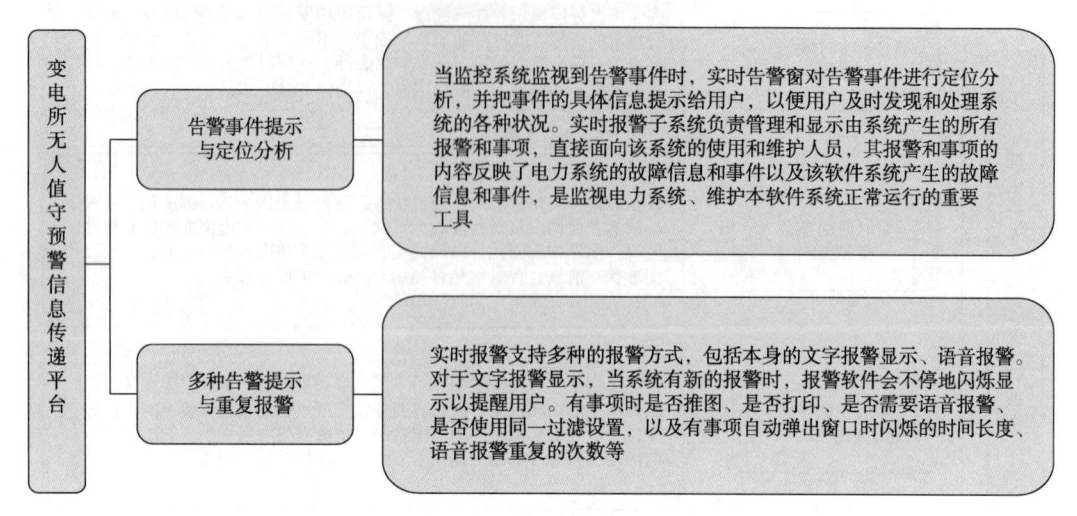

图4 变电所无人值守预警信息传递平台双项功能构成图

三、夯实"四专基础",提升油田变电系统集中监控技术水平

油田变电系统集中监控技术的应用,需要多个系统的专业化管理做保障,只有不断夯实各项工作的专业化管理基础,才能稳步推进油田变电系统技术升级。第四采油厂立足夯实"四个专业化"管理基础,不断提升油田供变电网络管理水平。

(一)油田变电系统集控专业化

集控中心是油田变电系统的中枢,主要负责变电所电气设备的遥信、遥测、遥控工作和24h不间断数据和视频监控等工作。在新的工作模式下,为提高工作效率和安全系数,通过变电系统集中监控技术升级方式运行的摸索和实践,在集控中心实行"2241"工作法(图5),实现岗位员工的工作职责和操作规范的标准化及专业化,确保了无人值守变电系统高效运行。一是远程巡视高效率:原来每座变电所每2h巡视一次,每天巡视总时长240min,现在12h巡视一次,每天巡视总时长为8min,巡视效率是原来的30倍;二是数据管理高效率:原来21座变电所统计、汇总日报和月报至少需要半天时间,现在全部自动生成。

(二)油田变电系统操作专业化

实行无人值守后,变电所的管理模式从原来的"分散、现场"式管理转变为"集中、远程"式管理。综合考虑各变电所的地理位置、巡回路径、变电所容量、

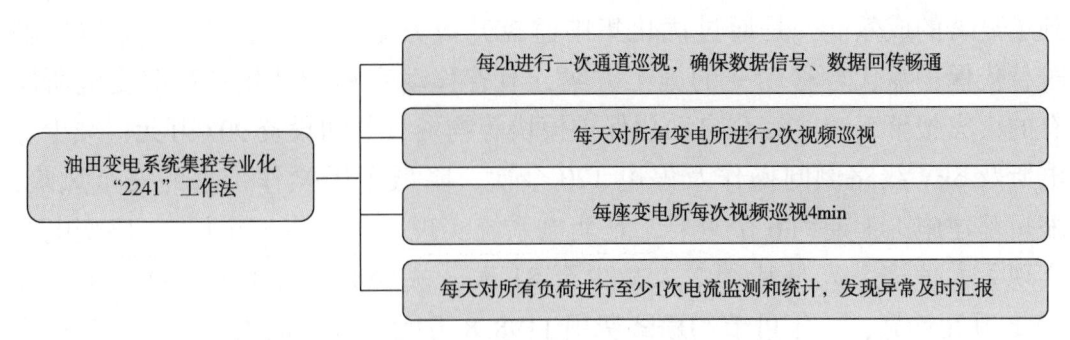

```
                                ┌─ 每2h进行一次通道巡视，确保数据信号、数据回传畅通
                                │
  ┌──────────────────┐          ├─ 每天对所有变电所进行2次视频巡视
  │ 油田变电系统集控专业化 │──────┤
  │    "2241"工作法     │          ├─ 每座变电所每次视频巡视4min
  └──────────────────┘          │
                                └─ 每天对所有负荷进行至少1次电流监测和统计，发现异常及时汇报
```

图 5　油田变电系统集控专业化"2241"工作法构成图

设备数量等情况，将管理范围分成东北、西北、东南、西南 4 个操作区，每个操作班负责一个操作区，管理 5 座变电所，缩短变电所巡视路径，提高了工作效率。同时，为提高操作安全性，油田变电系统操作严把"三关"，即严把操作监督关、操作指令关和技能提升关，做好管理细节，杜绝安全隐患。

（三）油田变电系统维护专业化

网络是油田变电系统的核心，以"加强技防，传输可靠"为目标，围绕人员、设备、管理等各方面因素，制订油田变电系统维护专业化节点计划，实施变电所无人值守方式的全因素专业化维护。首先，打造了由 35 台交换机、24 台防火墙、46 台光电转换器组成的遥测遥信专网和视频传输局域网，实现故障自动监测，短信通知。其次，配备了大容量 UPS，提高了电源安全性，明确了各相关部门分工，提高了网络故障处理效率。再者，联合开展变电系统维护专业化演练，提升网络运维标准，保障变电系统安全、平稳、有序运行。

（四）油田变电系统管理专业化

在油田变电系统管理上，以提质增效为目标，努力做到人员减，工作质量不减；工作量增，用工总量不增。为保障诸多专业化管理环节实际效果，从管理和技术两方面入手，开展了"三个创新"工作。首先，创新专业化管理机制，结合变电系统运行情况和运行标准，制定 4 项专业化制度，编制试运行 8 个专业化方案，规范 25 项专业化操作流程，做到管理流程化、操作标准化、规章制度体系化。其次，创新专业化管理平台，结合油田变电系统集中监控运行模式，研究开发倒闸操作票管理平台，按照有关规程，规范各类型操作票填写，提高操作效率。再者，创新专业化管理系统，创新应用了《变电所室内灯光远程控制系统》，按需开关，既节省能源又保证集控中心夜间巡视效果。

第四采油厂油田变电系统集中监控升级工作，经过两年的改造与推行见到了显著的成效。一是通过优化集中监控升级方案，节约了成本。采取用临时替代保护盘代替移动变的施工方案，节省移动变租赁费用；利旧变电所原有的火灾报警系统、综合自动化保护模块等物资，节约投资907万元；减少变电所及6kV线路倒闸操作及停电120余次，降低了因操作带来的安全风险，缩短基建施工工期约6个月。二是变电系统实现减员降本。全厂21座变电所实现无人值守，人员从192人减少至81人，减少员工111人，每人每年按10.8万元计算，一年可节约薪酬费用1198.8万元，节省的人员充实到其他生产岗位，缓解了第四采油厂用工短缺的难题。三是深化了变电系统安全管理。通过开展人员培训、规范管理制度和操作标准，保证了变电所无人值守模式下的安全、平稳、有序运行。

以对标管理为基础的节能绩效评价体系 >>>

丁 健　潘永梅　蒋 容

技术与管理的协调发展，是企业节能降耗工作的根本要求。为进一步深化、巩固节能工作成果，第四采油厂立足节能降耗、低碳减排的理念，以对标管理为手段，以过程控制为原则，开发创建了油田生产系统节能管理与绩效评价平台，实现了用能设备的全过程和全方位能耗评价，并形成了一套完整的绩效评价体系，为精细节能管理提供了手段和方法，有力地促进了油田节能管理水平的提升。

一、开发绩效平台，健全评价体系，强化节能管理水平

传统的节能监测只是针对单站、单设备、单个能耗指标的分析，缺乏合理、规范的评价机制，而且节能方案的制订缺少有力的数据支持，对生产单位节能工作的监督、考核也缺乏统一的、行之有效的标准办法。为实现全过程节能和全方位节能，第四采油厂基于油田主要生产系统能量平衡分析模型及节能管理综合绩效评价指标体系，研发了油田生产系统节能管理与绩效评价平台，健全了绩效评价体系，促进了油田节能管理水平的提升。

（一）确定评价指标，强化系统管理

节能管理与绩效评价平台是以过程控制为原则、以能效对标为手段、以油田主要生产系统能量平衡分析模型为基础建立的综合评价体系。该平台依据工艺流程，全面分析了机采、集输、注水、污水处理、配制注入、供配电六类生产系统(图1)中影响节能管理的主要因素，根据能量守恒与转换定律，分别建立了6个生产系统的能量平衡模型，明确了能量损失节点(图2)。该平台采用定性和定量相结合的层次分析法，对分散的、独立的各项能耗评价指标进行融合，确定出了能够真实反映各单位的节能管理水平的各项指标。

该平台建立的评价指标有技术指标、经济指标、管理指标3类40余项

| 创新的足迹 —— 杏北油田管理新实践

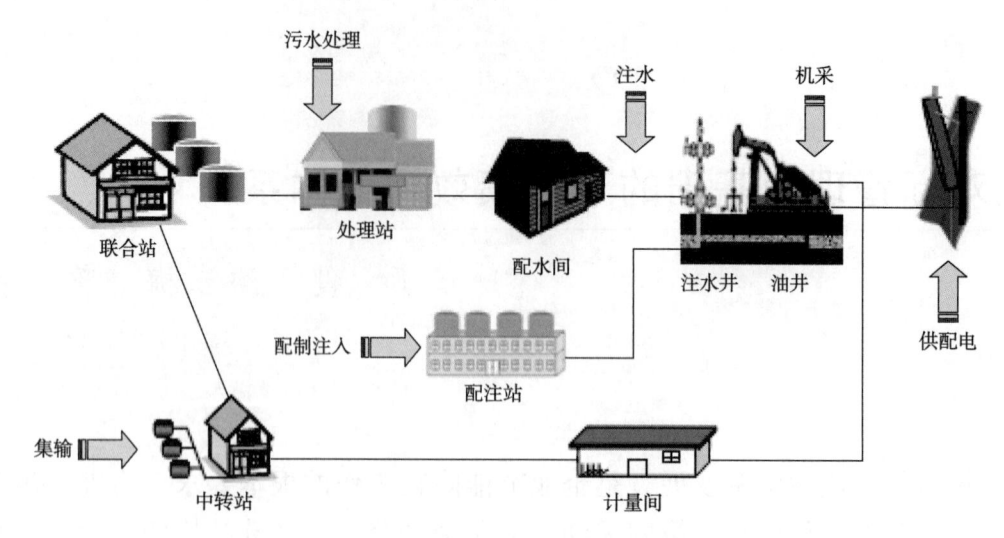

图1 油田六类生产系统示意图

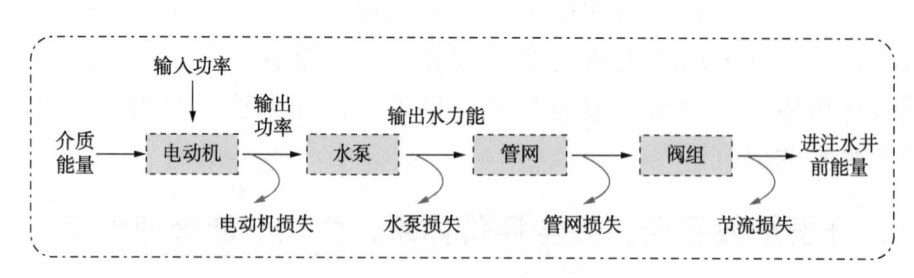

图2 注水系统能量消耗图

(图3)。其中,技术指标有泵效、炉效、抽油机系统效率等,经济指标有吨液耗电、吨液耗气、吨液综合能耗等,管理指标有节能工作组织和领导情况、节能技改实施情况、节能宣传和培训情况等。同时,考虑各单位管理难度不同,在指标制定过程中加入了"管理难易系数",力求对生产单位的技术、经济、管理情况给予客观准确的评价。

(二)建立评价体系,实现综合对标

在建立节能管理与绩效评价平台指标体系的基础上,形成了聚类分析、权重设定和标杆确立的评价体系,将相对分散的、独立的各项能耗评价指标,合理地融合在一起,解决了以往依靠单一指标进行节能评价分析的问题。首先,通过对主要能耗设备的梳理,为每一类中的目标找出合适的对标标杆,并综合确定绩效评价指标权重;其次,通过选择组内对标对象,确定专项指标与标杆指标对比情况;最后,通过分析原油生产过程节能降耗影响因素对实现节能降耗目标的作用大小,建立适应原油生产全过程的绩效评价体系。

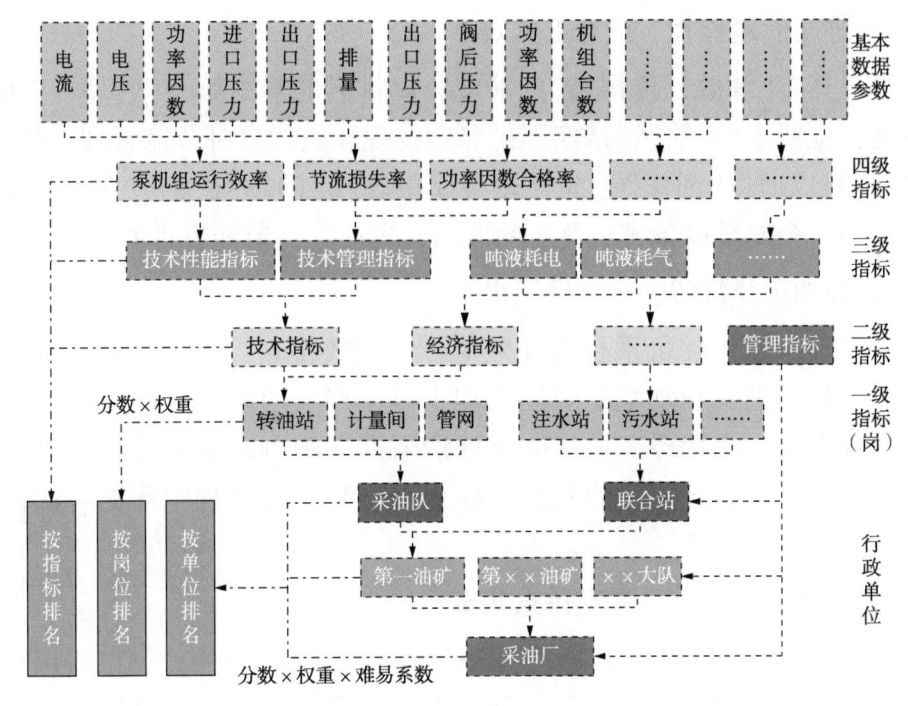

图3 节能管理与绩效评价平台的指标体系示意图

（三）加强过程控制，调整节能策略

节能管理与绩效评价平台针对油田生产系统的每一个节点，从多个目标、多个层次、多项准则入手，进行过程控制管理，在日常生产过程中发现能耗问题的所在，提高节能工作的实效性。该平台从平台本身为管理者提供了"相对""纵向"和"综合"3个方面的绩效评价方法，同时根据不同职责、职能设置了决策者、管理员、审核人、操作员等不同层级的管理职责和权限。通过绩效评价"平台"，能够为每一层级用户提供不同的分析结果，进而辅助相应层级用户做出节能管理策略，杜绝基层单位责任模糊、执行随意，实现节能管理由粗狂式管理向精细化管理的转变。

二、规范工作流程，创新管理模式，提高节能工作效率

节能绩效管理平台将日常管理工作与能耗指标、设备管理等结合起来，使管理人员能够更加清晰准确地判断各单位的实际能耗情况。同时，平台对各项指标的量化评价，为节能降耗管理提供了数据支持，帮助管理者及时调整管理策略，给各级管理者提供了一种新的节能管理手段，提高了节能工作效率。

(一）方便问题查找，提升工作效率

该平台具有"绩效评价排名"的功能，以排名的形式给予"管理者"更加直观的体现，也便于"基层队"从实际排名中发现和查找自身节能管理工作的"不足"。用户可以通过"回头"去能耗设备库中查找"问题点"的方式，确定某用户单位或某一个能耗设备排名落后的原因，进而提高节能管理的工作效率。

（二）理顺工作流程，提高管理水平

节能管理与绩效评价平台将能效对标、绩效排名、评价分析、策略调整等结合在一起，进一步规范了节能管理工作流程。同时，依托"平台"所提供的各种管理手段，使管理人员能够更加清晰准确地判断各节能目标单位的实际能耗情况，直接提升了节能管理工作水平，是节能管理工作的一次彻底的改革。

（三）创新管理模式，实现信息共享

节能管理与绩效评价平台通过"B/S"（服务器/用户）模式可以将用户所需的设备、项目、制度、公告、报表等节能信息实现共享，并对每个用户的操作以日志模式进行记录，真正实现了"同一平台、多个用户"的统一操作方式，开创了一种更加高效、规范的节能管理新模式。

三、加强知识培训，总结使用经验，提升节能管理效益

节能管理与绩效评价平台运行以来，通过系统地组织使用操作培训、组织各级用户分享使用经验等方式，保证了平台的使用效果，取得了较好的管理效益。

（一）广泛开展培训，助力平台的推广应用

在节能管理与绩效评价平台试运行阶段，对其进行较为系统的宣传介绍。同时，对于需要不同层级用户录入部分节能信息的情况，为保证各项数据录入的准确、规范、及时，及时对各级节能管理人员进行针对性的培训，为平台的推广应用做好准备。

（二）总结使用经验，提高平台的应用效果

节能平台试运行期间，组织各单位节能管理人员对平台的使用情况进行反馈，及时发现存在的问题并解决。同时，组织各级用户分享和总结使用经验，对节能信息的准确性、评价结果的客观性、软件使用的方便性等方面进行论证。尤其是在岗位权重、管理难易程度等对评价结果影响较大的指标设

定方面，各级用户给出了客观的评价。

（三）全面推广应用，提升节能管理的效益

基层单位通过平台对设备能耗运行情况做出基本判断，通过查找能耗问题，及时调整能耗设备状态和节能工作方向，有效提高了节能工作效率；管理部门通过平台，根据电量分析、机采井控制图、单位能耗分析等评价结果，对采油矿、基层队的节能工作进行监督和管理，促进了节能减排工作的落实，提高了节能指标。

第四采油厂节能管理与绩效评价平台的建立与应用，是对油田企业节能降耗理论与实际的双重指导，实现了油气田原油生产全过程和全方位的节能降耗管理。依据平台对各项节能数据的量化评价及对标分析，年累计节电 723×10^4 kW·h，创经济效益 461.15 万元。

"点、线、面"三维度的全过程投资管控

霍东英

2014年,第四采油厂认真贯彻落实大庆油田效益提升工程总体部署,针对老区采油厂基础设施老化、产能效果变差、投资规模增大等一系列矛盾和挑战,按照"优化方案、精细管控、突出效益、注重回报"的工作思路,坚持"点、线、面"相结合,狠抓投资控制,挖掘效益潜力,取得了实实在在的效果,全年实现工程节余4524.11万元,撰写的《以实现"四位一体"为核心投资控制精细管理》,获黑龙江省企业管理现代化创新一等奖。

一、抓住关键"点",从严管理控投资

结合项目投资管理工作特点,将投资控制工作细分为7项内容、18个关键控制环节,注重抓好关键环节,加强精细管理,周密组织运行,挖掘投资控制潜力。

(一)做好方案设计优化

在规划立项上,实行集中调研,统一立项,避免重复立项和基层问题的错漏项,使第四采油厂规划立项符合率保持在95%以上;在优化建设方案上,油藏工程、采油工程、地面工程各系统相互介入,实施综合优化调整。在杏三—四区东部产能建设中,立足于控制规模、简化工艺,采取"用、转、合、简"的建设模式,少扩建规模2.80×10^4t/d,少建各类站库7座,节省建设投资2.08亿元。在优化设计方案上,优化调整项目施工图设计,减少新增负荷,控制新增规模。在2014年水驱、聚驱优化调整过程中,通过合理匹配掺水、热洗泵,少建设掺水热洗泵3台,节约改造投资30万元。

(二)抓好物资价格控制

按照工程分析、总量平衡的思路,开展重点工程和全年项目总体物资采

购价格对比分析，掌握物资价格因素对投资控制工作的影响程度。结合实际调整设计，在杏二联合站改造工程中，将空气压缩机调整设计为普通型号，重新定价签订采购合同，避免超工程投资14.25万元。依据价格调整概算，针对产能建设、老区改造中涉及容器拉运费用较高的实际情况，合理调整概算价格，避免项目超投资问题出现。

（三）严格经济签证管理

在项目实施过程中，严格执行经济签证管理制度。项目前期进行登记，严格执行审批流程，并实行网上审批，不仅提高了工作效率，而且也有利于逐级把关。例如，在压裂液回收池项目中安排新建5000m^3压裂液回收池1座，由于原设计位置地势较为低洼，施工单位提出了5份签证，金额达到了104.3万元。经反复现场落实、结合，重新优化了建设位置，核减了经济签证工程量，起到了较好的投资控制作用。

二、理顺管理"线"，规范运作控投资

"投资上的浪费是最大的浪费"，如何集中管理优势，强化投资控制，是提高油田经济效益的关键。第四采油厂以科学化、规范化为目标，以推行"四位一体"投资控制管理模式为主线，积极理顺管理制度和管理流程，落实管理责任和考核机制，为投资的有效控制奠定了坚实基础。

（一）健全制度立标准

结合公司投资管理办法和第四采油厂投资管理工作实际，整合已有制度，制定了《第四采油厂计划投资控制管理暂行办法》。按照统一管理、总量控制、权责明确、跟踪协调、检查到位的原则，详细规定了规划方案审查、初步设计、概算审查、施工图预算、投资控制等具体规定和要求，为全厂投资管理工作提供依据和指导。在此基础上，编制完成规划立项、计划管理、后评价、概算包干结算等10项专项管理制度和规定，构建了权责明确、程序完备、监督有力、查究到位的管理制度体系。

（二）完善流程提效率

为了保证投资管理工作有序开展，组织制定了总体工作流程图，将投资管理工作划分为规划立项、前期工作、投资计划及实施、后评价及考核4个阶段，明确了各阶段工作流程。同时，针对建设项目立项、基建计划等工作环节较多、具体操作复杂的管理工作，制定了专项工作流程图，明确了各节

点工作流程，增强了投资控制工作流程的直观性和操作性。

（三）落实责任保质量

组织成立了由厂长、主管副厂长、总师及相关人员组成的投资控制管理机构，全面负责投资控制的组织、协调、落实和检查管理工作。编制《第四采油厂投资控制工作手册》，细化产能建设、老区改造等重点项目的工作量，编制从规划前期到建成投产各个环节的运行计划表，明确了责任部门、主要职责、工作时限。编制《计划投资控制管理工作细则》，明确计划、设计、物资、基建、预算等具体工作内容、控制要素和工作节点，构建了有效的责任体系。

（四）严格考核硬兑现

为了进一步提高投资管理水平，根据上一年度投资控制指标实际完成情况，将结算计划完成率、产能贡献率、投资计划完成率等重要指标下达到主管部门和单位，并对各指标进行量化、分解，划分职责权重，计算控制指标完成情况得分，使其作为投资控制工作完成好坏的参考依据，并根据厂生产经营政策，按总节余额度的2%进行奖励。

三、拓展工作"面"，精心推进控投资

为挖掘投资控制潜力，积极构建全覆盖、全过程、全方位的投资控制格局，抓实投资控制的每个环节。

（一）项目管理做到全覆盖

坚持从每一个项目做起、从每一个工程抓起，做到抓大不放小。工作中，大到投资几亿元的产能建设项目，小到自行安排的20万元以下的维修工程，都作为投资控制的潜力点，分别采取针对性控制措施。如杏六区中部产能工程，项目总投资68938.37万元，通过优化方案设计、严把物资采购关、精细施工组织等，取得1574.70万元预备费全部节余的良好效果，该区块代表大庆油田迎接中国石油天然气股份有限公司专项审计，受到了审计组的充分肯定。再如，第二油矿前线队生产指挥间配电及照明维修工程采取了概算包干制，以基建部门认证的现场工作量、技术单位核定的概算投资作为包干金额，总投资仅20万元的项目，实现投资节余4.22万元，节余率达到21.10%。

（二）跟踪管理做到全过程

在投资项目执行过程中，坚持实施全过程投资控制及跟踪管理(图1)，做到概算"做得准"、过程"控得严"、结算"抠得细"。立项设计阶段，注重油

藏、采油、地面工程方案的同步优化，注重方案可行性的审查，从源头上控投资；项目实施阶段，通过加强物资价格复核、基建项目管理、施工现场组织等，降低工程建设费用；项目结算阶段，强化项目结算审查，做到准确核查、严格把关。例如，在2014年单井注水腐蚀老化管道更新工程项目结算审查过程中，发现管沟回填土方定额套用了夯填定额子目，仅此一项就核减结算金额10.55万元。

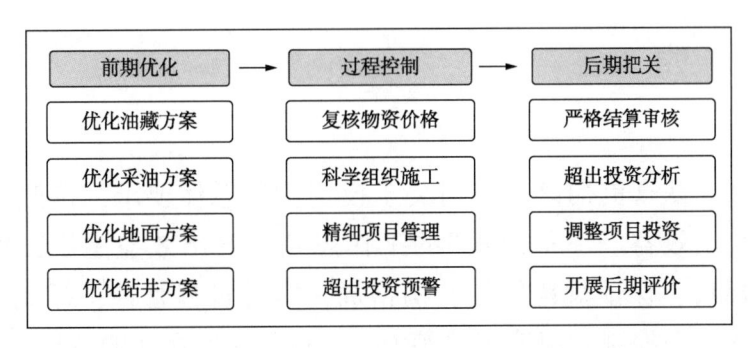

前期优化	过程控制	后期把关
优化油藏方案	复核物资价格	严格结算审核
优化采油方案	科学组织施工	超出投资分析
优化地面方案	精细项目管理	调整项目投资
优化钻井方案	超出投资预警	开展后期评价

图1 第四采油厂投资控制环节工作流程示意图

（三）工作推进做到全方位

按照多专业融合、多系统配合、全方位执行、一体化推进的控制思路，充分发挥相关单位和部门的作用，实现全员参与投资管理和控制。工作中，生产人员需求考虑到位，规划设计人员方案优化到位，物资采购人员价格控制到位，施工管理人员组织执行到位，结算人员审查把关到位，主管部门协调监督到位，突出"无缝衔接"的控制作用，实现了计划执行不漏项、投资管理不推诿的全方位推进。

面对新形势、新任务，第四采油厂将继续在深化投资控制上进行大胆尝试，积极探索更加高效的投资管理方式、方法，不断提高工作水平，为油田有质量、有效益、可持续发展做出新的更大的贡献。

基于"三三制"的精细投资控制管理

霍东英

第四采油厂认真贯彻落实公司关于投资控制总体要求，按照"优化方案、精细管控、突出效益、注重回报"的工作思路，突出效益主题，加强顶层设计，通过定标尺，保证规范管控；构格局，实现过程管控；抓关键，突出重点管控，狠抓投资控制，深挖效益潜力，取得了实实在在的效果。

一、注重"三个导向"，抓好投资源头控制

立项决策是投资控制的关键。"十二五"期间，面对杏北开发区低负荷、高能耗的实际，深刻分析投资形势，发挥规划引领作用，把好规划立项决策关，努力追求投资回报最大、经济效益更好。

（一）注重问题导向

按照"系统调研、总体规划、专项管理"的思路，在规划编制前开展全面调研，系统梳理生产运行、工艺应用、地面建设、实际问题等现场情况，核查数据77.6万个，形成系统调研报告7项，归类汇总生产问题18大类，并分类分项建立台账，为中长期及年度规划提供准确立项依据。系统谋划前期立项内容、问题解决渠道、项目实施可行性，统筹老区改造、安全隐患、生产维修等项目，确保规划立项的前瞻性、系统性、合理性，靠实立项内容，避免了投资浪费。

（二）注重发展导向

结合油田开发需求和生产建设需要，坚持突出效益、立足长远发展，合理规划投资建设项目。油藏工程方案坚持"调、丛、优、用"思路，优化层系井网部署，提高井网利用效率，有效控制钻井规模，减少钻井投资10099万元；采油工程方案坚持"优、简、降、用"思路，以技术最优、投资最少、能

耗最低为目标，减少采油工程投资 2857 万元；地面工程方案坚持"合、简、用、控"思路，统筹区域规划，优化简化系统工艺和能力，控制规模和投资，减少地面工程投资 25700 万元。

（三）注重效益导向

坚持长远发展效益与当前生产效益并重，优化投资结构，瞄准开发、生产、运行所需，提高投资效益。加大水质治理投入力度。围绕注水质量提升工程，优先安排水质改善工程内容，年度安排各类改造项目 28 项，开发效果得到明显改善，水驱产量比计划超产 2.232×10^4 t，从源头上保障开发效果；加大老化低效设施治理。加强系统优化调整改造，抓住集输处理系统关键，实施水聚转油站优化合并，同步改造老化设施，提升区域系统运行效率，"十二五"取消老化转油站 6 座，降低改造投资 4494 万元，减少管理操作人员 65 人，年实现节约运行费用 554 万元。

二、建立"三个体系"，抓好投资过程控制

投资项目实施过程控制涉及部门多、业务范围广。"十二五"期间，结合第四采油厂投资管理实际情况，按照"统一管理、总量控制、责权明晰、跟踪检查、考核到位"的原则，逐步构建了管理、运行、考核三大控制体系，全面落实公司投资控制要求。

（一）建立管理体系

第四采油厂以科学化、规范化为目标，以推行"四位一体"投资控制管理模式为主线，积极理顺制度和流程，落实责任和考核，为投资的有效控制奠定了坚实基础。建立管理制度体系，为了落实公司投资管理办法，按照统一管理、总量控制、权责明确、跟踪协调、检查到位的原则，编制了《第四采油厂计划投资控制管理暂行办法》，为投资管理工作提供依据和指导。同时，在此基础上，编制完成规划立项、计划管理、后评价、概算包干结算等 10 项专项管理制度和规定，构建了权责明确、程序完备、监督有力、查究到位的管理制度体系。建立管理责任体系，按照工作环节，精心梳理投资控制工作各部门、各单位有关职责，构建了责权明晰、内容具体的责任体系。制定《投资控制工作手册》，细化产能建设、老区改造等重点项目的工作量，编制从规划前期到建成投产各个环节的运行计划表，明确责任部门、主要职责、工作时限。编制《计划投资控制管理工作细则》，明确计划、设计、物资、基建、预

算等具体工作内容、控制要素和工作节点。

(二) 建立运行体系

结合项目投资管理工作特点，将项目实施过程投资控制工作细分为6项内容、13个控制环节，构建合理的运行体系，加强精细管理，周密组织运行，挖掘投资控制潜力。加强设计方案优化，建立三级审查制度，提升设计方案合理性、经济性，优化设计方案，加强方案审查。"十二五"期间，各年概算符合率均在95%以上。加强物资价格审核，按照项目分析、总量平衡的思路，开展单项和总体项目物资采购价格对比分析，分析物资价格因素，结合分析调整设计相关指标，掌握物资价格因素对投资控制影响程度。加强施工过程管理，突出精优化、严管理，严控施工过程中各类投资支出，优化施工方案，严控经济签证，既提高了工作效率，又有利于逐级把关。加强土地征用管理，减少征地面积，合理控制地类，加强征地验收，严格管理考核，加强土地征用前期勘查和施工用地验收管理，有效降低了补偿费用。突出预算控制作用，按季度编制施工图预算计划，对施工图预算超(节)投资项目及时反馈，落实解决措施，切实发挥施工图预算审查的预警作用。加大结算审核力度，重点突出"三全"管理模式，即结算管理全覆盖、结算审查全方位、定额子目全分析，严把结算审查关。

(三) 建立考核体系

确定考核指标，结合控制工作内容，根据上一年度各项指标实际完成情况，合理确定投资控制考核指标，将结算计划完成率、投资计划完成率等6项考核指标纳入厂经营考核中，实现了对考核指标"控总体、总体控"的目的；细分考核指标，将各项投资控制指标分解到相关部门和单位，确定所占指标权重，明确主要工作内容，便于制定推进措施，切实做到以考核指标推动控制工作开展；评价考核指标，建立了全厂投资控制工作考评机制，在各指标进行量化、分解、划分职责权重的基础上，计算控制指标完成情况得分，使其作为投资控制工作完成效果的参考依据。

三、强化"三项管理"，抓好投资配套控制

精细管理是投资控制的有力保障。第四采油厂不但加强了主体控制框架的构建，同步也完善了配套系统。通过推行系统化投资控制管理模式、制定专项控制工作流程、推动投资控制信息化建设，有序保证投资管理工作开展。

（一）实现投资控制系统化

对投资实行系统化控制，能够实现对投资控制环节的集成管理，最大限度地发挥投资控制效益。构建系统化管理模式，成立领导小组，组织协调工作开展，专业部门单位推进落实工作开展；加强制度规定学习，开展全厂性制度宣贯，全体人员参与，突出学习内容的目的性，明确各专业人员的控制责任，掌握投资形势。

（二）实现投资控制流程化

制定总体工作流程，划分规划立项、前期工作、投资计划及实施、后评价及考核4个阶段，明确各阶段工作流程和内容；制定专项工作流程，明确相关部门和单位投资控制工作节点，增强流程的直观性和可操作性；制定节点工作流程，结算管理工作流程，明确结算节点工作任务，确定问题推进解决时限和部门，提升结算计划完成率；超投资分析工作流程，理顺超投资分析工作流程，深入查找超投资原因，为计划调整提供依据。

（三）实现投资控制信息化

在投资项目执行过程中，按照"制度流程化、流程表单化、表单信息化、信息无纸化"建设思路，建设规划计划管理信息系统。通过文件交流管理、规划管理、项目前期管理、项目运行管理、计划管理、投资控制管理六大模块架构设计信息系统，实现管理平台化、投资一体化、审批网络化、监督实时化，目前系统已上线试运行。

面对油田紧张的投资形势，如何利用有限的投资安排解决生产问题，将是下步控制管理的重点。第四采油厂将积极探索更加高效的投资管理方式、方法，努力实现投资管理"全面覆盖"，投资运行"全面掌控"，投资责任"全面落实"，不断提高投资管理工作水平。

围绕降本增效推动财务精细化管理

孙 林 于 波

在油田开发"双特高"矛盾突出、油田生产规模不断扩大的背景条件下，完成原油生产任务需投入的作业费、材料费、电费等成本支出呈现刚性增长趋势，加之大庆油田逐步压缩成本，进一步压缩了降本增效空间。面对严峻的经济效益形势，第四采油厂财务部门从财务精细化管理入手，做细做实预算管理、成本管控等工作，努力实现开源节流、降本增效，为厂各项生产经营指标完成保驾护航。

一、积极主动履行责任，推进降本增效深入开展

多年来，财务资产部按照大庆油田要求，结合第四采油厂全厂工作实际，认真分析、研判经营形势，精心编制了《第四采油厂开源节流降本增效工作实施方案》，并以此为统领，带动全厂各单位和各部门紧密围绕效益主题，瞄准稳油增气、控本降费等重点领域，狠抓推进落实，确保开源节流、降本增效广泛深入开展。在超额完成油气生产任务的基础上，克服油水井站规模不断扩大的不利因素，实现经营效益稳中向好，整体管理水平实现新提升。其中，清水用量逐年下降，用电量连续两年负增长，外输天然气连续3年保持在$3\times10^8m^3$以上高位运行，成品油用量连续6年控制在6000t以内，能耗成本得到有效控制，4年来累计节约成本3.83亿元。

在推进开源节流、降本增效过程中，第四采油厂深刻认识到，要取得工作实效，必须准确把握形势，与公司振兴发展战略紧密结合；必须解放思想，实行革命性创新措施；必须群策群力，调动全员积极性；必须抓住主要矛盾，突破关键重点领域。

二、完善财务经营政策，强化开源节流激励机制

财务资产部积极解放思想，大胆探索，在油田各二级单位中率先制定并

实施了财务经营政策，构建了"3476"经营机制，即：将基层单位划分为成本、利润和经费3个中心"分类施策"，从增产增收、成本节余、修旧利废和内部劳务模拟市场化运行4个方面，制定并完善了原油超产、天然气超产、低产低效井治理、长关井治理、高产井管理、修旧利废挖潜、成本节余7项奖励政策，以及内部劳务模拟市场化运行、转供电、科研费用、清欠、预算执行管控、以收定支6项管理政策，调动了油藏、采油、地面三大系统及各基层单位开源节流、降本增效的积极性和主动性。4年来，按照以上经营政策，累计实施奖励6030.13万元，创内部经济效益3.96亿元。

三、创新预算管控模式，不断精益成本管控能力

（1）坚持"打包下放"的预算管控模式，将成本指标压力层层传递。2015年以来，在产量与成本、利润多重压力下，持续完善和深化成本下放的预算管理模式，将可控成本费用打包下放至基层，基层管控费用比率由6%提升至56%，有效传递了成本压力，促进各单位精打细算，千方百计挖掘降本增效潜力，充分发挥了各单位及机关部室成本控制的主体作用。通过实施成本打包下放的预算管理模式，构建了业务部门负责管理指标、基层负责成本控制的双向管控机制，真正实现了权力共享、责任共担的管理互动，进一步提高了各单位成本控制、挖潜增效的主动性，厂主要成本指标得到了有效控制，吨液综合耗电同比下降0.12kW·h，单井作业材料费用降低了0.21万元。

（2）建立年度成本预算与月度资金计划挂钩机制，精益成本管控能力。坚持创新管理模式，着眼构建环环相扣的预算执行过程和资金管控格局，在油田首创年度成本预算与月度资金计划挂钩机制(图1)。通过加强资金计划的事前控制以及预算管理的事中调节能力，对各单位经营亏损进行月度预警和季度考核，更好地实现了从付款源头控制预算资金、精益成本管控能力的目的。在健全机制的基础上，继续秉承严细认真、精益求精的工作作风，严格按照预算指标控制资金计划上报，超预算项目不允许上报资金计划，严格按照费用性质及管控方式给基层单位拨款，账面成本超预算部分不予拨款。此外，对账面内部利润为负数的基层单位进行月度预警、季度考核，确保各年成本指标均控制在公司考核指标内。

四、深入开展业财融合，提升会计决策支持能力

财务资产部注重推动财务管理工作向生产经营延伸，强化业财融合，深

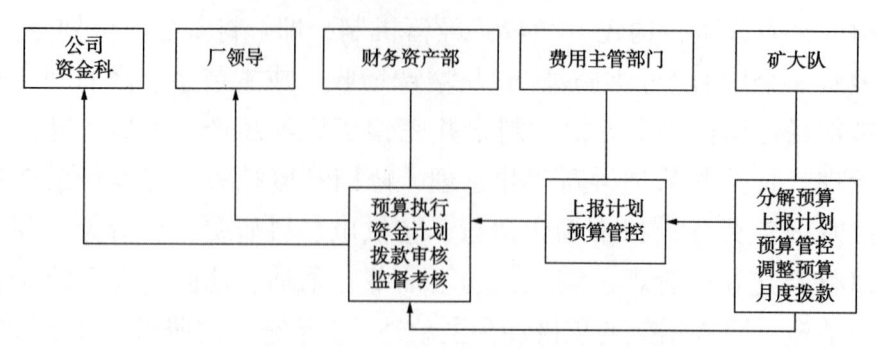

图 1　预算与资金计划挂钩机制的实施流程图

入开展财务分析工作，真实反映经营成果和财务状况，不断增强决策支持能力。

（一）开展区块效益分析评价，优化油田开发方式

面对三元工业化推广以来所产生的高成本、高投入问题，积极组织各系统人员，对水驱、聚驱、三元复合驱投入、产出、效益进行对比分析，综合评价三元区块开发效益，为高含水后期油田开发方式的选择及投资决策提供了直接参考。

（二）开展重点工作专项分析，提升油田开发效益

2014年以来，先后开展了长关井治理、低产低效井治理、高产井管理、水平井钻井、测调联动技术应用、精控压裂等一系列重点分析工作，为提高油田开发效益提供了决策依据。

（三）开展成本要素专项分析，优化生产运行管理

针对电费占采油厂生产运行成本30%以上的实际，实施电量消耗月度发布制度，每月组织生产部门和采油矿分析原因，落实节电措施，实现了用电量的精细管控。在生产规模不断扩大的情况下，4年来累计节电 2.79×10^8 kW·h，用电增长趋势得到有效控制。

五、强化资金运行管理，增强资金管控能力

（一）加强资金计划管理，提高资金使用效益

坚持以收定支、量入为出原则，汇集资金头寸、减少资金沉淀，统筹安排资金运行，保证全厂重大项目、关键费用的资金使用。应用上市司库2.0平台，采用总分账户管理模式与财企直连支付方式，提高资金集中使用效率。2018年，厂资金计划平均执行率达92%以上，优于公司90%的考核标准。

(二)实施多样化收付资金,降低资金使用风险

为了加强食堂表外资金管理,确保资金安全运行,2018年率先建立了食堂园区卡管理系统,取代了传统就餐卡人工收付方式,采用微信、NFC和全民付APP移动终端,实现线上、线下多种方式自助充值,运用人脸识别技术自动支付餐费,减少人为干扰。2018年误餐费发生2551.07万元,系统全部实现无现金收付,方便员工安全、快捷支付,及时高效回笼资金,防范资金风险。

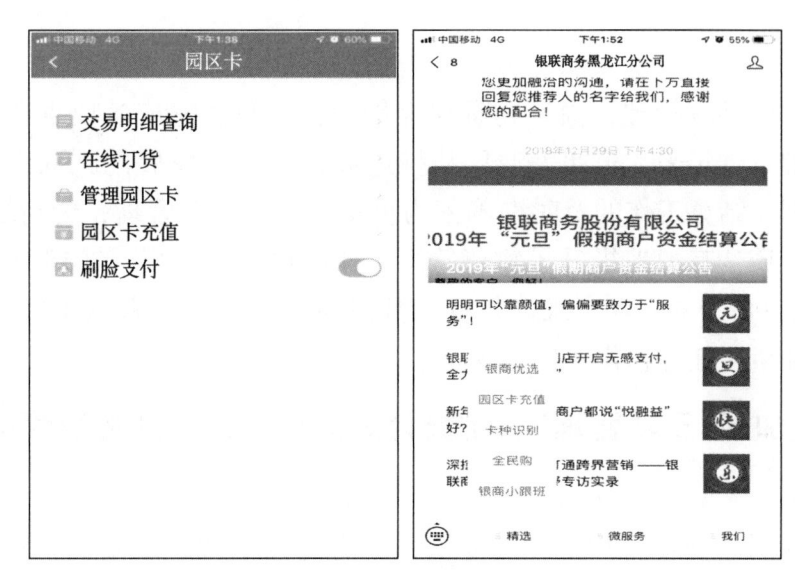

图2 食堂园区卡管及银联商务收付管理系统

(三)加强转供电资金管理,避免企业经济损失

加强转供电欠费收缴工作,实行转供电预交款制度,建立转供电用户电费预收款台账,实现应收早收、应收尽收。2018年,第四采油厂预收资金量532万元,确保当年转供电量费用全部收回,杜绝了恶意欠款行为,避免了企业经济损失。

在油田振兴发展的新形势下,第四采油厂财务管理工作将继续以经营效益为主题,持续推进开源节流、降本增效工程,大力实施完全成本持续下降三年行动方案,在管理思路上不断开拓创新,在管理手段上与时俱进,突出业财融合和管理会计实践,努力破解经营发展中遇到的瓶颈和难题,使财务管理成为经营创效的协助者、保护者和促进者,为油田可持续、高质量发展做出更大的贡献。

把好三个关口深化物资服务保障 >>>

杨　锋　侯永军

加强物资供应管理，提升物资保障能力，是圆满完成各项生产经营任务的重要基础。近年来，第四采油厂从推进油田高质量发展的大局出发，以提高物资计划、结算工作的及时准确率为重点，精细计划管理，创新结算手段，增强人员素质，有力地提升了物资管理工作的质量和效率。2018年物资需求计划准确率98.21%，生产维修物资和基建物资结算及时率100%，为全面完成全厂原油生产任务提供了有力保证。

一、加强"三项管理"，把好计划关口，为提升物资管理水平奠定基础

物资计划是物资管理工作的龙头，只有把计划做细、做实、做好，才能保证验收、结算等后续工作有序开展。第四采油厂坚持超前考虑，细化流程，实现计划编制实施的精细管理，从源头保证物资管理工作不断迈上新台阶。

（一）"三推三控"，增强计划编制的规范性

计划编制是物资供应链的关键环节，也是基础工作。第四采油厂坚持平库存、平期货、平调剂、找代用的"三平一代"原则，努力做到"三推三控"，即"推行国产物资控制进口物资，推行普通型号物资控制特种型号物资，推行生产性物资控制非生产性物资"，促进了计划编制的规范化和标准化。此外，在日常基础工作上严格管理，健全完善了《物资编码申请管理规定》《物资编码申请单符号书写规范对照表》和《计量单位、附加计量单位书写规范》等管理细则，明确物资计划的形式和内容，实现了物资计划类型清楚、标准清晰、数量精确，从根本上保证物资计划与实际需求的符合率。

（二）抢前抓早，增强计划申报的及时性

物资计划申报及时，不仅为供应商提供了充足的供货时间，而且为企业

生产经营创造了良好的运行条件。第四采油厂按照"计划主动、申报及时"的原则，规定了用料单位及施工单位上报计划的时间，确保物资计划能够及时上报。对于型号特殊、性能特殊的产品，坚持做到"宜早不宜晚、宜快不宜迟"，有效地保证了油田生产。对于标准化设计、生产周期较长的物资，例如预制容器、注水电机等物资，尽早落实设计图纸，让施工单位提前上报，为物资公司落实供应商提供依据，进而保证物资供应及时到位，工程施工顺利进行。

（三）联动联控，增强计划审核的精准性

精准的物资计划，可以有效缩短计划落实时间，防止供应商和使用单位因订单信息不准造成重复工作，避免人力、物力等资源的浪费。为提高物资计划的精准性，健全完善了《物资计划管理考核细则》等规章制度，理清职责界限，形成相关部门监管联动、有效监督约束的激励机制。为完善计划审核流程，编制了《物资计划审核手册》，运用"4W"分析法，对计划中的物资名称、编码等各项参数（What）、是否符合生产消耗规律及客观实际（Why）、逐级审核人（Who）、上报及审核时间（When）进行分析，逐级审核，多方联控，强化物资计划管理的严密性和严肃性。

二、突出三个转变，把好结算关口，为提升物资管理水平提供支撑

结算工作是物资管理的重要环节，物资计划上报、采购、验收等环节直接影响到结算进程。第四采油厂增强工作的前瞻性和主动性，由单一的结算管理向全过程参与转变，为第四采油厂成本运营和供应商资金回流赢得了时间。

（一）从缩短结算周期出发，向节点控制转变

为便于整体控制与单独操作并行，第四采油厂推行实施了"节点控制法"，加强各环节单独控制，从而缩短结算周期。对于生产维修三级物资，将采购流程中上报计划、合同签订、组织供货等各环节进行节点划分，明确每个环节的运行周期及相关责任方，把整个采购流程时间控制在两个月内，避免部分合同额度小的供应商年底集中结算的现象，减轻年底结算压力。对于基建物资，建立了《基建工程物资结算时间表》，对每月的付款时间、销售时间等环节提出了明确要求，并传递给供应商、物资公司、施工单位，要求各单位按照时间安排进行结算，提前与施工单位理顺物资销售程序，实现"当月结

算、及时销售"的工作目标。

（二）从提高物资结算效率出发，向信息管理转变

物资结算工作统计条目多、数据量大，为便于统计分析，物资管理物资管理部门精心编制了《物资结算执行台账》，建立了物资管理基础信息库，包括物资名称、物资大类、物资金额、传递日期、供应商信息等14项内容。同时研制开发了"第四采油厂基建物资动态管理系统"管理软件，要求施工单位及时录入到货时间、到货数量、验收时间、验收结果以及施工现场存在的问题等相关信息。通过数据化管理，达到了"三个便于"的效果。一是便于验收单查找，能够准确定位物资验收编号，确定物资公司有无调拨、检查验收单有无上传错误信息；二是便于统计结算金额，能够方便快捷地计算需付款金额，保证付款准确性；三是便于掌握各项物资的执行动态，促进各环节有效衔接，提高了工作效率。

（三）从畅通物资结算渠道出发，向主动协调转变

第四采油厂深刻认识到：物资结算不是一个部门的事情，而是相关单位和部门的共同责任。为此，第四采油厂建立了物资结算联动机制，本着主动介入、主动组织、主动控制的原则，做到"四个协调"，即主动与供应商协调，要求供应商按时组织供货；主动与基建部门协调，及时验收具备验收条件的物资；主动与物资公司协调，沟通解决结算中出现的问题；主动与ERP运维协调，及时制订ERP问题解决方案。为进一步畅通物资结算渠道，定期组织召开生产维修结算进度推进会和基建物资例会，将存在的问题统一汇总，及时与相关部门沟通协调解决。

三、增强三种能力，把好素质关口，为提升物资管理水平提供保障

物资系统人员能力素质的高低，直接关系到工作水平的高低。第四采油厂努力在锤炼一支思想觉悟高、服务意识强、业务水平优的物资供应保障队伍上下功夫，促进物资管理工作提档升级。

（一）深入宣贯各项制度规定，增强执行能力

为让员工全面掌握计划和结算工作相关管理规定，及时组织员工开展《物资管理办法及细则》等制度培训，明确物资计划、申报、结算等环节的标准和要求，确保各岗位职责明晰到位、各环节工作落实到位。对照新的计划编制

标准和结算要求,组织开展"找差距、上水平"活动,深入查找各单位在计划、结算工作中的差距和不足,加大对基础薄弱、水平相对较低单位的指导力度,全面提升了第四采油厂物资工作水平。

(二)重视解决基层实际问题,增强服务能力

为保证物资工作符合生产实际,组织物资系统员工深入一线岗位,开展基层调研"五个一"活动,即"了解一个大类物资消耗规律,征求一项基层需求意见,提出一条合理化建议、召开一次问题讨论会,总结一条管理经验",共征求基层意见17项,收集合理化建议9条,解决基层实际供应问题12个。通过"五个一"活动,一方面促进了物资计划与基层需求的有效结合,另一方面通过解决供应问题加快了结算进度,确保了物资管理工作优质高效开展。

(三)努力提升个人综合素质,增强业务能力

为强化员工的业务技能,组织物资管理相关实务培训,对工作中的问题交流互学、答疑解惑、教学相长,提升操作能力;加强对现场物资问题处置解决能力的培养,形成对突发问题的应急预案,提升应急处置能力;加强与物资相关部门、单位的多维度协作配合,建立畅通的交流渠道,合力工作、化解矛盾,提升协作能力。

风劲帆满图新志,砥砺奋进正当时。今后,第四采油厂物资管理部将进一步加强物资管理工作,牢记使命、锐意进取、埋头苦干,以扎实的作风、高效的工作、优良的服务,为第四采油厂生产经营建设贡献智慧和力量!

循环管理模式下的全生命周期单井效益管理

吕文君

第四采油厂以《大庆油田振兴发展纲要》为统领，应用前沿经营管理理念和技术创新成果，不断拓展延伸全生命周期单井效益管理的内涵和外延，做到了在全生命周期单井效益管理上有新认识，在优化资源配置上有新突破，在治理提效升级上有新起色，在流程绩效完善上有新标准，不断夯实油田稳产基础，实现了油田开发的降本增效和可持续发展。

一、事前算准，弹性决策，精确优化资源配置

（一）科学绘制成本"金字塔图"

根据全厂各项成本费用，利用单井效益评价软件可以计算出全厂平均吨油成本，利用分析对象不同分别绘制出厂、矿、队、井组、单井五级成本"金字塔图"（图1），都能"按图算量、按量挖潜"，找到每个层级下步降本增效的挖潜方向。

（二）科学划分效益"三线四区"

1. 划分三条成本线

将全厂成本分为运行成本、增量成本、固定成本。运行成本对产量敏感、当期受效，是油气生产过程中从采出、处理到再注入所需要的最基本成本，对应老井和新投井产量；增量成本对产量敏感、跨期受效、具有投资属性，对应措施产量；固定成本对产量不敏感的成本，包括折旧折耗、人工成本、期间费用等，发挥间接支持作用。

2. 设置四个效益区

基于油田生产经营特点，对比三条吨油成本线与产出效益，将评价对象划分为盈利高效、边际有效、增量低效、运行无效四个效益区，结合油价波

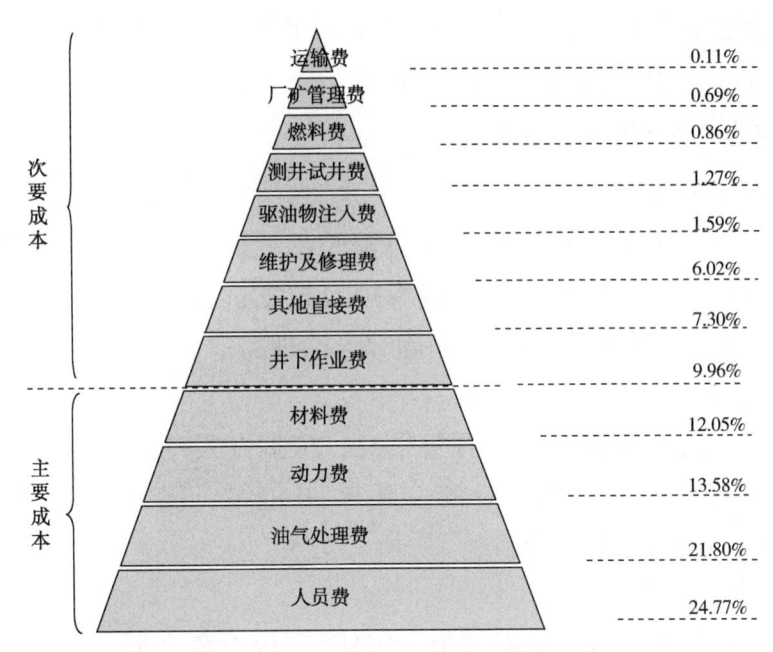

```
次要成本 ┤ 运输费              0.11%
         │ 厂矿管理费          0.69%
         │ 燃料费              0.86%
         │ 测井试井费          1.27%
         │ 驱油物注入费        1.59%
         │ 维护及修理费        6.02%
         │ 其他直接费          7.30%
         │ 井下作业费          9.96%
主要成本 ┤ 材料费             12.05%
         │ 动力费             13.58%
         │ 油气处理费         21.80%
         │ 人员费             24.77%
```

图 1　单井吨油成本"金字塔图"

动与成本动态，实现效益分级、分类施策，指导油田效益提升。

3. 指导油藏施对策

对于运行无效区，采取间抽、提捞等措施，优化生产运行，降低运行成本，突出运行增效；对于增量低效区，优化技术方案，控制增量成本，突出技术增效；对于边际有效区，优化投资决策，挖潜固定成本，突出管理增效；对于盈利高效区，重点保障、优先实施，突出全方位增效。

(三) 科学规划年度"经济配产"

按照新井、老井、措施等要素，精细测算不同油价下的经济产量，重点算好"四笔效益账"，即：以全成本测算的财务盈亏账，以运行成本测算的边际贡献账，以操作成本测算的现金流账，以油田开发运行实际测算的生产能力账。老井经济配产，重在边际利润；措施经济配产，重在增量增效；新井经济配产，重在增产增效。

二、事中算赢，刚性执行，精准治理提效升级

(一) 突出全周期"季度算赢"

在年度效益目标指导下，开展季度弹性预算管理，采取"两上两下"的优化运行模式，根据油价走势、成本效益等情况，制定季度产量、工作量、成

本、利润等弹性预算指标，解决下季度"老井开不开、新井投不投、躺井修不修、措施上不上"的问题，达到"以季保年"。

（二）突出全过程"分类施策"

1. 实施三类预警

对季度效益评价无效单井进行效益预警；对自动识别生产异常井进行生产预警；对季度对比预算发现重点成本项目超支进行预算预警，按照管理权限反馈到采油矿、采油队和班组，明确综合治理需求。

2. 制定分类措施

根据生产、效益和预算三类预警信息，依据开发动态分析成果，制定问题整改、潜力提升及优势保持对策，制定"补能量，优工况，挖躺井、延周期"等促进单井效益提升的措施。

3. 跟踪治理效果

通过日、月和季三维度效益评价，实现"评价对象全覆盖、效益跟踪比差距、分类施策指方向、增效责任有落实"，使之成为过程优化的标尺。

（三）突出全成本"对标挖潜"

1. 开展全方位对标

按成本结构、生产指标、开发指标、措施增油和开采方式五方面进行对标，包括自然递减率、措施有效率、人均管理费、吨聚增油等指标，全面开展比学赶帮超工作，与标杆对比找差距，补短板，促提升。

2. 开展全成本挖潜

应用洋葱模型的"成本分层、节点展开、量价耗解析"，选择同油藏类型、同开采对象、同驱替方式进行对标，发现高成本对象，剖析高成本要素。

3. 开展全员节约挖潜

深入开展比学赶帮超、争旗夺星等活动，全面实施节电管理精细到"1度电"、作业占井周期精细到"1小时"、节气管理精细到"1方气"等精细做法，广泛推广"多产一吨油""零成本"维护和"常温输油"节气管理等基层妙法实招，形成群策群力降本增效的生动局面。

三、事后算全，良性循环，精细流程绩效完善

（一）加强制度化建设

先后出台《第四采油厂已开发区块单井效益评价管理实施细则》《第四采油

厂后评价管理实施细则》《第四采油厂年度成本预算管理办法》《第四采油厂降低油气完全成本三年行动方案》和《第四采油厂开源节流降本增效工作实施方案》5项管理制度，明确各级部门的决策与运营管理职责，形成低油价下的油田开发生产机制，形成"三保、四控、一压"预算优化机制，以月度评分、季度检查、年度综合考评为主要内容的经济运行应用机制，编制《年度已开发区块单井效益评价报告》，为决策层、管理层、操作层提供应用支持。

（二）实施标准化管理

1. 规范效益评价方法

统一规定数据来源、采集手段、采集频次、采集模板、数据内容，发布标准化预算管理指标体系、成本管控责任体系，明确模型应用和数据管理的分工职责，各业务部门和基层单位按照"谁主管、谁推广、谁负责"的原则，指导基层单位正确应用。

2. 规范油水井标准化

开展"标准井"试点创建，到吉林油田新木采油厂进行标准井学习调研。结合调研情况，第四采油厂对标准井规范进行了修订完善，从设备管理、节能降耗、运行参数、安全环保4个方面、36个小项建立了标准井管理规范。

3. 规范站队精品管理

以"永远做油田精品"理念为引领，强化基层建设，把单井精品管理意识推延至所属的队站，通过组织精品计量间、节约型采油队和星级队站创建评比活动，实现了人人精工细做、事事精益求精、处处精打细算，整体队站管理水平不断迈上新台阶。

（三）构建精细化绩效

1. 精心设计绩效考核体系

突出效益导向，通过优选四类指标设置、匹配三项要素权重、满足四项要求目标值，全面细化指标布局，实现指标配置更加科学，奖金分配进一步向效益好、贡献大、付出多的单位倾斜，逐步加大工效挂钩力度。

2. 精准分解绩效考核指标

2018年，大庆油田下达第四采油厂经营管理绩效合同权重指标共计12项，第四采油厂对其进行了精确分析，精准下达各单位经营管理绩效合同权重指标共两类155项，其中效益类指标38项、营运类指标117项。

3. 精细做好绩效考核确认

把握"坚持全面性、突出导向性、指标可量化"三项原则，做到指标设计到位；细化生产、安全、经营、党群四项指标，做到指标分解到位；细化335项油田公司、101项厂"三基"指标，做到指标对接到位。

通过实施循环管理模式下的全生命周期单井效益管理，充分利用基于"三线四区"效益评价的决策，实现了事前算赢，精准测算效益，将一切工作聚焦为提高发展质量和效益驱动上。"十三五"前三年多产油2.32×10^4t，多产天然气1.27×10^8m^3，效益一类井比例上升了近10个百分点。

老油田效益树管理的构建与实施

吕文君

第四采油厂效益管理的发展经历了从感性到理性、从自发到自觉、从局部到总体的过程，并探索出了将"树木结构和生长过程"置于采油厂效益管理的全过程，从而形成了老油田效益树管理模式。油藏工程是提高单井日产的重要基础，离开了产量谈效益只能是"无本之木"——"茁壮的根，深广而牢固的根才能吸收更加充足的水和养分"；成本管理是运用系统的、全方位的成本战略管理观念经营油田的基本保障——"粗壮的干，挺拔而坚强的树干才能减少运输过程中水和养分的损失"；节能降耗和生产管理是实现油田日常管理效益最大化的有力保证——"两条有力的枝，强大而有形的树枝才能支撑茂密的树冠"；人本管理是实现"心齐、气顺、劲足、家和"的良好效益管理氛围的关键因素——"茂盛的叶，浓密而硕大的叶子才能有效进行光合作用"。效益树管理就是将这5个子系统有机结合起来，使各系统相互结合、相互影响、相互促进、相互提高，最终确保油田效益提升——"硕大的效益果"（图1）。

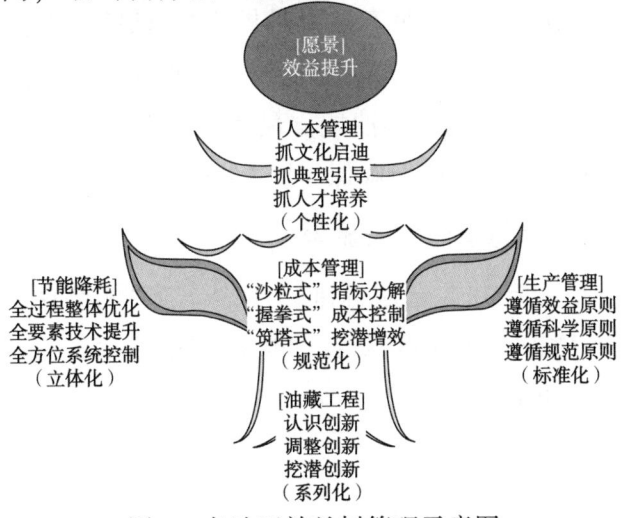

图1 老油田效益树管理示意图

一、高水平做好油田开发系列化调整

（一）认识创新，精细油藏描述更加准确

1. 精细构造描述技术

建立了同生断层控砂模式，形成超覆沉积边界确定技术，攻关侧积夹层建模方法，形成孔隙度、渗透率垂向连续解释技术，使构造描述更加清楚，储层描述更加清晰。

2. 精细储层预测技术

实现了不同类型河道砂体由传统的"沉积模式指导"的定性描述到"地震趋势引导"的半定量描述，并形成了井震结合的储层描述技术规范。

3. 精细油藏数模技术

数值模拟技术首次实现了多层砂岩油田分层注水模拟功能，改变了传统的数模只能模拟笼统注水的局限。

（二）调整创新，油田开发步入良性循环

1. 水驱精细挖潜技术"常用常新"

开发人员发扬"工作岗位在地下，斗争对象是油层"的优良传统，总结出了精细油藏描述、精细注水系统挖潜、精细注采关系调整和精细日常生产管理的"四个精细"挖潜思路，并细化了"四个精细"的挖潜流程、关键环节和量化考核标准。

2. 三采配套攻关技术"越用越精"

创新实施了"四最五化"管理工程，目标上"四最"（最小尺度的个性化设计、最及时有效的跟踪调整、最大限度地提高采收率、最佳的经济效益），开发上"五化"（控制程度最佳化、驱油配方最优化、配套技术成熟化、技术标准规范化、现场管理精细化），从而确保了"降低成本、提高效率"的目标实现。

（三）挖潜创新，措施增油效果显著

全面量化了各措施选井、选层标准，压裂实施"两高两低"标准，补孔执行"1226"标准，换大泵采用"268"标准。"十二五"以来，措施年增油量始终保持在4×10^4t以上（表1）。

表1 采油四厂各类措施选井、选层标准

措施标准	压裂"两高两低"标准	补孔"1226"标准	换泵"268"标准
标准	选井方面： （1）控制程度高，大于2个受效方向； （2）地层压力高，总压差大于-1.5MPa。 选层方面： （1）依据沉积类型优选低含水砂体； （2）依据监测资料优选低动用部位	（1）100m内无同层系采出井点； （2）单井日产油低于2t； （3）补射层有2个以上注水井点； （4）可调有效厚度大于6m	（1）流压大于最低允许流压2MPa； （2）渗透率变异系数大于0.6； （3）地层压力大于8MPa

二、高效益做好规范化成本管理

（一）"沙粒式"指标分解，分梯次管理

1. 编制开源节流降本增效方案

组织编制了《第四采油厂开源节流降本增效实施方案》，共制定了9个方面19项降本增效措施，每条措施都明确了牵头部门、配合部门、责任单位，并提出了实施要求，为全厂降本增效工作提出了指导。

2. 内部经营指标逐级分解

对主要内部经营指标细分为四大类179项进行分解，对各项指标管理实行"四级分解、五级管控"。从横向上看，由厂下达各个职能部门；从纵向上看，由厂对采油矿下达内部经营指标，采油矿再对下属基层队分解这些指标，层层下放，层层分解，做到纵向到单井，横向到岗位员工的双向管理。

（二）"握拳式"成本控制，按需求分配

"三保"：保地下持续向好，作业费、测试费每年以10%增长，确保了油气增产增收；保基础建设投入，井、站运行维护材料费、管线更换、生产维修、设备修理费逐年增加，夯实了发展根基；保有利长远发展，支持小队点建设，加强了安全隐患治理。

"两压"：一是压缩水、电、气等能源消耗，在井站规模、车辆逐年增加的情况下，实现了水量、电量、成品油连续5年保持不增；二是压缩非生产性支出，外包劳务费和五项费用预算连续5年减少。

（三）"筑塔式"挖潜增效，规模化管理

一是从修旧利废入手挖潜增效，组建厂级修旧利废中心，全面实现了修旧利废"成规模、出效益"的工作目标。

二是从废旧物资入手提高收益，完善废旧物资竞价体系，制定售前询价、资质审核、现场评定等环节的规范流程，保证了竞价过程的规范性和严肃性。

三是从资产设备入手实现创效，通过厂级润滑中心投运、推进资产调剂中心建设、实施抽油机减速箱润滑专业化管理、开展抽油机拆装机管理工作，年节约成本3000万元以上。

三、高标准做好立体化节能降耗

（一）全过程整体优化，实现闭环节能

油藏、采油、地面三大系统由各自优化转变为整体优化，同步设计、同步实施、同步管理，实施全过程的节能管理，充分发挥规划方案的源头控制作用。

（二）全要素技术提升，确保实效节能

油田节能成果主要是通过技术进步来实现的。在节能技术进步上坚持"应用一代、研发一代、储备一代"的思路，做到突出关键，组织节能技术攻关，"十二五"期间累计完成了8项节能技术攻关课题，在节能技术瓶颈上取得了重大突破。

（三）全方位系统控制，实现高效节能

1. 把好用电控制

强化承包责任制的落实，取缔高耗能用户，建立电量日清日结制度，实施油地网分离改造，有效地降低了线路电量损耗。

2. 把好用水控制

增设兼职抄表员10人，开展长流水综合治理工作，严格执行施工用水审批程序，动态管理施工用水现场抄表，全面提升了全厂节水意识。

3. 把好用气控制

常温集输实现"扩降延"三字管理，高产气井实行"定井、定压、定责"管理，对属地的10个用气户全部转交给天然气分公司管理，年产气量实现了箭头向上。

四、高效率提升标准化生产管理

(一) 遵循效益原则，实现分类管理

按照"纵向分类，横向分种"的油藏目标管理方法，采油井按照开关井和效益情况分为两大类、"5"种井，注水井按照开关井和注水方式分为两大类、"4"种井，异常油水井归为"1"种井。对细分后的10种井实行"541分类井目标管理"，分别建立起油水井"一井一法一对策"台账，使每口井的生产状况清晰可见。

(二) 遵循科学原则，实现流程管理

在全厂1060口油水井开展了"标准井"试点创建，对标准井规范进行了修订完善，从设备管理、节能降耗、运行参数、安全环保4个方面、36个小项建立了标准井管理规范。单井流程管理最终目的是实现单井效益的提升。

(三) 遵循规范原则，实现精品管理

以"永远做油田精品"理念为引领，强化基层建设，把单井精品管理意识推延至所属的队站，实现了人人精工细做、事事精益求精、处处精打细算。通过组织精品计量间、节约型采油队和星级队创建评比活动，整体队站管理水平不断迈上了新台阶。

五、高规格做好个性化人本管理

(一) 抓文化启迪，统一思想认识

通过"讲、学、算、评、做"活动，地质大队提出了"有什么样的注水剖面，就有什么样的采出剖面"的开发理念，第一油矿确立了"今天的注水质量是明天的原油产量"的工作思路，规划设计研究所提炼形成了"产能更要节能，节能就是增效"的设计思路，效益文化理念的形成推动了全员效益树管理的全面提升。

(二) 抓典型引领，增强先进辐射

利用有线电视、报纸、网络、板报、宣讲等方式，对"精干高效采油队"——五区三队、"高效节能示范队"——西二队、"全国文明的女子采油队"——北六队进行广泛宣传，做到了家喻户晓，人人皆知，渐入人心。

(三) 抓人才培养，促进知识转化

依托厂技能人才工作站，开展了"6+3"组合"送教下基层"活动，将优质

| 创新的足迹 —— 杏北油田管理新实践

教育资源不断地向基层延伸。如今,"你出一把力,我出一把力,企业才能焕发无穷的生命力;你解决一个问题,我解决一个问题,企业才不会出大问题"已成为第四采油厂人的共同认识和生动实践(图2)。

图 2　三个劳模工作室现场培训

截至2014年,第四采油厂在年产原油 $500×10^4$ t 连续35年稳产高产后,$400×10^4$ t 以上又持续稳产9年,累计生产原油 $3.02×10^8$ t,天然气产量始终箭头向上;利用油藏、采油、地面三大节能技术的立体化节能模式,实现了用电量、用水量的负增长;成本规范化管理和生产标准化管理,提升了全厂整体管理水平,有效降低了生产环节的各项成本;个性化的人本管理,实现了全员的积极参与和全方位的降本增效,把诸多"不能"变成"潜能",把诸多"不是"变成"就是",让提高油田效益树管理真正成为员工岗位工作中的一个重要部分。

资产设备管理之"加减乘除"

赵青林　靳占华　耿中亮

面对全厂产量逐年下滑、经营压力持续加大的严峻形势，第四采油厂提出坚持效益优先，把握重点领域和关键环节，大力实施低成本开发战略，通过"加减乘除"并举，坚持"做强总量、做精存量、做准增量、做优质量"，推进资产调剂提速，润滑管理提质、加大低效无效资产处置力度，逐步实现存量资产轻量化，不断提升资产创效能力。

一、"加"强资产管理，做强总量

（一）加强装备配备技术管理，在减少性能浪费上下功夫

1. 开展专业设备配备

在梳理原有设备配备标准的基础上，开展作业、洗井、测试等队伍专项调研工作，重点修订完成40t修井机、油水罐车、工程车、高压试井车单双滚筒等专业设备的技术配备标准，用最经济的配置保障生产需求。

2. 开展保障设备定标

针对专业化服务保障、员工获得感更多等特点，核定基层小队车辆、电器设备、办公设备等配备标准。

3. 开展生产设备调剂

开展设备配置分析，通过调剂1台推土机到作业大队、1台挖掘机、2台加药设备到第一油矿等方式，避免过度配置造成设备浪费，合理节省装备投资。

（二）深化资产精细管理，在延长使用寿命上下功夫

开展资产清查工作，强化自身规范管理，保持示范基地引领作用。按照大庆油田安排，每年开展了全厂资产全面清查工作，推行"同类共查、匿名互

查、新老随查、整改复查"的四查方针,全面覆盖18个矿(大队)级单位,清查资产3万余项,修改数据库资产名牌信息386项,调整数据库资产类别116项,全力推动第四采油厂"深化资产精细管理"工作的深入开展。公司级示范基地西二队开展专业化班组长帮扶到班组,体现承包责任制、合作共赢制、技术传承制,加大抽油机保养、修旧利废力度,年均修复250闸门80个,修理密封填料盒20个,节约成本110万元。

(三)加强润滑设备专业管理,在降低运营成本上下功夫

为保证设备合理润滑,提升设备润滑质量及管理效益,厂润滑中心不断创新方式方法,通过开展四季用润滑油代替冬、夏季用油,开发活动设备润滑管理信息平台、抽油机减速箱旧齿轮油再生、液压油体外循环过滤、柴油净化过滤等工作,设备润滑效率、效益得到双提升。

第四采油厂的柴油机油由原来的夏季柴机油和冬季柴油机油两季更换,改为四季柴油机油,并按千米数进行更换,从而减少了一季的柴油车换油约1000台次,换油量减少15000kg,润滑油消耗与同期相比节约22万余元。

通过设备润滑管理信息平台的搭建,实现了网上预约、润滑数据查询、分析等功能,提高了换油效率,使润滑数据统计分析更加便捷高效。

将原低价处理的抽油机减速箱齿轮油,通过专业设备除水、除杂,增加添加剂的方式,使润滑油恢复到满足使用技术要求后再次利用,节约了减速箱齿轮油购置成本。

针对大型液压设备如修井机、吊车等液压元件故障频繁、修理费用高问题,加装在线液压油体外循环装置,能够有效提高液压油洁净度,减少对液压元件的磨损伤害,降低故障率,延长换油周期。

针对国Ⅳ、国Ⅴ排放的大型柴油车,加装车载柴油净化器,该装置能进一步净化柴油,大幅降低杂质对喷油嘴及高压共轨车型喷油器的影响,达到减少校泵维修费用的目的,同时还有降低尾气排放、保护发动机的作用。

二、"减"少库存积压,做精存量

(一)研究租买结合方式,在压缩设备规模上下功夫

树立"不求所有,但求所用"的使用理念,根据各专业队伍的工作量和设备利用率,核定挖掘机、油水罐车、平板拖车等生产设备的数量标准,多余部分进行内部调剂。通过数量定标和整体平衡调剂,解决区域间设备数量、

能力与需求不匹配的矛盾。统计通用车辆、工程机械每年单台设备费用自用情况,分析设备自用、租用效益平衡点,年工作天数在平衡点以下的设备采取租赁。通过租买结合方式,3年减少活动设备30余台。

(二)应用资源淘宝系统,在拓展闲置资源上下功夫

充分发挥厂资产调剂中心信息共享优势,合理运用公司资源淘宝系统。坚持"点、线、面"相结合的工作方法,狠抓资产调剂管理,深挖资产管理效益潜力。

1. 抓实淘宝宣传"点"

组织全厂相关人员开展培训,宣贯厂调剂中心和公司淘宝系统,建立"先利旧、后购置"的理念。

2. 抓紧淘宝调剂"线"

加大可调剂资源的上传力度,年均上传公司淘宝系统共享资源1419项。

3. 抓活淘宝调剂"面"

积极协助基层查找所需资源,成功从外单位调剂计算机、打印机、板房等资产102台(套)。

5年来,累计调剂、利旧各类资产1614项,共计节约资金1.56亿元,年均节约资金3000余万元。

三、"乘"法聚力提效,做准增量

(一)实施设备集中管理,在提高利用率上下功夫

调研学习公司设备集中管理样板单位第七采油厂,结合第四采油厂实际,开展设备集中管理工作。

1. 对洗井罐车进行集中

将原采油矿46台油水罐车集中到作业大队,成立洗井队开展专业化管理,罐车月度洗井由510井次提高至714井次,单井洗井罐数由2.7罐增加至6.3罐,平均单井压力降幅由原来的0.2MPa提高至0.32MPa,洗井罐车利用率由集中前的68.08%上升到81.74%。

2. 对拖车进行集中

将原各大队3台平板拖车集中到作业大队,实行统一调派后发现2台设备即可保证生产需求,拖车利用率由集中前75.36%上升到86.99%。通过实施集中管理,减少购置罐车8台、拖车1台,节约资金512万元。

（二）着力技术改造创新，在提高综合率上下功夫

利用现代化技术对老旧设备进行技术改造，是提升设备性能的有效途径，也是降本增效的重要措施。近年来，本着降低设备运行成本和降低能源消耗的原则，充分做好前期论证，对1台2002年投产的XJ250修井机进行"油改电"，实现"油电双驱"，现场试验应用10口井。相同工况条件下，与柴油机动力修井机相比，节约能耗费用90%以上，同时减少了二氧化碳排放和噪声污染。另对作业大队2台压风机车进行橇装改造，用重型卡车拉运进行生产作业，节约购置压风机车费用152.8万元。

四、"除"去故障隐患，做优质量

（一）加强设备维护保养，在降低维修费用上下功夫

以"设备年审"HSE专项检查和"四站应用"为抓手，全面降低设备维修成本。

1. 开展"设备年审"

通过每年开展设备年审活动，年均检查设备3466台次，发现并整改问题1152项，及时消除隐患，确保设备本质安全。

2. 开展"HSE月审"

每月开展HSE专项检查，结合专业特色，开展百日安全环保大检查活动，重点检查设备保养及隐患处理情况。3年来，累计排查设备963台次，发现整改问题144个。

3. 抓好"四站联审"

调研全厂"回场检查站"运行情况，制定标准、完善制度，避免设备过剩维修，提高检查站整体水平。推广应用"状态监测站"监测仪器，有效降低设备故障率。

通过抓实"设备年审""HSE月审""四站联审"，年均节约成本97.83万元。

（二）发挥退役资产潜力，在深挖资产价值上下功夫

增强节约创效意识，最大限度地挖掘退役资产剩余价值，精准报废资产，增加退役资产收益。成立专家鉴定小组，对拟报废设备进行逐台现场鉴定，特别是非正常报废资产，分析原因，对不符合报废条件的资产给予修复或调剂利用的建议。报废资产拆除过程中，严格跟踪管理，对可利旧资产提前做

好标识，确保其保护性拆除，完善考核、赔偿制度。强化报废资产回收，杜绝资产随意报废、随意处置的行为，提高报废资产回收及时率和完整率。三年来，年均报废资产911台(套)，报废资产净值率11.8%。通过合理、谨慎的资产报废审核方法，杜绝了不合理报废现象的发生，有效地将报废资产净残值率控制在15%以内。

近年来，第四采油厂调整经营理念，加强内部管理挖潜，构建了"责任清晰、业务顺畅、职能归位、管理合规"的资产设备管理机制，通过"加减乘除"四则运算，促生产、抓管理、创效益，把控投资、降成本落到实处，为全厂生产经营建设贡献了力量。

安全环保篇

2015年，国家颁布实施新《环境保护法》和《安全生产法》（以下简称"两法"）后，对国有企业牢固树立安全生产和环境保护意识，切实履行好安全生产监督和保护环境职责，提出更高的要求。作为油气生产单位，安全环保工作形势日益严峻、监管处罚更加严格、工作压力越来越大，特别是对于长垣老区第四采油厂，周边环境复杂、部分站库和油气水管道等设备设施腐蚀老化严重、管线占压仍存安全隐患、承包商监管弱化、安全环保管理制度不完善、安全环保管控难度加大、个别干部员工安全环保意识不强等诸多问题和薄弱环节需要解决。在这样的新形势下，如何贯彻新"两法"，构筑安全生产、文明生产坚固堡垒，迫在眉睫。

近年来，第四采油厂以构建本质安全型采油厂为目标，坚持"以人为本、质量至上、安全第一、环保优先"理念，牢固树立红线意识和底线思维，齐抓共管、创新管理、攻坚克难，全覆盖、零容忍、铁腕抓，持续提高全员安全环保意识和处置突发应急情况能力，紧紧牵住确保全厂安全环保良好态势的"牛鼻子"。在责任落实上，按照"有感领导、直线责任、属地管理"的原则，严格落实"党政同责、一岗双责、失职追责"，突出领导带头，突出全员覆盖，梳理职责分工，层层压实责任，构建形成无空白、无缺项、无死角的安全环保责任体系。在安全管控上，抓住重点领域、要害部位、关键环节，严守"四条红线"，建立以安全环保责任为导向的考核机制，构建专业化 HSE 监督检查体系，加强监督监管，量化考核指标，加大奖惩力度，确保安全监管抓得严、抓到位。在环保治理上，牢固树立"绿水青山就是金山银山"理念，加快推进环保设备设施改扩建，加强三元驱环保技术攻关，完善污染物排放处置和危险废物管理措施，强化施工作业等日常动态监测，不断提高环境治理工作水平。

广大干部员工观念逐步由"要我安全"向"我要安全"转变，安全生产和环境保护意识不断增强，在安全合规生产操作的同时，积极探索、勇于创新，摸索走出了一条安全环保创新管理的新路子，为厂构建本质安全提供有力保证。经过各单位各部门及广大干部员工的共同努力，第四采油厂实现安全生产、文明生产金牌"十五连冠"，连续多年荣获大庆油田环境保护工作先进单位。

抽油机皮带消耗精细化控制管理

杨晓存

勤俭节约是大庆油田的优良传统,需要在油田新时期予以继承与发扬。自2014年以来,第二油矿针对抽油机皮带故障逐年增多、物料消耗逐年增加、费用支出逐年增大的生产维护成本难以控制问题,以管理创新为主线,以精细运作为手段,通过管理创新,持续开展勤俭节约活动,见到了抽油机皮带故障逐年减少、物料消耗逐年减低、费用支出逐年下降的显著效果。

一、固化责任,抓实抽油机皮带消耗精细控制管理

围绕抽油机皮带更换工作,从固化职责、强化管控入手,围绕破解各类管理难题,实行"三分"精细化管理方式,推行精细化管控工作新体系。

(一)抽油机皮带更换管理分工

(1)采油队队长为本单位抽油机皮带管理主要负责人,对所属抽油机皮带使用管理负主要责任,贯彻执行矿抽油机皮带管理规定,落实各项管理维护措施,组织监督检查及考核。

(2)采油队主管生产副队长负责本单位抽油机皮带管理具体工作,组织日常维护调整和设备检修工作,对于异常井及时组织工程技术员、生产骨干分析原因,制定治理方法。

(3)采油队岗位员工负责所管抽油机井的皮带日常管理,每天巡检不少于两次,检查皮带四点一线、松紧度和破损情况等,做到及时发现、及时处理、及时汇报。

(4)矿抽油机管理人员负责日常管理检查,督促、考核各采油队执行好矿抽油机皮带管理规定,检查各项管理措施执行情况,组织矿专家小组对皮带消耗较大井分析原因,制定合理解决办法,及时组织对减速箱串轴井鉴定维修,定期分析各采油队皮带消耗情况。

(二)抽油机皮带频发故障因素分析

2013年,通过调查发现8.2%的频繁断皮带井消耗33.9%的皮带,单井平均消耗量是全矿平均消耗量的3.6倍。针对这种现状,降低皮带用量,节成本降能耗,成了一个重要的攻关课题。为此,对77口频繁断皮带井的调查,从人员、设备、方法、环境、标准5个方面深入分析,共找出四点一线、载荷、平衡率等8个影响皮带使用寿命的因素。经过对比分析,皮带轮规格不匹配成了主要因素之一。对此,经过确定标准,自主编制皮带轮网络查询系统,采取皮带轮置换与轮换、更换与替换方法,先后匹配单井皮带轮置换68井次、轮换73井次、加工更换158井次、修复替换39井次,管理方式由原来的分散管理,变为了统一管理,消除了皮带轮不匹配问题。

(三)抽油机皮带专项管理制度分类

总结归纳与持续推行抽油机"五查"和皮带"四定"分类管理制度。抽油机"五查"管理制度:一查皮带轮是否规范,二查皮带松紧是否适中,三查皮带是否四点一线,四查电流比是否平衡,五查载荷值是否过大。皮带"四定"管理制度:定额——依据基层队上一年度月均皮带消耗量,结合采油队客观因素,计算本年度分队皮带耗用控制指标,明确年度使用计划;定编——采油队建立皮带使用台账,对新皮带编号入账,每组皮带应用到油井都做好详细记录;定标——明确皮带轮标准规范,对新旧皮带轮严格把关,规定不符合标准的皮带轮不得入库;定人——建立皮带轮库存网络查询系统,抽保队确定专人负责皮带轮的管控与发放,做好跟踪、检查、评价、总结、上报。"五查"和"四定"抽油机皮带专项管理机制的持续推行,使抽油机皮带精细管理工作有规可依、有章可行。

二、深化攻关，破解抽油机皮带消耗精细控制难题

抽油机皮带断故障既是影响机采井时率的因素之一，又是机采物料消耗的主要问题。通过创新与推行"三调二控一实验"参数调整方法，有效治理了皮带消耗各类问题，降低了单井物料成本。

（一）"三调"是优化调平衡、强化调松紧、量化调包角

1. 优化调平衡，治理机采井平衡率低问题

针对机采井平衡率越低，皮带承受力就越大而降低皮带的使用寿命问题，在优化电流平衡法的同时，推广自主研发的功率调平衡法，由四区十队应用，拓展推广到四区六队、四区九队和五区三队，三个采油队机采井平衡率偏低问题得到了全面治理。

2. 强化调松紧，治理皮带打滑和干磨问题

针对抽油机皮带安装过松或过紧进行隐患性分析，依据皮带松紧度有关规范标准，运用皮带安装检测方法，采取分队别、分区域、分班组逐井检查与调整皮带松紧度活动，全面治理了9个采油队抽油机皮带打滑和干磨问题。

3. 量化调包角，治理皮带接触面变小问题

围绕皮带轮包角过大、过小导致皮带损耗问题进行现场实践分析，确定并运用皮带轮包角运算公式，采取量化调包角方法，消除包角小而皮带与轮的接触面小、摩擦阻力小所造成的皮带打滑磨损现象。例如，杏4-3-2531井抽油机皮带轮小轮径 $d_1=130$mm，大轮径 $d_2=950$mm，中心线 $a=1700$mm，通过皮带轮包角运算公式计算（图1），小轮包角定为152.4°，进行加工与试用后，消除了皮带打滑磨损问题。

皮带轮包角运算公式计算 ⇒ $a_1=180°-\dfrac{d_2-d_1}{a}\times 57.3°=152.4°$

图1 杏4-3-2531井抽油机皮带轮包角运算图

(二)"二控"是深化控泵况、细化控载荷

1. 深化控泵况，治理皮带无功性能耗问题

针对机采井发生泵况时泵漏失引起的负荷不均、蜡影响井引起负荷升高卡泵、杆断等井下故障而改变皮带表面摩擦系数及影响皮带使用寿命的问题，制定与实行油井泵况落实管理细则，对油井检泵前的资料分析和落实处理、检泵中的跟踪管理和问题处理、检泵后的工序交接和验收考核以及作业监督工作管理考核4个方面进行深化管理与细化管控，皮带无功运转消耗问题得以缓解。

2. 细化控载荷，治理皮带磨损伤断裂问题

创新推出以实践一个热洗管理模式、实施六项基本保障措施、实行一个热洗评价机制为内容的"161"热洗管理方法，总结与推行热洗工作责任清、基础数据清、管理方法清、潜在隐患清、评价效果清的"五清"管理方法，有效控制了较大载荷对皮带的损伤，延长了抽油机皮带使用寿命。

(三)"一试验"是模化做试验，治理雨季皮带常打滑问题

围绕抽油机电机皮带轮积水而使摩擦系数下降问题，进行各个环节、各个因素关联性分析。由于电动机轮在下方导致雨水会沿着皮带槽往下流，聚集在电动机轮上。当皮带离开皮带轮时，因皮带与轮的挤压力消失，皮带凹槽更加容易吸附水珠，在高速运转下，皮带上的积水充当了皮带与皮带轮的润滑剂，原本高温运转的皮带，在积水的润滑及吸热下，温度下降，蒸发能力减少。水时刻依附在皮带表面上，摩擦系数不断下降，因此摩擦力也不断下降，进而出现皮带打滑现象。针对皮带凹槽积水，联组皮带在雨天皮带打滑，带不动抽油机运转造成局部磨损冒烟，急速减短皮带使用寿命这一现状，进行了现场模拟试验。在X4-4-B363试验过程中，新换的皮带仅仅淋雨10min，皮带已经外翻，与外部胶皮脱离，丧失拉伸强度，很快就会断裂。对此，采用废旧联组皮带逐根割开选用的方法，好的再用，废的停用，雨天使雨水从皮带间的缝隙流出，减轻了皮带打滑现象，保证了雨季抽油机传动系统正常运转。

三、量化激励，注重抽油机皮带消耗精细考核工作

为搞好抽油机皮带节约激励工作，第二油矿以降低皮带使用数量、减少员工更换次数、提高机采运转时率为目的，创新与推行职责分工明确、奖惩措施明确、考核办法明确的跟踪管理制度，全面规范了抽油机皮带更换工作

考评管理事项，形成了能够持续促进机采物料勤俭节约活动开展的跟踪管控新机制。

（一）实行抽油机皮带更换跟踪奖惩措施

第二油矿围绕抽油机皮带跟踪使用、标准操作、参数监测等10个方面，分别明确管理方法、奖惩标准，达到了抽油机皮带更换跟踪管理有措施、监测有手段、奖惩有标准、分析有方法、研发有激励。在革新激励方面，明确相应加分加奖标准，即：对于矿推广使用的成果，每项奖励小队1分，属"四小"成果并应用效果明显的每项加奖1000元，属革新成果并应用效果显著的每项加奖2000元。近五年研发抽油机传动系统的革新成果和发布管理成果5项，有4项成果得到全面应用与持续推广。

（二）执行抽油机皮带更换跟踪考核办法

采油队定期分析对比皮带使用情况，生产办月度跟踪、季度考核，对于低于季度皮带消耗指标的按照节约百分率进行加分，即：皮带使用节约百分率=季度节约皮带条数/季度计划皮带消耗条数，季度皮带消耗每节约1%，加0.1分；对于超出季度皮带消耗指标的按照超标百分率进行扣分，即：皮带使用超标百分率=季度超标皮带条数/季度计划皮带消耗条数，季度皮带消耗每超标1%，扣0.1分。矿管理人员每月底根据开井数，在季度评比中将变化量算入指标中，采油队按照单井年度消耗标准计算，结合开井数测算全年消耗总量，各队按照季节和实际消耗量上报季度消耗计划，矿按照上报量开展季度统计与核实、评比与考核。自2014年以来，对抽油机皮带消耗百分率进行季度考核，累计加287.3分、扣37.6分。

（三）推行季度考核奖惩跟踪性落实手段

针对季度皮带消耗加扣分，检查考核符合标准、落实到班组、奖惩到人头的"一合二到"规定落实情况。对于扣分未落实项目，要求采油队次月补充落实；对于加分没有完全落实到位问题，次月严肃考核。先后对4个采油队的矿加分没有完全落实到位问题，按标准进行警示与考核到位。通过一段时间的抽油机皮带节约加分跟踪落实，采油队逐步由干部得分转向干部和员工分比例得分，之后又由干部和员工分比例得分变为节约班组员工的全部奖励分值。通过抽油机皮带节约加分落实，采油队逐步由干部得分转向干部和员工分比例得分，之后又由干部和员工分比例得分变为节约班组员工能够得到全部加奖分值，极大地调动了岗位员工和维修人员持续节约使用抽油机皮带

| 创新的足迹 —— 杏北油田管理新实践

与持久探索抽油机皮带节省方法的积极性。

5年多来，第二油矿通过物料管理创新活动开展，皮带消耗量呈逐年下降趋势(图2)。按开井(图3)计算，单井月消耗0.37组降至0.24组，2018年与2013年对比皮带用量减少5255组，平均每组皮带按照300元计算，全矿5年少用皮带21023组，累计节约费用630.69万元，平均年节约费用126.138万元。2018年单井年度皮带用量由8.2组降为2.99组(图4)，全矿共有86个井组，平均每个井组每月更换抽油机皮带数量为2.2组，也就是平均每个井组半个月时间仅换一组皮带，相应地，皮带更换工作强度得到大幅降低。在第四采油厂以创新创效为主线的2018年度提质增效经验交流会上，做了抽油机皮带节约管理经验介绍，管理创新做法在全厂得到了推广。

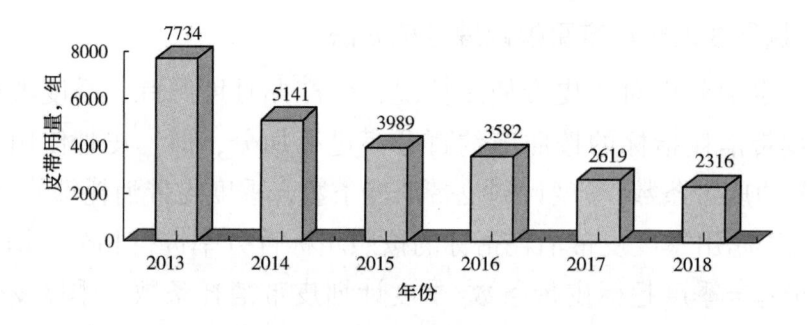

图2 第二油矿2013—2018年皮带用量统计对比柱状图

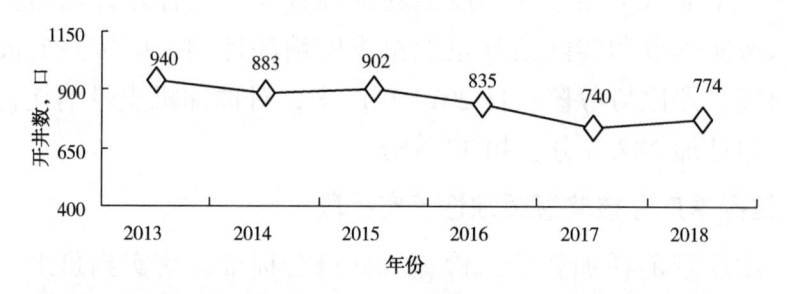

图3 第二油矿2013—2018年抽油机井开井变化曲线图

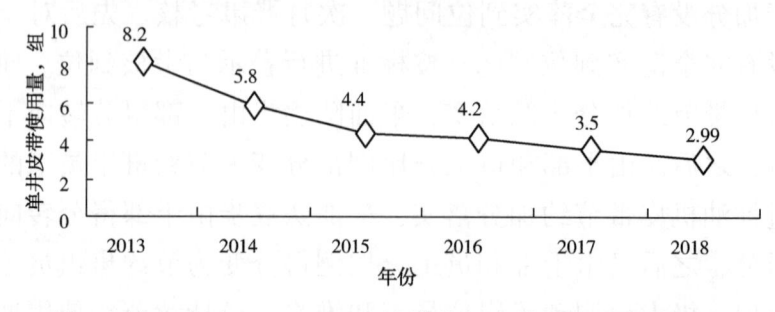

图4 第二油矿2013—2018年单井年皮带用量变化曲线图

创建采油队专业化管理新模式

钟慧君　井生文

面对人少井多的油田发展新形势，第四油矿西二队结合工作实际，从提高全队生产管理水平和提升工作效率出发，积极探索推行专业化管理新模式，进一步完善专业化管理机制及其相应的保障制度，优化生产流程，有效保证人员及设备安全生产，同时也取得了显著的经济效益。这个队先后荣获"中国石油先进班组""黑龙江省创新示范岗"、集团公司"十一五节能节水先进基层单位"、基层建设"千队示范工程"示范单位、油田公司先进集体等70余项荣誉。

一、面对困境，谋求发展，探索专业化管理新思路

2006年以来，生产规模日益扩大，西二队管理的抽油机由138台增加到248台，人均管井数由8.04口上升到12.6口，缺员11人，井多人少成为主要矛盾。抽油机故障停机率由0.62%上升到0.90%，抽油机管理长期在低水平徘徊。

（一）客观条件制约，高水平管理难度大

西二队地处杏北开发区西部过渡带，横跨13个井排，最长井距达到1.7km，井站分散，点多面广，管理面积大，有效工作时间短，工作效率低。在人员配备上，女员工多，男女比例为1∶1.5。女工从事加密封填料、换皮带、维护保养等工作非常不方便，而且存在一定危险性。

（二）设备维保受限，巡检维保有弊端

维修班既要对全队问题抽油机进行维修，还要对临时出现的各类生产紧急事故进行处理，维修工人疲于奔波，工作积极性不高，抽油机的维修质量大打折扣。采油工进行的抽油机巡检保养工作，存在巡检不到位、保养不及

时的情况，直接或间接导致抽油机部件磨损严重，存在材料损耗大的问题，影响抽油机的运转时率和寿命。

（三）作业施工不规范，存在安全隐患

因人员紧张，井组人员对抽油机进行维护保养时，一般没有监护人员，有时还需要在不具备高空作业的条件下操作，危险系数很大。

二、坚持创新，优化调整，建立专业化管理新模式

为了确保抽油机专业化管理相关制度执行到位、运转顺畅，西二队探索实施了专业化管理模式，到2008年，组建成立了抽油机专业维修班、专业保养班和专业巡检班，促进抽油机专业化管理的提档升级。采油井组难险重的工作都由专业技术水平精湛的专业化班组来完成，形成专业化管理的新模式。

（一）成立专业保养班，实施专业化维护保养

在全队范围内将有工作特长的人员抽调出来，共有3人组成，负责井组的"抽油机换皮带、抽油机润滑、日常保养"等工作。实施分类保养模式，西二队按照抽油机投产时间，以8年为周期将抽油机分成四类管理。同时对每类抽油机中，综合设备型号和故障频率等因素进行排序，建立抽油机管理"病案"。采取"盯住一类、普检二类、兼顾三类、抽检四类"的工作方法，指导专业保养班有针对性开展抽油机保养工作，将设备保养工作由被动维修变为主动保养，构建起可行、有序、高效、科学的分类保养模式。实施分类保养模式以来，未更换一个中尾轴和曲柄销子，抽油机紧固率、润滑率都达到了100%。专业化保养严格执行"紧固、润滑、调整、清洁、防腐"十字作业法（图1），避免了以前岗位工人保养时，没有尽心尽责等问题的出现。实施专业化保养以来，西二队未因维护保养不到位而损坏一台变速箱，未更换一个中尾轴和曲柄销子，没有一口井因缺油导致烧电机的事故发生，没有一口井因紧固不合格造成翻机事故，确保了抽油机设备安全平稳运行。

（二）成立专业维修班，实施专项维修工作

专业维修班6人组成，主要负责抽油机维修、调参、换光杆、换毛辫子等工作。实施分级维修模式，西二队对抽油机维修进行三级分级界定。第一级为井组能够完成的维修项目；第二级为专业班组单独或配合完成的维修项目；第三级队内无法完成的维修项目，如更换中尾轴等，由队领导统一协调外派。实施分级维修模式后，全队自修意识不断增强，抽油机维修呈现了

图 1　专业化维护保养

"降级"趋势，抽油机配件、闸门修复率提高了近 6 个百分点，年累计维修清蜡闸门、250 闸门近百个，维修刹车 10 余个，维修配电箱、空气开关和交流接触器等电气设备 50 余件。成立专业维修班，把维修人员从设备日常保养工作中解脱出来，提高了工作标准和工作效率。专职专责的管理模式使专业化维修班组人员更具责任心，熟练的技能、过硬的技术也使他们处理抽油机维修问题更省时、更省力、更清洁、更节约、更安全。专业维修，提高了工作效率，节约了大量生产成本，抽油机设备的完好率始终保持在99%以上。

（三）成立专业巡检班，实施专业化巡回检查

专业巡检班由 3 人组成，主要负责巡查抽油机关键部件的运转情况，对对采油工反映的问题进行现场诊断，对夜间 8 小时之外非工作时间全队的抽油机运行情况检查，确保抽油机的运转时率。实施专业巡检分岗担责模式，西二队通过全员写风险活动，确定了抽油机管理过程中的 44 个危险点源，对应到班子成员、各岗位及专业班组每一名成员，把安全环保责任落实到每个人。通过加强日常检查，严格执行一岗双责，严格考核、严格兑现，拴住了安全管理的牛鼻子，全队抽油机实现 52560h 无安全、污染事故。专业巡检班成立后，抽油机设备突发性事件得到及时发现和解决，每年冬季发现处理各类停机上百次，既避免了大量的冻井事故发生，也使盗油和破坏抽油机设备现象得到有效遏制。

三、打牢基础，靠实措施，完善专业化管理新保障

为确保专业化管理落到实处，这个队逐步通过技术培训不断提高人员的

技术素质，健全专业化的标准和制度，制定和实施了与专业化相适应的奖金考核机制等配套措施。

（一）筑牢专业化基础，提升人员素质

通过实施"两结合"培训法强化技能，即单兵能力提升与团队配合演练相结合，提高专业班组的团队配合能力；个人技能提升与岗位需要相结合，提高专业班组适应能力。通过几年来的不懈努力，西二队已经能够保证每个专业班组都有技术大拿、行家里手，共拥有高级技师、技师15人，掌握三项专业技能的班组长达到7人。

（二）健全专业化制度，设定管理标尺

专业化的标准和制度是施行专业化管理的保证。健全专业化管理标准，西二队结合专业化管理实际，以打造抽油机管理样板为目标，建立起《专业化生产管理制度》《专业化管理各班组的岗位职责》《专业化管理的生产操作规程》《专业化管理模式数据表》等与抽油机专业化管理相匹配的管理标准（表1）。在专业化标准指导下，抽油机设备完好率由97%上升到100%，减速箱大修周期延长了5年。

表1 抽油机润滑卡

润滑点位	润滑部位	润滑点数	润滑油品 环境温度,℃	润滑油品	用量,L 加油	用量,L 更换	加(换)油时间 加油	加(换)油时间 更换
1	钢丝绳	2		钢丝绳脂	视需要		视需要	1年
2	横梁轴承座	1		3号锂基脂	0.2	1	视需要	1年
3	中央轴承座	1		3号锂基脂	0.3	1.2	视需要	1年
4	减速器	1	−45~10	70号	视需要	303	视需要	半年
			−35~14	120号				
			−5~70	150号	极压(或中压)工业齿轮油			
5	电动机轴承	2		3号锂基脂		1		1年
6	曲柄销轴承座	2		3号锂基脂	0.3	1	视需要	半年

（三）健全专业化奖惩制度

按照专业标准，制定与之配套的奖金管理制度。坚持三个原则，即服务专业化管理的原则、奖勤罚懒的原则以及坚持标准的原则。新的奖金办法的实施，有效维护了相关制度的严肃性，调动了岗位员工的积极性。起初，矿

每月对西二队抽油机管理的考核平均额度为 800~1200 元，到现在年考核额度为 400~800 元。考核额度大幅度下降，反映出抽油机管理水平的提升，员工岗位责任心的提高。

经过几年的实践，西二队探索实施的抽油机设备专业化管理，成功地做出了一道"加减法"：减下去的是管理人数，加上来的是工作效率；减下去的是繁杂的工作量，加上来的是规范有序的管理；减下去的是传统管理弊端，加上来的是专业化管理优势。面对新形势新任务，西二队决心在专业化管理的道路上不断探索，为抽油机设备管理做出新的贡献。

规范化学品管理的"2441"管理模式

曾伟男　黄　金　李泽宇

加强化学品管理，提高化学品管理水平，是预防和减少化学品安全事故，保障员工人身安全和环境保护的基础。第四采油厂试验大队中心化验室有常用化学品90种，其中危险化学品36种。作为中心化验室安全管理工作的重点之一，如何推进化学品管理规范化，查找出日常化学品管理中存在的隐患和薄弱环节并进行合理改进和治理，达到提高化学品管理水平，确保安全生产的目的，是当前急需要攻克的问题。经过不断摸索，目前中心化验室已经形成了"2441"的管理模式（图1）。通过对日常发放和回收的闭环管理和严格把控，使化学品的管理有序、存放合理、账物对扣、能够做到安全领取，按时返回，逐步实现了"系统化、规范化、安全化"的化学品日常管理模式。

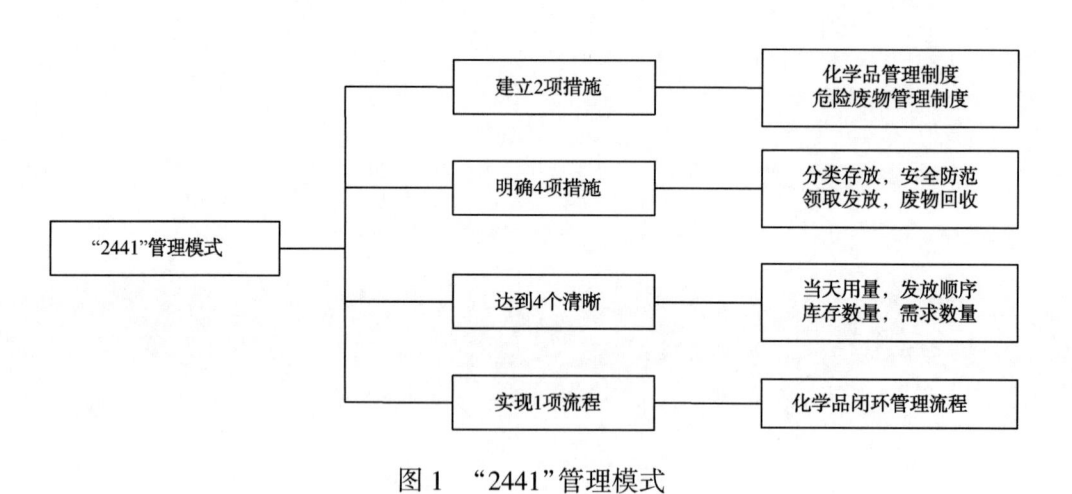

图1　"2441"管理模式

一、制度入手，把握环节，建立化学品闭环流程

第四采油厂试验大队中心化验室，针对化学品种多、危险程度大、管理

难度大的实际，把化学品的规范化管理作为工作的重中之重。因此，中心化验室根据管理实际，积极完善制度，把握关键环节，修订和完善各项管理制度，全面实施了化学品闭环管理，收到了显著成效。

俗话说，"没有规矩，不成方圆"，作为一个系统的工作流程，首先需要拥有一套健全的安全管理制度。管理制度的确立是实现规范化管理的重要保障，从而可以对安全生产起到指导作用。同时严格约束职工的相关操作，提升职工的风险意识，是每一名职工在日常工作中的行为准则和规范。在《中华人民共和国安全生产法》《中华人民共和国环境保护法》等国家法律及公司级和厂相关法律法规更新后，依据更新后法律法规的相关要求，结合室内的实际生产状况，对《化学品管理制度》《危险废物管理制度》两项管理制度进行修订，从制度层面说明管理过程中可能会出现的状况，针对情况制定约束措施，从而对化学品管理进行规范。

除修订制度外，还从化学品的购置、入库、使用、废弃等各环节入手，注重加强细节管理，建立化学品闭环管理流程（图2），力争化学品的零流失、适量存储、零排放，确保化学品管理的全过程安全。

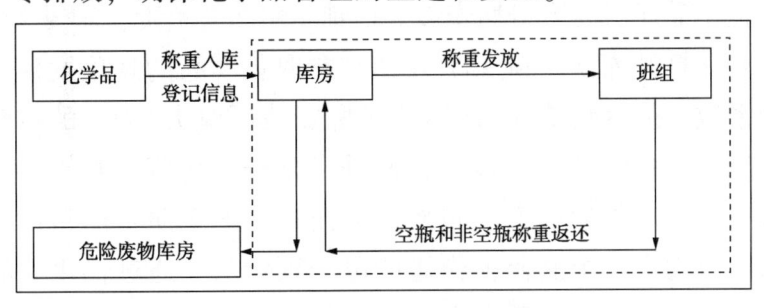

图 2 化学品闭环管理流程

二、加强管控，分项实施，实施风险的控制措施

安全生产对于企业运营至关重要，生产过程当中的任一个失误和风险隐患对企业均会造成比较严重的后果，甚至直接影响到生产效果与经济效益。因此，在化学品管理过程中，必须通过对现阶段存在的安全隐患进行合理规避，同时有效预防相关工作过程中的风险，使化学品管理的安全性得到不断提高，才能在本质上使化学品管理更加规范。

（一）实施分类分库分区存放措施

化学瓶和试剂的存储管理也是化学品管理中的一项重点工作。中心化验室现有化学品90种，其中危险化学品36种。由于每种化学品的性质不同，存放于一处，则会形成安全风险点源，造成安全隐患，因此需要分开存放。通过对现有化学品的安全技术说明书进行查阅，明确每种化学品的物理和化学性质，根据相关性质的不同进行分开存放，确保化学品存储环境安全。目前根据现有化学品的性质和现有实际条件，将90种化学品统一分成3大类，分别置于3个库房进行存放，3个库房分别针对易燃品、酸性腐蚀品及氧化剂、碱性腐蚀品与毒害品及普通化学品进行分开储存。

（二）实施"三防"，即"人防物防技防"防范措施

中心化验室现有的36种危险化学品中包括一些腐蚀品，如硫酸；毒害品，如氯化钡；以及作为易燃品的石油醚等。针对这类危险化学品，需要实施相应的防范措施来降低风险提高安全系数。一项好的安全防范措施系统包括人防、物防和技防三个方面，因此化学品库房的防范工作也会从这三方面切实入手，首先是实施以"化学品库房双人管理"为主的人防，在化学品库房建立并实施双人负责制，定期检查存储环境与定期盘点化学品，通过人进行化学品安全防范。其次是实施以"化学品库房双锁管理"为主的物防，具体做法是在每个化学品库房的入口均安装2把锁，由2人负责，需要2人同时在场各开一把锁才能打开库房，避免1人私自拿取化学品的现象发生，提升库房管理的安全系数。最后则是以"化学品库房安装摄像头"为主的技防，人防和物防是古已有之的传统防范手段，它们是日常安全防范的基础，而技防则是通过现代科学技术形成远程安全布控，从而达到安全防范的目的。目前，在每个库房的门口均有1个起监控作用的电子摄像头，通过在化学品库房安装摄像头，随时记录进出化学品库房的人员，对人员起到随时监督的作用，能够较大幅度提升药品管理的安全系数。"三防"措施各有各自的优势，将三者进行整合，同时发挥管理优势，则使安全管理事半功倍。通过"人防、物防、技防"安全防范措施的联合实施，能够降低化学品安全管理隐患，实现化学品库房的安全性管理。

（三）实施当天领当天还发放措施

化学品如存储在岗位，而不在库房中，一方面在安全使用方面存在隐患，另一方面则存在丢失的风险。而各岗位每天都需要使用化学品。结合这个情况，为确保化学品管理受控，降低丢失风险，制定并实施"当天领取当天返还"原则，领取和返还时采取瓶数与"瓶+化学品"重量双重计量控制，确保岗位只保留当天使用量，同时使用后的化学品空瓶也返还。通过"当天领取当天

返还"原则，保证岗位化验品使用量受控，降低化学品流失风险。

（四）实施危险废物零排放的措施

每一种化学品的使用都会产生危险废物，特别是化学品的包装物，这些包装物中残留化学品，化学品多数对安全环境有害，因此，所有废弃化学品及其包装物均由室里集中收集，待厂里统一处理。截至目前，已收集废弃化学品580kg、化学品包装物1600kg，实现危险废物零排放。

三、注重细节，加强管理，做到化学品数据清晰

细节决定成败，化学品管理过程中，安全防范至关重要，但对化学品使用及库存情况的有效掌握更加重要。为使化学品数据清晰，通过分析化学品使用全过程，明确控制节点，做到"4"个数据清晰。

（一）发放顺序清晰

化学品入库后，存储到指定位置，但后期入库的化学品会存储到相同位置。为更好地管理化学品的发放，对于化学品存放区域划分为发放区和备用区，同一种化学品编号管理，按照需要进行发放，确保发放顺序清晰，消除同一种化学品混乱发放的现象。

（二）当天用量清晰

化学品的管理过程中，使用过程管理难度相对较大，每个标准、每种化学品的使用量不同。为更好掌握化学品的当天用量，各班组结合标准列出每项操作所使用的化学品及相应用量，化学品管理人员根据用量进行化学品发放，同时各班组化学品使用人员根据用量进行使用。班组每天化验工作完成后，上交化学品记录单，管理人员每天核对化学品的理论使用量和实际使用量，遇不符时当场提出查找原因并整改，实现化学品当天的使用量清晰。

（三）库存数量清晰

由于化学品每天不断地收发，长时间运行可能会发生错误统计。为降低错误对生产的影响和做到库存数量清晰，化学品管理人员执行"月盘点"制度，每月对化学品库存数量进行盘点核对，并与《化学品管理记录》进行即时核对，发现不符及时查找原因并解决，确保化学品存储量清晰。

（四）需求数量清晰

化学品库存数量过多会存在安全隐患，过少可能会影响生产。在确保安全和不影响生产的前提下，全室范围优化药剂使用量，根据计划测算需求量

减少购置量，降低存储与化学品使用量。根据上级管理要求，化学品管理记录必须为纸质版本，但计算需求数量时非常烦琐且不能随时掌握需求数量。为快速清晰掌握库存与需求量，实施电子版和纸质版本同步管理化学品。在电子版本中，基于 EXCEL 中的 LOOKUP、MATCH 和 INDEX 函数建立模板，实现库存量和需求量动态更新，及时掌握化学品缺口，更加高效管理化学品。

几年来，中心化验室每年检测样品近 40000 样次，年使用化学品约 700kg。经过实施"2441"管理模式，全面实现了化学品的规范化管理，实现了化学品零流失、零排放，取得了显著的工作成绩，受到了上级领导和业务部门的好评。今后第四采油厂试验大队中心化验室，随着油田的可持续发展，将继续探索化学品科学的管理模式，为第四采油厂和谐发展、科学发展做出积极贡献。

以降低外漏井环境污染为目标的"三化管理"

邱海研　党洪艳

为进一步贯彻落实绿色发展，建设生态文明，树立"绿水青山就是金山银山"的新发展理念，为油田企业持续发展创造良好的安全环保环境，第四采油厂工程技术大队一直把安全环保工作作为企业发展与管理的首要任务来抓，积极探索以降低外漏井环境污染安全清洁生产为目标的"三化管理"新模式，通过对外漏井实施系统化、信息化和标准化的有效管理，走出一条有效治理外漏井降低环境污染的，确保安全清洁生产的创新管理之路，保证了油田绿色环保生产。

一、以降低环境污染为目标，建立外漏管理系统化

为了外漏井治理得到有效的运行，必须构建外漏井治理管理体系。2017年，第四采油厂为合理运行外漏治理工作，通过"一个体系、一个流程、一个理念"，捋顺了外漏井治理管理体系的构架。

（一）构建外漏井治理的管理体系

坚持外漏井及时发现，及时上报，及时治理的思路，以外漏严重井为治理的重点，以消除外漏井为目标，积极开展外漏治理工作。加大外漏井找漏力度，加强配套治理工作，扩大新工艺、新技术的应用规模，进一步提高外漏井治理效果。通过紧密协调，科学组织施工运行，缩短治理周期，确保外漏井治理工作量按计划运行。

1. 创建组织管理机构，保障外漏治理顺畅

2017年，成立油水井外漏治理领导小组，为第四采油厂油水井外漏治理提供坚强的组织领导保证。由生产副厂长担任组长，生产运行部副主任担任副组长，成员由油田管理部、财务资产部、基建管理中心、工程技术大队、第一采油矿—第五采油矿、试验大队、作业大队相关领导及人员组成，负责

各项具体工作。外漏治理小组每季度召开一次例会,每月上报一次进度,由专人跟踪工作进展,协调解决存在的问题,安排下步工作。

2. 创建部门管理职责,确保外漏治理职能

根据各部门职能划分的不同,建立了各单位的管理职责,通过细化节点,确定了26个管理节点,每个节点都建立相应的负责单位及负责人。通过管理表单化,细节标准化,确保了外漏治理工作顺畅高效。

(二)建立外漏井治理的管理流程

针对第四采油厂的外漏管理流程进行了优化整合出新(图1),采取各部门责任表单化流程,提高外漏井治理效率,避免不必要时间浪费,造成环境污染及安全隐患。

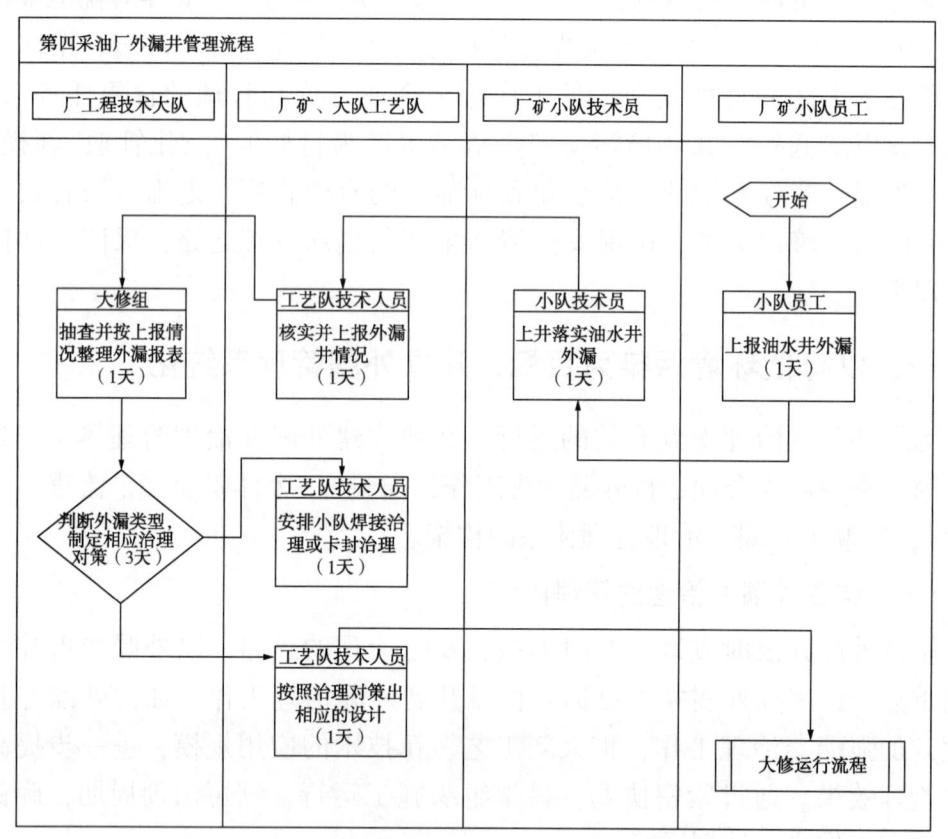

图1 降低外漏井环境污染管理流程图

(三)明确外漏井治理的管理理念

通过杏北油田近几年的不断摸索,对外漏井的形成及治理配套技术不断的技术攻关,初步建立外漏井治理"及时发现、及时上报、及时治理"的管理模式。这种"三及时"管理模式是以治理时间短为主,应用配套技术工艺为治

理手段的创新管理模式。在两法实施后，为实现油水不落地，无安全隐患，无环境污染的目标，提出外漏井治理理念：发现及时、上报及时、治理及时，建立以时间为横坐标，以治理技术为手段，治理尽责为纵坐标的外漏治理情况图，实现外漏井及时治理跟踪。

二、以外漏井的档案为根本，促进数据管理信息化

为了保障外漏井治理高效顺畅运行，必须构建外漏井治理档案信息管理体系。第四采油厂为高效运行外漏治理工作，建立外漏井个性化档案，以计算机为媒体推荐数据管理信息化，为外漏井治理工作提供基础保障。

（一）建立外漏井历史资料档案

根据人有身份档案有助于社会管理的方式，建立外漏井单井历史档案（表1），为分类治理提供依据。

表1 外漏井单井档案

序号	井号	井别	矿别	队别	举升方式	抽油机型号	基础情况	区块	投产时间	外漏发生的时间	外漏部位	漏失物及漏失量 m^3/d
井口设备情况	井场描述	井场路描述	是否能上作业	计划治理措施	计划治理日期	实际治理措施	实际治理日期	治理效果	最后一次作业施工类型	最后一次作业施工时间	开关井情况	备注

（二）实现外漏井数据管理平台

外漏井现场情况通过语言描述不清楚、不直观，影响对该井情况的分析判断，因此，采取RTX通信、网络数据银行、手机视频等手段，实现外漏井数据实时跟踪记录（图2），掌握外漏井动态数据，及时分析，及时制定治理措施。

（三）提升治理外漏人员素质

油水井外漏治理是一项综合性很强的措施，它既包括采油工程技术，又与油藏工程密不可分，既涉及钻完井工程的知识，又与测井技术有联系，所以就要求工程项目管理人员具有较强的综合素质。为加快外漏治理管理体系后备力量的储备，更好地培养一批懂管理、精技术的人才队伍，按照"培训时间有保证、培训内容有侧重、培训流程能把控、培训人员起作用"的指导思

图 2　外漏井数据管理手段示意图

想，详细制定了日常办班推进计划，采取"走出去、请进来""讲师主讲、员工交流"等多种形式，以集中培训与个人自学相结合，确保人才储备的稳步实施和推进。

三、以专业化的治理为主线，外漏治理技术标准化

外漏井治理需要专业化的技术支撑，为此，建立了治理技术的标准，配套外漏井治理方法，制定了治理措施流程，形成了"13"外漏精细化管理模式。

（一）外漏井治理技术标准化

通过对外漏井统计分析，可将外漏井划分为4种类型：(1)套管头及以上部位漏的井；(2)浅层气、水漏的井；(3)套管头以下部位漏的井；(4)报废失效的外漏井。针对外漏井不同类型，研究完善相应配套治理技术，在以上类型的外漏井中，第1种类型的井在上作业的同时可以更换配件治理，如作业困难可焊接治理或应用油水井套管螺纹、法兰密封技术治理，第2种、第3种和第4种类型的井可采取相应的作业施工进行治理通过技术整合，形成了9种配套治理技术——换、卡、焊、封、取、补、堵、固、控，避免了产量及注入量的损失。

（二）外漏井治理措施流程化

按照外漏及时发现、及时上报、及时治理的原则，制定了相关的上报流程及治理作业流程(图3)。

（三）形成外漏治理工作精细化

以管理个性化为指导思想，简化管理层次，细化内部分工，理顺了厂、矿、队三级管理职能，成立了新型个性化管理小组，提高了工作效率。坚持

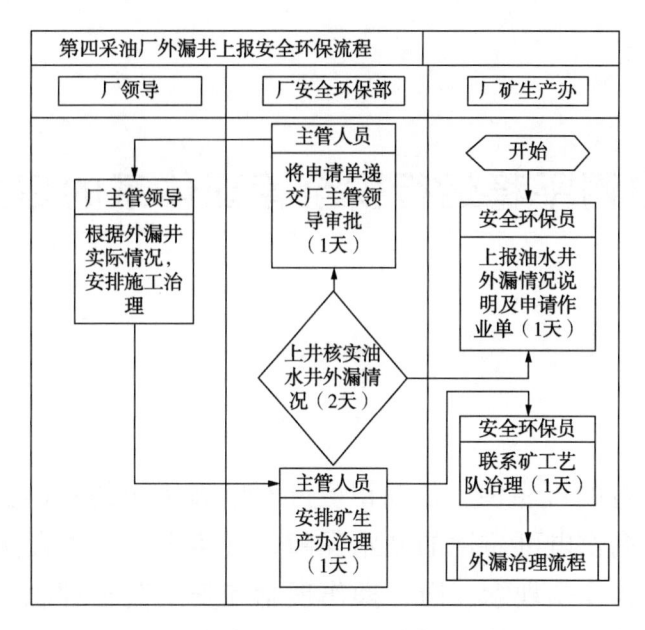

图3 外漏井上报安全环保流程图

"五个到位"的指导原则，即监督到位、责任到位、分析到位、整改到位和跟踪验证到位，从而构建了一套通过监督发现指正问题、信息情况反馈、分析问题发生的原因、研究改正措施、跟踪验证的良性运行模式(图4)。

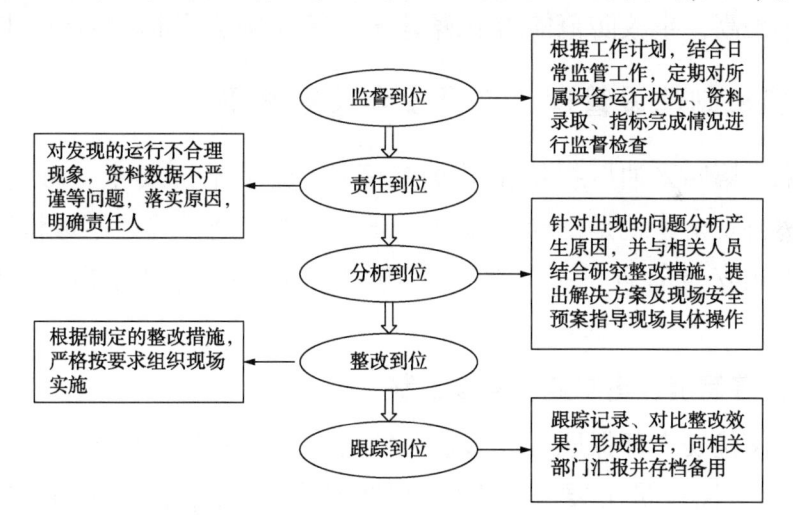

图4 生产管理"五个到位"控制图

通过以降低外漏井环境污染为目标的"三化管理"工作的实施，建立清晰、顺畅、简洁的管理流程，形成严密、完整、有效的管理体系，有效提升了外漏井治理力度和管理质量，综合治理外漏井成功率达95.81%，减轻了环境污染，有效解决了外漏井对环境造成污染的生产难题。

保证油田电网平稳运行安全管理体系的建立

李树才

持续提高供电的可靠性,是油田生产对电力系统的总体要求;实现安全平稳供电,是提高供电可靠性的基本保障。近年来,电力大队结合自身工作实际,建立了总体安全理念、岗位操作理念和安全监督理念,深入实施安全管理"四个一"工程;完善电网检修安全管理流程,大力推行"七查七不干"安全管理措施;结合安全环保履职考评、HSE标准化站队建立,完善HSE体系,打造"全覆盖"式基层电网检修队;梳理隐患排查奖励制度,奖惩并举,遵循隐患建档销案的闭环管理机制。通过安全管理体系的建立,杏北电网的供电可靠性逐年提高,事故防范能力显著提升,有力保障了油田生产的平稳供电。

一、抓机制建设管理,提升安全管理水平

近年来,第四采油厂提炼出并始终坚持"员工不讲安全,就是不珍惜生命;干部不讲安全,就是不珍惜岗位;班子不讲安全,就是不珍惜队伍"的安全理念,强化安全管理,抓好各项措施的落实,明确责任边界,做到一清二楚。

(一)完善制度,建立监督考核机制

细化各岗位安全环保职责和监督考核机制,基层队、班组对上签订《安全环保责任书》,岗位员工要对班组签订《安全行为保证书》,明确自身责任义务,知晓问题考核后果。

(二)规范行为,严格规范各项管理

以第四采油厂《HSE管理手册》为基础,以"安全生产禁令"和"四条红线"为警绳,严格规范各项管理和操作行为,坚持"谁主管谁负责、谁安排工做谁负责、谁执行操作谁负责"的要求,做到"干部会管安全、员工会保证安全",

明确责任主体，强化岗位责任心。

（三）提高标准，做好风险写实工作

结合大庆油田和第四采油厂近年开展的安全环保履职考评、HSE标准化站队评比、写风险等活动（图1），积极查找补齐自身短板，对照上级检查考核标准发现和整改自身存在的问题。目前，电力大队所有基层队都已经达到HSE标准化站队标准、所有人员都能胜任本岗位的HSE职责。

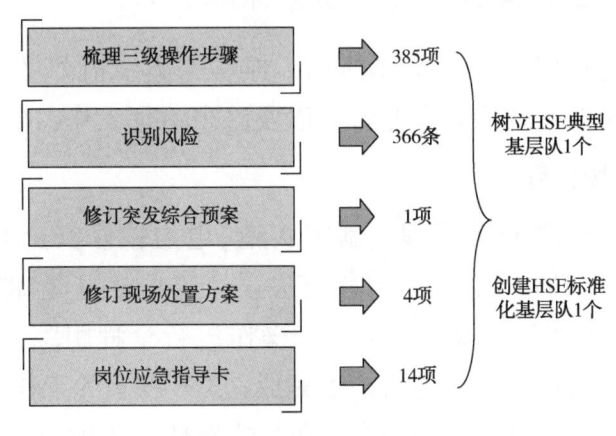

```
梳理三级操作步骤  →  385项  ┐
识别风险          →  366条  ├ 树立HSE典型基层队1个
修订突发综合预案   →  1项   ┤
修订现场处置方案   →  4项   ├ 创建HSE标准化基层队1个
岗位应急指导卡    →  14项  ┘
```

图1　风险写实工作

二、抓安全培训管理，强化安全管理意识

安全生产技能是保证各项工作有效开展的基础，对各级干部员工的教育培训工作必须常抓不懈，特别是特种作业的岗位操作人员，更是重中之重，坚持培训演练，做到一丝不苟。

（一）严化标准操作步骤和流程

在电网检修工作开始前，统一进行岗位标准化操作演示和训练，让岗位员工熟知每一项操作的顺序、标准、风险和安全措施，规范操作行为。同时，还要组织《电业安全操作规程》考试，合格者方可参加电网检修工作。

（二）细化安全环保教育培训

开展有针对性的、灵活有效的安全教育，对管理人员重点开展如何安全地组织工作、如何进行现场安全检查等方面的培训；对操作人员重点开展如何发现风险、如何落实安全措施等方面的培训；对重点岗位人员重点开展如何规避控制风险、如何进行应急处置等方面的培训，让所有人都具备本岗位的安全技能。

（三）强化安全经验分享和事故分析

基层队每周至少进行一次安全经验分享、每月开展一次事故案例分析，大队每季度召开事故案例分享剖析会，通过分析事故，深挖自身是否存在类似的隐患和问题，积极寻求解决和整改办法，用别人的教训丰富自身的经验、提高安全意识。

三、抓监督检查管理，提升监管保障能力

工作中，始终把安全环保工作抓细、抓实，集中精力做好油田安全管理的贯彻落实，切实抓好现场安全监管，以及隐患治理工作，确保本质安全。

（一）抓好现场监管

实行安全监督分级分类管理，制定实施《电力检修安全监督管理办法》，践行"只要有操作，必须有监督；操作有失误，监督必担责"的安全监督理念，严格按照"四个不能少"的标准，对生产操作进行全程跟踪，强化安全监护，做到所有的操作必须在监护人的监护下完成，3人以上的工作现场必须有干部进行现场监护。监护人要由经验丰富的人员担任，要做到真监护、会监护，要能发现现场环境、设备、人员、工用具存在的问题隐患，还要能发现现场工作组织、程序存在的不足，更要能及时发现操作人员偏离操作标准的行为，要全面杜绝习惯性违章，保证所有的操作规范化进行。开展班组"每人一天安全员"活动，班组成员每日出工前轮流对班组所有的安全护具和公用具进行检查，同时也要对班组成员的精神状态进行检查，对于不合格的用品用具及时维修更换，对于精神状态不满足要求的人员不安排重要和有风险的操作，完善互相监督机制，养成人人讲安全、懂安全、会安全的安全习惯。班组每月至少开展一次针对"岗位应急处置卡"的演练活动，经验丰富的老员工要监督新员工熟练掌握本岗位的安全风险、控制措施和应急程序，逐步提升全员的安全素质和技能。

（二）做好隐患治理

"隐患险于明火，防范胜于救灾"，所有人都要严肃对待隐患，不论大小，整改安全隐患，做到一干二净。建立隐患排查奖励机制，充分发挥员工的主观能动性，鼓励员工查找身边隐患，依据隐患级别对发现隐患的员工给予奖励，从而调动员工查改隐患的积极性。建立隐患排查上报、统计分析、限时整改、定期复查、建档销案的闭环管理程序机制，小队和班组之间用《隐患传

递卡》交流和掌握隐患的整改情况及进度，大队检查发现问题要对小队下发《隐患整改通知单》限期整改问题隐患，对于汇报已整改完的问题大队要进行复查，连续3次复查未出现反复的隐患才可以从隐患档案上销档，真正做到隐患整改的闭环管理。完善和细化考核制度，对检查出现问题多、隐患重复出现、隐患整改不及时的基层单位，要严肃考核追责，加大考核力度，重复出现的问题加倍考核。通过严格考核进一步明确岗位和人员的责任，提高主观安全意识和发现整改隐患的紧迫感，做到对待隐患的"零容忍"。

（三）推行"七查七不干"工作法

切实落实安全重点环节的防范和控制措施，切实强化全员的安全环保意识和责任，做到本质安全。为了保证电网检修工作的安全有序开展，要在日常安全管理中做到"七查七不干"：

(1) 查安全禁令，不遵守不干。"安全禁令"是大队电力检修维护的高压线、生命线，在生产操作和施工作业过程中必须熟悉并严格遵守。

(2) 查安全风险，不清楚不干。危险识别与风险评估是控制风险、确保安全的重要手段。分析作业过程中是否存在坠落、滑倒、跌倒、物体打击、触电、中毒等危害，检查所使用的工具、设备是否可能导致人身伤害等。在不清楚安全风险的情况下不能作业。

(3) 查安全措施，不完善不干。完善的安全措施是确保作业安全的一个重要条件。在生产操作或作业施工前，员工都要对现场安全措施逐一检查确认。

(4) 查安全环境，不合格不干。安全的工作环境是实现安全的基本保证。在开展工作前，要检查、分析和评估工作环境是否存在重大隐患，拒绝违章指挥、冒险蛮干。

(5) 查安全技能，不具备不干。要认证做好安全交底，确保作业检修人员了解工作内容及存在的风险。

(6) 查安全用品，不齐全不干。劳动保护用品是保证检修作业人员生命健康的最后一道防线。工作开展前，要对照电力操作标准严格检查相应安全及劳动保护用品是否配齐。

(7) 查安全确认，不落实不干。安全确认是确保安全措施落实到位的重要手段。安全确认的重点是工作票管理，确保各项措施落到实处。

安全生产是电力大队永远的责任，安全管理只有起点，没有终点。安全环保工作事关企业的利益和形象，事关广大员工的幸福和安康。电力大队将牢记使命，时刻保持清醒头脑，采取更加务实的措施、更加有效的手段，努力为油田生产提供平稳的供电保障，做好为油保电的"勤务兵"。

以分级动态管理为手段打造油田精品电网

江淑萍　许立成　徐　阳

打造油田精品电网，是实现油田优质、高效、平稳供电的保证。电力维修大队作为电力保障单位，牢固树立"保供电就是保稳产、少停电就是多产油"的大局意识、产量意识，精心检修，快速抢修。以分级动态管理为手段，以打造精品电网为目标，把"降低线损，降低两率，提高职责定位"作为工作重点，全面实现了优质、高效、平稳供电，为第四采油厂完成原油生产任务提供电力保障。

一、以细化分级管理机制为手段，增强电网管理降线损

电力维修大队在实践中，针对线损管理的数据计算量大、技术针对性强、各级设备阻抗耗能不同，以及同一级设备由于设备运行环境不同、运行状态不同和差异性等问题，为实施全方位、全过程、全系统综合技术管理体系，通过建立线损分级计算、分级管理内控、分级化设备评价、用电诚信评价等保障措施，从根本上降低线损管理的误差。

（一）建立理论线损分级计算

线损理论计算是科学制定线损管理各级指标的基础，采用分级、分所、分线路、分台区的线损四分管理办法，定期对各所、各条线路开展线损理论计算，预测今后一个时期的用电负荷和补偿容量，计算和制定各条线路的考核指标。

（二）建立分级管理内控制度

建立线损领导小组，明确集抄管理部门、计量管理部门、经营分析管理部门、生产维护管理部门的线损管理职责，建立分级负责、分级控制的全过程管理与控制体系，强化线损过程管理。做到各级线损管理组织职能清晰、

职责清楚，构建了一级管理一级，一级控制一级，一级考核一级的线损管理体系与控制体系。

（三）建立分级化设备评价体系

建立了分级化的设备耗能和运行评价体系，有效降低线路技术损耗，减少电气设备输、配电损失，合理编制高耗能设备改造计划，优化电网布局配置，提升节能降耗水平。

（四）建立用电诚信评价体系

对电网用电社会环境进行了用户用电诚信情况评级。建立收缴重点户、难点户跟踪档案和信誉档案，将工商业用户列为诚信评价重点，对于曾经查处的窃电用户采取重点监控，同时建立了《转供电预警制暂行办法》和《转供电个体用户预交电费管理制度》，从源头杜绝窃电行为。

二、以动态量化管理机制为手段，提高电网管理准定位

传统的"一岗一制"单一管理电网管理模式，易在实际经营管理过程中出现"一岗多管"的交叉性管理弊端，造成审批监管程序虚化，内控风险提高、岗位责任划分模糊，使量化考核目标难以实施。因此，电力维修大队通过搭建动态普查、监管、考核机制，从根本上解决这些问题。

（一）搭建动态线损普查机制

完善追溯制度，加强巡线管理。实行"专项巡视"与"常规巡视"相结合，加强维护针对性。推行"定员定线"巡视制度，优化人员配置、量化巡视标准、完善巡视记录，努力从源头降低电网故障率。定期组织人员进行配电设备基础资料普查，根据线路状况和所带负荷的差别，结合实际线损率，进行统一管理。加强配网潮流实测与线损理论计算相结合，在线损理论计算的同时，具体线路具体分析，从影响线损率大小的各个因素出发，提出诸如无功补偿调整、变压器最佳接入位置、配电变压器经济运行调整等针对性降损建议，为降损工作提供准确的操作方向和建议，使电网功率因数连续3年呈现上升趋势。

（二）搭建网络电网数据监控

搭建远程集中抄表系统、配电变压器负荷数据远程监控系统，实现了对电网电量数据的远程自动采集、传输、存储、分析和异常报警，以及对配电设备负荷的远程监控。利用信息技术新手段，将地理信息系统数据及卫星照

片等与降损工作相结合,实现准确定位线路设备的地理位置,实时查询功能,促进线损基础资料优化整合。

(三)搭建生产动态监管体系

研发并运行电力生产网络管理系统(图1),使之成为缩短故障查找时间,提高电网管理水平的重要手段。应用该系统后,在故障抢修、电网检修中可以方便、准确、快速地查询线路及各类数据资料;调度员可直接对照系统指挥生产,从而极大地提高了工作效率和工作的安全性。

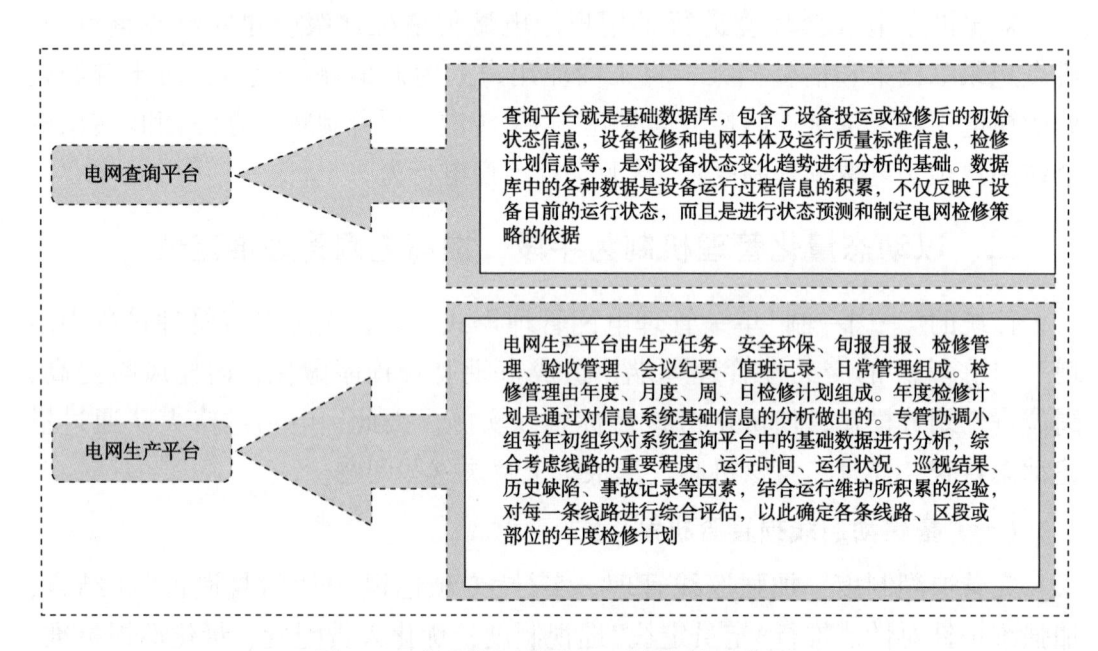

```
电网查询平台 ← 查询平台就是基础数据库,包含了设备投运或检修后的初始
              状态信息,设备检修和电网本体及运行质量标准信息,检修
              计划信息等,是对设备状态变化趋势进行分析的基础。数据
              库中的各种数据是设备运行过程信息的积累,不仅反映了设
              备目前的运行状态,而且是进行状态预测和制定电网检修策
              略的依据

电网生产平台 ← 电网生产平台由生产任务、安全环保、旬报月报、检修管
              理、验收管理、会议纪要、值班记录、日常管理组成。检
              修管理由年度、月度、周、日检修计划组成。年度检修计
              划是通过对信息系统基础信息的分析做出的。专管协调小
              组每年初组织对系统查询平台中的基础数据进行分析,综
              合考虑线路的重要程度、运行时间、运行状况、巡视结果、
              历史缺陷、事故记录等因素,结合运行维护所积累的经验,
              对每一条线路进行综合评估,以此确定各条线路、区段或
              部位的年度检修计划
```

图1　电力生产网络管理系统具体功能图

(四)搭建电网动态考核机制

每年滚动修订动态生产规划,提出新一年的"两率"预控目标,确定检修节能方向。综合考虑理论值、近年实绩及修正因素,分解测算后,把计划指标落实到班组和个人,并按职责范围实行分级管理。并根据管理需求,结合实际情况,及时完善各项管理制度,为打造精品电网全过程管理提供了规范化、科学化的制度保证(图2)。同时在基本指标的基础上增加了激励指标,通过"双指标"模式充分调动员工的工作能动性。

三、以推行分级动态为活动手段,降低电网事故障碍率

电网快速发展而配电网建设投资滞后,老化的变压器、高压电缆、隔

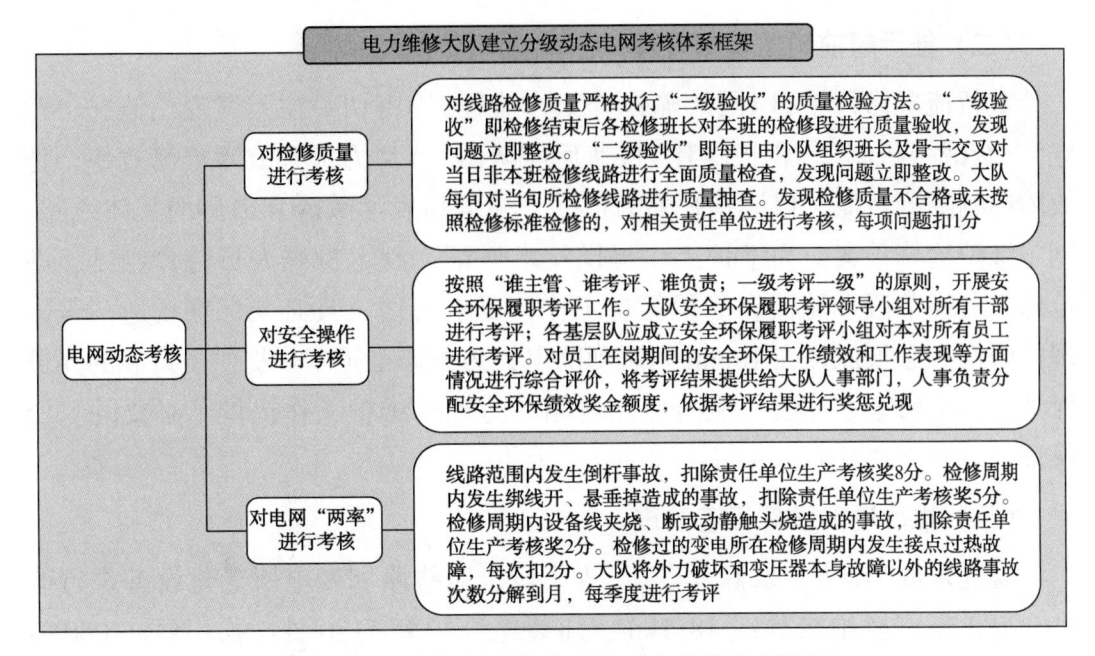

```
┌─────────────────────────────────────────────────────────────────┐
│              电力维修大队建立分级动态电网考核体系框架              │
│                                                                 │
│           ┌──────────┐   对线路检修质量严格执行"三级验收"的质量检验方法。"一级验   │
│           │ 对检修质量 │   收"即检修结束后各检修班长对本班的检修段进行质量验收，发现   │
│           │ 进行考核  │   问题立即整改。"二级验收"即每日由小队组织班长和骨干交叉对   │
│           └──────────┘   当日非本班检修线路进行全面质量检查，发现问题立即整改。大队   │
│                          每旬对当旬所检修线路进行质量抽查。发现检修质量不合格或未按   │
│                          照检修标准检修的，对相关责任单位进行考核，每项问题扣1分    │
│                                                                 │
│ ┌────────┐ ┌──────────┐  按照"谁主管、谁考评、谁负责；一级考评一级"的原则，开展安   │
│ │        │ │ 对安全操作 │  全环保履职考评工作。大队安全环保履职考评领导小组对所有干部  │
│ │电网动态 │─│ 进行考核  │  进行考评；各基层队应成立安全环保履职考评小组对本对所有员工  │
│ │考核    │ └──────────┘  进行考评。对员工在岗期间的安全环保工作绩效和工作表现等方面  │
│ │        │               情况进行综合评价，将考评结果提供给大队人事部门，人事负责分  │
│ └────────┘               配安全环保绩效奖金额度，依据考评结果进行奖惩兑现            │
│                                                                 │
│           ┌──────────┐   线路范围内发生倒杆事故，扣除责任单位生产考核奖8分。检修周期  │
│           │ 对电网"两率"│  内发生绑线开、悬垂掉造成的事故，扣除责任单位生产考核奖5分。  │
│           │ 进行考核  │   检修周期内设备线夹烧、断或动静触头烧造成的事故，扣除责任单   │
│           └──────────┘   位生产考核奖2分。检修过的变电所在检修周期内发生接点过热故   │
│                          障，每次扣2分。大队将外力破坏和变压器本身故障以外的线路事故   │
│                          次数分解到月，每季度进行考评                                 │
└─────────────────────────────────────────────────────────────────┘
```

图 2 电力维修大队搭建电网动态考核机制框图

离开关、绝缘子、跌落保险、避雷器等设备故障频繁，根据不同设备耗能状况采取末级改造制度，避免由于管辖设备众多而导致的区域化粗放改造，对于提升改造针对性，避免重复改造资源浪费，拥有重要数据的指向意义。

（一）推行定员定线巡检制度

推行"定员定线"巡检制度，优化人员配置、量化巡视标准、健全巡线记录和存档机制，努力从源头降低电网故障率。对计划检修线路的所有杆、线、设备、接地等存在缺陷位置进行巡视，为检修缺陷位置处理、设备更换提供依据；开展电网歪杆专项巡视，根据歪斜程度分类，分别确定治理计划，确保线路达到技术标准；开展故障巡视，对无原因跳闸2次以上的线路，立即安排故障巡视，找出原因，消除隐患。结合电网实际开展个性化巡视，及时发现线路缺陷，按照统一标准实施分级治理。以三年为一个循环检修周期，合理制定检修方案，对有条件的线路实施错峰工作法，最大限度减少停电损失。全面推广标准化检修，落实班组、小队、大队三级验收管理制度，将月度奖金与检修质量检查结果挂钩、与事故率指标挂钩。开展星级检修队评比活动，实行周检查、旬评比，量化打分。在检修方案编制上做到线路检修与抽油机检修相结合、与施工改造相结合、与缺陷治理相结合、与检修环境相结合。通过优化检修方案，减少停电损失，提升运行水平。

（二）推行超前预防精细管理

重新梳理修订了《电网故障抢修工作流程》，密切关注天气变化情况，建立"三级战备机制"。积极构建"快速反应队伍"，努力提升故障抢修效率，把故障影响降到最低。以巡视缺陷为依据，根据易发生故障和障碍的具体线路，制定维护抢修预案，为维护工作提供技术保证；制定抢修人员待命制度，即抢修人员在节假日轮流在家里等待工作，要求通信工具必须保证畅通，若出现抢修任务必须保证在10min内赶到队里，为抢修维护工作提供了可靠的人员保证；在抢修车上加装车载抢修用料箱，为抢修维护工作提供了必要的物资保证。

（三）推行电网设备工艺改进

通过采取"预防、维修、更换"等手段，对线路和变电所老化设备进行改进。近3年更换绝缘导线18.7km、加装绝缘护套7180处、换引线17000m；对低洼地带的歪杆采取扶正、补打拉线等措施集中治理，治理歪杆696基，调整弛度236档；对低洼地带、农田、林带中的线路迁移改造60km。近年大队采取线路检修与施工同步进行方案，在进行线路检修的同时保证线路老旧设备的更换力度，取得了各类故障平稳下降效果。线路考核事故率低于3.5次/（100km·a），考核障碍率低于4.5次/（100km·a）（表1）。

表1 线路考核事故率和障碍率统计表

线路事故指标	2016年	2017年	2018年
线路考核事故率，次/（100km·a）	2.72	2.57	2.29
线路考核障碍率，次/（100km·a）	3.86	3.50	3.18

（四）推行降本增效动态管理

持续做好修旧利废工作，与电网改造相结合，对废旧物资统一回收、统一保管、统一修复、统一使用、统一核算，回收修复废旧物资173件，回收价值100余万元。大力推行节能降耗，不断加强预算管理，强化属地管理责任和过程管理，精细管理自用能源，努力争取能源使用效益最大化。规范制度流程，加强收费管理，重新完善《第四采油厂转供电管理制度》，加强收费人员法律法规知识培训，强化服务意识和责任意识。加大计量装置升级改造力度，全厂个体高压用户计量装置全部升级为高压防窃电计量装置，通信网络由2G升级为4G，进一步提升了高压计量装置的技防水平。年收缴电量

$1.4×10^8$kW·h，收缴电费1亿多元。

　　几年来，第四采油厂电力维修大队全面围绕打造抗灾能力强、事故率低、障碍率低、电能损耗低、维护成本低的"一强四低"精品电网这一中心，以分级动态管理为手段，以打造精品电网为目标，取得了一定的成效，也积累了一些宝贵的经验，为第四采油厂的可持续发展做出积极贡献。面对新形势新任务，电力维修大队进一步强化大局意识、服务意识、精品意识，狠抓电网检修维护质量和健康安全环保管理，在提升电力服务保障能力，控制线路事故率和障碍率方面，找准定位，苦练内功，打造一流团队，建设精品电网，为全厂发展提供坚强可靠的电力保障。

构建油田转供电用户收费管理升级模式

刘 洋　刘竞鸿

构建油田转供电用户收费管理升级模式,在规范管理、提高效率等方面发挥了积极作用。电力维修大队针对全厂转供电用户用电管理、电费收缴、计量装置检修维护及故障处理等工作,以及管理人员少,管辖范围大的实际,大队的转供电管理工作也不断进行改革创新,力争做到每一度电应收必收、颗粒归仓,为第四采油厂转供电收费工作添砖加瓦,贡献力量。

一、重新修订和完善管理制度

针对用电收费管理新形势,以公司企管法规部梳理收入业务流程为契机,系统梳理和规范业务流程,认真识别和评估风险点源,全面制定和实施防范措施,管理流程在各采油厂得到借鉴推广,在规范管理、提高效率方面发挥了积极作用。

(一)完善业务流程

2015年以来,在收费管理工作中,根据抄表卡建立用户档案,对用户进行分类管理,同时建立了相应的工作流程和管理制度。经过几年工作实践,随着工作内容不断拓展,新产品和新技术在收费管理中广泛应用,以前建立的工作流程和管理制度已经不能满足实际工作需要。

收费管理工作涉及计量、抄表、收缴、汇总及下达停电通知等一系列程序。2019年初,为保证收费流程设计严谨全面,制定出"高压计量装置维护规定"和"转供电用户管理"等多项制度。转供电用户管理包括新增用户、用户资料变更、拆除计量装置三方面工作,转供电收费包括抄表、收费、内部稽核、管理等方面工作。通过完善业务流程,全面实现了收费过程可控、有序、规范,有效提高了流程与实际工作的符合率。

（二）完善管理制度

在梳理业务流程基础上，重新修订完善了《电力收费岗位职责及管理办法汇编》（以下简称《汇编》），将 POS 机现金收缴管理、收费综合岗职责及管理办法写入该《汇编》，同时修订完善了计量装置管理办法、用户增减管理办法、资料管理办法、收费软件管理办法，达到了制度与流程的统一、实用，为识别风险点源和制定防控措施奠定了坚实基础。

二、认真识别和评估风险点源

任何管理流程的制定和实施归根结底都是为了明确工作程序、控制潜在风险、降低主观因素影响。为此，通过查摆剖析问题，重要风险识别，为有针对性地制定防控措施做好了充分准备。

（一）剖析存在问题

为更好地识别和评估风险点源，电力维修大队围绕相关岗位在管理中存在的问题，进行讨论分析：一是用户档案的建立和基础资料的管理问题；二是高低压计量装置的效验安装问题；三是各岗位之间的业务轮换制度及相互制约问题；四是电力收费管理系统的维护、完善和管理问题；五是高压计量装置维护问题；六是低压磁卡表、施工用户的管理问题。电力维修大队在梳理转供电业务流程过程中，大队多次召开专业会议，要求岗位员工描述自己岗位中存在的风险并提出改进意见。通过对六大类问题讨论评估，共识别出存在的重要风险 11 项，并对每一项都进行了详尽的描述。

（二）制定风险防控措施

在完善收费管理流程的过程中，紧密结合厂主管部门的工作要求，认真贯彻落实公司企管法规部《关于开展收入业务流程梳理的通知》精神，详细制定了 25 个风险防控措施，重点对高低压计量箱维护、计量装置故障用户电量估算、发票使用、用户建户及删除等影响因素进行控制，建立了"逐级审批""相互制约""操作备份""绩效评估"的管理方法。

（三）实施"5W1H"管理

在防范措施的制定和实施上，做到了明确"5W1H"管理，即：需要制定什么样的防范措施（What），防范措施为什么要实施（Why），谁来实施（Who），什么时间实施（When），在什么地方实施（Where），怎么去实施（How）（图1）。

What	Why	Who	When	Where	How
需要制定什么样的防范措施	防范措施为什么要实施	谁来实施	什么时间实施	在什么地方实施	怎么去实施

图 1 "5W1H"管理

电力维修大队将全年的收费任务指标层层分解到班组及个人，以用户为基础，以计量发生电量为依据，以圆满完成岗位指标为最终目标，形成了收费控制定人、定责、定额的目标管理体系。通过建立收费月统计、月分析、月对比等一系列措施，实现了连续5年超额完成收费任务的好成绩。

三、全面制定和实施防控措施

通过梳理业务流程，全面制定和实施防控措施，进一步加大高压计量装置升级力度，全面促进转供电管理水平和转供电收费的高效运行。

(一)科技创新，促进计量装置升级

2019年，在抓好管理制度执行的同时将继续加大技术改造投入，不断将预付电费以及GPS全球卫星定位等防窃电技术应用到收费管理中，实现了计量装置远程定时自动抄表、电费耗尽自动断电、开箱门报警、私自移动计量装置报警等功能(图2)，既为收费管理提供技术指导和理论依据，又保证了第四采油厂电量应收必收、颗粒归仓。目前已完成全厂所有社会转供电高压用户的计量装置升级工作。与此同时，继续加大计量器具校验力度、加强巡检力度，及时处理各类故障，保证整个收费过程的科学、协调、可控。

(二)精细管理，促进转供电管理

自担负起采油四厂收费管理工作以来，就一直在寻求一条既能提高工作效率和准确度又能减轻员工劳动强度的管理方法。2009年，自行研发编制的"电力收费管理系统"正式投入运行；2012年在新管理流程的指导下，总结了该系统连续3年的使用经验和不足，对该系统进行了一次全面升级，完善了系统5大模块(用户管理、抄表管理、稽核管理、收费管理、系统管理)的功

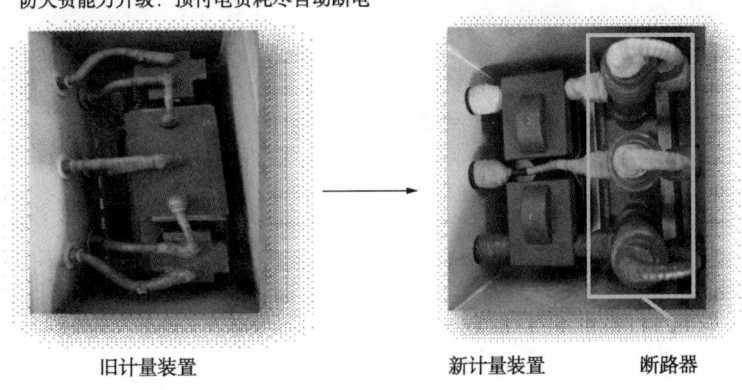

图 2　计量装置技术改造

能，使其更加符合目前收费工作的需求。同时在工作中合理依据系统统计数值进行分析和对比，充分利用网络实现系统数据共享，充分发挥了"电力收费管理系统"的强大功能。2017年，对全厂72家社会高压用户进行了装置升级，升级后的高压计量装置具有开启箱门报警、用户增容自动断电等防窃电功能，进一步提升了转供电管理水平。2019年，将进一步对《电力收费管理系统》进行升级，以满足油田对转供电管理工作提出的新要求。

（三）协调配合，促进转供电收费运行

2017年在新管理流程的指导下，电力维修大队收费办和厂财务、中油电能、各用户之间重新协调了工作流程及内容，密切了相互之间的沟通和配合。特别是3月份以来，收费办和各矿大队用电管理部门建立了联合抄表机制，采用"三结合"抄表方法，通过联合抄表、现场抄表和后台监测及时了解用电情况，有效解决了收费工作中易于发生的矛盾和问题，促进了收费管理工作更加科学规范。

新管理流程实施以来，电力维修大队收费办严格按照流程规范各项操作，防控管理风险，不仅提高了工作效率和管理水平，加强了各岗位之间的相互配合和牵制，同时也减轻了员工的工作强度，避免了一些工作重复进行。此外，收费管理严格进行高压、低压用电集中管理并及时处理各类计量装置问题，通过一系列工作实现了社会高压转供电用户零欠费，取得了明显成效。但我们也清醒地认识到，和油田其他单位相比，我们还需要不断学习，不断完善。结合今后工作需要，及时更新维护管理流程，做到流程设计有效，风险防控有力。

油田道路养护的创新管理

高学良　潘广禹

油田道路养护工程是道路设施正常运行的重要保障，科学、系统的养护管理，可保障道路长期的稳定运行状态，提高行车安全性和舒适度，它的质量好坏对车辆出行、油田生产、道路安全等有着重要的意义。2013年，第四采油厂认真贯彻落实大庆油田、厂有关油田道路养护的工作要求，从提升基础承载能力出发，经过细致调研，制定了厂道路养护规划，确定了"一年高起步、两年大变样、三年步入良性循环"的工作目标，通过精细组织、稳步推进，全面完成了大庆油田、第四采油厂下达的道路养护工作指标，实现了"路面平顺整洁、路基稳定，边坡稳固，行车舒适"的养护标准，有力地促进了油田的可持续发展。

一、明确责任、完善制度，做好道路养护管理基础

围绕抓好道路养护管理，从完善管理制度，明晰责任分工入手，建立科学预警机制，制定应急预案，为确保道路管养工作顺利开展奠定了扎实基础。

（一）健全机构，明确责任，理顺道路养护管理机制

成立了道路养护领导小组，由主管生产副厂长担任组长。道路养护领导小组办公室设在生产运行部，制定并下发了《第四采油厂道路养护管理办法》，对道路养护指挥协调、设备保障、技术服务、质量监督等进行了明确规定。通过理顺和健全自下而上的道路养护管理机制，为厂道路养护工作较好开展创造了条件。

（二）科学定标，筹措资金，确保养护施工稳步开展

参考道路养护行业标准和规定，先后制定完善了《道路路面、路基养护工程施工标准》《道路养护工作季节安排》《道路养护巡查制度》等管理制度和标

准,对道路养护施工流程、时间、质量和道路巡查进行了具体要求,使厂道路养护工作有章可循、有据可依,为做好养护施工奠定了坚实基础。同时一方面积极争取公司资金项目支持,另一方面积极筹措厂成本资金,实现了公司投资与厂成本、矿成本支出相结合的模式,做到养护资金专款专用,每年道路养护投入资金都在800万元以上,养护道路里程250km以上。

(三)加强巡查,强化服务,努力解决存在实际问题

按照《道路养护巡查制度》,建立厂、矿、队三级预警机制,加强对通行量大道路、桥、涵、隧、边坡等关键部位的日常养护和监测,做到有问题随时发现随时治理;雨季制订了道路防汛应急预案,组建防汛管理体系,确保损毁路段即毁即抢,即抢即通;建立了占用、挖掘、穿(跨)越道路施工厂、矿二级审批验收制度,实现了施工前有审批、施工中有监督、施工后有验收,确保施工后道路路面、路肩得到及时恢复。同时对前线进站路、站内场地局部破损和各类施工对路面造成损坏后的恢复工作量,纳入厂道路养护计划,实现了基层自主、资金专用、灵活维修的目的。自2015年开始,已对矿大队前线站队进站路、站内场地局部破损路面开始恢复,先后已对26座站库破损路面进行了修复,年修补面积5000~6000m^2,保证了前线站队道路场地的平整和安全通行。

二、强化管养,重点维护,建立"建养并举"长效机制

为提高道路管养管理水平,工作中,注重改善道路通行状况、针对性养护和提高施工检查验收,保障道路畅通,促进养护质量有效提高。

(一)提升道路等级、部分道路重点维护,提升养护水平

积极与规划设计部门结合,对部分通行量大的道路大修维护提高设计等级,满足了行车需求。普通井排道路大修维护设计宽度由3.5m提升为4.0m,三排主干道路及通行量大道路设计宽度增加到6.0m以上。近年来公司和厂投资完成了42条道路维修工作,总里程达162.13km,其中16条道路进行了扩宽,显著改善了厂道路通行状况。针对新建及改建大修道路当年即列入养护范畴并进行重点维护。在保修期内督促施工单位及时处理出现的道路病害,并在保修期结束后纳入养护计划中,改变了以往被动养护模式。近年来列入路面养护道路从2013年的39条道路增加到2018年的84条道路,通过逐年扩大养护范围形成良性循环,避免出现道路失养情况发生。

（二）加强季节性防护养护、附属设施养护，保障道路畅通

针对季节性病害有计划地采取养护措施，在最佳的时间对合适的路面采取有效的措施，变被动修补为主动养护，变事后治理为超前防范。春季以沥青灌缝、路树整修、处理翻浆为重点，夏季以疏通桥涵、水毁修复、稳定边坡为重点，秋季以恢复与保持路容路貌为重点，冬季以清雪防滑为重点，保证了四季道路畅通。加强汛期防范，重点对路基及排水设施和桥涵等附属设施养护。加强雨季油田道路巡查力度，加大巡查频率，对桥涵及危险路段勤巡路、勤排查、勤修复；汛期前对雨季期间易发生病害的重点路段精心养护，水毁路段突出养护，既突出雨季养护，又加强预防性养护；对一时难以修复的危桥和危险路段，设置明显的安全警示标志，保障道路的安全畅通。

（三）加强施工检查验收，注重检查抽查，促进养护质量提高

在养护现场管理中，通过对养护路段现场检查和随机抽查，严格要求养护单位按技术规范施工，坑槽、翻浆处理必须做到"浅坑深补，圆坑方补"，确保修补质量；在工序上坚持上道工序不合格，下道工序坚决不准开工，促进养护单位不断提高养护质量，没有出现一起前修后坏、安全质量和责任事故。

三、加强组织、科学管理，提高道路管养水平

通过科学编制道路养护方案，抬高道路养护标准，推行道路养护新方法、新技术，实现降本增效，延长了道路使用寿命，确保道路养管上水平。

（一）因地制宜编制养护计划方案，确保养护效果

每年年初，道路养护开工前，组织专人对全厂道路状况进行调查。调查结果汇总后，结合厂生产计划和队伍施工能力，坚持统筹规划，优先整治塌陷、翻浆、跳车等存在安全行车隐患路段，同时结合道路类别、破损程度及车辆通行量大小统筹规划，确定维修及养护顺序，实现优先养护主干道路、车辆通行量大道路、通勤车行驶线路道路，做到道路病害及时得到处理，保障道路安全畅通。为了利用好道路养护有限的资金和确保养护效果，大修道路与产能建设错年安排，避免产能建设重型车辆对道路的损坏。杏七区东部产能区块，在对杏东干路5-3排至7-3排路段的大修施工组织过程中，根据新井投产进度，采取了错年分段施工，有效地避免了2015—2016年产能建设对大修及新建道路的损坏。

（二）创建"养护管理示范路"，提升养管水平

2015年，开展"养护管理示范路"创建活动，带动了全厂道路养护水平整体提高。以三排主干道、车辆通行量大道路为重点，创建了杏1-3排东段、杏3-3排西段、杏4-4排东段、杏4-1排西段4条"养护管理示范路"，通过实施路面病害处理、路肩硬化、安装安全警示标志等精细化、标准化养护措施，达到路容路貌焕然一新，促进了全厂道路养护水平的持续提高。

（三）推行道路养护新技术，实现创效增寿

将抽油机报废基础、混凝土碎块、建筑垃圾粉碎，作为道路养护硬化路肩用料及道路保通使用；将排水渠清淤及路肩修形的弃土集中收集存储备用，保障道路养护用土。通过这两种方式有效解决了道路养护用料（土和碎石）紧缺问题，降低了养护成本，年回收旧料和弃土均在$2\times10^4 m^3$以上。利用废旧抽油机基础及废旧管线对22条道路实施封堵及限高通行措施，通过有效限制和控制重型车辆的通行，在一定程度上遏制了重型车辆对井排道路的损坏，从而延长了井排道路的使用寿命。2017年在杏7-3排东段、杏5-3排西段等5条道路上，对路面龟裂严重，常规沥青灌封又无法实施的路段，实施了2cm双层沥青表面处治单封新技术，全年共完成养护面积$5.75\times10^4 m^2$，通过实施此项养护措施可有效地防止雨水对路面的损坏，大大延长了路面使用寿命。

几年来，第四采油厂坚持以"统一领导、分级负责、科学管养、保障畅通"为原则，积极筹措资金，健全养护机构，强化养护职能，实现了"有路必养、有路必管"的目标，全厂道路系统状况得到了较大的提升，道路养护管理工作进入常态化、规范化的良性循环，养护成效显著，道路使用寿命及道路通行状况有了大幅度提升，主干道路优良率达到95%以上，前线井站通勤道路优良率85%以上，养护后的道路预计可延长使用年限3年以上，第四采油厂可减少投入道路大修维护费用（2000~2500）万元。今后，我们将继续以"强化管理、提高质量、保障畅通"为目标，树立"建设是发展养护更是发展"的理念，为油田生产、生活以及员工通勤、出行提供良好的交通服务保障。

以保障全厂安全度汛为目的的排水精细管理

高学良　潘广禹

全面提高油田排水能力，构建新型排水管理模式，提高防汛排涝能力，是确保原油生产安全平稳运行的关键。2013年以前，第四采油厂排水设施很少单独立项进行维修、维护，多是搭乘老区改造、生产维修项目的"顺风车"。近年来，在厂领导的大力支持下，累计投资改造费用3411万元，全面提升整体排水能力。同时，每年投资200万元组织厂内车辆开展排水渠清淤工作。最近五年，第四采油厂已完成排水渠清淤436km，管涵维修改造656座，板涵维修改造15座，防汛排涝能力得到有效提升。

一、积极探索，构建新型排水管理模式

为全面提升全厂整体排水能力，加大现场的调查力度，针对实际情况，转变工作思路，使原来的"局部"向"区域化"转变，积极探索，进一步构建全厂新型排水管理模式。通过制定标准，完善制度体系，统筹规划，集中治理，强化施工过程中的施工质量监督，努力提高施工作业质量，全面优化淤泥的使用，加大节约挖潜措施，节约成本，全面实施排水管理新模式。

（一）以集中治理为重点，统筹规划清淤工作，保证顺利施工

针对全厂的实际情况，认真开展清淤工作，通过统筹规划，制定有效措施，集中治理，全面协调，保证了全厂汛期安全平稳度汛。自2013年开始，第四采油厂改变原有排水渠清淤管理模式，变各单位临时保通为全厂集中治理，变"一段一段"的局部保通为"一条一条"的区域清淤，组织队伍、集中力量开展排水渠清淤工作。同时根据单车清淤定额制定排水渠清淤年计划，工作量落实到具体单位、具体车辆，确保整体工作顺利进行。

（二）以工作标准为指导，严格执行清淤方案，确保清淤效果

根据排水渠淤堵现状，结合车辆及人员实际情况，精心制定了《第四采油厂排水渠清淤方案》，同时配套编制《第四采油厂排水渠清淤标准》，对排水渠所处位置及周边状况分类制定标准。同时开展"五配套"工作，加大宣传排水清淤的重要性，提升全员的工作意识，按照厂排水渠清淤标准，采取有效措施，多措并举，有效提高了全厂清淤后的排水渠排水效果。

（三）以节约挖潜为目标，优化淤泥使用管理，提高经济效益

在开展排水渠清淤工作过程中，按照厂排水渠清淤工作方案，严格执行工作标准，积极优化措施组合，努力提升工作标准，取得了较好的效果。一方面组织厂内车辆施工，节省工程费用支出；另一方面，根据地形地貌特点合理堆放清出的淤泥，按照淤泥类别合理分类使用，解决部分进井路、井场垫方缺土的问题，节省大量的购土费用。

二、创新方法，逐步提升区域排水能力

工作中，通过提前开工、加班加点、单车定额、及时沟通，确保施工正常进行，有效解决了区域排水问题。同时，积极实施配套管理，通过管涵、板涵改造与排水渠清淤配套管理，全面实现全厂区域排水能力的提升。

（一）精心安排，有针对性解决区域排水问题

近年来，第四采油厂开始集中厂内车辆开展排水渠清淤工作，以"清淤一条，解决一条；清淤数条，解决一片"为指导思想，编制完成两年解决三个积水重点区块整体方案。依据单车清淤定额安排清淤工作量，根据区域排水难易程度制订排水渠清淤进度计划。排水渠清淤单位主要领导同厂长签订责任书，实行节奖超罚政策，有效提高了排水渠清淤参与人员积极性，确保全年计划顺利完成。

（二）未雨绸缪，提前做好排水渠清淤准备

为确保完成排水渠清淤计划，厂在清淤前积极组织设备检修、人员培训以及油料保障工作，通过超前备料，超前备料、克服困难，保证排水渠清淤工作顺利运行。每年4月在冻土层还未完全解冻的情况下，开始组织履带挖掘机对常年流水的排水干渠实施主体清淤工作，每年5月开始日工作10小时以上。通过抢前抓早，周密组织实施，使全厂的排水渠清淤工作，扎实稳步推进，全面实现了汛期重点区域排水渠清淤按计划完成。

(三) 精心管理，配套施工做好排水工作

针对排水渠内管线纵横交错容易造成管线人为原因穿孔、部分排水渠清淤时需半幅封闭或全幅封闭道路容易造成交通阻塞等问题，在年初详细制定了《排水渠清淤方案》，安排属地人员配合清淤过程识别管线走向，安排车辆所属单位配合封闭道路、确保交通安全，有效提高了排水渠清淤工作的工作效率和安全系数。厂在排水渠清淤过程中，全面实施"五配套"，即：新建收水口与排水渠清淤配套，管涵疏通与排水渠清淤配套，管涵维修改造与排水渠清淤配套，管涵改建板涵与排水渠清淤配套，新建排涝站与排水渠清淤配套。管涵维修改造坚持"三项原则"：一是破损严重，影响排水的必须更换；二是塌陷严重，影响行车安全的必须更换；三是高程不符合要求，影响排水的必须更换。

三、多措并举，努力挖掘排水管理效益

为进一步加大节约挖潜力度，提高精心编制、精细调整、精准实施排水渠清淤方案，强化管理措施，开展多种方式进行多举措挖潜，努力向管理要效益。

(一) 组织厂内自主施工，控制费用支出

开展多种方式排水渠清淤工作时，对投资少、回报率高的项目增大工作量，将厂内施工比例安排在81.92%，对投资高的工程项目，将比例控制在18.08%，全面控制费用支出。各类排水渠清淤项目所占比例统计数据见表1。

表1 各类排水渠清淤项目所占比例统计表

类　别	清淤长度，km	占总量比例
工程项目	34.24	7.85%
外雇设备	44.595	10.23%
厂内施工	357.17	81.92%
合　计	436	100%

统计对比排水干渠清淤费用（底宽4m、清淤深度0.8m、坡比1∶1.5），单位长度工作量厂内施工费用较工程项目施工费用相比，节省超70%（表2）。2013—2018年厂内自主施工357.17km，按工程项目费用测算，节省人民币4445万元，且能够根据实际情况及突发事件，及时调整排水渠清淤方案，更方便快捷地解决实际困难。

表2　排水干渠清淤费用分类对比表

类别	土方量，$10^4 m^3$			每千米费用，万元		
	排水渠主体	收水口	总量	清淤费	整形费	总费用
工程项目	0.416	0.256	0.672	14.84448	1.603	16.44748
厂内施工	0.416	0.256	0.672			4

（二）实施"一土多用"，全面提高经济效益

在厂内自主施工排水渠清淤时，根据地形地貌特点，按照"当日能用、一个月后能用、几个月后能用"的三级标准合理安排淤泥堆放位置，为进井路及井场垫方提供土源，节省外购土费用。并且在施工过程中，对沿途井场、进井路进行合理修缮、对管线进行覆土，提前解决进井难、作业难以及管线覆土难诸多问题，促进低洼地区油水井管理。在管理工作中，通过强化沟通协调，及时发现问题，研究对策，进行调整，使工作有序推进。同时还加强纵向、横向协调工作，确保各项问题及时解决。2013—2019年，清淤过程中修井场210个、进井路数百处、管线覆土近10km，同时提供可利用土源$70×10^4 m^3$。

（三）培育全员排水意识，确保工作顺利开展

在排水施工过程中，对涉及的前线单位大力宣传排水工作重要性。通过提高全员排水意识，铺设信息传递通道，使主管部门能够及时掌握实际情况，更加准确指挥全厂排水工作。排水问题解决了，区域内积水就没了，管线在积水中浸泡时间就短了，管线穿孔的概率就低了，日常工作量就少了，成本也就得到控制了。

几年来，第四采油厂通过强化汛前准备工作，周密制定《第四采油厂排水渠清淤方案》，配套编制《第四采油厂排水渠清淤标准》对全厂重点部位进行整治，全面改善了杏北油田地表水域环境，提高了区域排水能力，保证了主汛期内油水井站正常生产，提高了油水井日常生产维护效率，实现全厂在主汛期安全度汛，为第四采油厂原油生产安全平稳运行奠定了坚实基础。

以绿色开发助力油田清洁和谐发展 >>>

潘新宇　刘　晗

实现企业与自然的协调发展，是贯彻落实科学发展观的根本要求。推进油田绿色开发，更是大庆油田实现新时期新发展的重要保障。2012年，第四采油厂以《大庆油田可持续发展纲要》为指导，认真贯彻落实"责任在领导，重点在基层，关键在岗位"的工作要求，切实把环保工作的重心放在控风险、降污染、建生态上，严格落实防控责任和措施，全面完成了公司下达的环保工作指标，有力地促进了油田的可持续发展。

一、在预防上下功夫，抓重点，快推进，削减环境风险

作为建厂40多年的老区采油厂，设备设施老化腐蚀严重，环保隐患较多，同时，稳产新工艺、新技术的不适应性，也带来了一系列的环保风险。解决、治理和控制好这些风险和隐患，对于推进原油稳产和油田可持续发展至关重要。为此，第四采油厂抓住重点、关键环保隐患，全力攻关，加大治理力度，确保油田生产平稳运行。

（一）削减三元开发环境风险

第四采油厂是油田第一个实施三元复合驱工业化推广的单位，三元液中含有的氢氧化钠、烷基苯磺酸盐，具有高度的腐蚀性和破坏性，一旦进入土壤、地下水等会对环境造成严重的污染，环境治理恢复代价巨大。因此，三元驱配套环保工艺技术直接关系到油田三元驱采油能否顺利推进，需抓住三元废液和废渣两个重点开展工作。针对洗井和管道泄漏产生的三元废液，通过开展三元驱注入井洗井返出液回收利用研究，将返出液回注地层，封堵大孔道，建立起废液循环利用的有效渠道。2012年，以早期报废的注聚站为依托，充分利旧，建成可同时进行11口井调剖的集中式调剖站，达到日注$270m^3$三元废液的规模。全年累计回注三元废液$2.1×10^4m^3$，成功地解决了三

元洗井和管道泄漏废液无法处置的难题。针对三元复合驱清淤清罐产生的污泥、污水富含三元成分这一难题，开展压滤机污泥减量化处理试验，将三元污泥中95%以上的污水回收，全年处理三元污泥2300m³，大幅降低了污泥的出站量，把三元污泥对环境的影响减到最低。几年来，通过艰苦持续的技术攻关，形成了较为成熟的三元驱配套环保技术，为油田三元开发顺利推进提供了技术支撑。

(二) 根除重大环境隐患

随着油田开发的深入，容器清淤规模、频次逐年增加。清淤过程中产生的大量固液废弃物成为环保工作的难点和重要隐患。2003年，第四采油厂在原杏一联报废站址，建立了容积为$4×10^4m^3$的废弃物暂存点。由于是露天场地，缺少防渗和防挥发措施，消防设施不完备，对周边环境构成了巨大的隐患。2012年，第四采油厂打响了"治理废弃物暂存点"的攻坚战，通过连接临时管线回收污水12000m³，采用污油回收机回收原油11000t，利用翻斗车和挖掘机清理含油污泥17000m³，使用固化剂对土坑底部的淤泥进行固化，再回填土方，把原计划"十二五"末消除的重大污染隐患提前三年完成。

(三) 解决重点污染难题

随着油水井井口等生产设施的老化，第四采油厂外漏井、外冒井、长关井呈现逐年增加的趋势。溢出的油水对土壤、地表植被等造成污染和破坏。第四采油厂紧紧抓住套漏、外漏井治理这个难点问题，坚持"防治结合，预防为主"的原则，开展专项治理工作。重点针对非油层部位、报废不彻底以及注水异常等套损隐患，严格控制超破裂压力注水，保证调压区注采平衡，控制套损速度，严防老套损区扩大，控制新出现成片套损区。2012年，年套损率控制在0.5%以内，老套损区未扩大，没有出现新的套损区。通过焊接堵漏、大修浅层取套、大修密封加固、机械封堵等措施，治理外漏、外冒井107井次。采取检泵、提捞、补孔、压裂等措施治理长关采油井115口，年恢复产油$3.19×10^4$t，有效减少了环境污染风险，创造了可观的经济效益。

二、在减排上下功夫，细管理，严控制，消除环境污染

污水、污泥和废气是油田生产产生的主要污染物。抓好油田污染减排工作，核心就是最大限度地控制污水、污泥的产生和排放，最大限度地降低天然气消耗。针对油田生产点多面广的实际，从源头入手，做好污水治理、污

泥利用和天然气总量控制三篇"文章",努力保持油田良好的生态环境。

(一)精细管理控污水,实现污水零排放

围绕水驱精细开发示范厂建设,针对油田开发过程产生的污水,抓住关键节点,实施精细管控,实现了含油污水零排放。坚持从优化油藏开发方案入手,通过采取"关、停、控、堵"等措施,控制水驱低效无效循环。2012年累计减少低效无效注水 $221×10^4m^3$,累计减少低效无效产液 $93×10^4t$。通过利用污水稀释聚合物,提高污水利用率,年减少污水外排量 $510×10^4m^3$;坚持从优化地面污水系统布局入手,"十二五"以来,调整污水处理系统管网8处,实施了杏二十联深度污水站等12个新改扩建项目,维修过滤罐28座,完善了污水处理工艺,提高了水质达标率,解决了局部含油污水注采矛盾。在全厂污水日产生量增加到 $12.7×10^4m^3$ 的情况下,实现了含油污水全部回注利用。坚持从优化生产管理措施入手,在洗井污水处理上,按照"点面结合"的思路,在每个采油矿建设洗井水回收池,逐步完善洗井水回收工艺体系,使洗井污水直接回收进入系统,年回收洗井污水 $40×10^4m^3$。

(二)标本兼治管污泥,污泥减量和无害化成效显著

在污泥治理上,坚持抓源头,找症结,因地制宜,对症下药,实施标本兼治。紧紧抓住容器清淤这一源头,制定了《第四采油厂清淤清罐管理规定》,严格控制出站含油污泥的含水率和含油率,减少污泥的出站规模,并列入基层队管理考核,将最终污泥量作为施工费用结算依据。该制度实施后对基层队和施工方起到了较好的约束作用,见到了明显效果,年含油污泥产生量由原来的 $4×10^4m^3$ 降至 $2×10^4m^3$。牢牢把握污泥无害化处理这个环节,在全油田率先建成了高度自动化的专业含油污泥处理站。在含油污泥处理站的运行维护上,面对一无现成经验、二无专业人才的实际,第四采油厂树立敢于担当的意识、培育勇于创新的锐气、发扬求真务实的作风,闯过了技术新、设备新等一道道难关,认真研究解决了进料系统、预处理系统等方面的难题,确保了含油污泥处理站的安全平稳运行。在高效处置第四采油厂产生含油污泥的同时,勇于为全油田分忧,在全力提升本站处理能力的前提下,还为采油九厂、方兴、榆树林等兄弟单位处理含油污泥 $1170m^3$;同时为采油一厂、采油五厂等单位培训污泥站管理、操作人员30余人次。2012年全站累计处理含油污泥 $2.34×10^4m^3$,回收原油4706t。

(三)总量控制保低碳,严格管控天然气消耗

坚持节能降耗是打造绿色低碳环保油田的必要途径。按照"控制耗气环

节、改进防盗环节、保证节气环节"的工作流程,从"责"字入手,将公司污染物排放总量控制指标分解到各矿大队,在生产岗位实行一岗双责制,把燃气消耗和防盗气的责任落实到人头,使得人人肩上有担子、个个身上有压力。从"节"字出发,以节控排,组织相关人员召开低温、常温集输、节气工作研讨会和天然气管理经验交流会,突出个性化管理,努力寻找系统平稳运行和天然气消耗的最佳平衡点。通过统筹安排,目标管理,规范运作,过程控制,第四采油厂实施低温、常温集输井数达到总井数的78%,转油站达到全厂转油站总数的88%。年减少废气排放量$6640×10^4m^3$,在全厂生产规模比2010年增加1600口井的情况下,少消耗天然气$750×10^4m^3$,完成了公司下达的污染物排放总量控制指标,相当于少排放二氧化碳315t,氮氧化物14t,有效促进了低碳开发。

三、在生态上下功夫,争主动,重节约,促进环境和谐

搞好生态建设是历史和时代赋予企业的责任和使命。多年来,第四采油厂高度重视厂区生态环境,努力建设天蓝、地绿、水净的美丽家园,自觉履行企业的社会责任。

(一)强化生态规划建设

为改善杏北地区自然环境,促进绿色油田建设,第四采油厂强化宏观把控,突出规划的指导作用,坚持将生态建设与油田细部整治、矿区规划、市政绿化、产能建设和老区改造、生态治理工程相结合,遵循"科学规划,统筹安排,先地下、后地上,先改良、后种植"的原则,加大规划力度、投资力度和扶持力度,勾勒出"一体、两翼、四横、两纵"为重点的绿色油田格局。就是在厂区实施生态亮化,整体美化,在东西两侧建设生态绿地,在四条井排道路两侧实施绿化和生态恢复,对萨大路、西干线两条主干道路两侧全面平整、细部整治。通过重点区域重点建设来带动全厂生态环境的显著改善,切实提升了员工幸福指数。

(二)强化生态改良效果

土壤盐碱化问题,是制约第四采油厂生态建设发展的关键因素。在土壤改良上,总结出雨水治碱法、牛粪改碱法、土壤旋耕法,并根据"盐随水来、盐随水去、涝盐相随、干旱积盐"的盐分运动规律,采取洗盐、排盐等措施,加快脱盐改碱,改善种植条件。在植被养护上,摸索出"水、肥、防、管、

艺"科学养护"五字诀",形成了自行育苗、改良土壤、合理用水、科学养护4个系统,探索出盐碱滩上种活树、综合整治保生态的新路子。

(三)构建三级生态体系

针对全厂点多、线杂、面广的现状,先后完成了杏三联合站等42座站队点的生态建设工程,与红岗区政府携手共同完善了萨大路沿线生态绿化,完成了三矿矿区、作业大队等单位的生态美化。在厂区及家属区建设了节能、杏旭等4个生态休闲广场,配置了凉亭、健身器材等设施,为员工和居民提供了休闲娱乐的场所。在生态林地的建设上,形成了东有绿化园地,西有晨曦林地格局。全厂生态绿化面积$503.6\times10^4m^2$,庭院和井站植被覆盖率达44%,形成"主要道路树木成行、生产区绿树成荫、矿区绿意盎然"的生态架构。

几年来,第四采油厂在坚持绿色开发,促进生态文明建设上取得了一定成效,积累了一些有益的经验。工作中,深刻认识到,坚持绿色开发,要统一思想,明确认识,只有干部员工切实做到思想上有位置、工作上有安排、措施上有保证,才能使环保工作不断迈向更高的目标,取得实实在在的成果。坚持循环开发,要统筹兼顾,整体推进,只有各级组织和部门树立"一盘棋"思想,开发系统、地面系统、科研系统和机关部门通力协作、密切配合,才能确保环保工作不断迈上新台阶,实现新发展。坚持低碳开发,要以人为本,全员参与,只有每名干部员工认真落实各项规章制度,积极参与小改小革和工艺改进,不断提高工作技能,创新工作实践,才能切实完成环境保护各项任务目标。

坚持绿色开发,推进生态文明,功在当代,利在千秋。在今后的工作中,第四采油厂要以科学发展观为指导,以《大庆油田可持续发展纲要》为统领,深入落实"责任在领导,重点在基层,关键在岗位"的工作要求,紧紧围绕油田开发,牢固树立尊重自然、顺应自然、保护自然的生态文明理念,着力推进绿色发展、循环发展、低碳发展,以更大力度推进生态文明建设,建设美丽家园,为油田清洁发展、和谐发展做出新贡献。

构建专业化 HSE 监督检查体系

刘 晗　刘加岭　李 明

油田安全环保管理工作，点多面广，在以往安全环保管理模式的基础上，推行专业化管理，是适应油田可持续发展的必然趋势。随着油田发展的变化，设备老化、工艺复杂、人员短缺等不利因素愈加明显、突出，给油田安全环保管理带来了很大压力，尤其是国家对油田安全环保的要求也越来越严格，安全环保形势将长期严峻。几年来，第四采油厂以规范管理、强化"三基"为契机，建立健全 HSE 监督体制，强化"红线"意识、树立底线思维出发，在安全管理上推行专业化管理模式，成立专业化的管理机构、配备专业化的监督人员、建立专业化的管理机制，持续保持高压态势，突出隐患治理，促进管理提升，逐步实现了 HSE 监督管理专业化转变，确保了厂安全环保工作形势稳定向好，2018 年实现了安全生产、文明生产金牌"十五连冠"。

一、完善监督体系，实现人员管理专业化

长期以来，质量安全环保部负责全厂质量、健康、安全、环保等工作的综合管理，多头绪事务性管理工作量较多，无法抽出足够的时间和精力去完成好 HSE 监督工作，导致厂级 HSE 监督的覆盖面和频次远远不够。另外，由于没有设置专业主管部门，在监督工作统筹管理上有所欠缺，无法建立良好、畅通的 HSE 监督机制。

（一）成立厂级监督机构

2015 年，按照集团公司"监管分开""异体监督"的监管要求，结合全厂 HSE 监督机构设置及厂安全生产特点，认真组织调研，通过综合分析调研结果，编制了组建厂、矿监督机构的方案，并成立了不同专业、领域的厂级分委会 8 个（表 1）。通过精心组织、层层选拔，抽调 12 名专业人员成立了相对独立的厂 HSE 监督机构。

表1 第四采油厂HSE分委会设立情况统计表

序号	分委会名称	职责
1	油田管理	负责油田管理系统的安全环保工作
2	生产运行	负责生产运行系统的安全环保工作
3	资产设备	负责资产设备系统的安全环保工作
4	工程建设	负责工程建设系统的安全环保工作
5	生产保障	负责生产保障系统的安全环保工作
6	采油工程	负责采油工程系统的安全环保工作
7	地面工程	负责地面工程系统的安全环保工作
8	油田开发	负责油田开发系统的安全环保工作

（二）合理分配检查任务

依据厂实际情况从油气生产、小型施工现场、井下作业、环境保护、道路交通、基建施工及后勤辅助共计7个方向进行分工，成立了3个检查小组，使厂HSE监督工作实现了专业化、常态化，提高了HSE监督工作的效率和质量，有利于对全厂HSE监督工作实施统筹管理。

（三）协调各级部门开展工作

全厂8个分委会依据所管业务，细化安全环保监管职责，组织专业人员定期开展专业性的监督检查，提高监督检查的专业化。同时，各主要生产单位均设置了矿大队级的HSE监督小组，抽调不同工种的专职人员，开展常态化的监督检查，进一步完善了厂矿监督体系，实现了全厂HSE监督人员专业化的转变。

二、完善HSE监督机制，实现制度管理专业化

随着油田建设步伐的加快，新、改、扩项目每年都在进行，尤其是工艺技术的更新，以及各行各业新的制度、规范的出台，给安全环保管理带来很大的压力，如何提高监督检查效率、效果是第四采油厂制度建设的主要方向。

（一）抓实常规突出专项，监督检查做到有的放矢

以往的检查中，只注重检查覆盖率，检查目的性不强、专业性不够，存在较多管理盲区。为提高监督检查实效，及时消除隐患，不留死角，通过认真分析厂安全环保形势，在现场检查上采取综合性检查、专业性检查相结合的检查方式。第四采油厂8个专业委员会重点对基础差、问题多、危险程度

高的领域、部位制定燃气安全、消防管理、危化品管理、承包商施工、交通安全等26个专项检查计划，确保现场HSE检查有质量、有深度。同时，全厂各部室、矿大队结合自身生产实际及季节安全生产特点，定期开展覆盖全厂的、多层次的综合性检查，为堵塞安全管理漏洞，消除隐患排查死角奠定了基础。通过实施各类检查，实现了全厂所有矿（大队）和基层站队100%覆盖，年均发现并督促整改问题3489个（表2）。

表2 2016—2018年检查发现问题情况统计表

序号	日期	发现问题数量
1	2016年	3311
2	2017年	3512
3	2018年	3644
	平均	3489

（二）梳理监督工作标准，规范监督工作程序

多年来，因基层管理人员流动性较大，部分年轻干部HSE管理经验欠缺，现场管理中不会查、不知道怎么查的问题较为普遍，经常出现隐患无法识别、问题不会整改等问题，导致各类安全管理问题居高不下。为此，组织专业人员对全厂范围内所有生产办公区域进行认真分析，并依据检查内容及规范、标准，编制了覆盖不同领域的HSE现场检查表，下发全厂各单位使用。同时，依据现场检查情况持续对检查表进行反馈、修订、完善。几年来，已累计编制完成43个覆盖全厂关键领域、重要环节的检查表，在全厂范围内实现了统一检查标准，促进了基层自查工作实效，确保了检查的全面性、准确性、合理性。另外，为使监督检查工作有据可依，厂HSE监督站始终坚持现场检查问题与执行标准一一对应的工作方法，将每月检查发现的问题对照标准、规范进行整理、汇编，并利用月度安全环保形势分析会的时间进行宣讲，逐步提高了安全管理人员的标准意识，在全厂范围内形成了人人学标准、人人讲标准的良好氛围。

（三）优化监督检查方式，确保监督检查公平公正

为了保证监督检查效果，确保检查不走过场、能够真正发现问题隐患，第四采油厂始终坚持"四不两直"的要求，加密检查频次，加大检查力度，严格执行谁检查、谁签字、谁负责，对易发事故领域、关键环节部位、施工作业场所等进行重点监管，充分利用信息化手段，加大查处曝光力度，提升监

督检查的效率和效力。在检查方式上，由厂监督站单独检查逐渐转变为厂监督站月度检查，厂、矿监督季度联合交叉检查的方式，使检查结果更加公平、公正。在检查方法上，由以考核批评为主逐渐转变为沟通、指导为主，提高了基层对HSE管理的积极性。在检查安排上，由每个矿集中有序逐步检查转变为分散无序穿插检查，避免了基层单位检查前提前准备、检查后放松管理的问题。

三、转变HSE培训模式，实现监督技能专业化

岗位责任制的核心是责任心和技能，有责任心没有技能处理不了问题，抓好安全教育培训是抓好安全工作的基础。为提高监督人员素质，不断探索安全教育方法，着力开展系统化培训，推动"三个转变"，即：由零散培训转变为专业轮训，由理论教学转变为以实践为重点的培训，由厂内培训转变为厂内和外送学习并行的方式。

（一）加强理论知识学习

坚持以往培训好的做法和模式，继续采取课堂培训学习理论知识，学习监督的理念、职责、方法和管理工具，提高基层站队干部安全环保责任意识和业务能力。

（二）强化现场实际培训

在理论学习的基础上，采取现场培训对所学知识进行实践，组织每名参训学员根据所学到的方法，到基层站队开展交叉监督检查，并将查到的问题对照标准，在研讨班上进行分享，提出整改建议，最后由参训人员集体讨论确认，不断增强学员的现场业务能力。

（三）与专业培训机构联合培训

外送专兼职驾驶员、安全监督、特种作业等人员参加油田公司培训，年均2200人次，保证了关键岗位人员具备安全资质和能力。组织基层管理干部去职业学员培训，学习其他单位、行业好的管理经验和方法，提升基层人员的安全管理综合能力。通过几年来的培训学习，有效提高了厂、矿两级专职HSE监督人员发现问题、分析问题、解决问题的能力，为第四采油厂今后HSE监督工作持续有效开展打下了坚实的基础。

实行专业化管理以来，第四采油厂安全环保管理水平稳步提升，在现场安全环保管理上主要出现了3个变化：

（1）现场发现隐患数量增加。全厂各单位高度重视现场 HSE 监督检查工作，积极主动开展隐患自查，检查人员意识、技能稳步提高，现场发现隐患数量同比增多，2018 年全厂检查发现隐患 3644 个，2017 年全厂检查发现隐患 3512 个，增加了 132 个。

（2）检查问题质量提高。以往检查发现的低级问题明显减少，如灭火器摆放和卡片填写问题、危化品标识缺失、记录不齐全、作业许可填写、机动车驾乘人员不系安全带等问题明显减少，工艺问题、施工设计问题、设备设施管理类问题增多。

（3）隐患整改时间减少，通过实施"现场告知、每日通知、旬度跟踪"的闭环管理模式，各级检查人员将检查过程做细、做实，保留现场影像资料，各类隐患全部备案，不能立刻整改的，制定详细的风险削减方案和安全防范措施，明确整改部门、时间、责任人，各类隐患整改速度明显加快。

几年来，通过推行专业化的 HSE 监督模式，全厂各级管理人员统一思想，明确认识，干部员工切实做到思想上有位置、工作上有安排、措施上有保证，使安全环保工作不断迈向更高的目标，取得了实实在在的成果，较好地完成了油田公司下达的各项任务目标。

产能建设高效运行的探索实践

王 锋 孙文健 于 冰

2018年,按照油田公司基本建设工作总体要求,第四采油厂在产能建设工程管理过程中,坚持"标准化施工、样板化管理"的总体思路,紧紧把握"依法、合规、按程序"的原则,超前谋划,靠前组织,勇担责任,实现油田产能建设安全、优质、高效运行。

一、科学组织,强化协调,保证产能建设高效运行

(一)超前谋划,为产能运行打下基础

1. 超前谋划工作思路

年初召开产能建设启动会,明确了"建设高效产能"的总体工作思路,完善了"统一领导、节点管控,一级抓一级、层层抓落实"的产能建设一体化管理模式,综合考虑全年产能贡献目标和前期工作进展,确定了基建开工和新井投产两个关键节点的时间。

2. 超前谋划节点运行

细化了从规划立项到项目结算共计26个工作节点,编制运行方案,形成项目计划管理、项目实施管理、项目结算管理3个管理手册,时限落实到天,责任落实到人,使全系统人员有了统一主线和抓手,做到"节点清、责任清、部门清、时间清",确保各项工程按节点运行。

3. 超前谋划队伍组织

依据2018年产能工作量,分析工程结构和性质,多方结合,综合考虑施工单位经验和专长,确定了产能工作量的匹配方案。同时兼顾考虑投产顺序,避免先期投产项目集中在同一施工单位。施工单位提前确定人员和设备,实现了施工资源的前期准备、合理配置。

（二）全面协调，为工程开工创造条件

1. 加快协调环评报告

面对环评报告直接制约工程开工的实际情况，在杏七区中部产能建设工程中，提前介入方案设计，密切厂内部门衔接，实现资料快速组卷和上报，2018年6月22日完成报告审批，保证了产能建设的开工。

2. 积极协调用地手续

针对2018年产能区域面积大、涉及村屯多、土地权属复杂、湿地和防护林等新增科目影响的实际，强化"前期勘察、设计图纸、土地确权、合同签订、审核发证"5个环节的沟通协调，促进合同签订顺利进行。

3. 主动协调设计图纸

主动介入规划设计全过程，采取"五个同步"，即地面方案委托与油藏方案同步、井位勘察与线路动迁选址同步、初步设计与施工图设计同步、征地图纸发放与初设审查同步、料表形成与施工图设计同步，实现规划设计各环节紧凑衔接，设计周期缩短40天，保障了2018年6月份基建全面开工。

（三）科学组织，为高效施工提供保证

1. 提前开展施工准备

（1）提前开展进场准备。组织土地部门、设计部门、施工单位协调开展现场勘察，优化项目的暂设选址和"三通一平"方案，提前完成施工暂设、现场样板展示区及预制平台布置，为后期项目实施提供了基础保证。

（2）提前做好材料准备。充分发挥EPC项目管理优势，设计、施工、物资三方直接对接。在正式图纸下达前，按照70%的比例，完成了抽油机、管线、变压器、游离水脱除器等关键物资计划上报，保证了大型设备及时进场，实现项目开工即开始全面施工。

2. 优化施工投产组织

（1）大力推行模块预制。加大标准化设计和三维设计应用力度，参建单位积极响应，深入学习，快速应用。利用其成果，对阀组、设备进出口工艺等开展提前预制，有效提高了施工效率。

（2）合理安排施工工序。根据投产计划，统筹考虑井站关系、管网连通关系、区域地形地貌等因素，优化施工顺序，实现各项目、各系统、上下游施工的有序衔接。针对今年雨量大等不利因素，采取晴天室外施工、雨天室内施工，采用挡雨棚等措施，实现计量间场区小雨不停工，有效降低了雨季

对施工进度的影响。

（3）优化通行保障措施。针对产能区块地势低洼和雨季影响等不利因素，成立投产保障队伍，采取排水、垫木排、推井场、垫土方等措施，保证井场、道路满足射孔、压裂需求。针对同平台油水井由不同施工单位施工的特点，采取多条管线一次开沟、同时下沟的方法，减少井场损坏，满足作业设备进场条件。

（4）精心组织井站投产。利用已建系统剩余能力，将新建的7座计量间全部挂接老管线，实现计量间的先期投产，保证了新井产量的提前贡献。细化单井投产运行计划，密切衔接管线铺设、抽油机安装、井场井路保运、射孔作业、电力搭火等施工环节，保证射孔前完成抽油机安装及管线敷设工作，实现作业后24h内启抽。

3. 加强施工问题协调

召开周基建例会36次，现场协调会14次，集中参建各方和厂内各部门力量，及时协调解决图纸发放、主要设备进场等各类施工问题400余项。

2018年克服了工作量大、晚开工45天、雨季影响40天、边钻边建等不利因素，实现2座大型站库135天建成、一次投产成功，658口新井当年全部投产。

二、规范程序，全程管控，全面提高工程质量

（一）明确标准，提升各参建单位质量意识

编制标准化施工实施方案，明确各级质量责任。制定样板计划，确定了5个专业、30个样板点的施工要点和质量标准，并积极组织宣贯，加深各参建单位对"标准化施工、样板化管理"工作的认识。

（二）严格监管，强化施工全过程质量管控

严格首件样板起步：全年现场检查样板示范点165个，确保了实物样板的示范作用。

严格现场技术交底：检查技术交底102次，对交底不清的停工处理。

严格材料进场质量：开展材料进场质量检验，清退不合格材料5个批次。

严格成品保护管理：细化成品、半成品防护措施，杜绝工序交叉造成的成品、半成品污染和损坏。

（三）加强协调，发挥监理、检测单位作用

协同监理单位在标准化施工过程中，注重检查、指导与验收，加强平行

检验和旁站监理，在创建安全标准化文明工地中充分发挥监理作用。严格检测单位理化试验及无损检测委托审批程序，对涉及结构、安全和使用功能的部位进行重点试验和检测，确保材料、工序质量合格。

2018年，在参建各方的共同努力下，由油建二公司承建的杏二十七联合站一期工程代表大庆油田迎接股份公司检查，获得综合排名第一名。

三、明晰责任，强化监管，规范施工安全管理

（一）做严安全准入，健全责任体系

在承包商入场前，严格审查施工队伍资质，对参与施工作业人员资格能力、设备设施安全性能、安全组织架构和管理制度进行审查评估。在集团公司承包商管理"一书三表"的基础上，细化制定增设了5项管控文本，推行"一书三证五表"。全年发放入场证224份，备案施工作业人员4568人、设备895台，切实强化了承包商准入管理。

（二）做实教育培训，提高安全意识

在工程开工前，专门组织建设单位项目经理及质量监督员、监理单位监理工程师、主包分包单位负责人和属地单位管理人员等160多人，开展了两期以承包商安全准入管理和施工现场风险识别为主要内容的安全培训。组织承包商对入场人员逐一考试，合格后发放入场证，提高全员安全意识及风险识别能力。

（三）做强监督检查，狠抓隐患整改

强化安全交底：使施工作业人员在操作前明确施工现场环境情况和项目存在的危害及风险。

强化风险防控：严格执行7类高风险作业许可制度，编制切实可行的施工方案和应急预案，经5级审批同意后方可执行。

强化目视管理：施工现场设立安全监管联系牌，便于现场随时联络；在重要站库布置视频监控系统，实现全时段、全方位安全监管。

强化现场检查：每周六定期组织联合检查，全年累计发现安全隐患问题635个，下发处罚通知单86份。

基于管理水平提升的工程质量监督管理模式构建

王文达　杨剑天

工程质量监督管理是一个系统而又复杂的运行体系，在内容多、工序杂的管理环境中，将质量管理工作做到扎实、有效，是质量管理控制者的目标。结合工作实际，总结"三看、五查、纠偏"法在工作中的应用，不断探索质量管理工作中的新方法、新途径，促进质量管理水平的提升。

一、施工工艺操作、施工措施落实、参建方行为管理尤为重要

在质量管理的中，施工工艺操作、施工措施落实、施工参建方行为管理是质量管理过程中重要的部分。围绕"三看"，即：施工工艺操作是质量的主要因素，施工措施落实是质量结果的必要保证，施工参建方行为是质量管理的指导、约束、监督的重要主体。只有做好"三看"，才能使质量管理工作规范、标准、合格。

（一）施工工艺的建立和应用

工程施工前，在施工组织设计编制时，按专业系统将整个工程按施工工种划分出来，并根据施工具体内容逐一制定出施工工艺，这里强调质量管理中的施工工艺内容的准确性、合理性。首先，确定施工组织设计、方案中的各专业和工艺内容是否齐全。然后，依据相关的施工规范和技术、质量标准逐项进行检查，施工工艺内容是否科学、合理和可操作。

（二）站外工艺管道安装工程（防腐管）

施工主要内容有运输、放线、摆管、管线组对、焊接、检测、试压、防腐补口、管沟开挖、管线下沟、穿越、覆土、设立标志。首先，确定工程的

施工工艺由管线组对、焊接、检测、试压、防腐补口、管沟开挖、穿越这一系列工序、工艺组成。然后，针对管道施工过程的组对、焊接、检测、试压等具体施工工艺进行编制、审核、确定。如管道焊接工艺，要根据焊接工艺评定，制定焊接工艺指导书(作业指导书)，并规定焊工要求、焊接使用材料、电压和电流值、管道间隙、坡口形式、焊接层数、焊缝宽度、焊缝余高等操作内容，焊接操作人员并以此为依据进行管道焊接作业。

(三)施工措施的编制和应用

施工前根据具体施工环境、内容、特点、难点等，编制具有针对性的施工防护、措施，确保施工工艺操作的有效实施。如建筑工程基坑开完的支护措施、排水措施；焊接工程焊条烘干、挡风、防雨等措施。首先，这一类措施是应该具有较强的针对性，根据环境因素——冬季、雨季；地点因素——现场、车间、湿地、高空等不同，同一施工工艺的施工措施则不同。其次，这一类施工措施具有及时性，对于现场临时发生施工因素发生改变并影响施工的，应及时编制施工措施。

对于站外管道焊接，夏季焊接施工措施应针对雨季的湿度、风速、场地排水、草原耕地、焊条保温等相应内容制定防护措施；冬季焊接施工措施则在一般焊接要求基础上，应针对管道焊前、焊后保温，操作保温等制定防护措施，从而确保管道焊接施工质量。

(四)施工参建方行为的建立和应用

施工参建方行为是依据法律、法规、责任，以不同各自组织机构的方式建立起来的行为体系、工程质量管理条例、工程施工合同、质量管理体系等文件中明确规定了各参建方行为。首先，施工企业质量管理体系要建立各工序检验、核验等管理行为计划。其次，根据项目管理模式不同、参建人员不同，明确不同参建方行为任务。

(五)施工企业工序"三检制"、不同工序的"交接检验制""不可逆工序"等内部管理行为

对整体项目质量行为体系在施工企业基础上而言，则包括监理(建设)单位审核制、质量监督报验制。其次，不同项目管理模式，参建方行为责任不

同，监理管理项目的质量监督监检点报监由监理单位进行，建设单位项目管理的工程则由建设单位进行监督监检点报验。

在质量管理过程中，通过加强对施工工艺、施工防护措施、参建方行为的监督管理，确保了工程工序清晰、流程顺畅，实施与管理功效得到了充分发挥。经过几年来在工程项目中的实践和应用，取得了良好的效果，使工程实体质量得到保证，质量管理水平不断提高。

二、施工过程中"五查"，为施工质量管理提供重要依据

施工质量管理的优劣状况，主要通过"五查"即施工(组织设计)方案、施工交底、保证性资料、施工记录、实体质量的检查结果获得的。需要说明的是，"五查"主要从三个层面实施与管理的，一是施工单位内部的管理与检查，二是建设(监理)单位的监督检查，三是质量监督机构的监督检查。

施工(组织设计)方案是施工方在合同、法律、法规、技术、质量、图纸等标准规范的基础上编制的，它的作用是指导施工组织与管理、施工准备与实施、施工控制与协调、资源的配置与使用等全面性的技术、经济文件，是施工全过程科学管理的重要依据。

针对施工(组织设计)方案的特点，则应重点从以下几方面检查。首先，审查施工(组织设计)方案的合理性、完整性，内容包括工程合同、工期、质量、技术、安全、投资等方面的目标、控制手段、考核等。其次审查施工(组织设计)方案的针对性、指导性，编制过程中一般项目和重要部位、施工难点、关键工序的应该分类、分级管理审核。

例如，在建筑工程中基槽(非危险性较大的)开挖施工方案的编制时，地质条件、现场环境、施工空间良好的，则根据图纸、技术、施工、安全要求进行一般性编制、审核管理；对于现场低洼、施工空间受限、土质较差等不利因素的，则应制定针对土质差、低洼地的排水、易塌方、支撑和施工空间受限的防护、安全等措施。

对于施工方案编制、审核的分级管理，一般性的技术、施工方案由施工单位项目部进行编制、施工单位技术负责人进行审批；危险性较大的分部、分项工程施工专项方案，由总承包单位组织相关部门进行编制、审核，不需专家论证的专项方案，报建设(监理)审批；对于超过一定规模的危险性较大的分项、分部工程的专项方案，由总承包单位组织召开专家论证会，经专家组审核合格才能实施。

施工交底、保证性资料、施工记录、实体质量检查记录，是施工现场管理、质量情况的原始资料和凭证，为追溯质量管理情况提供客观、可靠依据。

(1)施工交底具有全面性、针对性和及时性的特点。全面性体现在它包含了工程项目的全部施工内容，具有针对性、及时性。在每一个工序施工前，技术人员直接将交底内容传达到班组和相关人员，作为施工技术、质量、安全操作与管理主要依据，使每道工序施工过程"有法可依""有法必依"，确保工程施工操作规范、有效。

(2)保证性资料是工程材料、设备的证明文件，主要包括合格证、实验报告、功能测试报告、性能检测报告、无损检测等；主要分两类，一是原材料、产品、设备本身提供的，如管材合格证、容器合格证及相关的文件；二是现场施工实体的检验、测试结论，如回填土压实度报告、混凝土强度报告、无损检测报告等。这些证明文件可直接或间接地反映工程实体质量情况。

(3)施工记录、实体质量检查记录是工程施工全过程的有效"凭证"，是工程施工过程的中人员、设备、材料、质量、安全、进度等方面动态调整管理的依据，如人员进场情况记录、材料设备进场使用记录、质量问题及整改记录、临时性停工记录等。如通过检查工程施工进度运行记录，对比运行计划可及时发现进度偏差，分析原因制定整改措施；还可以依据施工运行记录对比质量检查记录，检查质量管理是否做到及时检查、监督，确保工程顺利实施。

(4)在质量管理过程中，通过加强对施工(组织设计)方案、施工交底、保证性资料、施工记录、实体质量的检查，确保了工程方案的有效实施，分清重点、难点，实施与管理功效得到了充分发挥。经过在工程项目中的实践和应用，提高了质量管理实效，同时强化了施工内业管理水平。

三、质量管理过程中的纠偏，是施工质量管理的必要手段

在质量施工、管理过程中，出现问题是不可避免的。但如何控制这类事件的减少、发生，就需要在施工过程中不断地进行纠偏，重点强调质量行为纠偏、实体质量问题纠偏。

(一) 质量行为纠偏

质量行为主体主要包括五大责任主体行为，即建设、施工、监理、设计、勘察，是建筑工程管理活动中的主导者、执行者，因此，质量行为的问题的纠偏至关重要。针对工程质量管理过程中存在的突出质量行为问题，主要有

| 创新的足迹 —— 杏北油田管理新实践

三个方面,即施工单位的"三检制"执行不到位,监理单位的专业监理工程师旁站不到位,建设单位报监不到位。

(1)施工单位的"三检制"管理纠偏,即操作人员自检、班组检查、专业质量检查员检查是施工质量的直接管理者和责任者。首先,查找"三检制"记录的翔实性、准确性;其次,复查现场施工实体质量检查部位;三抽查其他部位操作过程和实体质量情况,检查结果比对是否存在较大偏差情况,偏差较大则进一步确认质量行为偏差主体,并监督整改。"三检制"管理的纠偏管理是施工单位自我完善的过程,同时,也是确保施工质量的必要手段。

(2)专业监理的旁站管理纠偏,首先,检查专业监理细则编制的合理性,旁站检查点、巡查点设置的准确性;其次,检查专业监理施工日志旁站检查点、巡查点的执行情况;再有,对专业监理现场实体检查点进行核验比对,从而获取专业监理旁站检查工作的情况,偏差较大时必须进行纠偏整改。

(3)建设单位项目代表质量监督监检点报验的纠偏,建设单位项目代表依据法律、法规、合同有责任和义务,按照质量监督机构下发的质量监督计划中制定的监督检查点及时进行组织检查和报验。因此,对建设单位报监纠偏主要通过对监督计划中监督检查点上报记录进行检查。

(二)实体质量纠偏

实体质量问题纠偏是施工质量管理的最直接的必要手段,实体质量问题纠偏强调两个方面内容。一是工艺、功法的技术纠偏,包括技术联络变更单、焊接工艺指导书、立式储罐组装等。如基槽开挖发现基槽底部出现水位较高、腐蚀性土较严重时,基地实体存在质量问题,就必须与设计人员、监理人员等相关现场勘查、制定相应降水措施和基地土壤处理方案,并履行手续,从技术角度进行对基地质量进行纠偏,消除实体质量隐患。二是施工过程的操作纠偏,现场毛石砌筑过程的质量、焊接过程的操作质量等。如站外单井管道焊接过程中,因电流控制不当而过高,经常造成烧穿、咬边等质量问题,相关质量管理人员及时在施工操作过程中发现问题,在过程中进行纠偏,确保操作人员的施工质量。

通过对质量行为主体和实体质量问题纠偏,强化了各参建方责任主体质量意识,规范了操作行为,提高了质量管理水平,确保了全面质量管理实施。

四、通过改进施工工艺,规范管理行为,提高施工质量水平

在施工的全过程中,首先,建立符合技术要求的工艺流程质量标准、操

作规程，建立严格的考核制度，不断改进和提高施工技术和工艺水平，确保工程质量。其次，建立严密的质量保证体系和质量责任制，各施工参建方均要全面到位管理，施工队伍要根据自身情况和工程特点制定施工方案和施工措施，确定质量目标和攻关内容。最后，制订具体的质量保证计划和攻关措施，明确实施内容、方法和效果。在实施质量计划和攻关措施中加强质量检查，其结果要定量分析，得出结论、经验，并转化成今后保证质量的"标准"和"制度"，形成新的质保措施，发现的问题则作为以后质量管理的预控目标。

通过"三看""五查""纠偏"在工程质量中的应用，不断地完善工程质量管理体系，进一步提高了工程质量管理意识，逐步规范了工程管理行为，进而提高了工程管理水平和工程施工质量，为使油田基建工程施工向更好、更快发展提供有力保证。

和谐共享篇

走进新时代，在举国上下都在为实现中华民族伟大复兴的中国梦而不懈奋斗的同时，大庆油田也步入了振兴发展的快车道。在这样的形势下，如何在推进企业发展的同时，深入贯彻以人民为中心的发展思想，加快和谐矿区建设，更好地将发展成果惠及广大员工，不断增强员工的获得感、幸福感、安全感，持续凝聚企业发展合力，需要各级组织进行深入思考和创新实践。

近年来，第四采油厂始终坚持以人为本，秉承"创新实践、和谐发展"的核心理念，在推动全厂高质量发展的同时，着力营造和谐稳定的发展环境。展和谐之美，积极改善基层的生产生活条件，实施厂区道路和前线基层队点环境改善工程，拓展晨曦林地和绿化园地生态休闲功能，优化基层食品配送和职工通勤服务，基层生产生活更加便捷；以构建和谐、安全、稳定厂区为宗旨，推行治安防控"区域区间双承包"管理模式，严厉打击各类侵害油田的违法犯罪活动，持续巩固和谐安定的良好环境。强和谐之力，从依靠员工中集结智慧力量，积极畅通民主管理渠道，引导员工为企业发展建言献策；持续深入开展群众性创新创效活动，打造厂、矿、队三级创新创效工作格局，引导广大员工在攻难关、解难题、创效益中再立新功。育和谐之风，始终将员工的冷暖放在心上，真正为员工群众办实事、解难事，开展帮扶解困、"金秋助学"和"送温暖"等活动，推行"首访负责制"服务模式，关心关爱离退休人员，维护队伍和谐稳定。塑和谐之魂，扎实开展大庆精神大庆传统再学习再教育再实践，持续深化"铁人在我身边，传统在我岗位"主题教育，大力弘扬"四勇作风"和女子采油队精神，引导广大干部员工立足岗位、敬业奉献；注重典型示范引领，开展"双十佳"基层干部、十佳毕业生、十大杰出青年、最美杏北人等评选活动，培养涌现出全国劳动模范杨海波、全国五一劳动奖章获得者段福海等一批叫响油田内外的先进典型，对鼓舞队伍士气、激发实干热情、弘扬劳模精神起到了积极的推动作用。

加强党的制度体系建设
助力油田高质量发展 >>>

宛立军　石品一　张　宇　丛　宽　邹德强

近年来，第四采油厂党委坚持融入中心、服务大局，以党章为根本遵循，以构建"大党建"工作格局为目标，统筹推进党建工作各领域、各层面、各环节的党内制度建设，取得了一系列丰硕成果。

一、坚持融入中心抓大事，充分发挥党委的政治核心作用

在参与企业重大决策上，为了保证党委参与的有效性，第四采油厂先后建立健全了《党政议事规则》《党政联席会议制度》等规章制度，体现了党政同责、一岗双责，实现了由参与到融合的转变，重点做到三个参与，即参与确立企业工作的目标任务、参与落实企业发展的规划措施、参与解决生产经营中的难点问题。每一项重大决策出台前，厂党委都要组织相关领导深入调查研究，掌握情况，征求有关方面的意见，保证符合政策要求、决策科学合理，较好地实现了党委工作与生产经营工作统一部署、协调落实。与此同时，厂党委积极发挥政治优势，围绕厂确定的长远目标和阶段重点工作，广泛宣传动员，凝心聚力推动目标的顺利完成。例如2010年以来，厂党委根据稳产难度加大的形势，党政班子共同研究地下状况、人才现状和技术优势，经过充分论证，确立了建设水驱精细开发示范厂的工作目标，全面实施了"431"油田开发战略（四个精细、三个治理、做好一个示范区的建设），使水驱产量一直在第四采油厂产量构成中占主导地位，探索了一条老区采油厂特高含水期高效开发的有效途径。

在民主集中制落实上，以强化"三重一大"制度执行为重点，建立健全民

主决策制度,促进班子整体功能的发挥。厂党委班子坚持集体领导与个人分工负责相结合的原则,细化厂、矿两级班子"三重一大"集体决策内容,做到党委会决策事项、决策责任明确具体。依据"三重一大"集体决策制度,两位党政负责人带头执行议事规则和决策程序,坚持党政主要领导未沟通、未达成意见的不上会,没有完成会前程序的不上会,不得以传阅会签、碰头会、打招呼等方式代替集体决策。每年定期组织"三重一大"决策制度联合检查,开展审计、效能监察和专项检查,在企业合规管理上充分发挥党委的监督职责。对于违反民主决策制度的基层党委和相关责任人严肃处理不手软,对于基层违反民主集中制造成不良影响的,果断对党政负责人进行批评教育,并做出岗位调整。

在配强班子、选好干部上,始终坚持党管干部的基本要求,把党委的政治核心作用体现在"管原则、管标准、管程序、管机制、管监督"上。近年来,第四采油厂按照"品行、业绩、能力"至上的原则,出台了《关于加强科级干部选拔任用管理办法》《基层队管理人员选聘管理办法》《两级机关工作人员选聘办法》《管理人员业绩考核办法》,健全完善民主推荐、人选提名、组织考察、集体研究、任前公示、组织谈话等选拔任用程序,充分发挥党组织在选人用人上的领导和把关作用。为加强干部队伍梯队建设,制定了《第四采油厂优秀年轻干部培养选拔工作实施方案》,对挂职锻炼见习的方式、竞争选拔的程序、后续管理、相关待遇,以厂党委文件形式予以规范,切实加快了年轻干部的培养步伐。2013年,经过基层推荐、素质测试等5个环节的层层筛选,全厂选拔出10名"80后"挂职干部(参照副科级领导干部标准执行),目前已经有4人走上副科级岗位。在干部考核监督上,把年度考核、任职考核、日常管理等综合起来,增加横向、纵向上的互评环节,深入开展领导人员360度考评,增强考核的全面性和准确性,把考察识别干部的功夫下在平时,真正让在基层一线创出业绩、综合素质高、群众广泛认可的干部得到提拔重用。

二、规范工作程序,促进基层党支部战斗堡垒作用发挥

(一)完善基层工作制度突出针对性

为更好落实上级党组织各项要求,针对基层不同程度地存在着工作制度内容不完善、制度操作性不强等问题,组织建立完善了《"三会一课"制度》《基层队思想政治工作制度》《基层队议事制度》《民主生活会及组织生活会制

度》《民主评议党员制度》《党支部学习制度》《基层队队务公开制度》，形成了第四采油厂《基层建设七项制度》。按照"制度规定清、工作标准清、执行要点清"的总体要求，配套编制了《基层党群工作手册》，使基层党支部落实党建工作制度有章可循。例如，在《基层队议事制度》中，明确了落实上级决议、制定生产经营方案、落实考评制度、重要人员调整、奖金分配（误餐费等专项资金使用）、技能培训、员工奖惩困难补助等"七件大事"，让事关队伍稳定、促进生产的事都能通过集体议事解决，有效避免队领导"一言堂"的情况。

（二）建立考评机制突出科学性

围绕贯彻基层党支部达标定级工作要求，建立了较为完整的考核制度和细则，按照基础工作、创先争优、思想教育、支部班子作用发挥，细化出17类、44项考评标准，实行百分制量化评价，使基层党建工作考评更为科学、准确。立足服务基层，开展了党群资料精简工作，融合党建、员工教育、党风廉政建设、稳定工作等各路基础工作，精简资料50.5%，建立"一册一网一盒"的党群资料新体系，切实为基层减负。积极转变考评方式，采取座谈交流和现场考察"两步走"的形式检查，避免了单一"查资料"的工作方式，既能综合检验基层党建重点工作成效，也能及时发现基层解决疑难问题的典型做法和鲜活经验。编撰形成《基层队伍建设20个怎么办》等经验集，对基层党支部抓住工作实质、增强党建工作实效起到了促进作用。

（三）执行组织生活制度突出创新性

在执行党建制度过程中，尊重基层首创精神，引导基层创造性地开展工作。如在落实"三会一课"制度上，创新"微型党课"教育形式，让基层党员人人走上讲台，联系自身经历和身边发生的事，"用身边事教育身边人"，提高了党员教育效果。为了提高党员发展质量，实施了《入党答辩工作制》，在入党和预备党员转正过程中实行现场答辩，并采用无记名投票的方式进行表决，充分发扬党内民主，增强了党员发展的严肃性。几年来，在党员发展和转正过程中，因基层群众满意率低，答辩不合格，几名预备党员被取消转正资格或延迟转正。在强化党员目标管理上，积极探索量化民主评议党员制度，对党员公开承诺、党员自评、群众测评、组织评议等要素分别赋予分值，实现了党员工作表现的量化评价，避免了评议党员形式化问题，促进了党员模范履职。

（四）开展创先争优活动突出长效性

结合工作实际，制定实施《第四采油厂创先争优指导意见》，在全厂各基

| 创新的足迹 —— 杏北油田管理新实践

层队中推行创先争优"一队一载体"、基层建设典型培养"三个一"等工作平台，通过组织观摩交流活动，普及先进经验，带动了全厂基层建设水平的整体提升。几年来，先后涌现出以2个"全国劳模"、3个"全国五一劳动奖章"为代表的一大批先进典型。此外，第四采油厂段福海劳模工作室被评为"全国能源化学系统职工创新工作室"，杨海波劳模工作室被评为"全国示范性劳模创新工作室"。第四采油厂还坚持以三年为周期，在全厂基层干部中持续开展十佳党支部书记、十佳队长、十佳优秀毕业生评选活动，对涌现出的"三十佳"给予隆重表彰和重点培养，目前已有23人走上副科级领导岗位，激发了基层干部在基层建设中争创一流、建功立业的热情。

三、坚持从严治党原则，深入推进党风廉政建设

在落实廉政责任制上，建立完善了《领导干部述职述廉制度》《党风廉政建设责任制实施细则》《廉洁谈话和诫勉谈话制度》重大事项报告等制度，对规范各级领导干部，特别是党政主要负责人遵守党的政治纪律、组织纪律、经济工作纪律等方面，起到了良好的约束作用。为促进制度落实，长期开展"敬畏群众、敬畏法律、敬畏纪律、敬畏制度"的"四个敬畏"教育，引导领导干部自觉筑牢思想防线，提高"守纪律、讲规矩"的自觉性。近两年来，第四采油厂重点深化案例警示教育，改变以往就事论事的剖析方式，选取厂内外近年来发生的10个典型案例编发两期教育材料，深度挖掘、广泛剖析，引入潜藏风险及相关案例38个，适用法律条规解读42个，增强了教育的生动性和感染力，提高了基层党员干部遵纪守法、廉洁从业的意识。

在转变工作作风上，以群众路线教育实践活动为契机，新建改进调研工作、定期接待职工群众来访等10项制度，使作风建设制度体系更加完善，各级领导干部服务基层、服务群众的自觉性得到加强。为进一步弘扬优良传统，在一线基层队实行《干部跟班制度》，让基层干部在生产管理中身先士卒，率先垂范，做到一级做给一级看，一级带着一级干，更好发挥出定盘星、带头人和主心骨的作用。在厂机关建立机关与基层对接服务机制，各机关部室每年选取1~2个对接基层队，机关干部经常性地深入对接单位听取意见，帮助解决基层实际问题，进一步密切了干群关系，树立了良好形象。

在强化执纪监督上，严格落实党委主体责任、纪委监督责任和领导干部"一岗双责"责任，注重抓前抓早，把管理关口前移，维护制度的严肃性和权威性。结合生产经营实际，对工程招投标、物资采购、选人用人等重大事项、

重要领域和关键岗位进行重点监督，杜绝违规运作和暗箱操作，确保各项规定落到实处。紧盯重点、多发、敏感时段，仅 2014 年就下发廉洁提醒 5 次、文件 3 次，组织 180 名子女升学、结婚或本人结婚的党员干部做出廉洁承诺，对 17 名党员干部婚丧事宜进行备案提醒，防止违纪现象发生。依纪依规对 2 名党员干部违纪问题进行立案调查，并给予党纪政纪处分，公开通报典型问题 1 起。

四、创新教育方式，建立思想政治工作长效机制

把思想政治工作作为党建的重要内容，坚持大庆思想政治工作的优良传统，积极创新思想教育载体和方法，使思想政治工作各项制度在基层得到有效落实。

（一）思想政治教育做到常态化

制定实施《第四采油厂领导班子学习制度》，明确学习时间、学习重点，强化检查考核，保证学习效果。围绕落实中心组学习制度，每季度举办中心组扩大学习，将参加人员扩大到厂、矿领导两级班子、机关干部和基层队干部，通过邀请国内知名专家学者授课，提升理论学习的深度和覆盖面。结合落实基层思想教育制度，组织开办"杏北讲坛"，运用新媒体建起《通勤之声》《杏北TV》等宣传阵地，采取灵活多样、喜闻乐见的方式增强教育效果。同时，突出对青年的教育引导，搭建"青春大讲堂""青春杏北"微信等各类教育平台，持续提升青年员工的思想素质。建立思想政治工作研究制度，成立思想政治工作研究会，实施厂、矿、队三级政研课题运行机制，集中力量围绕思想教育难点热点，层层开展研究。定期举办政研成果交流发布会，通过深化研究、经验共享，进一步促进思想教育的思路创新、方法创新、载体创新。

（二）形势任务教育坚持与时俱进

结合油田稳产新形势新任务新要求，每年突出一个主题，编制下发形势任务教育活动方案和宣传提纲，利用厂企业网、有线电视台等载体，层层组织学习宣贯。通过举办微信网上答题、主题知识竞赛、形势任务巡讲、开展"油田油气当量 4000 万，我们怎么办"主题研讨等方式，引导广大干部员工进一步统一思想、坚定信心，扎实推进油田有质量有效益可持续发展实践。

（三）优良传统教育注重实效

为进一步深化大庆精神、铁人精神再学习再教育，持续开展"铁人在我身

边，传统在我岗位"主题活动，编印《大庆精神、铁人精神学习教育读本》，开设主题教育专题网站，组织参观厂女子采油队传统教育基地，开展"高举大庆红旗，讲好杏北故事"主题宣讲赛等多种形式，引导员工自觉传承优良传统和作风。在此基础上，明确"三个面向、五到现场""岗位责任制"等重点传承内容，组织全厂干部员工分层分岗查找差距、分系统扎实推进，先后推出服务承诺制、干部跟班制等特色做法，使大庆优良传统的继承和发扬落在实处、见到实效。

以提升油田餐饮服务质量为导向的食品配送精益化管理

李清华 邓淑华 王 雨

第四采油厂自开发建设以来,始终坚持在抓好生产建设、确保原油稳产的同时,注重提升后勤服务保障能力,改善员工生活环境。2003年9月,成立食品配送中心,采取共同配送方式,将生、鲜、熟、纯净水、粮油等餐饮食品配送至一线,保障员工中午工作用餐。2014年以来,第四采油厂以生活服务保障为突破口,建立精益化的食品配送管理运行模式,改造生产车间,加大设备投入,实施精益管理,不仅促进了企业整体效益的提升,而且有效解决了前线劳动用工紧张、用车矛盾比较突出、食品安全存在风险、食品采购成本较高和员工的满意度不高等五项一直困扰基层食堂和员工就餐的主要矛盾和问题。受到广大员工认可和好评的同时取得了较高的社会效益和经济效益。

一、因地制宜,构建食品配送精益化管理体系

2003年,第四采油厂生产准备大队在盘活闲置资产、整合人员的基础上,成立了食品配送中心,逐步构建垂直服务体系,将生产的主副食品配送至基层食堂,从而有效提高了后勤服务质量与水平。构建垂直服务体系,理顺管理流程。全厂以生产准备大队—食品配送中心—基层队食堂为骨架,构建垂直服务体系。食品配送中心隶属于生产准备大队,是小队级单位。基层队食堂隶属于矿大队管理,拥有误餐费自主使用权。食品配送中心与基层队食堂是服务与被服务的关系(图1)。

通过采取市场化运行模式,基层食堂根据需求,自主选择配送中心产品或市场食品,配送中心与市场是竞争关系。同时,全厂配备专业人员,开展技能培训,投入资金购买加工设备、运输车辆,提高食品配送中心的生产能力和配送效率。

图 1 服务体系图

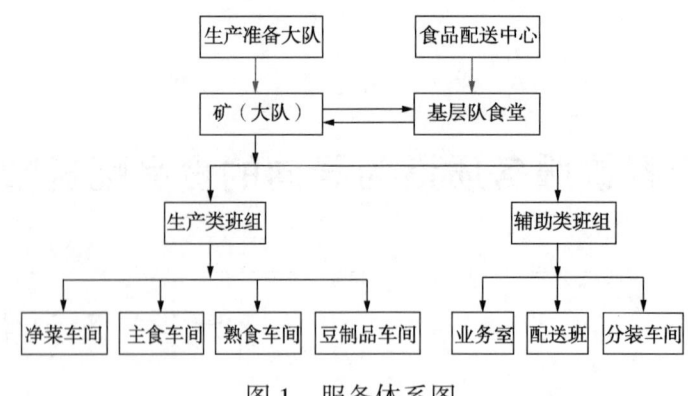

(1) 库房分布。中心拥有冷库、恒温库和库房 3 所，可以储存米、面、粮、油和禽、肉等生活物资(表1)。

表 1 食品配送中心库房明细

序号	库房名称	面积，m²	功能
1	冷库	161	存储肉类、禽类、海鲜类
2	生活库房	845	存放米、面、油、杂粮
3	恒温库	830	仓储秋菜、咸菜、酸菜

(2) 加工能力。中心具备日生产净菜 7000kg、主食 3000kg 的加工能力。配送网络覆盖全厂 122 个基层食堂、20 个作业队餐车和 138 个送水站点。

(3) 设备配置。中心有各类食品加工设备 45 台，实现食品加工机械化，有效减少了加工过程中人员成本的增加，具备了满足一线需求的加工能力。

(4) 车辆配置。中心立足实际，精心规划配送路线，使用 12 台车辆保障全厂一线员工就餐服务。

(5) 岗位设置。配送中心员工总数为 48 人，其中正式员工 9 人，通过劳务输出形式外聘员工 40 人(表2)。

表 2 食品配送中心岗位设置及职责

序号	机构名称	岗位名称	人数	岗 位 职 责
1	管理人员	队长	1	负责配送中心行政、生产等各项工作的统筹管理
		书记	1	负责配送中心党群工作的开展，服务信息反馈，对服务质量进行监督
		技术员	1	负责生产车间管理，具体工作包括与供货商订货、菜单制定、菜品研发

续表

序号	机构名称	岗位名称	人数	岗位职责
2	工作人员	采购员	2	负责配送中心所需食品和原材料等的采买
		保管员	2	负责库房物品管理，包括进库货品质量验收，出库付货，打印出入库单据，定期盘库、对账
		安全员	1	负责配送中心全面的安全管理工作，包括水、电、气、交通、防火、防疫及食品安全
		核算员	1	负责配送账目、员工工资管理，每月与一线食堂核对订货账目明细，配送车辆的报修
3	业务室	业务班长	1	负责业务室的全面管理工作
		业务员	1	负责接听全厂食堂的网络订单，并汇总成销售单，打印销售单
4	配送班	配送班长	1	负责配送班的日常管理，负责冷库的管理
		配送工	10	负责全厂食堂主副食品及纯净水的配送服务工作，入库物品的搬运及库房规格化
		司机	9	负责全厂食堂主副食品及纯净水的配送服务工作，负责车辆保养及维护工作
5	分配车间	配货员	2	负责基层订货的装车分配，纯净水(瓶装)的发放
6	主食车间	生产工人	5	负责各种主食的加工制作，对主食车间的卫生、物品进行全面管理
7	熟食车间	生产工人	1	负责各种熟食的加工制作，对主食车间的卫生、物品进行全面管理
8	净菜车间	生产工人	8	负责各种净菜的加工制作，对主食车间的卫生、物品进行全面管理
9	豆品车间	生产工人	1	负责各种豆制品的加工制作，对主食车间的卫生、物品进行全面管理
	员工合计		48	

二、推陈出新，梳理食品配送精益化运行流程

经过探索实践，全厂从营养配餐、网络订餐、集中采购、标准加工、效益仓储、高效配送、财务结算、跟踪考核8个关键环节入手，实施精益管理。

（1）营养配餐。综合考虑基层员工劳动强度、食品热量、口味需求和季节

| 创新的足迹 —— 杏北油田管理新实践

变换等因素，按照基层食堂每餐四个菜标准，依据荤素搭配、炒炖结合的原则，每半个月制定一套菜谱，每天提供五道净菜和多种熟食、主食，做到一周不重样(图2)。

图2 净菜和主副食加工

(2)网络订餐。利用局域网，开发网络订餐平台，设置了食谱发布、基层订餐、组织采购、安排生产、业务结算五个版块，实现了信息化管理。并推广应用基层食堂网络订餐手机App，彻底解决部分基层食堂无电脑、无网络等订餐难题(图3)。

图3 业务室、网络订餐平台

(3)集中采购。为降低成本，与种植基地、生产厂商、一级批发商签订长期供货合同，发挥批量采购优势，获得优惠价格。与零星采购相比节约费用12%，有效提高了误餐费的使用效果。对于米、面、油、肉、禽、秋菜等大宗商品，采取先期调研、定向选商、议价竞标等措施，与厂家签订合同。

(4)标准加工。根据行业规范和基层食堂要求，对生产加工的主食、熟食和净菜，从投料、配比、规格和操作时间等方面统一标准，制定完善11项128条管理制度，并严格执行。食品加工车间按订单组织生产，依据加工标准，发挥设备优势，完成精细加工和计量分装，由专业人员质检，并留样48小时(图4)。

图 4　食材前处理及加工检测

（5）效益仓储。食品配送中心拥有冷库、恒温库和库房，可仓储部分生活物资，大宗商品主要依托市场仓储资源。按市场行情和季节差异，进行集中采购、适量储存，可有效规避价格波峰（图5）。

图 5　冷库仓储米面粮油、肉类和秋菜

（6）高效配送。为保证食品新鲜安全、食堂按时就餐，规定净菜车间每天6点上班，主食车间7点上班，配送车7点半准时出发，10点半之前配送至一线食堂。结合基层队布局相对分散这一实际情况，制定5条行车路线，设定72个风险点源，提高运输效率（图6）。

图 6　加工主副食配送至142个基层食堂

（7）财务结算。食品配送中心依据销售单与基层队食堂每10天进行一次核算，基层食堂将销售单提交给所属矿、大队财务部门用于报销，生产准备大队与各矿、大队财务部门按月通过网络进行内部转账结算，实现了无现金流转。

（8）跟踪考核。建立考核评价机制，全过程量化考核。由生产准备大队按季度发放意见反馈单，定期征集基层食堂意见，对服务质量、食品质量、菜品种类、配送时限等服务项目进行测评，依据测评结果，进行考核，落实责任。

全厂引入现代物流经营方法，精益八个环节管理，减少浪费环节，将食品配送中心打造成大庆油田内部唯一一套集仓储、加工、分配、销售、配送服务、资金回流有机融合的运行体系。

三、凝聚合力，提升食品配送精益化管理质量效益

通过实施食品配送精益化管理，发挥规模化优势，减少劳动用工，降低采购成本，减轻基层负担，实现了省人、省钱、省心的工作目标。

（1）"省人"。一线食堂一般设置2~4人作为炊管人员，承担食堂加工、保洁、采购等工作。实施食品配送精益化管理前，全厂共有炊事员393名，实施精益化管理后，共压缩109人充实到生产一线。

（2）"省钱"。通过食品配送精益化运作，2016年，人工、采购、油料成本合计节约1639.9万元，减去运营成本263.6万元，共为厂节约1376.2万元。食品配送中心供应各种食品价格只包括成本和损耗。一是人工成本。按采油工年人均用工成本13.6万元计算，年可节约1482.4万元。二是采购成本。发挥批量采购优势，实现同质量产品的价格平均低于市场12%。2016年，节省采购费用124.0万元。三是油料成本。通过集中配送，减少基层单位采购出车频次，有效降低了油料消耗，年节省油料费33.5万元。四是降低损耗。2016年，恒温库储存白菜30吨，库存损耗仅10%；对花椒、大料、树椒等干调，通过塑封保存置于冷库中，减少30%损耗。

（3）"省心"。通过网络化订餐、营养配餐、快捷送餐，既丰富了员工餐桌，又减少了基层精力投入；通过标准化加工，实施全过程质量监控，有效保障了食品安全，让员工吃着放心；通过精益化配送，实现了"主食直接上桌、净菜直接下锅"，降低了炊事员劳动强度。

2014年12月，第四采油厂在大庆油田公司提升餐饮服务质量工作会议上进行专项经验介绍。2015年，精益化管理模式在大庆油田推广，有效提升了企业26万名员工餐饮服务质量。2018年，大庆市餐饮食品安全现场会在第四采油厂召开，管理模式和经验在全市推广，食品配送中心获得大庆市"中央厨房"荣誉称号。

创建推行"首访负责制"提升离退休服务管理水平

刘　飞　于士才　张秀新

第四采油厂管理离退休职工及遗属人数众多，并以每年几百人的速度净增长。离退休职工数量的不断增长，给离退休管理工作带来了新挑战；服务对象的特殊性，给离退休管理工作提出了新方式；思想的多元化，给离退休管理工作提出了新要求。离退休中心本着"全心服务稳产，全力维护稳定"的工作宗旨，结合实际不断探索服务新模式，创新实行"首访负责制"服务模式，保证老同志的来访时时有人在，事事有人管，件件有回音。进而转变队伍工作作风，提升服务质量和水平，提高离退休职工满意度，从而更好地维护杏北油田的和谐稳定。

一、以四个环节为要点，推行"首访负责制"创建管理工作新机制

探索施行了"首访负责制"，对来人来访及相关业务上，从接待人员的态度、职责、做法上加以要求。在协调解决、效果落实上，采取登记备案的办法，实行责任到底、问题到根、满意到人的一条龙闭环式服务流程。重点把握四个环节：

（1）热情接待——突出有真情。凡属离退休中心机关办事人员对来访的离退休人员作为第一责任人，不管所办事项及问题与自己岗位是否有关，都要热心接待热情对待，不得借故推诿。所有事项要负责到底，且第一责任人要填写"首访负责制"登记单。

（2）协调解决——重点是快速。接待接访第一人要根据所办事项亲自带领老同志到其他责任岗位、责任人员或相关部门，予以沟通协调，让所办事宜与承办人吻合对接。在流程上，保证老同志所有的事情不落空、不跑偏，少走冤枉路，提升办事效率，达到事事有人管。

（3）备忘备案——体现于细致。在任何一项业务办理中，从接访第一人到承办人及所协调的相关部门的过程中，所有的政策解答、相关部门和领导的决策决议等，都要在登记表上予以记录，对办事环节予以写实，尤其对历史性、重要性、纠纷性、上访性等问题，要全程备忘。

（4）后续跟效——关键在落实。"首访负责制"的目标是追求"一站式服务"让老同志们所有的事项"最多跑一趟"。对当日或一次性无法解决的问题，要由接访人和承办人继续跟踪办理，直到问题得以解决，将办理结果反馈给来访当事人。对一些涉及和谐稳定的大事要事，接访人和承办人要做好隐患预案及相关稳定工作，使老同志们的事情件件有回音（图1）。

二、以文化建设为引领，推行"首访负责制"增添接待服务新内涵

（1）注重环境建设，强化形象塑造。员工的言行举止与所处的环境有着密不可分的关系。退管中心注重办公环境的建设，营造绿色、舒适、健康、敬老爱老的良好氛围，无时无刻不在树立良好的外在形象。在办公楼走廊里增补绿植，在墙壁处张挂老同志书写的以"尊重老同志就是尊重历史""老同志的今天就是我们明天"为主流的书法作品，将一楼大厅

图1 "闭环式"服务流程图

背景更换为百福图，更换防滑地毯，放置警示牌等，既为老同志提供了舒适的办事环境，又时刻提醒员工以敬老为先，以服务为本。

（2）注重文化引导，强化服务意识。企业文化是团队的共同努力目标，也是行为准则，具有引领激励、辐射带动、塑造形象等作用。以"全心服务稳产，全力维护稳定"为工作宗旨，以"热心服务、耐心接待、悉心关爱、诚心解难"为团队目标，倡导"爱护老人如同保护功臣"的时代风尚和孝善文化，强化员工服务意识，在接待接访和业务办理上，教育引导员工与老同志用心沟通、用情服务、用爱奉献。

（3）注重孝道传承，强化职责担当。在日常服务工作中，转换角度和关系，把来访老同志当作自己的父母一样，把老人的诉求和困难看成自己家需要解决的问题。不分岗位，不分职责，尽心尽力，使员工凡事为老人着想、凡事为和谐而为、凡事为责任担当，对老同志真正做到在政治上尊重，在生活上关心，在事务上细致。

三、以素质提升为重点，推行"首访负责制"展示员工队伍新面貌

一是加强业务理论学习，提升员工答疑释惑的技能。及时组织员工传达学习文件和最新政策解读，尤其是与老同志切身利益相关的内容，原原本本传达学习，做好解释工作的知识储备和心理准备，面对老同志提出的问题，一定能保证我们的解释就是权威。2015年以来，退管中心不定期地开展以思想教育、经验分享、业务知识、新技术应用等内容为主的"微课堂"，让每名员工登上讲台，加强员工交叉岗位基础知识学习，提高员工的业务技能水平，要求员工由"一岗精"向"多岗通"转变，贴合工作实际，注重实效实用，对涉及离退休职工的事务，做到对答如流。

二是加强基层实践锻炼，提升员工解决问题的能力。为增长员工解决老同志实际问题的本领，2016年，中心结合"两学一做"学习教育工作长期开展了"机关结对基层"活动，将离退休中心机关干事分成3个小组分别与3座活动室结对子。他们带着特长及相关业务知识深入到老同志当中去，为老同志提供免费的心理咨询、法律咨询等服务(图2)。各岗位干事将对应的需要宣贯的文件、精神等也带进活动室，面对面为老同志答疑释惑。与此同时，对老同志密切关注的焦点话题和提出的建议、意见，能当场解决的当场解决，不能解决的上报退管中心汇总，通过了解老同志的所思所想所急，及时商议解决办法，做到有针对性地为老同志服务，提高服务质量(表1)。机关人员长期又不定期地下基层锻炼，既是实践的过程更是学习和进步的载体，全体机关人员为群众解决问题能力得到锻炼，处理临时突发事件的本领得到提高，为更好地服务离退休职工打下了坚实基础。

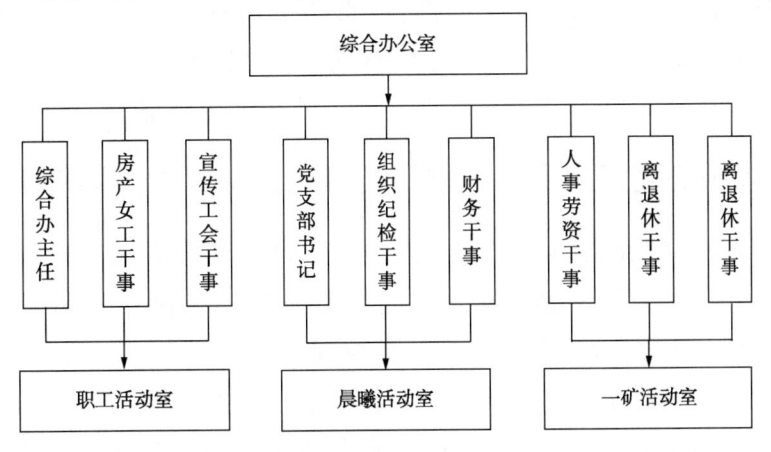

图2　机关结对基层分组图

表1 2016—2018年退管中心各岗位人员基层实践统计表

序号	姓名	岗位	基层实践,d	收集意见建议,个	中心研究讨论采纳意见建议,个	当场解决问题及处理突发事件,个
1	张秀新	综合办主任	86	32	6	6
2	纪永涛	机关党支部书记	84	16	8	8
3	程鹏	人事劳资	42	8	3	3
4	王季旺	离退休管理、疗养	38	5	2	2
5	刘飞	宣传、关心下一代	67	13	1	2
6	杨雅吉	组织、纪检	47	6	1	4
7	李焕男	房产	65	2	1	3
8	蔡博琳	档案管理	23	1	0	2
9	韩雨彤	财务	46	0	0	2
10	合计		498	83	22	32

三是加强典型示范引领，提升员工队伍的整体素质。先进典型具有示范榜样、辐射带动的作用。开展"服务明星"评选活动，通过民主推荐、意见征集、公开投票等方式评选出在服务工作中老同志们赞美、员工们信服、领导们认可的年度明星，在服务管理工作中树起一面旗帜，使大家学有方向，赶有目标。举办"首访负责制"经验交流会，以便交流学习共同提高。对个别的、经典的案例进行剖析，从中评选出推行"首访负责制"的先进个人和典型案例，在矿大队长奖励基金中予以嘉奖，使"首访负责制"成为长效机制，不断激发员工工作干劲和服务热情，进一步提高员工队伍的整体素质。

四、以服务满意为目标，推行"首访负责制"营造温馨和谐新环境

（1）亲情服务架起情感桥梁。不论是否与自身岗位有关，第一责任人都要热情接待，充分尊重和理解老同志，耐心倾听他们的困难和诉求，以敬父母之心、育儿女之情服务离退休职工。能办理的即刻办理，面对不能办理或无法解决的问题，要做好老同志解释和思想工作。在把亲情前移、服务前移的大前提下，把与老同志的工作关系转化成亲人关系，把办理事项看成是家人之间的互助事宜，再做离退休服务管理工作，增强离退休工作者的亲和力和凝聚力。

(2)闭环服务完善工作流程。每一次服务都力求老同志的满意。尤其是针对不能一次性解决的事项，第一责任人保持与老同志联系，时时了解事情进展情况，期间遇到任何问题和困难，第一责任人协助老同志与相关岗位及业务部门沟通，从中发挥积极作用，历时几周甚至几个月的全程跟踪服务，直至办理事宜圆满结束，老同志对服务满意，对第一责任人满意，即为我们的此次服务结束。通过闭环服务堵塞工作漏洞，完善工作流程，进而百分百保证老同志的事情件件有回音。

(3)爱心服务促进关系融洽。以恪守敬老之责、多办利老之事的原则，退管中心针对老同志实际需求，与医院、报社等部门多次联合开展公益配镜、免费义诊、健康讲堂等爱心活动，深受老同志们的喜爱和好评。针对长期患病、鳏寡老人等需要帮扶的特殊群体，组织青年成立爱心小分队，带业务、带孝心、带关爱上门服务达百余次，为老同志解决实际困难60余件，增强他们对离退休组织和工作者的信任，促进了在职员工与离退休职工之间彼此关系融洽，提升了老同志的归属感、幸福感和满意度，营造了温馨和谐新环境。

经过近四年对"首访负责制"的实践，由最初的2015年年接待来访322人次降低到年接来访22人次，消减了积压的问题和矛盾，来访人员逐年减少。在队伍工作作风转变，老同志的满意度提升，相互关系和谐融洽，疑难问题解决上取得很好的效果。主要表现在：缠访闹访、争吵争执的少了；同一事务重复访、反复找的少了；翻旧账、闹情绪，找碴泄愤的少了；工作上不担当不作为的少了；各人自扫门前雪，不管他人瓦上霜，推诿扯皮的现象少了。整个队伍团结协作、服务第一的氛围浓了；解决问题，维护稳定的能力强了；事务上"最多跑一趟"的情况多了；受到老同志表扬和称赞，理解爱护的多了，使离退休职工的满意度考核指标有所提高，在2015—2018年连续4年保持100%(图3)，为第四采油厂退管中心保持大庆油田离退休系统内综合排名第一的成绩奠定了坚实基础。

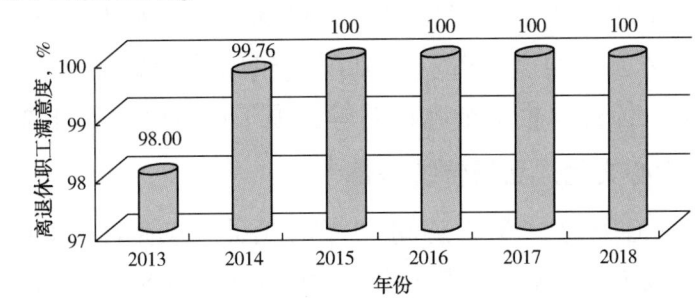

图3 离退休职工2013—2018年满意度趋势变化图

以提升离退休人员满意度为目标的精细化管理

张秀新　于士才　刘　飞

离退休管理工作涉及队伍稳定、生产办公秩序、企业协调发展。必须从政治的高度，以大局的意识来看待和思考其重要性，服务好老同志是组织赋予的神圣职责和使命。几年来，退管中心坚持"责任、亲情、奉献、和谐"的服务理念，以"保稳定、保发展、保安全"为总目标，以服务为中心，以稳定为重点，以和谐为根本，推进"三项"建设，提升工作标准，发挥职能作用，全面完成了各项指标，有力地促进了离退休工作与全厂工作的整体协调发展。随着企业的发展，离退休人员不断增多，居住日趋分散，截止到2018年12月，第四采油厂离退休职工人数已达3200人，分散在大庆油田乃至全国各地，使服务管理难度不断增加，数目庞大的离退休职工群体也对在职员工的工作能力和水平提出了更高要求。

针对这一背景，退管中心加强自身建设，保证了日常工作的稳定运行。

一、坚持以人为本，服务为先，努力提升服务质量和水平

（一）强化党建工作，落实相关待遇

为了加强对离退休服务管理工作的领导和指导，便于活动开展、利于作用发挥、适于待遇落实，中心党委根据党员分布情况，创新模式，改进方式，申请报批了在职中心党支部，新增了创业城和第五油矿两个支部，合并了龙丰作业和龙丰安装二公司党支部，使基层党组织建设更加完善，推动了走访慰问、健康疗养、体检、报纸杂志订阅等各项工作有序顺利开展。

（二）畅行孝心文化，弘扬传统美德

持续开展"孝心关爱""孝心感动""孝心延伸"等活动。累计为3000多名离退休职工制作发放"温馨服务提示卡"，为400多名80岁以上的老人送去生日蛋糕卡等礼物和祝福。退管中心组建特别行动小分队，组织青年志愿者爱

心小组，关心身边老同志疾苦，每年坚持探望重大疾病住院职工，坚持长年照顾1名孤寡老人，近10名病残瘫痪人员。

（三）加强文化建设，规范员工行为

一个企业、一个单位所践行的文化理念，就是其努力的方向，发展的愿景。在丰富内涵上，确立了"全心服务稳产，尽责维护稳定"的工作宗旨，明确了"热心服务、耐心接待、悉心关爱、诚心解难"的团队目标，凝练了"感情再深一点、服务再细一点、措施再实一点、效率再高一点"的行为准则，使企业文化有机地融合到实际工作中。在外在展现上，规范标识管理、撤除破损标牌、调整不适词条，充分利用老年大学书法绘画班老师和学员的特长，书写、装裱、展示于办公区域和活动场所，见到了形式新颖，宣传到位，作用突出的效果。

二、坚持内强素质、外塑形象，努力创新管理手段和能力

退管中心是离退休工作的主要阵地，离退休工作者形象好不好，服务优不优，老同志是满意不满意，退管中心是一个重要的窗口。近年来，中心注重加强离退休工作者队伍素质提升，全心全意为老同志提供亲情化、个性化服务，让他们安享晚年幸福生活。

（一）在思想上增强亲情服务意识

始终把老同志满意不满意作为衡量工作的唯一标准，不断深化亲情服务意识，持续开展"服务无止境，真情永相伴"活动，帮助老同志释疑解惑、疏导情绪、解决困难，为他们提供精神慰藉。注重规范服务标准，细化服务措施，要求工作人员对来活动的老同志做到思想动态、身体状况全面掌握，并做到来有迎声、问有答声、走有送声的"三声"服务。对于不经常来活动的老同志，工作人员要定期进行电话联系，及时了解掌握老同志的思想动态和身体状况。

（二）在感情上贴近个性服务实际

根据老同志"双高期"实际，不断改进服务方式，做到心里装着老同志，感情上贴近老同志，从老同志实际出发，做好服务保障工作。对体弱多病的老同志，通过"结对牵手，交友连心"活动，尽力为他们提供个性化服务。针对部分老同志在重大节假日的活动需求，有针对性地对工作人员的工作时间做出调整，尽力满足老同志的需求，使老同志在活动中始终有工作人员在身边，在时间上全程服务老同志。

（三）在管理中提高真情服务品质

退管中心注重加强管理、规范服务行为，提高工作人员的服务水平和能力。建立管理监督制，由老同志代表组成监督小组，对日常服务工作进行监督考核；结合"铁人在我心中，传统在我岗位"活动，组织工作人员学先进、找差距，提高工作标准，拓展服务内涵；评选"星级服务员"，对于当选的工作人员进行奖励；通过"微课堂"、网络课件、邀请厂内培训师、外请专家和派出学习等形式，对机关工作人员和服务员举办服务礼仪专项培训，以训促学、以学促做，丰富知识，积累经验，提升服务质量。

三、坚持思想引导、创新内涵，努力维护群体和谐与稳定

退管中心管理着3000多离退休职工，针对这一情况，中心制定了多种措施，做好离退休职工群体的安全稳定工作，提升离退休职工群体满意度。

（一）构建讯息网络，维护和谐稳定

在离退职工中选取思想政治素质好、威望高、影响力强的人员，担任一线讯息员，与各退休支部书记和委员、活动室服务员、矿大队稳定干事、退管中心专兼职人员构建五级讯息网络，通过定期会议、座谈讨论、主动问询等形式，掌握"特殊时期、特定情况、特别人群"的动态，达到预知、预判和预防的目的，消除不稳定因素。

（二）注重精细服务，增强承载能力

活动室具有人员密集、流动性大等特点，要保证其安全、卫生、设施完备、服务周到，才能不断提升承载运行能力。在安全保证上，设有专职副主任、管理干事和一线服务员，进行安全消防检查，及时消除隐患，进行预案演练，普及安全急救与处置常识。在设施器材上，实行定期检查、随时汇报制度，出现问题及时停用、维修，从而保证器材完好、安全好用。在服务管理上，实行持证进入，服务员按时巡检，对发生矛盾冲突、老人身体不适、器材设施缺陷等问题，第一时间联络解决。

（三）推行首访负责，提升工作质量

为了增强责任意识、服务意识、问题意识，锤炼队伍作风，提升工作质量。2015年以来，全中心推行"首访负责制"，创新实践全员服务模式，开展岗位明星评选活动，人人争做"政策法规的宣传员、来访业务的接待员、倾情奉献的服务员"，对接待接访第一人实行"热情接待、协调解决、备忘备案、

后续跟效"闭环式服务流程。施行以来，共计接待来访离退休职工300多人次，消减了积压的问题和矛盾。

（四）创新活动内涵，满足精神需求

从老同志的身心特点和实际需求出发，广泛开展形式多样、特色鲜明、丰富多彩的文体活动，充实了老同志的精神文化生活。适时组织时事政治、形势任务、老年养生保健等讲座，在思想上加强引导，灌输文化养生理念。开展特色鲜明的主题活动，注重将思想性、趣味性和娱乐性有机结合，达到寓教于乐的目的。除按计划参加油田层面的赛事以外，每年自行组织活动十几次，凝聚了思想，传递了正能量。

几年来的实践激励、引导和规范了员工的行为，无差错、无遗漏、无争议的细致工作，得到了老同志们的信任和依赖，使他们的获得感和归属感不断增强，员工孝老敬老的良好品德受到锤炼，中华民族的孝善文化得到大力弘扬。通过一系列举措，退管中心实现了离退休职工待遇落实率100%，离退休职工群体始终保持稳定，整体管理水平稳中有升，连续三年取得大庆油田离退休系统排名第一的好成绩，为构建和谐矿区、助力油田稳产做出积极贡献。

"区域区间双承包"的油田保卫管理模式

辛明明

为了使油田保卫工作不断适应全厂和谐发展和辖区治安的新形势新变化，2015年以来，第四采油厂保卫系统按照厂党委、厂的工作要求，结合辖区治安实际，在全厂范围内全面推行"区域区间双承包"管理模式，经过四年的探索和实践，逐步探索了一条保卫油田的新路。

一、审时度势，统筹资源，创建新管理模式

目前，全厂保卫系统一线巡逻队人员共204人，仅占全厂员工总数的2%，每天夜间巡逻的保卫人员仅为40人左右，保卫力量的缺乏与油田生产快速发展之间的矛盾日益凸显。此外，保卫人员不仅担负打击各类侵害油田犯罪的责任，还要承担各种活动执勤、维稳防恐、民兵预备役训练、打击"三盗"等多项工作，保卫任务重，劳动强度大。因此，油田保卫工作要在思想观念和工作方法上进行改革，创建一种新的油田治安防范管理模式。

（一）研判油田形势，改革工作方法

从近些年破获的涉油案件看，侵害油田的犯罪活动呈现出主体集团化、活动职业化、目标多样化、手段智能化的特点，运用巡逻、设伏、蹲点守卫等老方法已不能适应现阶段油田保卫工作的需要，而且油区内集中大量生产物资和设备及要害部位，如果遭到犯罪分子的破坏或者发生事故所造成的损失是巨大的，即使公安机关侦破了案件，但给企业生产经营所带来的损失却是无法挽回的。创新"区域区间双承包管理模式"，完善巡防联动、分级管理、三级承包模式，对油区进行24小时全过程可控，增强防范力度、扩大防范范围，使保卫工作处于主动的地位，对涉油犯罪的打击和防范效能大幅提升。

（二）找出瓶颈问题，创新管理模式

目前制约油田保卫工作的瓶颈问题主要有：一是涉油犯罪案件多发。油

田属于"无围墙"的工厂，分散化的作业方式，使得犯罪分子有机可乘，由于经济利益的驱使，涉油犯罪长期存在。而且，不法分子反侦察能力越来越强，使打击犯罪难上加难。二是犯罪方式与手段趋于多样化、复杂化。涉油犯罪从传统的开井放油演变成为技术含量高的有组织、有预谋的团伙犯罪，盗油团伙组织计划周密，作案手段呈现出职业化、专业化的趋势。三是打击难度不断增大，暴力对抗升级。近年来，厂辖区发生多起暴力对抗案件，分别转化为抢劫、妨害公务犯罪，围攻巡逻队员，撞坏、砸坏巡逻车辆，严重威胁一线保卫人员的人身安全。因此，科学合理的油田保卫管理模式，不仅要实现打击犯罪的目标，而且要全面提升保卫队伍的管理水平。

区域区间双承包管理模式科学构建厂、矿两级保卫队重点巡护，基层员工面上巡线，保卫大队突击管控相结合的"三级防控体系"，推行"三级责任捆绑制"，逐步建立布局合理、覆盖严密，上下联动、群防群治油区治安综合治理防范体系。

（三）调整队伍结构，挖掘内部潜力

从改革保卫大队队伍结构入手，对全体人员进行重新组合，组成精干的5个保卫分队对应承包5个责任区矿。为解决一线巡逻队员紧缺的困难，从内部挖潜，采取精简机关人员、合并部分岗位、取消大队正副职领导的司机岗位等办法充实一线员工8人，最大限度地发挥人力资源的效能，有效增加防护打击的有生力量。

二、立足实际精细管理，创新运行机制

区域区间双承包是一个以激发保卫系统潜能为基础的管理模式，具有权责明确、全面考核、全程受控的特点。在推进过程中，保卫系统积极谋划，采取一系列新的举措，为新模式的顺利实施创造条件。

（一）完善承包责任区，保卫职责明确考核到位

按照"权责明确、注重业绩、同奖同罚、有责必问"的原则，探索建立"责任层层落实，压力层层传递"的考核机制，努力形成"人人有责任、队队有指标、考核有标准、奖惩有依据"的工作氛围，保卫大队、采油矿保卫队分级管理，坚持把保卫工作与员工切身利益密切挂钩，严格考核，较好地实现了责、权、利的统一，充分调动保卫系统广大干部员工的积极性和创造性，使各项工作部署得到了有效贯彻执行，进一步推动油田保卫工作稳步发展。

区域承包：把厂辖区内5个采油矿划分成5个治安防范区块，保卫大队5

个保卫分队与各矿保卫队各负责一个区块。这样就使防范打击工作落实到厂保卫系统中每支保卫队伍身上,把保卫油田的责任落实到每名保卫队员身上,达到控制侵害油田发案,确保辖区治安秩序持续平稳。

区间承包:保卫大队各保卫分队在当班期间不仅担负本队所承包矿区块的巡逻守护职责,而且承担其他区块的治安防范任务,有力促进了承包辖区重点管,值班期间负责全厂"双重职能"的发挥。从空间和时间上界定责任,做到点面兼顾,不留死角。

(二)实施目标管理,打击防范措施管控到位

根据辖区面积大,村屯多、外来人口复杂、井站分散的实际,要求做到"做好四个结合,完成一个目标",即矿保卫队之间的横向结合,保卫大队与矿保卫队的纵向结合,矿保卫队负责辖区面上控制与保卫大队负责矿内重点区域打击的点面结合,保卫系统与公安机关的内外结合;保卫大队与每个承包矿分队签订《承包责任状》,把责任逐项分解、细化落实,完成控制油田发案的目标。

(三)严格油区管控,强势挤压盗油活动空间

各保卫分队和承包责任区矿保卫队要加强重点巡护,一是巡好"点"。对全厂油井进行清查,筛选出1749口重点油井登记造册,下发到巡逻班组,让队员熟知巡防重点,加大巡逻力度,确保巡查到位。尤其是日产5t以上的326口高产井,增加巡检次数,做到了死看死守。二是看好"线"。将通过油区的3条主干路、80条油田井排公路以及通往厂外的13个主要路口重新勘察,明确属地管理,定期联合公安机关开展流动检查和蹲守设伏行动,堵塞盗运原油通道。三是管好"面"。对16个聚合物驱采油队调查统计,划定巡逻重点,实施动态管理,组织保卫力量加密巡查。对案件易发区域,实施保卫系统联巡、生产单位联防、公安机关联治三种举措,扭紧防盗油"安全阀",有效控制发案。

三、把握时机,管控并重,初见创新成效

区域区间双承包管理模式实施以来,保卫系统在控制油区发案、增强工作作风、提高保卫系统综合素质等方面都取得显著成绩,实现"一个争创""两个确保""三个提高"。

(1)"一个争创"——争创杏北油区治安秩序持续稳定 2015年以来,全厂辖区治安形势呈现出"一升一降"的良好态势,即油区治理能力逐年提升,辖

区侵害油田案件综合发案率持续下降。打击整治开展有力，治安形势持续向好，各类侵害油田案件得到有效控制，综合发案率同比下降，管线裁阀、电动机、变压器及裸铝线被盗等案件保持零发案（表1）。

表1　第四采油厂2014—2018年打击成果情况对比表

时间	抓获人员	截获车辆	打击团伙	说明
2014年	415	318	39	
2015年	275	353	17	
2016年	178	147	12	辖区治安状况持续向好
2017年	135	160	8	
2018年	175	149	13	

（2）"两个确保"——确保保卫人员和车辆安全；确保队伍廉洁自律安全平稳受控。新模式实施后，保卫大队五个分队与矿保卫队的夜间保卫力量实现了由分散巡逻到整体巡防，由单打独斗到全员作战整体巡防，由区域治理到全面控制的"三个转变"。保卫力量的整合不仅提高了夜间打击力量，也最大限度地规避了人身车辆安全风险。同时由于采取互相监督、巡逻车辆GPS管理跟踪巡逻路线、时间、值班期间通信工具上交集中保管等监管措施到位，有效避免了工作期间违规违纪问题的发生。

（3）"三个提高"：一是保卫系统工作作风进一步提高。保卫大队领导班子实行"首问制"，各保卫队干部实行带班负责制，党员干部深入到保卫一线，指挥参与防范打击工作，保卫队伍内部出现"三多三少"，即贴近实际、调查研究的人增多，主观臆断、人云亦云的人减少；深入一线、奋勇参战的人增多，盲目指挥、纸上谈兵的人减少；开动脑筋、解决问题的人增多，回避问题、逃避矛盾的人减少。保卫系统上下形成了想事、做事、做成事的良好氛围。二是保卫队伍综合素质进一步提高。促使厂保卫系统全体保卫队员进一步提高自身业务技能。厂保卫系统开展"业务能力强、日常工作通、队伍管理精"的大练兵、大比武活动，目前，绝大多数干部队员都达到了"三会""四清"（即会分析案情、会组织行动、会日常管理；辖区重点井位清、输油管线线路清、技防设施位置清、重点防护区域清），涌现出一大批精通保卫业务知识侦破案件的行家能手。三是保卫队伍协同作战进一步提高。保卫系统内部按照区域区间双承包责任制的要求，大队各分队与矿保卫队始终坚持联议、联防、联巡、联打。工作中互相通报治安情况，研究制定巡逻路线，共同设伏蹲守，采取全面巡逻与定点打击的方式，共同开展辖区防护，形成了全天候、全方位的防控打击网络。

第四采油厂保卫系统区域区间双承包管理模式的成功推行，说明油田保卫工作要与时俱进、大胆创新，针对新时期涉油犯罪特点，密切结合工作实际，加强思想观念更新，从制度健全、管控科学、素质提升等方面，进一步完善责任区管理模式，使之不断适应油田发展和辖区治安形势变化的需要，严厉打击各类侵害油田的违法犯罪活动，为确保第四采油厂油田治安秩序的持续平稳不断做出新的努力。

"三个优化"提升新时期宣传工作水平

石品一　徐文军

为提升新时期宣传工作水平,厂党委宣传部结合全厂宣传工作实际,以"三个优化"为抓手,制定实施提升宣传工作水平系列措施,在实现"双百超千"数量指标任务的基础上,进一步提高报刊、电视新闻、新媒体宣传稿件质量,实现"抓主流媒体、出精品稿件、提整体质量"的目标。

一、优化任务指标,调动宣传系统人员工作积极性

坚持以任务指标为抓手,一手抓约束、一手抓激励,划底线、定高线,让各单位、系统人员既有压力又有动力。

(一)在数量统计上,实施梯度分档模式

可量化的管理目标和任务指标,是全厂宣传工作一直以来保持高质量的重要保障。近些年,全厂推行"双百超千"目标管理,即厂党委宣传部、采油一至五矿和作业大队等基层单位,每年分别完成100篇宣传报道任务,全厂每年完成1000篇。在统计近5年各单位任务指标完成情况的基础上,分析各单位潜力和存在问题,进一步优化任务指标,调整基层单位任务数量,实施"梯度分档"模式,打破原有基层单位分3档评比管理模式,按照单位规模、工作性质重新划分为2档,采油一至五矿、作业大队、试验大队为第一档,其他单位为第二档。第一档季度报刊稿件考核指标为24篇,内宣电视新闻稿件为12篇;第二档季度报刊稿件考核指标为9篇,内宣电视新闻稿件为8篇。通过指标的调整优化,既确保了"双百超千"任务指标的完成,又充分调动了基层单位的积极性。三年来,全厂宣传总量呈上升趋势,由1500余篇上升至2000多篇,在油田公司二级单位中处于领跑地位。

(二)在分数计算上,推行指标权重体系

将每篇发表后的稿件,按照媒体影响力、稿件写作难度、撰稿人的岗位

职务三个维度，分级定量打分，确保实现同一新闻写成不同题材分数不同、同一稿件发表在不同媒体分数不同、同一媒体在不同版面分数不同、同一作者按先后顺序分数不同这"四同四不同"，使每篇报道的分数计算更科学客观，使每名宣传干事、基层通讯员看得到成绩和进步。推行指标权重体系以来，厂宣传部为全厂各单位和宣传系统人员打分数、排名次，每月一小评、每季一大评、每年综合评，形成了对标促提高的良好氛围。在近三年的厂内评比中，先后有8家单位一次或数次获得"宣传报道先进单位"称号，36名宣传干事和报道员一次或数次荣获"宣传报道先进个人"称号。

二、优化激励导向，促进工作从量多向质优迈进

注重把握激励和引导方向，持续调整管理方式方法，实现质、量"双增"。

（一）量化评比"聚焦主流"

根据宣传形势任务的新要求，宣传报道要突出"影响力"这个关键词，不断弘扬主旋律，传播正能量。为此，宣传工作要从数量多向质量优转变，抓住新闻热点、抓住主流媒体、抓住工作亮点，推出高质量的宣传报道。重新修订《宣传报道评比量化标准》，提高主流媒体报道、综合类宣传报道、电视宣传稿件分数标准。其中，《中国石油报》《大庆油田报》《大庆日报》等重点报刊稿件分数标准上调30%，刊发综合类宣传稿件加分调整为5分；油田及以上电视媒体、厂内电视新闻宣传稿件分数标准上调50%，在《油田新闻》《四厂新闻》播发新闻专题每篇加5分；微杏北从原有的无差别稿件，分级为独立素材、图文组稿、微信配图三个档次。通过宣传质量提升系列措施，对外宣传报道稿件数量质量实现双提升。

（二）实施同期"双轨考核"

针对宣传报道呈现的"周期性不均衡"现象，即每个考核周期临近时，宣传报道频次突然增多，下一个考核周期开始时，报道又突然"降温"的现象，着重优化电视新闻宣传的指标考核周期，实施"双轨考核"，即必须同时完成月度和季度考核指标，其中第一档单位每月考核指标为4篇、季度12篇，第二档单位每月考核指标为2篇、季度8篇，对未完成月度指标或季度指标的单位，以及未完成宣传报道策划任务的单位，在厂季度经营管理考核中均给予考核。通过实施双轨制，宣传任务数量呈现均衡分布，各单位从以往的突击完成任务，到有计划地策划专题宣传，数量、质量都得到提高。

（三）实行新闻"定向约稿"

厂党委宣传部根据全厂宣传报道工作重点，确定新闻宣传稿件主题和约稿单位，约稿单位按照宣传主题采写稿件，并在规定时间内上报厂党委宣传部。刊发的定向约稿稿件纳入约稿单位宣传报道指标。如未完成定向约稿任务，在厂季度经营管理考核中给予考核。每逢重大事件、重要活动，厂级报道都能在《大庆油田报》《油田新闻》等重要党媒中占据重要位置，积极展示全厂亮点工作，表达全厂立场观点，牢牢把握住了舆论导向。三年来，共刊发《抓好源头做"简"法》《水平井挖潜技术提高区块控制程度》等重量级报道近百篇，播发《让长关井"复生"，低产井"脱贫"》《油田首次在三类油层开展强弱碱对比试验》等重要电视新闻50余部，实现了对内鼓舞士气、对外塑造形象的目的。

三、优化培养方式，不断建强全厂宣传系统队伍

抓住宣传队伍建设这个核心和关键，不断创新培养方式方法，提高队伍素质，最终实现宣传工作水平的持续提升。

（一）推行包片负责机制

为充分调动队伍的积极性，发挥个人创造力，将全厂各基层单位划分若干责任区，由厂宣传干事和有线电视台记者包片负责责任区内单位电视新闻宣传的策划、指导和审核等工作。同时，结合全厂各阶段重点和亮点工作，由包片记者自主策划并下发报刊、电视、新媒体宣传报道重点，并督促指导各单位落实执行，定期验收完成情况。三年来，共推出《直通职代会》《迎着春风再启航》等具有影响力专题报道100多期，积极展现全厂重点工作的好经验、好做法，在全厂反响强烈。

（二）强化素质提升培训

针对新闻宣传工作专业性的特点，坚持每年邀请《大庆油田报》《大庆日报》的编辑和记者来厂讲座培训，累计开设新闻基础知识、新闻采写技术、新闻撰写和投稿等具有针对性的讲座6期，培训宣传干事和基层通讯员400多人次。同时，针对每阶段涌现出的优秀代表，适时推荐至公司层面参加培训学习，进一步提高业务能力和综合素质。

（三）搭建人才成长平台

在做好业务培训的基础上，深入推进挂职锻炼、轮岗交流等岗位实践，

| 创新的足迹 —— 杏北油田管理新实践

不断丰富系统内人员特别是新上岗人员的实践经验。同时，注重加强载体平台建设，壮大杏北青年文学社、各类文化协会、读书社等群众性文化群体，定期举办以"和谐杏北"为主题的系列活动，充分调动各类宣传思想文化人才创新能力和成长动力。近年来，全厂每年都有2~3人被省部级单位评为优秀工作者，部分员工群众成长为全厂各系统、各单位宣传思想文化人才骨干。

在今后工作中，厂党委宣传部将全面深刻把握习近平总书记关于宣传思想文化工作的重要论述，严格落实意识形态工作责任制有关要求，积极构建立体化宣教格局，注重积累经验，培养创新思维，改进方式方法，推动全厂宣传思想文化工作水平再上新台阶。

以高效合规监察助力油田高质量和谐发展

屈 力　邹红兵　王明光

合规管理监察工作围绕企业生产经营管理中心任务，固守合规底线，强调单位和部门履行各自管理职责，实施再监督、再检查，督促问题整改，强化责任追究，倒逼单位落实主体责任、部门落实监管责任，不断推进企业合规化建设。第四采油厂审计监察部坚持以合规管理为主线，突出问题导向和整改提高，为确保合规管理监察实效打下了坚实的基础，为全厂和谐发展发挥了积极的促进作用。

一、拓展监察项目，提升合规监察覆盖面

结合"三转"形势变化需要和日常管理中信访举报、案件调查、审计发现的拆分合同、事后合同、挪用奖金等问题，围绕上级关注、员工关心、管理薄弱、风险集中、信访突出的管理领域，陆续开展了合同管理、薪酬管理、废旧物资管理专项监察，进一步扩大了合规监察覆盖面。

（一）持续开展常规项目

油田公司开展效能监察以来，基建工程项目监察一直作为持续开展的常项内容。结合基建工程项目具有管理节点分散、管理链条长、投资额度大、参与业务部门多等特点，第四采油厂在开展基建工程项目合规管理监察实际检查过程中，始终把工程量核减、投资核减率和问题整改率作为工作重心。近年来，从完善制度、规范管理、堵塞漏洞、防范风险的角度寻求新突破，对检查的范围和重点核实内容进行了重新论证，结合易出现问题的薄弱环节，补充了"清淤清污、废旧资产拆除、设计管理、橇装设备、物资采购"等新的监察内容，促使基建管理工作水平得到进一步提升。

（二）重点关注关键项目

合同管理是企业经营管理过程中的关键环节，是企业对外交易的门户。

针对合同管理存在的拆分合同、事后合同、违规招标等问题，存在监察滞后、问题整改不可逆且存在一定法律风险等现象，通过研究分析合同管理流程，紧盯合同申报、选商、招标等关键环节，采用在线跟踪监察、即查即改的方式，实施合同管理在线监督制度，避免事后监察无法整改的弊端，从而促进合同管理的规范化水平提升。

（三）跟踪监察敏感项目

员工薪酬、福利和误餐费使用是涉及员工切身利益的敏感性问题。围绕基层员工的岗位和岗技工资设置、各项奖金发放、请销假制度和员工考勤等薪酬管理情况开展薪酬管理合规专项监察。将基层员工的被动诉求转变为主动发现查处问题、主动堵塞漏洞、规避风险并形成震慑力。以保护基层广大员工利益为出发点，拓宽合规监察的范围。

（四）机动监察新发项目

废旧物资处置等突发性违规问题，若得不到及时查办处理，极易给企业造成不良影响。针对废旧物资处置等涉及面广、金额较大、专业性强的业务，且群众关心和反映强烈的生产经营中突发性问题，可灵活立项，开展机动式专项监察，防范经营风险、廉洁风险，从而进一步拓宽监察覆盖面。

二、丰富监察方法，提升合规监察时效性

合规监察方法多种多样，方法不同效果不同。一方面，固定"频道"抓长期治理，抓住几个关键部位和环节，分阶段治理即可。另一方面，根据信访、案件、审计、合规管理监察发现的偶发性问题，针对某一领域、某一环节，进行随机拓展延伸性检查，打好"短平快"，实现精准打击、"点穴"式治理，及时消除病灶效果更佳。因而，监察方法应用可选性强。

（一）常规式方法，满足事后监察的时间特性

在工程建设项目合规监察中，主要针对项目的规划设计、投资结算等资料，应用常规的资料分析法和效能审查法，并着重针对工程施工质量，应用常规的跟踪查验法进行监察，充分符合和工程建设项目事后监察的时间特性。年度核查项目上百项，涉及投资上亿元，为企业挽回经济损失上百万元，取得了良好的经济效益和社会效益，有效促进了企业的高效益、高质量发展水平提升。

（二）创新式方法，满足同步监察的时间特性

在合同管理项目合规监察中，依靠合同管理系统部分管理、查询权限，

前移监察关口,在油田公司第四采油厂首家应用了合同系统在线监察法,充分符合合同管理项目同步监察的时间特性。通过合同系统在线监察,对全厂合同签订、审核等过程进行实时监督,及时发现和提醒违规问题,督促合同承办单位(部门)立行立改,并根据违规问题性质分级处理。在发现问题的同时,与相关业务部门对接,认真分析问题产生的深层次原因,坚持堵疏并举、标本兼治,不断健全规章制度、完善管理流程。

(三)机动式方法,满足突击监察的时间特性

在薪酬管理、废旧物资处置合规管理监察中,采用以点带面、解剖麻雀方式,以薪酬管理、废旧物资管理关键环节为切入点,灵活运用"跟踪查验""总量平衡""逻辑推演"等方法,充分符合薪酬管理、废旧物资处置项目突击监察的时间特性。另外,在薪酬管理检查时,还采用了"三对比"的方法,即考勤表与月度奖金考核公告对比、考勤表与请销假审批单对比、ERP 系统员工收入与实际进卡金额对比。通过暴露管理漏洞和风险点,集中精力监督检查,实现重点突破和治理,达到事半功倍的效果,有效促进全厂薪酬管理、废旧物资回收处置机制建设合规化管理水平提升。

三、延伸监察链条,提升合规监察延续性

监察链条主要分为发现问题线索、调查核实、审理处置三个环节。为了加强预防和深化应用,提升监察工作的延续性是十分必要的。

(一)向前延伸,监督风险防控体系建设

主要是开展廉洁从业风险排查专项监察,在预防职务违纪违法违规上下功夫。按照油田党委每年集中组织一次廉洁风险排查的部署,重点关注机构调整、权限改变、流程再造等变化,着力把风险找全、把措施定准、把监督做实。把排查和防范结合起来,强化排查成果运用,针对风险点源,深入查找制度漏洞、监管盲点,及时健全完善规章制度。将廉洁风险管理嵌入岗位职责中,加强监测分析和动态管理,提高廉洁风险预警处置能力,逐步健全覆盖权力运行全过程的廉洁风险防控机制。

(二)向后延伸,监督问题整改贯彻落实

针对以往监察成果应用和问题整改中存在监察问题反馈缺乏互动、监察发现问题整改落实是否真实到位,无验收环节的情况。自 2016 年开始,通过单独立项并结合其他监察项目开展监察结果应用效果和问题整改落实情况再

监督。严格销项管理,建立问题整改责任机制,把上级监督监察反馈问题和厂内专项监察发现问题的整改工作,纳入年度党风廉政建设考核,明确和分解部门、单位和个人责任,加大考核力度,确保问题整改到位。对于整改工作不重视、责任不落实、成效不显著,以及问题仍然多发、重发的单位开展"回头看"。

  多年来,第四采油厂在合规管理监察中,进行了一些积极的探索实践,见到了一定成效,获得了一些经验。监察人员深刻认识到,要实现高效合规管理监察体系建设,必须不断拓展监察项目内容,确保监督体系的覆盖面;不断尝试创新工作方法,确保监督手段的时效性;不断延伸强化监督链条,确保监督机制的延续性,并督促业务部门强化管理与监督并重的理念。同时,监察机构切实履行好"监督的监督"职能,积极推动巡察、监察、审计、内控、人事、财务、法律等监督部门信息互通、资源优化、成果共享,构建大监督格局,全面助推全厂合规化管理水平提升,为油田高质量和谐发展做出新贡献。

发挥工会优势　　推进全员创新
为杏北油田高质量发展提供有力支持

王　波　孙宏天

第四采油厂是一个开发50多年的老区采油厂，已经进入了"双特高"的开采阶段，开发生产面临着一系列矛盾和挑战。同时，随着开发难度的不断增大，日常的生产管理、成本控制、安全环保等方方面面也存在着一些难点和问题。作为这样一个老区采油厂，我们坚持以基层一线职工为主体，以解决生产难题为重点，注重发挥工会组织优势，扎实开展群众性创新创效活动，调动和引导广大职工攻难关、解难题、创效益。

一、把握"三个环节"，筑牢全员创新创效活动基础

基层一线职工是创新创效的主力。他们参与的广度和创新的深度，是决定群众性创新创效活动能否取得实效的关键。为进一步增强职工的创新意识、提高职工的创新能力，我厂不断强化教育培训，开展形式多样的主题活动，重点解决好基层职工想创新、敢创新、会创新的问题。

（一）抓好基层宣讲，转变职工思想观念

一方面结合开展的形势任务主题教育活动，向基层职工宣讲油田和我厂发展面临的挑战和难题，增强大家的危机感和紧迫感，培养他们与企业同呼吸、共命运的责任意识；另一方面，结合职工队伍实际，开展"创新创效故事"巡讲会、创新创效优秀成果巡展、"小革新带来大效益"主题演讲等活动，让大家亲身感受创新氛围、体会创新价值，使创新光荣的思想深入人心，有效激发了职工的创新热情。

（二）注重典型引领，激发职工创新热情

注重发挥典型的示范引领作用，利用油田公司"创新创效、我行我秀"等

平台，通过召开典型事迹报告会、制作电视专题片、编印典型故事集等形式，广泛宣传全国劳动模范杨海波、全国五一劳动奖章获得者段福海等生产一线创新创效典型的创新经历、创新体会和创新思路，弘扬"创新人人可为"的创新理念，鼓励和引导基层职工积极投身到创新活动中来。

（三）搭建互动平台，营造全员创新氛围

开设了"职工创新讲堂"，邀请油田内外专家分享创新成果、经验；总结了段福海"283"革新工作法，在基层职工中大力宣传推广，并借助油田公司"创新大讲堂"，让"283"革新工作法走出油田，使更多人受益；开办了"有问题找老段"等网络创新创效论坛，为基层职工与技能专家交流创新经验开辟了新渠道；开展了成果网上展览，将重点推广成果的原理、操作视频、使用说明等制作成课件在网上共享，使更多的职工在"学"与"思"中接触创新、习惯创新、实践创新。

二、坚持"三个注重"，推进全员创新创效活动实践

为着力打破基层"单打独斗"的创新创效活动局面，第四采油厂注重系统规划、顶层设计，打造以"劳模创新工作室协会"为阵地、以"劳模创新工作室"为龙头、以"创新创效工作角"为辐射的厂、矿、队三级创新创效活动格局，推动群众性创新创效活动向更宽领域和更高层次发展。

（一）注重发挥"劳模创新工作室"的带动作用

根据不同行业特点，相继在基层单位建立了涵盖采油、低压电、测试、自控等专业的"劳模创新工作室"，组织各个行业广泛开展技术创新、技术改进、难题攻关等活动。为了充分发挥"劳模工作室"在革新攻关中的带动作用，每年为各工作室制定攻关课题20余项，重点攻关生产过程中的技术难题、制约影响生产的技术"瓶颈"，通过下任务、压担子、定目标，已累计获得公司级技术革新成果130余项，取得国家专利45项，创造经济效益5000余万元。近年来，第四采油厂先后有5个工作室被命名为"油田公司劳模创新工作室"，其中，段福海劳模工作室被评为"全国能源化学系统职工创新工作室"，杨海波劳模工作室被评为"全国示范性劳模创新工作室"。

（二）注重发挥"创新创效工作角"的辐射作用

根据基层的实际情况，先期在16个基层小队设立了"创新创效工作角"，由基层小队的创新骨干带领一线员工搞小革新、小发明、小改造，及时解决

日常生产中的"小问题""小毛病",使创新创效活动的阵地不断向一线延伸。几年来,第四采油厂形成了由900多名生产一线职工组成的创新创效骨干群体,解决各类生产难题2600余个,取得各类成果2200余项,创造经济效益上亿元。

(三)注重发挥劳模创新工作室协会的联动作用

按照"集中方向、集中队伍、集中精力、集中攻关"的原则,整合劳模工作室资源,成立了劳模创新工作室协会,制定了课题研讨、经验交流、季度汇报、创新课堂、联合攻关以及送经验、方法、技术、成果到基层等活动机制,不断促进劳模创新工作室共同攻关、共解难题、共同发展。运行中,定期开展难题征集活动,将重点问题列入创新创效计划中,进行重点攻关;结合油田公司开展的"赤脚医生进基层、革新专家一线行"等活动,定期组织工作室协会技能专家到一线答疑解惑、集中会诊,有效解决了基层生产中遇到的难题。

三、实施"三个强化",探索全员创新创效活动长效机制

企业是职工创新创效的土壤。只有营造一个保障创新、鼓励创新、支持创新的大环境,让这片土壤更加肥沃,群众性创新创效活动才能具有更加强大的生命力。为此,深入总结经验,积极探索实践,努力推进群众性创新创效活动的制度化、规范化、长效化建设。

(一)强化制度建设,保障活动规范有序

针对创新创效活动,建立健全了"三项制度",提高规范化水平。健全管理制度,制定了《创新创效劳动竞赛管理办法》,明确了各级工会组织的责任,形成了厂、矿、队三级管理体系。健全联动制度,明确工会、技术发展部、质量安全环保部等部门职责,通过统筹协调、部门联动,合力推进创新创效活动开展。健全评审制度,逐步完善了成果征集、申报、评审、实施四项办法,确立了"矿队初审、标兵复审、专家终审"的三级评审程序,有效提高了成果质量。

(二)强化激励机制,增强全员创新动力

主要是围绕激励机制,通过"三给",调动广大职工主动创新、持续创新的积极性。给荣誉:每两年进行一次技术革新标兵、能手评比表彰,让职工在实现自身价值的同时增强荣誉感;给奖励:对优秀成果和先进个人实行奖

励，让职工在参与创新创效过程中直接受益；给待遇：组织创新创效骨干外出学习，邀请他们参与科技成果的验收和评审，让职工充分感受到创新有为、创新有位、创新光荣。

（三）强化支持保障，打造良好创新环境

首先在技术上给予支持，从成果立项开始就对创新创效骨干进行技术指导，在研发过程中提供专业技术服务，提升了成果质量。二是在经费上给予支持，把部分群众性技术革新经费下放到基层单位，为革新小组配备所需设备和必要的工具、材料、配件等，解决了创新创效中的实际问题。三是在推广上给予支持，定期组织成果推广论证，科学编制成果推广计划，每年应用有价值的新成果达20多项，取得了很好的经济效益。

"双在三转"提升机关对接基层服务水平

霍东英　吕文君

2015年,"铁人在我身边,传统在我岗位"主题教育活动开展以来,计划规划部按照厂机关党委要求,把握传承重点,提高思想认识,发挥职能作用,扎实做好对接基层服务工作,积极为基层分忧解难,服务意识和责任意识明显增强,工作作风进一步转变,活动取得了实实在在的效果。

一、时刻围着基层转,让服务更接地气

基层是油田企业中最基本的生产单元,是广大员工生产生活的第一线,在推进油田发展中发挥着重要的作用。因此,服务基层是机关工作的根本。机关部门只有把握基层工作实际,想基层之所想,急基层之所急,强化指导服务,才能确保各项工作部署落到实处,促进基层整体工作水平不断提高。

一是调查研究在一线。为保证计划规划工作方向清、思路明、效果好,部室人员带着"责任"和"问题",深入各基层单位的前线队点、生产岗位、油水井站,察实情、问需求,通过采取把员工"请进来"、让员工"说出来"的方式,先后进行了243次调研,走访一线员工560余人,共收集老区改造、房屋维修、环境建设、生产管理等方面的意见和建议24条。

二是服务提高在一线。针对收集的意见和建议,部室人员一边学习基层的好经验、好做法,一边以"教方法"为切入点,帮助基层查找管理薄弱环节,保证处理问题务求实效。在解决聚合物粉尘散落对员工健康影响的问题上,根据员工的意见,联合厂相关单位到试验大队三号配制站进行实地调研、立项,为这个站加装了密闭式上料除尘装置,有效解决了加料过程中粉尘散落的问题。

三是问题解决在一线。工作中,部室人员坚持做到日事日毕、首问负责,对施工项目采取"日监督、周检查、月评价"的方法,使每一个问题都能够不

断优化解决。针对8月频繁的降雨导致部分产能钻井区域积水严重，部室人员克服车辆无法进入现场的困难，徒步深入到各个井场，仅用10天时间就完成了156口低洼井的垫方实测工作，为保证新井顺利开钻赢得了主动。全年共为基层解决各类问题168个。

二、时刻围着需求转，让责任更加明晰

机关对接服务基层，不仅体现在作风转变上，更重要的是，通过密切与基层的联系沟通，积极发挥桥梁纽带的作用，真正把服务落到实处，把责任扛在肩上。

一是把责任体现在满足生产需求上。2015年，全厂计划安排基建油水井763口，涉及新建改造站所17座，工作任务繁重而艰巨。部室人员坚持"时间就是产量"的工作理念，通过实行每周"5+2""白+黑"工作制，全员盯守项目现场，对施工质量、施工进度督促把关。当天工作结束后，各岗位人员及时汇总存在问题，商议解决办法，通过完善《基本建设项目运行计划工作手册》，细化推进措施，保证了所有施工项目准时高效完成。

二是把责任体现在满足基层需求上。针对全厂28个前线基层队建设标准不统一、平面布局不协调、房屋功能不完善等问题，部室人员进行集中统筹、抓好整改。第四油矿西三队地处边远地区，前线队点没有浴室，仅有一个车库，员工生活工作十分不便。部室人员积极请示协调，利用结余资金，将这个队的前线队点列入扩建计划，并按照实际需求增设了员工浴室和3个车库，较好解决了员工下班洗澡难、车库紧张的问题。

三是把责任体现在满足员工需求上。部室人员在调研走访中了解到，部分单位室外旱厕夏天蚊虫多、冬季气温低，给员工生活带来了极大不便。为此，对全厂存在此类情况的42个基层队制定了旱厕改水厕计划，并在最短时间内实施改造，尽早满足员工需求。对部分前线司机反映的车库门需要手动开启和关闭的问题，及时与规划设计部门协调，为全厂48个一线车库门安装了"一键启动"装置，方便了司机的同时，也大大提高了工作安全性，受到了大家的集体"点赞"。

三、时刻围着效益转，让职能充分发挥

效益是企业的根本，是一切行动的出发点。部室人员在工作中始终突出效益优先的思路，牢固树立全过程效益观，把挖潜增效贯穿业务全过程，在求实、务实、落实上狠下功夫，稳步推进各项任务。

一是讲大局，保障生产平稳有序。为确保全年产能建设工程运行计划合理高效，从2月起，将部室人员分成3组，连续20多天到各基层单位"蹲点"调研，组织开展《产能运行计划表》编制工作。大家白天全员盯现场听取基层单位意见，夜晚针对相关问题完善计划方案，提前2个月完成了产能方案的设计工作。同时，积极牵头与相关单位人员一起，对所有新井井位逐点勘察、逐项核对，确保每一口井位置准确、设计合理，为新井顺利投产赢得了宝贵时间。

二是重实效，推动基层管理升级。在与第二油矿四区八队对接服务中，通过与队干部深入沟通，部室人员结合这个队的实际情况，按照厂统一改造计划，对前线队点院墙护栏、场地地面、员工浴室、更衣室等进行了改扩建，对室内外墙体进行了重新粉刷，队点整体环境得到了明显改善。部室人员与基层班子共同查找管理瓶颈，提出了以"精细管理、降本增效"为内容的工作主线，把精细管理的思想融入地质、工程、管理的全过程，使全队生产管理水平不断提升，在季度检查时采油工程指标两次取得全厂第一。

三是转作风，提高服务质量。在规划编制上，根据稳产需要，坚持做到"一明十清"，准确把握生产形势，严格履行岗位职责；在原油结算上，坚持限时办结原则，做到"当天盘点、当天上报、当天返回"；在项目立项上，通过一看、二想、三查、四干、五检"五步工作法"，保证各项任务有序完成。围绕近几年全厂三次采油、过渡带加密产能项目后评价成果，采用"前后对比法"，对基建投资、单井初期产能、油价和操作成本等四个方面进行投前风险评估，有效确保了全厂相关产能区块未来开发调整的适应性。

服务基层，贵在持之以恒；解决问题，贵在务求实效。计划规划部在对接基层服务的过程中，不摆"花架子"、不要"嘴皮子"，时时处处、切切实实解决基层之急、排除基层之忧，部室人员大局意识、责任意识、服务意识、创新意识不断增强，让机关部室在"铁人在我身边，传统在我岗位"主题教育活动中，对接基层服务真正变得"实"起来。

运用新媒体优势抓活青年员工思想教育工作

王　璐　吕锡盟

近年来，微信以其丰富的信息资源和独特的功能优势，越来越受到广大青年员工的青睐，在新形势下，团组织始终保持与时俱进的思想，创新的工作方式，抢占有利阵地，充分利用微信这一新载体，传递正信息、弘扬正能量。因此，第四采油厂团委秉承打造一个为青年开启逐梦之旅、共话成长历程的心灵驿站的宗旨，以建设唱响青年好声音、传递青春正能量的精神家园为目的，于 2014 年 3 月正式推出了"青春杏北"微信公众平台，充分发挥团组织的教育引导作用，团结带领广大青工发挥生力军和先锋队作用，投身到油田振兴发展的实践中来。

一、精心设计，搭建完整体系的特色平台

定位是整个平台的灵魂和指引，栏目则是平台的骨骼和血肉，它的存在与否直接关系到平台的勃勃生机，关系到平台的长远发展。团组织要根据自身职能发挥和青年对微信的不同使用需求，制定以宣传、引导、服务、凝聚为主体的平台定位，围绕定位建立覆盖全面的栏目体系，激发青年阅览兴趣，展示青年各项才华，让青年对其有盼望、有依靠，在满足成长愿望的同时提升团组织凝聚力与吸引力。

（一）做好平台定位

在平台建立前，按照平台定位，结合青年的喜好、兴趣及成长需求进行版块设计，搭建起初步的栏目框架；在平台运行中，要时刻关注图文分析，及时改进设计栏目方向；在平台维护后，依托平台"一对一"的消息功能，及时掌握青年员工青工思想动态，认真听取青年员工意见反馈，进一步完善栏目体系建设和内容更新。

（二）优化栏目设计

厂团委在建立"青春杏北"微信公众平台时，把每期推送的信息做成图表，根据阅读人数、转发人数及图文类型进行分析研究，及时捕捉青年员工利益相关、身边人、周围事的关注热点，适时调整栏目设计框架，形成集杏北资讯、知识讲堂、青年原创、青春励志、娱乐休闲、心理疏导的六大版块，包括"我是答人"微信答题争霸赛、团员青年大讨论、报告朗读者、"青年力量"岗位故事展、"安全生产月"漫画展、青年员工"五小"成果展等15个栏目，发布图文1600余篇，日渐受到青年员工的欢迎和喜爱。

（三）建立信息联盟

信息是决定栏目是否精彩的主要构成元素。厂团委在信息供给的选取上，兼顾原创性、独特性、共享性的原则，通过上下联络，深入沟通，建立起一支信息多元、来源丰富的信息联盟，避免了信息选取上一味照搬照抄和直接分享网络链接。针对原创资讯信息，与机关部室之间、矿（大队）之间、小队之间建立起友好合作关系，主动发送与青年员工有关的活动信息；针对原创励志信息，与广大青年员工主动约稿，定期发布青年员工上传作品；针对分享信息，与青年工作主流网络、报刊媒体沟通咨询，形成转发共享联盟，确保信息来源真实可靠，具有影响力和公信力。

二、精育团队，建立素质优良的维护队伍

微信公众平台的维护运行，既要占用青年员工的大量业余时间，又要提高青年员工爱护支持平台的主观能动性，因此急需建立一支思想成熟、作风过硬、技能精湛的维护团队。

（一）宣传动员

通过维信平台，各级团组织层层传达招募维护人员的信息，真正把那些有热情、有激情、有特长、有志愿的青年员工列入选聘范围，为青年员工搭建一个充分发挥特长、展现自我魅力的平台。

（二）系统培训

2014年以来，厂团委已举办5届新媒体培训班，共培养100余名新媒体青年人才，通过系统培训，详细讲解了平台维护的各项注意事项和操作标准，维护人员系统学习了公众号制作的工作流程、操作方法、模板选择等知识，进一步提升了整体维护队伍的新媒体维护水平，为平台维护团队注入了新鲜

血液。

（三）考核选择

秉承"德才兼备，以德为先"的宗旨，厂团委把敬业态度、责任意识和专业素质作为维护人员优选的考察标准，通过理论考试和模拟实践进行检验选拔，优中选优，最终遴选出7名青年员工组成维护团队。

（四）过程激励

针对微信平台的维护团队均采取志愿服务的形式，需要牺牲大量的个人业余时间，厂团委通过在平台醒目位置公布志愿者姓名，在专题会议上对志愿者表扬等激励措施，让志愿者们感觉到被尊重、被认可，提升了维护团队的整体荣誉感和自豪感，大大提高了维护人员的积极性和主动性。

（五）扩大规模

通过不断地宣传和培养，在近两年的新媒体创作大赛中第四采油厂有2部作品获集团公司级奖项、6部作品获油田公司级奖项、60部作品获厂级奖项，其中第四油矿杨志勇的《技术员的一天》在各平台的阅读量已经突破了1万余次。目前，全厂"青春杏北"微信平台通过招募选择，共有7人进入到维护团队，分别从事文编、美编、技术支持三个岗位，采取个人承包栏目的方式，每周进行一次编辑岗位的轮换，全面提升了维护人员文字功底、图片处理、排版布局、平台维护的综合能力。

（六）规范管理

在发布频次方面，结合青年的接受程度，制定信息推送周期制度和栏目推送频次；在发布管理方面，实行严格分级审核把关制度，保证传递信息文字、图片、格式的质量；在发布反馈方面，每季度在QQ群或微信群中组织维护人员总结讨论，查找不足、制定整改措施，全面提升了编撰水平。

三、精妙联动，打造凝聚力量的品牌活动

活动是最富魅力的思想教育载体，通过微信公众平台教育引导青年员工，需要不断根据形势发展、根据青年思维及聚集特点调整思路，以创新的脚步服务发展，以服务的心态培育青年，多措并举，齐抓共管，才能形成全员青年积极向上、踏实奋进的良好局面。

（一）结合青年需求

厂团委在定期推送固定栏目的同时，结合青年员工时下流行的热门话题

和青年员工成长的需求特设系列线上活动,并与线下活动有机结合,增强平台的吸引力和活动的关注度。近几年,厂团委以话题讨论为主开展微征集活动,以知识学习为主开展答题闯关活动,以弘扬宣传为主开展微展播活动,连续开展了6届"我是答人"微信答题争霸赛线上活动,在全厂青年中引起强烈反响,200余人参加活动,关注量累计增加13.3%,青年员工通过活动学习知识、展示交流,不仅活跃了平台氛围,还增强了对平台的依赖度和信任感,更提升了厂团委的凝聚力和吸引力。

(二)线上线下联动

在"青春杏北"上开展的特色品牌活动,如"学习党的十九大"精神员工答题系列活动、"书香杏北"读书之星评选、"一学一做"心得体会微征集、"我的青春梦"征文展等,都是先以答题、展播等形式进行线上互动和宣传,再召集选拔出的团员青年进行线下的竞赛和交流分享活动。其中,"学习党的十九大"精神员工线上答题共推出24期,参与覆盖人数达到3.2万余人次,最终选拔出6支代表队进行"学习党的十九大"精神知识竞赛,全厂干部、员工代表共260人在现场观看了比赛。厂团委通过线上学习知识和线下交流分享的方式拉近了平台与青年的距离,将活动特色最大化地展现出来。

在四年的精心运营下,"青春杏北"微信平台借助新媒体优势,通过线上线下联动的方式最大限度地增加了活动的覆盖面和认知度,得到了全厂青年员工的大力支持,引领青年员工积极践行社会主义核心价值观;引导青年员工树立了正确的价值导向;引带青年员工对时事要问、政治热点、生产管理等内容进行系统学习;引航青年员工学习宣传、岗位建功、陶冶情操等多个维度岗位成才;引动青年员工展现爱岗敬业、热爱生活、活力四射的良好精神风貌。

以超前防范为主线做好维稳信访工作

孙 立　董竞波　张炳军

稳定是企业健康和谐发展的基础，在多年的维稳信访实践中，第四采油厂认真贯彻落实油田公司维稳工作部署要求。面对信访稳定工作出现的新情况、新矛盾、新问题，密切关注油田稳定形势的发展变化，深刻分析全厂维稳总体形势，准确把握工作着力点和切入点，以源头预防为重点，疏导稳控手段，坚持帮扶救助，突出标本兼治，最大限度地解决信访诉求、规避稳定风险，使全厂稳定形势始终做到可知可防可控。

一、抓住关键节点，超前防范，逐级落实维稳工作责任

在维稳信访工作中，第四采油厂紧紧把握重点敏感阶段和重要环节做到责任和预防措施落实到位。尤其是在全国"两会"等全国性重要会议和传统节日等全国性重点敏感时期，及时组织召开相关工作人员会议，及时安排布置重点工作，超前分析防范各类稳定工作风险。

（一）明确维稳任务和要求

全国"两会"等重点敏感阶段，通过逐级下达特别重点阶段维稳《责任令》，明确维稳工作责任和目标，有效推动了各级组织自觉履行主体责任，形成责任逐级明确、任务逐级分解、压力逐级传递的领导责任体系。由于组织积极负责落实稳控责任，出色完成了《责任令》规定的工作目标，多次受到油田公司的通报嘉奖。

（二）加强排查和稳控防范

针对不同形势下维稳信访工作形势的需要，通过下发《不稳定因素调处报告单》，在全厂范围内有针对性地由下至上开展不稳定因素排查，分析查找各类矛盾隐患，对有上访倾向的人员和群体落实包保稳控措施，层层分解落实包保责任，避免矛盾扩大，出现越级上访。

（三）强化信息收集和研判

在日常维稳信访工作中，做到了"三个主动"：主动与上级主管部门请示工作，了解油田重点敏感时期各类群体的信访动态，超前分析厂内关联动态，增强维稳工作前瞻性；主动与相关单位及部门沟通，多渠道获取有价值的动态信息，使重点群体、重点人员全部纳入工作视线，增强维稳工作的针对性；主动下基层单位座谈，了解员工队伍在企业改革等事关员工利益的热点问题，做到谋一域而知全局，确保维稳信访工作有的放矢。

二、抓准重要环节，超前协调，及时处理突出信访问题

在日常工作中，第四采油厂始终贯彻落实问题导向，紧盯重点信访问题，把化解重点信访问题作为全厂主攻方向，做到政策规定解答清，思想沟通梳理清，疑虑问题化解清，解决程序协调清，提升了解决信访问题的能力。通过务实解决矛盾问题，着力提升信访工作水平，推动信访形势持续向好。

（一）日常信访接待协调处理"到位"

日常接访是信访部门的重要职责，也是化解矛盾的窗口期，全厂逐步形成了以推动及时就地解决群众合法诉求为核心，坚持开门接访、热情接访，及时主动化解各类信访问题的工作机制。2017年，厂信访部门陆续接到在浙江、哈尔滨等地居住的退休人员信息反馈，因部分退休人员外地买房不能报销物业采暖费来厂上访。就此问题经过多次和相关业务部门沟通，反馈该群体的信访诉求，此项信访问题得到圆满解决，避免了群体上访事件的发生。杜绝了因人为因素造成小事变大事，易事变难事，好事变坏事，久拖不决，全厂初信初访化解率始终达到98%以上。

（二）重点信访问题责任落实"到人"

严格落实"首问负责制"，谁接访，谁负责，谁协调，严格督导各级组织及部门及时就地妥善处理信访问题。附近辖区村民张某及家属就20年前已经达成赔偿协议的赔偿问题再次来访，并扬言进京上访，在厂主要领导的重视下，主管领导亲自接访，并安排相关人员成立工作组，对其反映的问题进行复查，及时稳定了上访者情绪，避免了在十九大期间出现进京上访的问题。通过对重点人员落实包保稳控责任，采取有效措施及时化解，确保人员得到有效稳控、问题得到有效解决，未出现越级上访。

（三）不稳定因素调研直达"到底"

在重点特殊敏感时期或改革政策推进落实等关键节点，信访稳定部门深入基层矿（大队）、基层站队，变上访为下访，及时收集分析各时期、各群体关注的热点和难点问题。通过分类统计和综合分析，对隐性和显性矛盾进行动态跟踪，变事后处理为事前预防，为领导决策提供依据。

三、抓实业务培训，超前学习，提升信访专业素质能力

面对维稳新形势新任务的要求，全厂上下既坚持为员工群众分忧解难的初心，同时站在发展的角度，着眼新矛盾新问题，不断加强维稳系统人员自身建设和基层能力建设。

（一）以季度例会为依托促交流

通过召开维稳干事季度例会，要求各单位认真分析和详细汇报本单位阶段性维稳任务完成情况和存在的不稳定因素，明确下一步防范措施。在分享彼此工作经验的同时，分析掌握全厂维稳工作的整体形势，开拓工作视野，增强维稳信访工作的预判，明确工作的针对性。

（二）以集中培训为载体学政策

采取"请进来、走出去"的方式，送部分优秀专兼职人员到油田公司参加学习培训，邀请油田稳定中心有丰富实际工作经验的老师到厂集中授课，扩大培训的覆盖面，通过加强信访理论和政策学习，提高全厂信访维稳人员的政策理论水平和应对复杂局面的能力，做到微观解决问题，宏观宣传政策。

（三）以案例分析为手段学方法

坚持立足客观实际梳理和总结做好新时期信访工作的新做法、新典型、新经验。通过下发维稳形势分析及典型案例通报等形式，分享化解疑难问题的好方法，营造履行好工作职责，化解好信访难题的良好氛围。

四、抓好宣传教育，超前警示，夯实防范邪教侵蚀基础

防范控制邪教工作是确保全厂和谐稳定的重要工作之一。多年来，全厂

以"无邪教站、队"创建为依托，深入开展以进班子、讲形势、进站队、讲防范、进家庭、讲本质的"三进三讲"活动，坚持标本兼治，综合施策，提高了防范控制邪教工作水平。

（一）发挥阵地的辐射作用

通过认真总结和宣传省级"无邪教站、队"创建示范队聚 II - I 站的好做法、好经验，先后推广开展了"承诺卡"进家庭，"对邪教说不"全员网上签名等活动，全方位普及防范邪教有关知识。组织部分基层党支部书记参观学习和研讨，扩大先进典型的辐射和引领作用。

（二）发挥宣传的影响作用

在基层站队开展常态化警示教育的基础上，利用"通勤之声""杏北 TV"定期播放反邪教警示教育片，通过直观形象警示教育，做到教育不留死角。通过凯风网等网站下载反邪教典型案例，集中制作宣传展板，开展流动展板进矿队、进广场、进候车室等公共场所的系列宣传教育活动，扩大了警示教育影响力。

（三）发挥全员的参与作用

在全厂范围内开展"无邪教站、队"创建评比活动，通过撰写批判文章、征集心得体会和反邪教宣传漫画等形式，增强教育的灵活性和实效性，提升了全员自觉抵制邪教侵蚀的能力。

面对未来的维稳信访工作，全厂信访维稳工作人员倍感责任和压力，使命与担当。将严格按照厂党委和厂的总体工作部署，围绕服务发展大局，坚持思想同心、目标同向、行动同步，尽心竭力做好维稳信访工作，为全厂和谐稳定发展营造良好环境。

后　　记>>>

　　油田的稳健发展，离不开技术的进步，离不开管理的提升，本书从稳健开发、固本强基、降本增效、安全环保、和谐共享多个领域对第四采油厂管理提升工作进行了成果展示，这些成果的诞生也着实解决了企业发展中的许多现实矛盾，为第四采油厂的稳健发展起到了推动的作用。但管理提升工作没有终点，现在的成绩只是未来企业发展征程中的一个新的起点。当前，大庆油田已步入了振兴发展新阶段，油田发展也面临着地下开发形势更加复杂、降本增效难度越来越大、安全环保形势严峻等诸多难题。采油厂的管理工作也要顺应时代要求，加大创新发展的力度，加大管理提升的力度，迫切需要广大干部员工继续为油田发展出谋划策，将油田开发技术水平、管理水平再提升一个台阶，高质量、高水平地实现建设百年油田的目标。